Droemer Knaur®

bis ca. 60 v. Chr. hier angesiedelten keltischen Bojern. Böhmen wird besonders durch seine geographische Lage geprägt. Es liegt in einer Senke, von waldreichen und bizarren Gebirgen umschlossen. Seine Flüsse finden in der Elbe ihren einzigen Abfluß durch einen schmalen Durchbruch im Elbsandsteingebirge. So ist Böhmen auf dem direkten Wasserweg nur mit der Nordsee verbunden, während Mähren über die Donau auch einen Zugang zum Schwarzen Meer hat. Vom Nordwesten bis Nordosten ist Böhmen von den Höhenzügen des Erzgebirges, Elbsandsteingebirges und Riesengebirges umgeben, deren höchste Erhebung die im Riesengebirge liegende Sněžka (Schneekoppe) mit einer Höhe von 1602 m ist. Im Westen bis Südwesten bildet der Böhmerwald eine natürliche Grenze und im Südosten die Böhmisch-Mährische Höhe.
Heute ist Böhmen in die 5 Bezirke Süd-, West-, Nord-, Ost- und Mittelböhmen aufgeteilt und diese wiederum in insgesamt 50 Kreise.
Böhmen ist nicht nur ein außerordentlich reiches Kulturland, sondern auch wirtschaftlich hoch entwickelt. Neben der breitgefächerten Industrie kommt dem Bergbau eine besondere Bedeutung zu. In den Glashütten, die z. T. eine jahrhundertealte Tradition haben, wird das berühmte böhmische Glas hergestellt. 3Von den landwirtschaftlichen Produkten ist der in aller Welt begehrte Hopfen zu nennen und natürlich das damit verbundene Bier. Die Anfänge der Architektur und bildenden Kunst in Böhmen haben ihren Ursprung im Großmährischen Reich des 9.–10. Jh., wo sich durch den Bischof Methodius das älteste slawische Schrifttum entfaltete und die Christianisierung des Landes ihren Anfang nahm. Nach dem Zusammenbruch des Reiches verlagerte sich das Schwergewicht auf Böhmen. Bald gehörten die böhmischen Länder zu den fortschrittlichsten Europas; früh entfaltete sich hier eine feudale Gesellschaft. Daß bereits eine romanische Kultur blühte, zeigen u. a. zahlreiche Funde von Kirchen, Kapellen und belegen die Nachrichten aus der Cosmas-Chronik. Im 14. Jh. unter Kaiser Karl IV. erreichte die böhmische gotische Kunst ihre höchste Blüte, wovon heute eine Vielzahl von Burgen, Burgruinen und Städten zeugt. In diese Zeit fällt die Gründung der ersten mitteleuropäischen Universität in Prag. Wie in Prag haben die Prachtbauten des Adels und des Klerus in der Zeit der Renaissance und vor allem des Barock auch im ganzen Land ihre Spuren hinterlassen. Unvergleichbar in ihrer kulturellen Bedeutung ist die große Anzahl von Orten – es sind heute 27 –, deren historischer Stadtkern mit seinen Bauten, Straßen und Plätzen komplett unter Denkmalschutz steht. Am berühmtesten ist Böhmen jedoch für seine Bäder: Mariánské Lázně, Františkovy Lázně, Teplice und Karlovy Vary, wo so berühmte Kurgäste wie Wolfgang Amadeus Mozart, Johann Gottfried Herder, Ludwig van Beethoven, die Kanzler Metternich und Bismarck, Richard Wagner, Karl Marx, Frédéric Chopin, Roda Roda, Niccolo Paganini, Nikolai Gogol, Zar Peter der Große, Edvard Grieg, Friedrich Schiller, Johann Sebastian Bach, um nur einige zu nennen, sich durch Sprudelkuren und Bäder Linderung und Heilung verschafften und beim Lustwandeln in den Kuranlagen Muße und Erholung fanden. Aus Františkovy Lázně schrieb Goethe 1808 an seinen Sohn: »In der Hälfte Juli war ich in Franzensbrunn und habe 12 Tage getrunken und gebadet, welches mir so wohl bekommen ist, daß ich wieder hingehen werde, sobald man nur wieder Quartier haben kann: denn gegenwärtig ist alles besetzt ...«

Moldau, Altstadt >

VORWORT

Prag ist nicht nur das Herz Böhmens, sondern eine der schönsten und interessantesten Städte Europas. Mit ihrer unvergleichlichen Ansammlung von Baudenkmälern und Kunstschätzen war Prag schon immer Heimat und Treffpunkt für Literaten, Musiker, Gelehrte, Magier, Künstler, Komponisten, Historiker und Freidenker, die von seinem unvergleichlichen Zauber angezogen wurden, Ruhe und Bereicherung suchten oder auf den Spuren der allgegenwärtigen Vergangenheit wandelten. Als alter Handelsknotenpunkt war Prag seit der romanischen Zeit eine Metropole. Hier an der Moldaufurt, die ab dem 12.Jh. von einer Brücke überspannt wird, kreuzten sich die Wege von Nord und Süd, Orient und Okzident und begünstigten einen regen Austausch nicht nur von Waren, sondern auch von kulturellen Gütern. Neben den seit Jahrhunderten hier ansässigen Slawen siedelten sich als Fremde vor allem Juden und Deutsche an, was die Stadt auf besondere Weise geprägt hat. So lebten Tschechen, Juden und Deutsche als größte Bevölkerungsgruppen zusammen in einer Art Drei-Völker-Staat, was sich bis heute an Familiennamen, Straßen- und Ortsnamen ablesen läßt. Hinzu kamen die französischen und italienischen Zuwanderer, zumeist Baumeister und Handwerker. Das tschechisch-jüdisch-deutsche Zusammenleben wurde 1939 durch die deutsche Okkupation, die Deportation Zehntausender von Tschechen und den Mord an allein 40000 Prager Juden durch das NS-Regime beendet.

Heute erstreckt sich die 1000jährige Stadt beiderseits der Moldau zwischen den Burgen Vyšehrad und Pražský hrad und weit darüber hinaus auf einer Fläche von über 600 qkm in einer Höhe zwischen 177 m im Tal und 383 m auf dem Weißen Berg (Bílá Hora).

Prag ist in vierfacher Hinsicht Hauptstadt: einmal Verwaltungssitz des Kreises »Gebiet der Hauptstadt Prag«, zum anderen des Mittelböhmischen Bezirks, des tschechischen Teils der Republik, und schließlich des gesamten Staates, der Tschechischen und Slowakischen Föderativen Republik (ČSFR). Die Stadt selbst ist in 10 Verwaltungsbezirke aufgeteilt; so entspricht der Bezirk Prag 1 dem historischen Kern aus den Stadtvierteln Josefov, der Altstadt, Kleinseite, Hradčany und Teilen der Neustadt. Das alles, die gesamte Neustadt und der Stadtteil Vyšehrad eingeschlossen, sind heute Denkmalschutzgebiet.

Im Jahre 1922 entstand Groß-Prag mit seinen ca. 1,3 Millionen Einwohnern durch Eingemeindung von 37 Vororten und dehnt sich noch immer mit Neubaugebieten an den Rändern aus. So ist Prag mit seinen Bau- und Kunstdenkmälern nicht nur ein unvergleichliches Museum, sondern auch eine pulsierende Metropole, Sitz der Regierung und zahlreicher Ministerien, internationaler Organisationen und Handelsunternehmen, diplomatischer Vertretungen und Hochschulen. Dazu ist Prag auch ein wichtiges Industriezentrum, dessen Schwerpunkt der Maschinenbau bildet.

Mit seinen berühmten Theatern, Galerien, Kunstakademien und Konzertveranstaltungen wie dem zum Begriff gewordenen »Prager Frühling«, gehört Prag zur internationalen Kulturszene.

Das die Stadt Prag umgebende Land Böhmen ist benannt nach den um 400

Autor: Anne Kotzan

Fotos: Horst Schmeck

CIP-Titelaufnahme der Deutschen Bibliothek

Knaurs Kulturführer in Farbe Prag und Böhmen
Marianne Mehling (Hg.).
[Autoren: Anne Kotzan... Fotos: Horst Schmeck]
München: Droemer Knaur, 1991
ISBN 3-426-26433-9
NE: Mehling, Marianne [Hrsg.]; Kotzan, Anne; Schmeck, Horst

Für Hinweise auf Veränderungen und Ergänzungen ist die Redaktion dankbar
Zuschriften an Droemer Knaur Verlag, Postfach 80 04 80, 8000 München 80
Idee: Redaktionsbüro Harenberg (Schwerte)
Karten: Herbert Winkler, München
Stadtplan: Kartographie Huber, München
Grundrisse: Karl Schneider, Solms
Reproduktion: Repro Ludwig, Zell am See
Einbandgestaltung: Franz Wöllzenmüller
Umschlagabbildung: Prag, Blick über die Moldau mit Karlsbrücke und Hradschin (Foto: IFA-Bilderteam)
Texterfassung und Filmbelichtung: Appl, Wemding
Umbruch: Ventura Publisher im Verlag
Druck: Appl, Wemding
Aufbindung: Großbuchbinderei Sigloch, Künzelsau
Printed in Germany
ISBN 3-426-26443-9

5 4 3 2 1

Marianne Mehling (Hg.)

KNAURS KULTURFÜHRER IN FARBE PRAG UND BÖHMEN

Über 350 farbige Fotos und Grundrisse
sowie 9 Seiten Karten

Droemer Knaur

Wie in den übrigen Bänden der Reihe stehen auch hier die Farbabbildungen gleichrangig neben dem Text. Von mehr als 150 beschriebenen Orten werden Burgen, Kirchen und Klöster, Schlösser, Rathäuser, Herrensitze, Theater und Museen vorgestellt. Über 350 farbige Fotos und Skizzen sowie 9 Seiten Karten illustrieren den Text. Und analog zu den Vorgängerbänden sind die Artikel alphabetisch nach Orten geordnet. Die Brücken zwischen den Orten, die geographisch benachbart sind, in diesem Buch jedoch durch das Alphabet getrennt wurden, schlägt der Kartenteil auf Seite 348-355. Er führt alle behandelten Orte auf und bietet einen Überblick darüber, welche Orte in der Nachbarschaft eines Zielpunktes liegen und deshalb vielleicht zusätzlich in einen Reiseplan einbezogen werden können.
Bei jedem Ort sind im Kopf des Artikels Einwohnerzahl und ein Hinweis auf die betreffende Karte (S. 353 □ C4 = Seite 353, Planquadrat C4) angegeben. Die einzelnen Sehenswürdigkeiten sind jeweils fett gedruckt. Im Anhang befinden sich ein Rahmenartikel »Geschichte und Kulturgeschichte«, ein Register der Fachausdrücke, ein Künstlerregister, ein Register der Sehenswürdigkeiten von Prag und ein Register aller behandelten Orte.

Moldau-Brücken *Hl. -Wenzel-Statue, Nationalmuseum* >

Praha (Prag)
Metro mit Station
0
300 m
Obránců míru
Obránců míru
Pionýrů
Na valech
V. Mičurina
Gogolova
Jelení
Mariánské hradby
Královský letohrádek (Belvedere)
Chotkovy sady
Chotkova
Královská zahrada
Hradčany (Hradschin)
Jízdárna (Reitschule)
Staré zámecké schody
Katedrála sv. Víta (St.-Veits-Dom)
U Brusnice
Nový Svět
Šternberský palác
Ledebourský palác
Valdštejnská
Klárov
nábř.
Kostel sv. Jana Nepomuckého
Arcibiskupský palác
Pražský hrad (Prager Burg)
Valdštejnský palác
Keplerova
Toskánský palác
Hradčanské nám.
Zámecké schody
Kostel sv. Tomáše
Letenská
Loreta
Schwarzenberský palác
Thun-Hohenšt. palác
Vojanovy sady
Černínský palác
Loretánská
Nerudova
Malostranské nám.
Morzinský palác
Kostel sv. Josefa
Úvoz
Kostel sv. Mikuláše
Malostranská beseda
Pohořelec
Vlašská
Tržiště
Mostecká
Malostranská mostecká věž
U tří pštrosů
Lobkovický palác
(Karlsbrücke)
Strahovský klášter (Kloster Strahov)
Vlašská
Chrám Panny Marie Vítězné
Vrtbovská zahrada
Maltézské nám.
Kostel Panny Marie pod řetězem
Karmelitská
Velkopřevorský palác
Kostel sv. Maří Magdaleny
Nostický palác
Malá Strana (Kleinseite)
Čertovka
Kampa
Strahovská
Hladová zeď
Rozhledna (Aussichtsturm)
Michnovský palác
Kostel sv. Vavřince na Petříně
Újezd
(Hungermauer)
Kostel sv. Jana Křtitele na Prádle
Říční
Petřín (Laurenzibg.)
Petřínské sady
Střelecký ostrov
Olympijská
Vítězná
Most
Spartakiádní stadion
Hvězdárna hlavního města Prahy
Sternwarte
Chaloupeckého
Spartakiádní
Zahrada Kinských
Újezd
Zborovská
Janáčkovo nábřeží
Jezdecká
Šermířská
Kostel sv. Michala
Holečkova
Dětský ostrov
El. Peškové
Na Hřebenkách
Národopisné muzeum
Nikose Belojannise
S. M. Kirova
Na Hřebenkách
Švédská
V botanice
Zapova
Matoušova
Mošnova
Letohrádek Portheimka
Preslova
Zborovská
Nábřežíni
Holečkova
Grafická
Kostel sv. Václava
Kartouzská
Bývalý malostranský hřbitov
Plzeňská
Lidická
Vila Bertramka
Plzeňská

Letenský tunel
etenské sady
Jaroše
Ostrov Štvanice
nábř. kpt.
Švermův most
(Moldau)
Vltava
Těšnovský tunel
nábř. L. Svobody
navský vilón
Kaple svaté Maří Magdaleny
Most Svatopluka Čecha
roše
Na Františku
Muzeum poštovní známky
Kostel sv. Klimenta na Poříčí
Klimentská
Anežský klášter (Agneskloster)
Kostel sv. Šimona a Judy
Revoluční
Dvořákovo nábř.
Pařížská
Josefov
Bílkova
Kozí
Haštalská
Soukenická
Kostel sv. Petra na Poříčí
tarý židovský hřb. Alter Jüd. Friedh.
Uměleckoprůmyslové muzeum
Staronová syn.
Španělská syn.
Dlouhá
Truhlářská
Rudolfinum
Klausova syn.
Kostel sv. Ducha
Na poříčí
Muzeum hlavního města Prahy
Mánesův most
Židovská radnice
Vysoká synagóga
Masná
Rybná
Pinkasova syn.
Kostel sv. Salvátora
Kostel sv. Josefa
Na poříčí
Nové Město
Maislova syn.
(Josefstadt)
Kostel sv. Jakuba
nám. Republiky
Kaprová
Palác Kinský
Týn (Teynhof)
Muzeum V. I. Lenin
Praha Masarykovo nádraží
Kostel sv. Mikuláše
Kostel Panny Marie před Týnem (Teynkirche)
Obecní dům
stel sv. Františka Serafinského
Nová radnice
Staroměstské nám.
Celetná
U Hybernů
(Prag-Masaryk-Bhf)
Hybernská
Klementinum
Křižovnická
roměstská mostecká věž
Staroměstská radnice
Prašná brána
Clam-Gallasovský palác
Ovocný trh
Karolinum
(Neustadt)
Karlův most
K. sv. Salv.
Malé nám.
Karlova
Palác Jiřího z Poděbrad
Kostel sv. Havla
Tylovo divadlo
Na příkopě
nám. M. Gorkého
uzeum edřicha metany
Kostel sv. Klimenta
Anenské nám.
Nekázanka
Jubilejní synagóga
Opletalova
StaréMěsto (Altstadt)
Divadlo Na zábradlí
Kostel sv. Jiljí
Panská
Kostel sv. Jindřicha
Betlémská kaple
Kozuna
Rytířská
října
Růžová
Hlavní nádraží (Hauptbahnhof)
Náprstkovo muzeum
Uhelný trh
Smetanovo nábř.
Kostel Panny Marie Sněžné
Jindřišská
Pomník Františka I.
Rotunda sv. kříže
Kostel sv. Martina ve zdi
28.
Jungmannovo nám.
Budova Hlavní pošty (Hauptpost)
Václavské náměstí (Wenzelspl.)
Laterna Magika
Washingtonova
Wilsonova
Palác ažanských
Národní třída
Spálená
Mac-Nevenův palác
Opletalova
egií
Kostel sv. Voršily
Nová scéna
Jungmannova
Vodičkova
Divadlo ABC
Smetanovo divadlo
Národní divadlo (Nationaltheater)
Ostrovní
Parlament
Kostel sv. Michala
Slovanský ostrov
Pštrossova
Lazarská
Národní muzeum (Nationalmuseum)
Lidových milicí
Divadélko Špej a Hurvín
Kostel sv. Vojtěcha Jirchářích
U Fleků (Zum Fleck)
Novoměstská radnice
Školská
Štěpánská
Ve Smečkách
Krakovská
Mánes
Myslíkova
Žitná
Anglická
Balbínova
Masarykovo nábř.
Rotunda sv. Longina
Londýnská
Kostel sv. Cyrila a Metoděje
Karlovo náměstí
Kostel sv. Štěpána
Divadlo Vinohrade
iráskův most
Resslova
Ječná
Kostel sv. Václava na Zderaze
(Karlsplatz)
Kostel sv. Ignáce
Ke Kateřinská
Vila Amerika
Rašín nábř.
Nové Město (Neustadt)
Karlovu
Wilsonova
Lidových milicí
Rumunská
Na bojišti
Na Moráni
U nemocnice
Kostel sv. Kateřiny
U kalicha (Zum Kelch)
Lublaňská
Bělehradská
Most Palackého
Faustův dům
Viničná
Kostel sv. Jana Nepomuckého na Skalce
Emauzy, Klášter na Slovanech
Benátská
Vyšehrad

U-BAHN-PLAN PRAG
LINIE A
Dejvická
Hradčanská
Malostranská
Staroměstská
Můstek
Muzeum
Náměstí Míru
Jiřího z Poděbrad
Flóra
Želivského
Strašnická
Skalka
LINIE A
LINIE C
Nádraží Holešovice
Vltavská
Florenc
Hlavní nádraží
Muzeum
I.P. Pavlova
Vyšehrad
Pražského povstání
Pankrác
Budějovická
Kačerov
Roztyly
Chodov
Opatov
Háje
LINIE C
LINIE B
Českomoravská
Palmovka
Invalidovna
Křižíkova
Florenc
Náměstí Republiky
Můstek
Národni třída
Karlovo náměstí
Anděl
Smíchovské nádraží
Radlická
Jinonice
Nové Butovice
LINIE B
Vltava (Moldau)

Praha/Prag

Einw.:	1300000
Höhe:	177-383 m
Stadtplan:	Seite 10-11
U-Bahn-Plan	Seite 12
Karte:	Seite 348-355

EINLEITUNG

Prag, die Goldene Stadt, die Hunderttürmige, die Königsstadt, das Jerusalem Europas... Mit dem Namen Prag werden die unterschiedlichen Assoziationen verbunden; man hört die Klänge von Smetanas »Moldau«, man denkt an Kaiser Karl IV. oder den kunstliebenden Hof Rudolfs II., an Mozarts Reise nach Prag, an Rilke und Kafka, an Begriffe wie Prager Fenstersturz, Prager Frühling oder Prager Schinken.
Viel gerühmt ist die hervorragende Lage der Stadt zu beiden Seiten der ruhig dahinfließenden Moldau, umrahmt v. grünen Hügeln zwischen den zwei Burgen Vyšehrad und Pražský hrad (Hradschin, Prager Burg). Schon im mittelalterlichen Europa genoß Prag den Ruf eines kulturellen und wirtschaftlichen Zentrums und gehört heute zu den wenigen Städten, die eine fast 1000jährige Kontinuität in der Entwicklung ihrer Baukunst vorweisen können.
So schrieb 1826 Franz Grillparzer in sein Tagebuch: »Ich kam mit einer Art Vorurteil gegen Prag hier an. Demungeachtet aber konnte ich mich des grandiosen Eindrucks nicht erwehren, den diese Stadt auf jeden Beschauenden machen muß. Die Lage im Kessel von schönen, reich bepflanzten Bergen, überall vorteilhafte Linien bildend, der breite Fluß mitten durch die Stadt, das Häusergewühl durch sonderbare Türme und hervorragende Gebäude aller Art wohltuend unterbrochen und in Partien gesondert, der Hradschin das Ganze krönend, alles trägt dazu bei, diese Stadt recht gemäldehaft, zu einer der schönsten für den Beschauer zu machen. Es ist hier etwas, das an Venedig erinnert, das Fortlebende nämlich, das Altertümliche zwischen und neben dem Neuen.«
Prag ist auch eine moderne Millionenstadt der Gegenwart, die im Mittelpunkt des politischen Geschehens steht, mit Alltagshektik, Verkehrsstaus und futuristisch anmutenden Bauten wie dem neuen Fernsehturm. Bekannt ist die Stadt für ihre zahlreichen Theater- und Konzertveranstaltungen. In ihrem Antlitz spiegeln sich die großen Stilepochen von der Romanik

bis zu Funktionalismus und Postmoderne wider, und doch ist sie kein stilles Museum, sondern eine Stadt voller Lebendigkeit, in der Vergangenheit und Gegenwart auf harmonische Weise miteinander verschmelzen. Doch so friedlich die Stadt dem Besucher auf seinen Spaziergängen über die Karlsbrücke, hinauf zur Burg, über die Kampa-Insel oder die Gassen der Altstadt auch erscheinen mag, sie ist geprägt von einer bewegten Geschichte von Machtkämpfen, Bränden, Pest, Unterdrückung und Freiheitskämpfen. Der Prager Schriftsteller Johannes Urzidil sagt dazu: »Aufregende Ereignisse wie jene Flucht des Winterkönigs waren in der Geschichte der Stadt nichts Ungewöhnliches. Die Stadt überlebte sie nicht nur, sondern es war, als bedürfe sie ihrer geradezu zum Leben.«
Ein unbestimmter Zauber, ein Stück Magie geht von der Stadt aus; man kann sich bezaubern und inspirieren lassen, in Stille verharren, sich mitreißen lassen oder von der Enge bedroht fühlen. Franz Kafka schreibt: »Dieses Mütterchen hat Krallen. Da muß man sich fügen oder –. An zwei Stellen müßten wir es anzünden, am Vyšehrad und am Hradschin, dann wäre es möglich, daß wir loskommen.«
Die Entstehungsgeschichte von Prag ist auf das engste mit der ihrer beiden hoch über der Moldau liegenden Burgen Vyšehrad und Hradschin verknüpft. Im Norden bestimmten die Přemysliden, ein Stamm der Tschechen, schon im 9. Jh. den Ort der heutigen Prager Burg zu ihrem Fürstensitz, und im Süden wurde wenig später auf der rechten Flußseite der Vyšehrad gegründet. Im Schutz der Burgen siedelten sich die ersten Kaufleute und Handwerker an. Eine dritte bedeutende Ansiedlung entstand auf dem Gebiet des heutigen Altstädter Rings mit dem Teynhof, einem Rast- und Stapelplatz für ausländische Kaufleute. Die archäologische Forschung konnte den überlieferten Bericht des 965 in Prag gewesenen spanisch-jüdischen Kaufmanns Ibrahim-Ibn-Jakub bestätigen, der die Stadt aus Stein und Lehm erbaut und als eine der reichsten Handelsstädte seiner Zeit beschrieb. In der Folge entstanden weitere Siedlungen und Handelszentren im sogenannten Prager Kessel, dem Gebiet des heutigen Stadtzentrums. Die bedeutendsten erhielten noch im Mittelalter das Stadtrecht, die Altstadt 1230, die Kleinseite 1257 und die Neustadt mit ihrer Gründung 1348. Bis zur Ernennung Prags zur Königlichen Hauptstadt im Jahre 1784 blieben sie selbständige Städte; die ehem. Prager Judenstadt wurde erst 1830 als Josefstadt angegliedert. So erklärt sich die jeweilige Anlage der heutigen Stadtteile um einen großen Platz mit einem Rathaus und einer zentralen Kirche.
Von den ehemaligen Stadtbefestigungen sind noch der Pulverturm, die Hungermauer, das »Brückchen« in der Metrostation Můstek und ein Stück Befestigungsmauer unterhalb der Marienkirche am Karlshof erhalten.
Als Viertel haben sich die ehemaligen Städte etwas von ihrer Eigenart bewahrt. Über die Kleinseite schreibt Jan Neruda in seinen »Kleinseitner Geschichten«: »Die Kleinseite – Häuser wie Menschen – haben etwas Stilles an sich, etwas Würdiges, Altertümliches, sagen wir auch Verschlummertes, ...«
Alle großen Stilepochen spiegeln sich in den Bauwerken der Stadt wider. Aus der Zeit der Romanik haben neben den Burgen vor allem die Rotunden ihre Spuren hinterlassen, aber auch in den Kellern vieler Häuser der Altstadt und Kleinseite finden sich roman. Gewölbe und Säulen. Die großangelegten Bauunternehmungen der Gotik unter Kaiser Karl IV., der Prag zum Mittelpunkt des Reiches und einer der bedeutendsten Städte Europas machte, prägen noch heute das Stadtbild. Am französischen Hof erzogen, stieß Karl IV. für Böhmen das Fenster zur Welt auf, als er bedeutende Baumeister und Künstler aus Frankreich, Italien und Deutschland nach Prag holte. Schon 1344 begann der französische Baumeister Matthias von Arras mit dem Neubau des St.-Veits-Doms nach dem Vorbild von Narbonne. Im Jahre 1348 gründete Karl IV. die Neustadt und das Carolinum als 4. Universität in Europa nach Paris, Padua und Bologna. Im gleichen Jahr wurde mit dem Bau der Burg Karlstein als Aufbewahrungsort für die Krönungsinsignien und zahlreiche Reliquien begonnen. Neun Jahre später legte er den Grundstein für die von Peter Parler erbaute Karlsbrücke und ließ den Königspalast auf der Burg umgestalten.

Staré Město, Am Aěs-Ufer >

Die Gründung der Neustadt durch Karl IV. 1348 war für die Stadt von weitreichender Dimension. Für die damalige Zeit galt sie als phantastisch, doch in ihrer Planung genial und weitblickend, denn erst die letzten Jahrhunderte vermochten sie vollständig zu bebauen.
Nach den Hussitenkriegen (1419–36) erlebte die Baukunst erst unter König Vladislav Jagiello (1471–1516) eine Wiederbelebung. Der Architekt Benedikt Ried aus Piesting erbaute den berühmten Vladislav-Thronsaal mit dem spätgotischen Rippengewölbe. Mit dem Habsburger König Ferdinand I. zog die Renaissance auf der Prager Burg ein. In Südeuropa erzogen, beabsichtigte er, die mittelalterliche Prager Burg dem Lebensstil der italienischen Renaissance anzupassen, und als bedeutendstes Bauwerk ließ er für seine Frau das Lustschloß »Belvedere« erbauen. Weitere herausragende Renaissancebauten in Prag sind das Palais Schwarzenberg und Schloß Stern. Unter Kaiser Rudolf II., einem Kunstsammler und Mäzen, erlebte Prag eine neue Blütezeit. Er holte Künstler von internationalem Ruf wie Hans von Aachen, Adriaen de Vries und Bartholomäus Spranger an den Hof und richtete die berühmte Rudolfsgalerie ein.
Nach der Schlacht am Weißen Berg 1620, in der die protestantischen böhmischen Stände vom katholischen Heer der Habsburger geschlagen wurden, begann der die Stadt bis heute neben der Gotik am stärksten prägende Baustil des Barock sich auszubreiten. Die neuen Auftraggeber waren weltliche und geistliche Feudalherren bzw. Würdenträger. Im Rahmen der Rekatholisierung forcierte man vor allem die erneute Niederlassung der Orden, allen voran der Orden der Jesuiten als Träger der Gegenreformation. Das wiederum hatte eine rege Bautätigkeit im Bereich der Sakralbauten zur Folge. Die führenden Baumeister wie Anselmo Lurago und Domenico Canevalle kamen aus Norditalien. Der neue Baustil verkörperte das Verlangen nach Repräsentation und erlaubte die Demonstration von Macht und Reichtum. Die unter diesen Prämissen entstehenden monumentalen Bauten fraßen sich in die mittelalterliche Kleinbebauung der Stadt, z. B. das Kloster Clementinum und das Waldsteinpalais. Mit dem französischen Architekten Jean-Baptiste Mathey, dem Schöpfer der Kreuzherrenkirche als erstem Kuppelbau von Prag, begannen die einheimischen Tendenzen im südlichen Barock aufzugehen und sich den Gegebenheiten der Stadt anzupassen. Weitere bedeutende Architekten der Zeit waren Jan Blažej Santini-Aichel, František Maximilián Kaňka, Bernhard Fischer von Erlach u.a. Seine Vollendung fand der Prager Barock in der Baukunst des Kilian Ignaz Dientzenhofer (1689–1751), der den prächtigen Kuppelbau der St.-Nikolaus-Kirche auf der Kleinseite, ein Projekt seines Vaters Christian Dientzenhofer, vollendete. In der bildenden Kunst spielten die Maler V. V. Reiner, Karel Škréta und der Bildhauer Johann Georg Bendl eine bedeutende Rolle; doch erst Ferdinand Maximilian Brokoff und Matthias Bernhard Braun entwickelten sich zu Künstlern von Weltrang.
In der 2. Hälfte des 18. Jh. setzten sich die klassizistischen Einflüsse der Wiener Baukunst mit dem Habsburger Hofarchitekten Niccolo Pacassi durch, der der Prager Burg ihre einheitliche Gestalt verlieh (1753–75). Durch die von Joseph II. eingeleitete Säkularisation wurde die Kirche an den Rand gedrängt. Die neuen Bauherren waren nun reich gewordene und geadelte Bürger. Die reinste Form des Prager Klassizismus verkörpert das von Anton Hafenecker projektierte Tyl-Theater.
Bedingt durch die schnell voranschreitende Industrialisierung entstanden im 19. Jh. die ersten Industrievororte, z. B. 1816 Karlín als 1. Prager Vorstadt. Die Stadt bot nicht genug Platz für die ständig wachsende Zahl der Fabrikarbeiter.
Der Chotek-Park wurde als 1. öffentlicher Park angelegt und der Smetana-Kai erbaut. Ab der Mitte des 19. Jh. im Rahmen der allgemeinen Aufklärung entwickelte sich parallel zu der entstehenden Arbeiterbewegung und dem wachsenden Widerstand gegen die Wiener Regierung ein starkes tschech. Nationalbewußtsein. Die Leitfiguren dieser Bewegung waren Karel Havlíček Borovský und der Historiker František Palacký und vorläufiger politischer Höhepunkt der 2. Slawenkongreß und die Revolution von 1848. Auch die Künstler besannen sich auf nationale Traditionen und Werte. In der Architektur setzten sich die historisierenden Baustile durch. Es ent-

standen Bauwerke im Stil der böhmischen Renaissance, z.B. das Nationaltheater, Rudolfinum und Nationalmuseum; bedeutende Vertreter dieser Stilrichtung sind Ignác Ullmann, Josef Zítek, Josef Schulz und Antonín Wiehl. Für den Neobarock stehen Namen wie Osvald Polívka, Jan Koula und Václav Roštlapil, die auch an der Ausformung des späteren tschechischen Sezessionsstils beteiligt waren. Ausgezeichnete Jugendstilbauten sind das Hotel Evropa, der Hauptbahnhof und viele Stadthäuser.

In der Musik gilt Bedřich (Friedrich) Smetana (1824-84) als Begründer der tschechischen Nationalmusik; sein sinfonischer Zyklus »Mein Vaterland« (»Má vlast«) wurde weltberühmt. Die Oper »Libuše« handelt von der sagenumwobenen Přemyslidenfürstin Libuše, die auf dem Vyšehrad die Gründung Prags geweissagt haben soll.

Antonín Dvořák (1841-1904) ist ein weiterer weltweit bekannter Vertreter der tschechischen Musik. Beide verbrachten den größten Teil ihres Lebens in Prag.

Maler wie Josef Mánes, Josef Navrátil und Mikoláš Aleš sind ebenso herausragende Vertreter der Hinwendung zu nationalen tschechischen Traditionen wie die Bildhauer Ladislav Sucharda und Josef Myslbek und die Schriftsteller Alois Jirásek, der sich mit dem Stoff der alten tschechischen Sagen befaßte und Jan Neruda, der Verfasser der »Kleinseitner Geschichten«.

Eine architektonische Besonderheit ist der schon vor dem 1. Weltkrieg in Prag aufkommende kubistische Baustil, repräsentiert von Josef Chochol und Josef Gočár, der das Haus Zur schwarzen Mutter Gottes in der Altstadt projektierte. Zu dieser Zeit blühte in Prag auch eine weltberühmt gewordene Literatenszene, über die Karl Kraus sagte: »Es brodelt und kafkat und werfelt und kischt.«

Der Zusammenbruch der Habsburger Doppelmonarchie nach dem 1. Weltkrieg führte zur ersten tschechoslowakischen Staatsgründung nach 300 Jahren Fremdherrschaft. Mit der Wahl des Philosophen Tomáš Masaryk zum ersten Staatspräsidenten der jungen Republik am 28.10. 1918 begann auch eine neue kulturelle Ära, die mit dem Befreiten Theater von Jan Werich und Jiří Voskovec weltweit von sich reden machte. Diese Blütezeit wurde jäh durch die Okkupationspolitik der Nationalsozialisten 1939 beendet. Nach der Befreiung 1945 durch die Rote Armee begann 1948 die von Klement Gottwald geführte sozialistische Regierung durch die Vorgabe des Stils des Sozialistischen Realismus jegliche freie Kunst- und Kulturentwicklung zu unterdrücken, so daß viele Künstler ins Ausland emigrierten. Mit der Reformbewegung innerhalb der Kommunistischen Partei 1968, die ihren Höhepunkt im »Prager Frühling« fand, sind Namen wie A. Dubček, J. Smrkovský, J. Svoboda und F. Kriegel verbunden, deren Reformpolitik durch den Einmarsch der Warschauer-Pakt-Staaten unterdrückt wurde. Erst nach der »Sanften Revolution« 1989 beginnt eine neue Ära mit dem zum Staatspräsidenten gewählten Dramatiker Václav Havel.

SAKRALBAUTEN

1. Kirchen

Kostel svatého Apolináře / St. Apollinaris (Nové Město/Neustadt, Apolinářská ulice): Die Kirche wurde v. Karl IV. in der 2. Hälfte des 14. Jahrhunderts auf dem Berg Větrov gegr. und v. einem unbekannten Baumeister als einschiffiger got. Bau mit einem Turm errichtet. Im Jahre 1897 restaurierte sie Josef Mocker*. Bemerkenswert sind die in der Kirche befindlichen, 1921 restaurierten Überreste got. *Wandmalereien.* Den Hauptaltar schmückt eine Gruppe v. Plastiken, bestehend aus 4 Aposteln und Maria (Mitte des 18. Jh.). Das Seitenaltarbild der *Jungfrau Maria vom Karlov,* der Patronin der schwangeren Frauen, schuf Johann G. Heinsch (1697). Die gesamte Ausstattung stammt aus der →Karlshofer Kirche.

Kostel svatého Cyrila a Metoděje / St. Kyrill und Method, ehem. St. Karl Borromäus (Nové Město/Neustadt, Resslova ulice): Diese etwas höher gelegene Barockkirche wurde in den Jahren 1730-36 v. dem Baumeister Kilian Ignaz Dientzenhofer* im Auftrag des Altersheims für Priester erbaut. Der gleiche Baumeister vollendete 1740 das bereits v. Paul Ignaz Bayer* und Johann Christoph Spannbrucker begonnene Gebäude des Ruhestandshauses (Nr. 9/

CN 307), an das s die Kirche anschließt. Die dreischiffige Kirche ist ein länglicher Bau mit einem rechteckigen Chor und einem Vorhof, dessen Treppe Plastiken schmücken. Die schmale Eingangsfassade wird durch Halbsäulen akzentuiert. Das Deckengewölbe im Inneren der Kirche trägt ein Fresko mit Szenen aus dem Leben des hl. Karl Borromäus. Der Maler war wahrscheinlich Karl Schöpf. Die Stuckumrahmung stammt v. Michael Ignaz Palliardi*. Im Jahre 1783 wurden das Altersheim und die Kirche aufgehoben, und die Gebäude dienten seit dem 19. Jahrhundert der Tschechoslowakischen Technischen Hochschule.

In der Krypta der Kirche verbargen sich 1942 die Widerstandskämpfer, die das Attentat auf den nationalsozialistischen Reichsprotektor Reinhard Heydrich ausgeführt hatten. Nachdem sie entdeckt worden waren, starben sie hier im Kampf (18.6. 1942). Daran erinnert eine Bronzetafel aus dem Jahre 1947 von dem Bildhauer František Bělský, die an der Außenwand der Kirche befestigt ist. Als Reaktion auf das Attentat machten Gestapo, SS und SD das Dorf *Lidice* (→Teil Böhmen) dem Erdboden gleich und ermordeten oder verschleppten seine Bewohner.

Heute dient das Gebäude der Tschechoslowak. orthodoxen Kirche als Gotteshaus. In den Jahren 1934–35 wurde sie dementsprechend umgestaltet.

Kostel svatého Cyrila a Metoděje / St. Kyrill und Method (Karlín/Karolinenthal, Karlínské náměstí): Diese dreischiffige Basilika mit 2 hohen Türmen und einem Querschiff wurde 1854–63 v. dem Architekten Karl Rössner* und dem Baumeister Ignác Ullmann* errichtet. Sie ist der bedeutendste neuroman. Kirchenbau v. P. Die Tympana der 3 Portale an der W-Front zieren Reliefs v. Václav Levý. Die Reliefs an den Türen wurden nach Vorlagen v. Josef Mánes*, Ludvík Šimek und Karel Dvořák 1827 v. dem Prager Josef Götzel in Bronze gegossen. Die Plastiken über den Portalen v. Čeněk Vosmík sind Darstellungen der böhm. Landespatrone.

Die Glas- und Wandmalereien in der Kirche schuf Josef Trenkwald. Die Fresken an den Stirnwänden sind Werke v. Peter Maixner* (1868–72): r der hl. Wenzel und l die Jungfrau Maria.

Am Hauptaltar finden sich Gemälde v. Bedřich Wachsmann. Der Baldachin darüber wurde v. Hillmann nach Plänen v. K. Rössner geschaffen. An den 2 Seitenaltären Gemälde v. Josef Mánes* und Antonín Lhota.

St. Apollinaris

Kostel svatého Ducha / Heilig-Geist-Kirche (Josefov/Josefstadt, Dušní ulice): Die einschiffige got. Kirche wurde 1346 in der Regierungszeit Karls IV. erbaut. Nach einem Brand 1689 teilweise barockisiert, erhielt sie ihr heutiges Aussehen nach einer Restaurierung im Jahre 1925. In der Kirche befindet sich eine wertvolle *Pieta* vom Ende des 14. Jh. aus dem Parler-Umkreis. Vor der Kirche steht eine Plastik des hl. Johannes v. Nepomuk, ein Werk des Bildhauers Ferdinand Maximilian Brokoff*.

Kostel svatého Františka Serafinského / Kreuzherrenkirche oder St. Franziskus Seraphicus (Staré Město/Altstadt, Křižovnické náměstí): Dieser barocke Zentralbau mit kreuzförmigem Grundriß und einer Kuppel wurde in den Jahren 1680–89 von Domenico Canevalle* nach den Plänen v. Jean-Baptiste Mathey* erbaut. Auftraggeber dieses ersten Kuppelbaus v. P. war der Kreuzherrenorden mit dem roten Stern. Urspr. stand an dieser Stelle eine frühgot. Kirche, deren Fundamente in der heutigen Krypta zu finden sind. Die Statuen an der Frontfassade, die böhm. Landespatrone und der Kirchenpatron, wurden wahrscheinlich v. Andreas Philipp Quittainer* geschaffen. Die beiden Statuen am Kircheneingang schuf Richard Prachner* (1758): die Jungfrau Maria und der hl. Johannes v. Nepomuk. Die Engel auf der Attika sind nach Originalen v. Matthäus Wenzel Jäckel* v. dem Bildhauer J. Hnátek nachgebildet worden. An der Straßenecke zur Křižovnická ulice steht eine *Winzersäule* mit Wenzelsstatue v. Johann Georg Bendl* (1676), die erst 1848 hier aufgestellt wurde. Beachtenswert sind auch die Pflasterreste aus dem 12. Jh.

Der mit Marmor belegte Innenraum der Kirche ist mit Stukkaturen v. Tomaso Soldatti* und Fresken v. V. V. Reiner geschmückt. Von letzterem Maler stammt auch das Kuppelgemälde »Jüngstes Gericht« (ca. 1722). Die Nischenfiguren schufen die Bildhauer Jeremias und Konrad Süßner sowie Matthäus Wenzel Jäckel*. Auch der Hauptaltar v. Josef Dobner aus dem Jahre 1701 weist Plastiken v. M. W. Jäckel* auf, außerdem ein Gemälde v. J. K. Liška*, das die Stigmatisierung des hl. Franziskus zum Thema hat. Sehenswert sind auch die spätgot. Madonnenstatue aus dem Jahre 1482 und ein Zinntaufbecken aus der gleichen Zeit.

Kostel svatého Haštala / St. Kastulus (Staré Město/Altstadt, Haštalská náměstí): Urspr. stand an dieser Stelle eine bereits 1234 erwähnte roman. Kirche. Der heutige Bau

St. Kyrill und Method/Neustadt

Heilig-Geist-Kirche, St. Joh. v. Nepomuk

stammt aus dem 14. Jh., und seine got. Elemente sind vor allem in den Seitenschiffen trotz einer Barockisierung erhalten geblieben. In der Sakristei findet man got. Wandmalereien vom Ende des 14. Jh. Außerdem sehenswert ist ein Kalvarienberg aus der Schule des Barockbildhauers Ferdinand Maximilian Brokoff*.

Kostel svatého Havla / St. Gallus (Staré Město/Altstadt, Havelská ulice): Die Kirche wurde 1232–63 als eine der Hauptpfarrkirchen der Altstadt im ehem. *Galliviertel* erbaut. Nach der Überführung der Reliquie (Haupt des hl. Gallus) aus der Schweiz wurde sie im 14. Jh. got. umgebaut. Als sie um 1630 in den Besitz des Karmeliterordens kam, ließen diese das Hauptschiff und die beiden Türme im Barockstil umgestalten. Die geschwungene Fassade wurde 1722/23 v. Paul Ignaz Bayer* nach Plänen von Jan Blažej Santini-Aichel* realisiert. Trotz des Barockumbaus sind im Inneren der Kirche got. Rippengewölbe aus dem 14. Jh. erhalten geblieben. In der linken Seitenkapelle befindet sich ein hölzerner Kalvarienberg mit Kreuzigungsgruppe und den vier Evangelisten, wahrscheinlich eine Arbeit des Bildhauers Ferdinand Maximilian Brokoff* aus dem Jahre 1726. In der rechten Seitenkapelle das Grab des bedeutenden tschech. Barockmalers Karel Škréta* (1604–74). Hinsichtlich des Schöpfers der Gemälde am Hochaltar und des Marienzyklus bestehen in der Forschung verschiedene Auffassungen. Sie werden den Malern Johann G. Heinsch oder J. K. Liška* zugeschrieben. In der Kirche predigten bedeutende Persönlichkeiten wie der Reformator Konrad Waldhauser (1363–69), der 1393 in der Moldau (Vltava) ertränkte und 1729 heiliggesprochene Johannes v. Nepomuk (1380 bis 1390) und 1404 der Reformator Johannes Hus.

Kostel svatého Ignáce / St. Ignatius (Nové Město/Neustadt, Karlovo náměstí): Die Kirche gehört zu dem 1658–1667 an der Stelle v. 23 Häusern und 13 Gärten erbauten Jesuitenkolleg. Dieses zweigeschossige Gebäude an der O-Seite des Karlovo náměstí (→Straßen, Plätze, Märkte) dient seit der Aufhebung des Jesuitenkollegs im Jahre 1773 als Krankenhaus. Beachtenswert sind die beiden *Portale* mit plastischem Schmuck v. Johann J. Wirch (3. Viertel des 18. Jh.).
Die Kirche wurde in den Jahren 1665–70 v. Carlo Lurago* und Domenico Orsi* erbaut. Den viereckigen Turm ergänzte

Kreuzherrenkirche (innen) >

Kreuzherrenkirche

St.-Gallus-Kirche

1686/87 Paul Ignaz Bayer*. Von letzterem Architekten stammt auch der Arkadenportikus an der Fassadenfront. Die Statue auf dem Giebel stellt den hl. Ignatius im Strahlenkranz dar. Sie stammt wie die übrigen Statuen und Stukkaturen von Tomaso Soldatti*. Der Innenraum ist ein Saalbau mit Tonnengewölbe, Seitenkapellen und einem rechtwinkligen Chor. Den aus Kunstmarmor errichteten Hochaltar aus der 2. Hälfte des 18. Jh. schmückt das Gemälde »Die Verherrlichung des hl. Ignatius« v. Johann G. Heinsch. Das Gewölbe in der vorderen rechten Seitenkapelle zeigt ein Fresko mit dem Motiv des Jüngsten Gerichts.

Kostel svatého Jakuba / St. Jakob (Staré Město/Altstadt, Malá Štupartská ulice): Die Kirche gehörte zu dem 1232 v. Wenzel I. gegr. Kloster des Minoritenordens. Den Grundstein dieser urspr. got. Kirche legte König Johann v. Luxemburg 1319 für den Chor und 1335 für das Langhaus. Aber beendet wurde der Bau erst 1374 unter Karl IV. Die dreischiffige hochgot. Basilika mit ihren 2 Türmen ist nach dem Veitsdom der zweitlängste Kirchenbau v. P. Nach einem Brand im Jahre 1689 erfolgte ein Wiederaufbau im Barockstil durch Jan Šimon Pánek. Die 3 großen Stuckgruppen an der Front stammen aus der gleichen Zeit und sind ein Werk des Bildhauers Ottavio Mosto. Sie stellen v. l nach r dar: den hl. Jakobus, den hl. Franziskus und den hl. Antonius. Hier spürt man den Einfluß Lorenzo Berninis. In den Jahren 1736–39 erhielt der Innenraum nach einer hochbarocken Umgestaltung sein heutiges Aussehen mit Pilastern v. Chr. Schatzmann, Stukkaturen von A. Bolla, Deckenfresken v. F. G. Voget, Emporengeländern v. F. Drack und einem mit Plastiken umrahmten Hauptaltar v. Matthias Schönherr. Das Altarbild v. V. V. Reiner zeigt das Martyrium des hl. Jakobus. Auch die übrigen Altäre sind reich verziert und tragen Bilder bedeutender Maler wie Peter Brandl, J. K. Liška* und Johann G. Heinsch. Bes. sehenswert ist eine *Pieta* aus dem 15. Jahrhundert, die zwischen den Säulen des Hauptaltars steht. In der Barockzeit wurde diese Holzplastik als wundertätig bes. verehrt. Das *Grabmal* des Oberstkanzlers Johann Václav Vratislav Graf z Mitrovic im linken Seitenschiff gilt als eine der besten barocken Grabplastiken v. P. Der Architekt Johann Bernhard Fischer v. Erlach* und der Bildhauer Ferdinand Maximilian Brokoff* schufen dieses Meisterwerk, in dem französische und ital. (L. Bernini) Einflüsse verschmelzen. Die Jakobskirche ist die am reichsten und prächtigsten ausgestattete Barockkirche v. P. und auch bekannt für ihre Orgelkonzerte. Das ehemalige Kloster wurde bereits 1841 als Schule umgebaut.

St.-Ignatius-Kirche

Kostel svatého Jana Křtitele na Prádle / St. Johannes d. T. an der Bleiche (Malá Strana/Kleinseite, Říční ulice): Diese bereits 1142 erwähnte frühgot. Kirche war die Pfarrkirche der Ortschaft Újezd, die 1360 in die Kleinseite einbezogen wurde. Das Kirchenschiff ist bei einem Umbau in der Mitte des 13. Jh. entstanden, der Renaissancechor in den Jahren 1641–44. Im Inneren finden sich Reste got. Wandmalereien aus der 2. Hälfte des 14. Jahrhunderts. Vor der Kirche steht eine Plastik des hl. Johannes v. Nepomuk v. Michael Josef Brokoff (1715).

Der Name der Kirche beruht auf der Umwandlung des Gotteshauses in eine Wäscherei im Jahre 1748. Nach ihrer Erneuerung 1935 wurde sie der tschechoslowak. hussitischen Kirche zugesprochen.

Die Kirche wird v. dem tschech. Schriftsteller Jan Neruda (1834–91) in seinen »Kleinseitner Geschichten« erwähnt.

Kostel svatého Jana na Zábradlí / St. Johannes am Geländer (Staré Město/Altstadt, Anenské náměstí): aufgelöst, →Theater, Na Zábradlí.

Kostel svatého Jana Nepomuckého / St. Johannes v. Nepomuk (Hradčany, Kanovnická ulice): Als Klosterkirche der Ursulinerinnen wurde sie 1720–29 v. Kilian Ignaz Dientzenhofer* erbaut. Sie ist der erste Sakralbau dieses bedeutenden Architekten des Hochbarock. Im Jahre 1735 errichtete er auch die daneben liegenden Klostergebäude. Die Kirche ist ein Zentralbau über einem kreuzförmigen Grundriß. Ihr im Jahre 1815 zerstörter Turm wurde 1819 auf die heutige Länge verkürzt. Die Statue an der Kirchenfront zeigt den hl. Johannes v. Nepomuk. Das Deckengewölbe im Inneren trägt Fresken v. V. V. Reiner (1727) mit Motiven aus der Legende des heiligen Johannes v. Nepomuk. Die Altarbilder stammen von Michael L. L. Willmann und J. K. Liška*.
Nach der Aufhebung des Klosters 1784 diente die Kirche erst als Lagerraum, dann als Armeekirche und das Kloster als Kaserne.

Kostel svatého Jana Nepomuckého na Skalce / St. Johannes v. Nepomuk auf dem Felsen (Nové Město/Neustadt, Vyšehradská třída): Die Kirche wurde im Auftrag der Johannes-v.-Nepomuk-Bruderschaft 1730–39 v. Kilian Ignaz Dientzenhofer* im Barockstil erbaut. Diese über dem Straßenniveau gelegene Kirche ist ein polygonaler Zentralbau mit 2 Türmen. Die doppelarmige Freitreppe errichtete Johann Schmidt 1776–78, den plastischen Schmuck schuf Bernard Seeling (ca. 1880).
Das Frontportal säumen 2 mächtige Säulen. Bes. sehenswert in der Kirche: ein Deckenfresko »Glorifizierung des hl. Johannes v. Nepomuk« von Karel Kovář mit seiner Selbstdarstellung als Maler mit Staffelei (1748), die Holzplastik desselben Heiligen auf dem Hauptaltar v. Johann Brokoff* (1683) und die als Modell für die gleichnamige Bronzeplastik auf der Karlsbrücke (→Brücken) diente.

Kostel svatého Jiljí / St. Ägidius (Staré Město/Altstadt, Husova ulice): An dieser Stelle befand sich urspr. eine roman. Kapitelkirche. Der heutige frühgot. Bau wurde im Auftrag des Bischofs Johannes IV. v. Dražice und später v. Erzbischof Ernst v. Pardubitz in den Jahren 1339–71 v. einem unbekannten Architekten errichtet. Sie

St. Jakob, Stuckgruppe (Heiliger Antonius)

ist ein dreischiffiger Saalbau ohne Chor und mit 2 Türmen. Nach einem Brand im Jahre 1432 wurde die Kirche wieder aufgebaut, doch blieb der n Turm unvollendet. Der Architekt František Špaček führte 1733 einen Barockumbau des Innenraumes durch. Dabei blieben ihre Gesamtdisposition sowie das profilierte Portal des s Seitenschiffs und die Wappen der Bauherren v. der got. Kirche erhalten.

Das Deckengewölbe ist mit Fresken v. V. V. Reiner gestaltet. Die reichen Stukkaturen stammen v. Bernardo Spinetti. Der Hauptaltar v. Matthias Schönherr trägt ein Bild mit dem Thema der Gründung des Dominikanerordens von Johann Friedrich Heß (1660).

Die Seitenaltäre sind Arbeiten v. Franz Ignaz Weiß und Johann A. Quittainer, die Beichtstühle schuf Richard Prachner, und die Gemälde sind Werke v. Johann Peter Molitor und V. V. Reiner*. Das Grab v. letzterem Maler befindet sich am Ende des linken Seitenschiffs. Das älteste Stück der Kirche ist ein got. Holzkruzifix vom Anfang des 15. Jh.

In der Zeit der Gegenreformation wurde die Kirche den Dominikanern übergeben, die neben ihr ein großes vierflügeliges Kloster nach den Plänen v. Carlo Lurago* errichten ließen.

Kostel svatého Jindřicha / St. Heinrich (Nové Město/Neustadt, Jindřišská ulice): Die Kirche wurde um das Jahr 1348 als Pfarrkirche für die gleichzeitig gegr. Neustadt Karls IV. erbaut. Sie hat nur einen Turm, der nach einem Brand 1745 sein heutiges barockes Aussehen erhielt. Die urspr. got. dreischiffige Kirche wurde 1738 barockisiert und 1875 v. Josef Mocker* äußerlich regotisiert. Vor dem Eingang steht eine Sandsteinstatue des hl. Johannes v. Nepomuk, die wahrscheinlich Josef Michael Brokoff schuf. Dieser Bildhauer ist der ältere Bruder des berühmten Ferdinand Maximilian Brokoff*. Die an den Außenwänden aufgestellten Grabsteine stammen vom ehem. Friedhof, der um die Kirche angelegt war.

Der 1932 restaurierte Innenraum hat ein v. vier Pfeilern getragenes Kreuzrippengewölbe. Das Gemälde am Hochaltar zeigt die hll. Heinrich und Kunigunde, ein Werk v. Johann G. Heinsch aus dem Jahre 1698. Der Altar des hl. Johannes v. Nepomuk s des Eingangs trägt ein Tafelbild der Muttergottes aus dem 15. Jh. In der s Kapelle der schmerzhaften Muttergottes befinden sich 2 große Gemälde v. V. V. Reiner: Christi Verklärung und Immaculata.

Der *Glockenturm* der Kirche ist etwas ungewöhnlich plaziert. Er steht isoliert auf der

St.-Jakobs-Kirche

St. Johannes v. Nepomuk auf dem Felsen

anderen Straßenseite. Er wurde im spätgot. Stil erbaut (1472–76), diente 1648 bei der Belagerung durch die Schweden als Wehrturm und wurde 1879 v. Josef Mocker* regotisiert.

Bazilika svatého Jiří / St. Georg (Hradčany, Jiřské náměstí): →Profanbauten: Burgen, Pražský hrad S 103.

Kostel svatého Josefa / St. Josef (Malá Strana/Kleinseite, Josefská ulice): Als Kirche des 1656 unter Ferdinand III. gegr. Konvents der unbeschuhten Karmeliterinnen ca. 1686–92 erbaut. Die Urheberschaft ist noch nicht ganz geklärt. Sie wird Abraham Parigi oder Ignatius v. Leuven zugeschrieben. An dem Zentralbau mit Kuppel ist bes. beachtenswert die Fassade im Stil des niederländischen Barock. Die Statuen an der Frontfassade v. Matthäus Wenzel Jäkkel* sind Darstellungen der heiligen Josef, Theresa v. Ávila und Johannes vom Kreuz. Vom selben Künstler stammt auch der bildhauerische Schmuck im Inneren der Kirche. Die Altäre sind Arbeiten des Prager Tischlers Markus Nonnenmacher. Über dem Hauptaltar hängt ein Bild der heiligen Familie v. Peter Brandl* aus dem Jahre 1702. Von ihm stammt auch das Bild der hl. Theresa, der Schutzpatronin des Ordens.

Urspr. stand auf dem Gelände der Kirche der 1419 v. den Hussiten niedergebrannte Bischofshof. Nach der Aufhebung des Karmeliterinnenordens 1782 wurde das Kloster (Gebäude Nr. 4/CN 43) Sitz des Ordens der Englischen Fräulein und nach dem Jahre 1920 das Finanzministerium.

Kostel svatého Josefa / St. Josef (Nové Město/Neustadt, Náměstí republiky Nr. 2CN 1077): Als Klosterkirche des 1630 v. dem Grafen G. v. Questenberg gegr. Kapuzinerklosters in den Jahren 1636–53 v. dem Architekten Melchior Mayer erbaut. Die Kirche mit ihrem kleinen Vorhof ist durch eine hohe Mauer v. direkten Einblikken und dem Lärm der Straße geschützt. In der Mauer stehen 2 große *Nischenfiguren* aus Sandstein v. F. Preiß: der hl. Johannes v. Nepomuk (1719) und der hl. Franziskus Seraphicus (1708), die sich bis 1855 auf der Karlsbrücke befanden. Die 2 Engel im Vorhof gehörten zu der letztgenannten Figur. Links davon befindet sich ein Standbild des hl. Judas Thaddäus aus dem Jahre 1741.
In dem schlichten Innenraum mit Tonnengewölbe hängen u. a. 2 Gemälde v. Karel Škréta* (1653): der heiligen Antonius v. Padua und der hl. Felix v. Cantalice. Der Rokokoaltar auf der linken Seite enthält eine

St.-Ägidius-Kirche

St.-Heinrich-Kirche, Glockenturm

Darstellung des Leidens des heiligen Fidelis.

Unter der Grabplatte in der Raummitte befindet sich die Gruft des volkstümlichen österreichischen Heerführers W. L. Radetzky.

Das Kloster wurde 1795 aufgehoben, 1833 zurückgegeben, und im 19. Jh. erbaute man nach dem Abriß der Klostergebäude eine Kaserne.

Kostel svatého Karla Borromejského pod Petřínem/St. Karl Borromäus (Malá Strana/Kleinseite, Vlašská ulice): →Straßen, Plätze, Märkte.

Karlov/Karlshof (Nové Město/Neustadt, Ke Karlovu Nr. 1/CN 453) →Sakralbauten: Kirchen, Kostel Nanebevzetí Panny Marie a Karla Velikého/St. Mariä Himmelfahrt und des Kaisers Karl d. Gr.

Kostel svaté Kateřiny/St. Katharina (Nové Město/Neustadt, Kateřinská ulice): Als Klosterkirche des 1354 v. Karl IV. aus Dankbarkeit für seinen errungenen Sieg bei San Felice in Italien (1332) gegr. Klosters des Ordens der Augustinerinnen erbaut (1355-67). Während der hussitischen Aufstände (1420) zerstört, 1518-22 wieder aufgebaut, wurde sie schließlich in den Jahren 1737-41 v. Kilian Ignaz Dientzenhofer* und František Maximilián Kaňka* neu errichtet. Ungewöhnlich ist der Gegensatz zwischen ihrem achteckigen got. Turm und ihrer sonstigen Barockgestalt. In der Kirche befinden sich Deckenfresken v. V. V. Reiner mit Motiven aus dem Leben der hl. Katharina.

Das bereits 1715-30 v. František Maximilián Kaňka* barockisierte Kloster wurde 1787 aufgehoben und dient seit 1822 als Krankenhaus. In der Kirche befindet sich heute das *Lapidarium* des Museums der Hauptstadt P. Die Kirche ist zur Zeit nicht zugänglich.

Kostel svatého Klimenta/St. Clemens (Staré Město/Altstadt, Karlova ulice): Die in den großen Gebäudekomplex des Clementinums (→Sakralbauten: Klöster, Clementinum) einbezogene Kirche hatte einen ro-

< St. Josef, Neustadt, Statue Franziskus Seraphicus

man. Vorgängerbau, der seit Anfang des 13. Jh. im Besitz der Dominikaner war. Erst 1556 wurde sie v. den Jesuiten übernommen, die in den Jahren 1711–15 die heutige Barockkirche errichteten. Baumeister war wahrscheinlich František Maximilián Kaňka*. Es handelt sich bei dem Bau um eine Wandpfeilerkirche mit einem zweijochigen Langhaus, einem Chor und einem Vorraum. Die Säulen im Inneren tragen Gemälde Ignaz Raabs und Sandsteinstatuen der 4 Evangelisten v. Matthias Bernhard Braun*. Von diesem Bildhauer stammt auch die übrige plastische Ausstattung. Die Deckenfresken mit Szenen der Clemens-Legende schuf Johann Hiebl (1716). Den Hauptaltar an der Rückwand gestaltete Josef Kramolín* als gemalte Illusionskulisse. Das Altarbild des hl. Leonhard malte Peter Brandl* 1770.
Heute dient die Kirche der griechisch-kath. Kirche als Gotteshaus.

Kostel svatého Klimenta na Poříčí / St. Clemens am Poříčí (Nové Město/Neustadt, Klimentská ulice): Als Kirche der ehem. Siedlung Újezd im 11. Jh. erbaut, wurde sie ab 1226 die erste Prager Niederlassung des Dominikanerordens. Im 3. Viertel des 14. Jh. erfolgte ein got. Umbau. Das Gewölbe entstand erst 1578. Als die Kirche 1850 für die ev. Kirchengemeinschaft helvetischer Konfession umgestaltet wurde, war sie schon seit 1784 nicht mehr benutzt worden. Nach einer Regotisierung in den Jahren 1893–94 führte man in den Jahren 1975–80 eine Generalrekonstruktion durch. Seit 1918 ist sie im Besitz der Böhm. Brüder.

Rotunda svatého Kříže / Heilig-Kreuz-Rotunde (Staré Město/Altstadt, Karolíny Světlé): Diese roman. Rotunde ist eine der letzten noch erhaltenen Rundkirchen, die den Weg v. der Prager Brücke (→Brücken, Karlův most) zum Vyšehrad (→Profanbauten: Burgen) und sogar bis S-Böhmen säumten.
Die Laterne dieser ca. 1100 erbauten Rotunde hat 4 Fenster mit einfachen Säulen. Das neuroman. Gitter ringsum wurde erst 1865 nach einem Entwurf Josef Mánes* gegossen. In dieser Zeit erfolgte auch eine umfassende Restaurierung durch den Architekten Ignác Ullmann und dem Maler Bedřich Wachsmann. Die got. *Wandmalerei* im Inneren mit dem Motiv »Krönung Mariens« aus dem 14. Jahrhundert wurde 1874 restauriert und teilweise erneuert. In der Apsis und auf dem Triumphbogen findet man Malereien v. Peter Maixner (1870).

Kirche St. Josef, Neustadt

Heilig-Kreuz-Rotunde

Longinus-Rotunde

Heute dient das Gotteshaus der altkath. Kirche.

Kostel svatého Kříže / Heilig-Kreuz-Kirche (Nové Město/Neustadt, Na příkopě): →Straßen, Plätze, Märkte.

Rotunda svatého Longina / Longinus-Rotunde (Nové Město/Neustadt, Na Rybníčku): Diese Rundkirche wurde in der 2. Hälfte des 12. Jh. als Pfarrkirche des Dorfes Rybníček erbaut. Das Dorf wurde 1348 in die soeben gegr. Prager Neustadt einbezogen. Die Rotunde war dem hl. Stephanus geweiht, bis in ihrer unmittelbaren Nähe eine große →St.-Stephans-Kirche entstand. Danach weihte man sie dem hl. Longinus.
Dieser roman. Bau aus Plänerkalkquadern hat got. Maßwerkfenster aus dem 14. Jh. und eine im Barockstil neugestaltete Laterne. Im Inneren befindet sich ein schöner Barockaltar v. 1762.
Zwischen 1782 und 1844 erfüllte die Rotunde keine kirchliche Funktion, sondern wurde als Lagerraum genutzt. Anschließend erweiterte man den wieder als Kirche dienenden Bau um ein Langhaus, das bei der Restaurierung im Jahre 1929 abgerissen wurde.

Loreta / Loreto-Heiligtum (Hradčany, Loretánské náměstí): Der heutige Gebäudekomplex des Loreto ist in zahlreichen Bauetappen entstanden. Das erste Gebäude war die *Casa Santa,* die auch das religiöse Zentrum der Wallfahrt ist. Nach dem Sieg der kath. Liga in der Schlacht am Weißen Berg (Bílá Hora) 1620 stiftete Benigna Katharina v. Lobkowitz das 1626–31 v. dem Baumeister Giovanni Orsi und seinen Nachfolgern O. Allio und Silvestre Carlone erbaute Marienheiligtum, die Casa Santa. Es ist eine Kopie des Hauses der Jungfrau Maria, das der Legende nach v. Engeln aus Nazareth nach Loreto in Italien gebracht wurde.
Urspr. waren die Außenwände bemalt. Die figuralen Stukkaturen stammen erst aus

Loreto-Heiligtum >

Loreto, Casa Santa

den Jahren 1664/65 und sind ein Werk der Bildhauer Jacopo Agosto, Giovanni Battista Colombo und Giovanni Battista Cometa. Dargestellt sind die Propheten des Alten Testaments und Szenen aus der Marienlegende.
Im fensterlosen Inneren befindet sich ein silberner Altar mit einer Marienstatue aus dem 3. Viertel des 17. Jh. Der Freskenzyklus wurde erst Ende des 18. Jh. hinzugefügt. Der die Casa Santa umgebende Arkadenumgang wurde in den Jahren 1634–65 errichtet. Die 45 Felder des unteren Umgangs tragen Deckenfresken mit Motiven der *Lauretanischen Litanei* v. Felix Anton Scheffler (1750). Dabei handelt es sich um ein frühmitteltalterliches Flehgebet, das den Namen v. seiner Anwendung bei Prozessionen im ital. Loreto hat und bis heute in der kath. Kirche gebräuchlich ist. Im Innenhof stehen 2 barocke Brunnen, die mit Kopien der Statuengruppen »Mariä Himmelfahrt« und »Auferstehung Christi« v. Johann Michael Brüderle geschmückt sind. Die Originale stehen im städtischen Lapidarium. In der SO-Ecke des Kreuzgangs, der ca. 1740 v. Kilian Ignaz Dientzenhofer* um die 1. Etage erweitert wurde, befindet sich eine Heilig-Kreuz-Kapelle v. 1691 mit einem Deckenfresko der Jungfrau Maria und des hl. Dismas. An der O-Seite ersetzten Kilian Ignaz Dientzenhofer* und Johann Georg Aichbauer* eine 1661 erbaute St.-Anna-Kapelle durch den Bau der barocken Christi-Geburt-Kirche (Kostel Narození Páně) in den Jahren 1734–35. Die Gestaltung des dreijochigen Innenraums ist künstlerisch bes. beachtenswert. Das Deckengemälde im Presbyterium v. V. V. Reiner behandelt das Thema »Christus im Tempel« (1735). »Die Anbetung der Hl. Drei Könige« und die »Anbetung der Hirten« sind Arbeiten v. Johann Adam Schöpf (1742). Das Altarblatt »Christi Geburt« stammt v. dem Maler Johann Georg Heinsch, die Gemälde der hl. Apolena (l) und der hl. Agathe (r) auf den Seitenaltären schuf Anton Kern. Die Wände wurden v. Johann Hennevogel mit Kunstmarmor belegt. Die Holzstatuen und vergoldeten Schnitzereien sind ein Werk v. Matthias Schönherr (1736–37), die Orgel stammt v. dem Orgelbauer Josef Helwig (1734–38).
Die in der NO-Ecke liegende Kapelle des hl. Josef aus dem Jahre 1691 schmückt eine Deckenmalerei mit einem Christusmotiv, wahrscheinlich v. F. A. Scheffler. Von diesem Maler stammt wahrscheinlich auch das Marienfresko unter der Decke der NW-Kapelle der Anna selbdritt. In der SW-Kapelle zur Schmerzensreichen Muttergottes aus dem Jahre 1685 befinden sich 2 schöne Rokokoaltäre und ein Deckengemälde mit der Darstellung der Grablegung Christi. In der Mitte des s Umgangs steht die Kapelle des hl. Antonius vom Anfang des 19. Jh. Ihr gegenüber in der Mitte der N-Seite wurde zur gleichen Zeit die Franziskus-Kapelle erbaut. Ausgestattet ist sie mit Plastiken v. Matthäus Wenzel Jäckel und einem Altarbild v. Peter Brandl*.
Die gewaltige Frontfassade wurde erst nachträglich v. Christoph Dientzenhofer* und seinem Sohn Kilian Ignaz Dientzenhofer* 1721–24 im Barockstil erbaut. Der Vater erlebte die Fertigstellung nicht mehr. Der Skulpturenschmuck an der Fassade stammt v. Johann Friedrich Kohl. Dargestellt sind unter anderem im Dachzonenbereich der Englische Gruß, eine vor ihrem

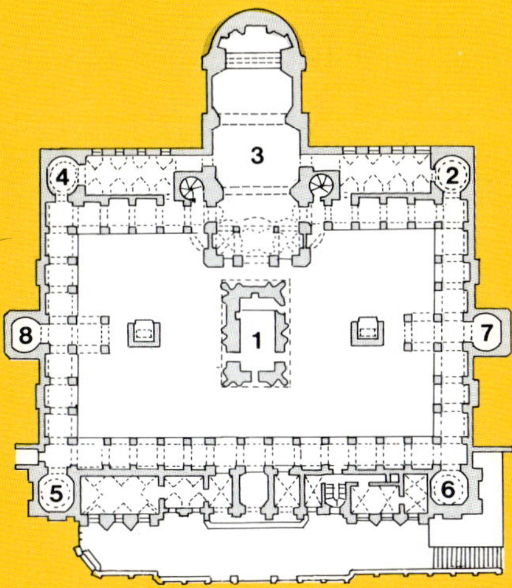

Loreta / Loreto-Heiligtum 1 Casa Santa **2** Heilig-Kreuz-Kapelle **3** Christi-Geburt-Kapelle **4** Kapelle des hl. Josef **5** Kapelle der Anna selbdritt **6** Kapelle zur Schmerzensreichen Muttergottes **7** Kapelle des hl. Antonius **8** Franziskus-Kapelle

Betpult kniende Maria und der ihr die Botschaft bringende Engel. Auf der Balustrade stehen Plastiken der 4 Evangelisten und über dem Portal Josef (l) und Johannes d.T. (r). Die Putti auf der Terrasse sind Arbeiten v. Andreas Philipp Quittainer, dem Vater des bedeut. Johann Anton Quittainer*. Eine besondere Attraktion ist das im frühbarocken Turm befindliche *Glockenspiel,* das 1694 v. Peter Naumann geschaffen wurde. Dazu verwendete er 27 v. K. Fromm in Amsterdam gegossene Glocken. Mit der Klaviatur im Turm kann man auf diesen Glocken frei spielen. Doch werden sie normalerweise v. einem Uhrwerk bewegt und lassen stündlich das Marienlied »Sei tausendmal gegrüßt« erklingen.

In der 1. Etage des Arkadenumgangs befindet sich die *Schatzkammer* des Loreto-Heiligtums, die 1962 erneuert wurde. Hier sind ca. 300 Monstranzen und andere liturgische Geräte sowie Gewänder aus dem 16. bis 18. Jh. ausgestellt. Das berühmteste Exponat ist die sog. *Diamantenmonstranz.* Den Auftrag erteilte die Gräfin Ludmilla Eva v. Kolowrat. Angefertigt wurde sie 1698 nach einem Entwurf v. Johann Bernhard Fischer v. Erlach* v. dem Goldschmied Johann Baptist Känischbauer und dem Juwelier Matthias Stegner. Sie ist aus vergoldetem Silber gefertigt und mit 6222 Diamanten besetzt - ein künstlerisches Meisterwerk. Das älteste Objekt ist ein got. Kelch aus vergoldetem Silber; seinen reichverzierten Fuß schmücken Emailmedaillons (1510).
Die Öffnungszeiten sind täglich, außer Mo: vormittags 9-12 Uhr und nachmittags 13-17 Uhr.

Kostel svaté Ludmily / St. Ludmilla (Nové Město/Neustadt. Náměstí míru): Die Kirche inmitten des Platzes wurde 1883–93 v. Josef Mocker* als neugot. dreischiffige Basilika erbaut. Sie hat eine doppeltürmige W-Fassade. Das Tympanon des Hauptportals wurde nach Entwürfen von Josef Myslbek* gearbeitet. Die Giebelstatuen stammen v. den Künstlern Ludvík Šimek, Bernard Seeling, F. Hergessel und Antonín Procházka. Dargestellt sind die böhm. Schutzheiligen: Ludmilla, Cyrill und Methodius, Prokop und Adalbert. Im Inneren des neugot. Ziegelbaus zieren Malereien v. J. Jobst die Wände. Die Fenster sind nach Entwürfen v. František Sequens, František Ženíšek, A. Liebscher und F. Urban gestaltet.

Kostel Panny Marie na Slovanech / Marienkirche bei den Slawen (Nové Město/Neustadt, Vyšehradská třída): →Sakralbauten: Klöster, Klášter Emauzy na Slovanech.

Kostel Panny Marie na Slupi / Kirche der Jungfrau Maria auf der Säule (oder: auf dem Rasen; Nové Město/Neustadt, Na Slupi): Sie wurde als Klosterkirche des Servitenordens in den Jahren nach 1360 im got. Stil erbaut. Bemerkenswert ist ihr quadratisches Schiff, das in den Jahren 1436 bis 1480 eine neu eingewölbte Decke erhielt. Der Architekt Bernard Grueber gestaltete die Kirche 1858–63 im Stil der Neugotik um und stattete sie mit Mobiliar des gleichen Stils aus. Der Innenraum besitzt eine zentrale Mittelstütze. Das Hauptaltarbild stammt v. L. Kuppelwieser.
Die Klostergebäude wurden nach ihrer Zerstörung während des Dreißigjährigen Krieges in den Jahren 1666–1726 wieder aufgebaut. Das Kloster wurde 1785 aufgehoben und Mitte des 19. Jahrhunderts durch den heutigen neugotischen Bau von Bernard Grueber ersetzt. An dieser Stelle befindet sich ein Forschungsinstitut der Karlsuniversität.

Kostel Panny Marie na Strahově / Mariä-Himmelfahrt-Kirche (Hradčany, Strahovské nádvoří): →Sakralbauten: Klöster, Strahovský klášter.

Kostel Panny Marie pod řetězem / St. Maria unter der Kette (Malá Strana/Kleinseite, Lázeňská ulice): Die Kirche wurde als Bestandteil des mit Mauern umwehrten Gebäudekomplexes der Kommende des Johanniterordens 1169 v. Vladislav I. als dreischiffige Basilika erbaut. Überreste dieser roman. Kirche findet man im heutigen Innenhof und im rechten Seitenschiff der Kirche. Ca. 1250 wurde dieser Kirchenbau nach Abbruch der Apsiden durch einen

Loreto, Casa Santa (innen)

frühgot. Chor vergrößert. Doch schon 100 Jahre später riß man die Basilika ab, um an ihrer Stelle eine prächtigere, hochgot. Kirche zu errichten. Fertiggestellt wurden jedoch nur die Fassade, die 2 viereckigen Türme und die Vorhalle, deren Zinnenschmuck erst im Jahre 1836 entstand. Die Reste der bereits abgerissenen roman. Kirche bilden den heutigen Kircheninnenhof. Der obere Teil der Türme wurde 1519 abgetragen. Die Kirche wurde durch einen Umbau des ehem. frühgot. Chores an der Wende vom 16. zum 17. Jh. errichtet. Ihr barockes Äußeres erhielt sie durch den Baumeister Carlo Lurago* 1640–60.
Zur bildnerischen Ausstattung des Innenraumes tragen vor allem der Hauptaltar v. J. P. Benda mit reichen Holzschnitzereien und 2 Gemälde des bedeutendsten böhm. Barockmalers Karel Škréta* bei: »Jungfrau Maria und Johannes der Täufer beteiligen sich an der Verteidigung v. Malta 1565« und »Enthauptung der hl. Barbara«. In den Jahren 1965–85 erfolgte eine umfassende Restaurierung der Kirche.

Kostel Panny Marie před Týnem / Teynkirche oder Kirche der Jungfrau Maria vor dem Tein (Staré Město/Altstadt, Staroměstské náměstí/Altstädter Ring): Nach dem Veitsdom (→Profanbauten: Burgen, Pražský hrad) ist die Teynkirche der zweitbedeutendste Sakralbau in P. Ihr Charakteristikum sind die beiden die Altstadt überragenden Türme. Mit ihrem Bau wurde 1370 v. den Baumeistern Peter Schmelzer und Otto Schauffler an der Stelle einer älteren roman. Kirche begonnen. Diese bereits 1135 erwähnte roman. Kirche gehörte zum Spital für fremde Kaufleute im heutigen Týn (Teynhof oder Ungeld). So erklärt sich, daß der mächtige Bau der Teynkirche hinter der viel kleineren, aber älteren Häuserfassade am Altstädter Ring steht. Im Jahre 1380 übernahm die Dombauhütte Peter Parlers* die Fortsetzung des Baus der dreischiffigen got. Basilika, v. der die Seitenschiffe und die Stirnwand bereits fertiggestellt waren. Zuerst entstand eine Fensterwand, dann das Gewölbe des Hauptschiffs, das Frontfenster und der flache Chorabschluß. Beachtenswert ist das künstlerisch reichgestaltete n Seitenportal (17) Parlers, das im Tympanon eine plastische Darstellung der Leidensgeschichte Christi aufweist (Original heute in der Nationalgalerie). Doch konnte auch Peter Parler* das Bauwerk nicht beenden. Während der revolutionären Bewegung der Hussiten wurde der Weiterbau der Kirche unterbrochen. Trotzdem wurde sie ca. 1419 zur Hauptkirche der böhm. Utraquisten erklärt. Im Jahre 1457 wurde die Arbeit mit dem Bau des Mittelschiffdaches fortgesetzt. Der N-Turm entstand in den Jahren 1463 bis 1466, wurde 1819 durch einen Brand zerstört und 1834/35 originalgetreu nachgebildet. Den S-Turm hingegen errichtete man in den Jahren 1506–11. Nach einem Brand 1679 wölbte man das Hauptschiff frühbarock ein. In den Seitenschiffen blieb das got. Gewölbe erhalten.
Im Inneren der Kirche stehen got. und barocke Elemente in lebhaftem Kontrast zueinander. In der 1. Arkade des rechten Seitenschiffs befindet sich ein Wenzelaltar (1) v. 1664 mit Statuen v. Johann Georg Bendl.

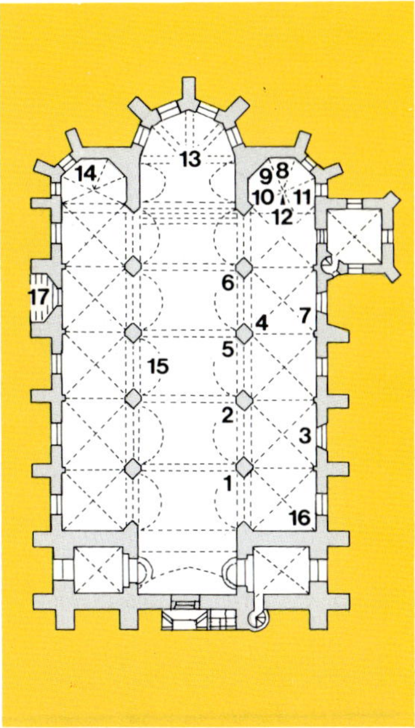

Kostel Panny Marie před Týnem / Teynkirche (Nummern-Referenzen im Text)

St. Maria unter der Kette (Türme)

In der nächsten Arkade steht hinter dem Stammbaum-Christi-Altar (2) v. 1691, geschmückt mit einem Gemälde v. Johann G. Heinsch, ein Altar der hl. Anna (3) v. 1706. Rechts neben der plastisch verzierten got. Kanzel (4) v. ca. 1450 sieht man den Altar Johannes d.T. (5) mit einem geschnitzten Renaissanceschrein und einem Holzrelief »Taufe Christi« v. ca. 1600. Hinter der Kanzel, in der 4. Arkade, befindet sich hinter dem Altar »Christus am Ölberg« (6) das *Grabmal des dänischen Astronomen Tycho Brahe* (1546–1601), der 1599 als Hofastronom v. Kaiser Rudolf II. nach Prag gekommen war (→Straßen, Plätze, Märkte: Pohořelec Nr. 2/CN 118). Bes. wertvoll ist eine got. Sitzmadonna mit Jesuskind (7) aus Lindenholz auf einem neugot. Altar. Der Thron, die Krone und das Zepter wurden erst 1869 hinzugefügt. Im Chorabschluß des r Seitenschiffs steht ein Altar der Schmerzhaften Muttergottes (8), v. Bedřich Wachsmann entworfen und mit

< *St. Ludmilla*

Gemälden v. Antonín Lhota ausgestattet (ca. 1860). Links v. ihm ein Altar der hl. Barbara (9) mit einem Gemälde v. Karel Škréta* und die Marmorgruppe Cyrillus und Methodius (10) v. Emanuel Max aus dem Jahre 1847. An der Wand gegenüber sieht man eine Sedilie (11) mit einem Maßwerkrahmen, der v. Kopfkonsolen getragen wird. Es sind Porträtdarstellungen eines Königs und einer Königin. Diese Arbeit stammt aus der Parler*-Hütte (ca. 1390). Davor steht das zweitälteste böhm. Zinntaufbecken (12) auf 3 Krallenfüßen, geschmückt mit einem Relief der 12 Apostel (1414). Der Deckel mit der kleinen Statue datiert erst aus dem Jahre 1846. Der Hochaltar (13) v. 1649 trägt 2 Gemälde des bedeutenden Barockmalers Karel Škréta*: »Mariä Himmelfahrt« und »Hl. Dreifaltigkeit«. Im Chorabschluß des linken Seitenschiffs findet man auf einem Altar v. 1762 eine wertvolle hölzerne Kreuzigungsgruppe (14), die wahrscheinlich noch aus der vorhussitischen Zeit stammt (ca. 1400). Der spätgot. Baldachin (15) in der mittleren Ar-

kade wurde 1493 v. Matěj Rejsek aus Pístor in Stein gearbeitet; unter ihm befindet sich ein neugot. Altar.
Eine kleine Kuriosität verbirgt sich in der 1. Arkade des rechten Seitenschiffs: Über einem Altar befindet sich r oben ein Fenster (16) das zur Wohnung der Familie Kafka in der Celetná ulice (→Straßen, Plätze, Märkte) Nr. 3/CN 602 gehörte. In diesem Zimmer mit Blick in die Teynkirche hat der Prager Schriftsteller Franz Kafka Teile seines Romans »Der Prozeß« geschrieben.
Der 1463 errichtete W-Giebel war mit der Statue des Hussitenkönigs Georg v. Podiebrad und einem goldenen Kelch geschmückt, bis er im Jahre 1626 durch eine Marienstatue v. Hieronymus Barthel ersetzt und der Kelch zu einem Strahlenkranz umgearbeitet wurde. Zur Zeit der hussitischen Revolution war die Teynkirche die Hauptkirche der Reformbewegung (ihr Symbol war der Kelch). Ab der Mitte des 14. Jh. predigten hier so bedeutende Reformatoren wie Konrad Waldhauser und Jan Milíč z Kroměříže und ab 1424 der zum späteren hussitischen Erzbischof ernannte Jan Rokycana.

Kostel Panny Marie Sněžné / Maria-Schnee-Kirche (Nové Město/Neustadt, Jungmannovo náměstí/Jungmannplatz): Die 1379 bis 1397 erbaute Kirche gehörte zu dem 1347 v. Kaiser Karl IV. gegr. Kloster der Karmeliter. Geplant als dreischiffige Basilika mit einer Länge v. 100 m, sollte sie Karl IV. als Krönungskathedrale dienen. Obwohl der Bau in dieser Form nie durchgeführt wurde, ist sie mit ihrer Höhe v. über 30 m die höchste Kirche v. P. Man begann mit dem Bau des hohen Chores, der heute allein die Kirche bildet. So erklärt sich ihre zwar sehr hohe, aber unverhältnismäßig kurze Gestalt.
Der N-Turm der Kirche wurde Anfang des 15. Jh. erbaut. Das geplante dreischiffige Langhaus wurde zwar begonnen, aber nie beendet. Heute findet man noch got. Mauerteile des urspr. geplanten n und s Seitenschiffs in den Barockkapellen im Vorhof. An der N-Seite des Chors befinden sich die Überreste der Wände einer kleineren Kirche, die den Karmelitern vor dem Bau der Maria-Schnee-Kirche gedient hat (ca. Mitte des 14. Jahrhunderts). Davor steht ein Portal aus der gleichen Zeit (meistens verschlossen). In seinem Tympanon sind dargestellt: der Lebensbaum, Karl IV. und seine Frau Blanche v. Valois und die Krönung Mariens.
Der Weiterbau der Maria-Schnee-Kirche wurde während der hussitischen Revolution unterbrochen. Als Zentrum des radika-

St. Maria unter der Kette (Portal)

Teynkirche, Türme

len Flügels der Hussitenbewegung hat sie eine große historische Bedeutung erlangt. Hier predigte Jan Želivský, der einer der Anführer der Bewegung war. Am 30.7. 1419 war hier der Ausgangspunkt der Prozession, die zum Neustädter Rathaus (→Profanbauten: öffentliche Gebäude, Novoměstská radnice) zog, wo es zum berühmten 1. Prager Fenstersturz kam. Der Leichnam des hingerichteten Jan Želivský wurde 1422 in dieser Kirche begraben. Im 16. Jh. verödete das Gotteshaus; Fassade und Wölbung stürzten teilweise ein. Im Jahre 1606 wurde sie dem Franziskanerorden übergeben, der die Kirche wieder aufbaute. Es entstanden das Netzgewölbe der Decke im Renaissancestil, die Stirnwand und später ein Pfarrgebäude (1788) vor der Kirche, wodurch der Vorhof in seiner heutigen Form geschlossen wurde.

Im Hof vor dem Eingangsportal stehen 2 Plastiken v. J. Ulrich Mayer aus dem Jahre 1715: der hl. Johannes v. Nepomuk und der hl. Petrus v. Alcántara. Die Kirchenfront schmückt ein Mosaik mit einer Mariendarstellung v. V. Foerster.

Im Inneren ist der *Hauptaltar* bes. sehenswert. Er ist als Portalkulisse gestaltet und gilt als der größte v. P.; an ihm wurde um 1625 gearbeitet. Beeindruckend ist auch die Höhe des einschiffigen stützenlosen Raumes. Der 1. Seitenaltar trägt das Gemälde »Mariä Verkündigung« v. V. V. Reiner (1724). Das zinnerne Taufbecken entstand i. J. 1459.

Die ehem. Klostergebäude liegen an der S-Seite der Kirche. Sie wurden zur Zeit der Klostergründung 1347 erbaut und haben heute ein barockes Äußeres v. einem Umbau im 17. Jh. Die got. Kellergewölbe kann man in der Weinstube »U Františkáû« (»Bei den Franziskanern«) sehen. Sie ist zu erreichen durch den r vom Kirchenhof gelegenen *Františkánská zahrada* (Franziskanergarten), der auch eine Verbindung zu den Straßen Palackého und Vodičkova und dem Václavské náměstí/Wenzelsplatz herstellt. Vor der Kirche steht das *Standbild Josef Jungmanns* auf dem nach ihm benannten Platz Jungmannovo náměstí. Der Sprachwissenschaftler, Schriftsteller und Übersetzer Jungmann (1773–1847) gilt als der Begründer der modernen tschech. Literatursprache. Die Statue wurde 1878 v. Ludvík Šimek, der Sockel v. Antonín Barvitius geschaffen.

Chrám Panny Marie Vítězné / St. Maria de Victoria (Malá Strana/Kleinseite, Karmelitská ulice): Das Gotteshaus wurde als 1. barocker Kirchenbau v. P. in den Jahren 1611–13 v. dt. Lutheranern als Dreifaltig-

Teynkirche, spätgotischer Baldachin

Teynkirche, Altar Johannes der Täufer

keitskirche nach dem Vorbild der Kirche Santa Trinità dei Monti (Rom) errichtet. Damals befand sich ihr Eingang im W, dem heutigen Chor, mit Ausblick auf den Berg Petřín. Der Umbau erfolgte im Auftrag der Unbeschuhten Karmeliter, denen die Kirche nach dem Sieg des kath. Heeres der Habsburger in der Schlacht am Weißen Berg (Bílá Hora) 1624 übergeben wurde. Der Chor wurde in den W-Teil verlegt und die der Straße zugewandte Frontfassade in den Jahren 1636–40 v. einem unbekannten Architekten erbaut. Der Turm entstand erst 1669. Von der urspr. Kirche blieben nur ein Portal (rechte Seite der Frontfassade) und im Inneren ein marmornes Taufbecken erhalten. Berühmt ist die Kirche durch die Wachsfigur des *Prager Jesuleins* (Bambino di Praga), die noch heute das Wallfahrtsziel vieler Katholiken ist.

Die ca. 60 cm hohe Figur wurde v. einer spanischen Prinzessin nach P. gebracht und v. deren Tochter Polyxena v. Lobkowitz 1628 der Kirche geschenkt. Als wundertätig verehrt, ist sie mit wertvollen Votivgaben ausgestattet und im Besitz kostbarer Kleider. Eines soll eine Handarbeit der Kaiserin Maria Theresia sein. Der Silberschrein, in dem sich die Wachsfigur befindet, ist eine Arbeit des Goldschmiedes J. Pakeni aus dem Jahre 1741. Das Heiligtum befindet sich an der rechten Seite über einem Altar aus Kunstmarmor v. F. M. Lauermann (1776) mit plastischem Schmuck v. Peter Prachner. Der Hauptaltar stammt v. Johann Ferdinand Schor (1723), die Kanzel und Seitenaltäre schufen der Schreiner Markus Nonnenmacher und der Schnitzer Johann L. Schleiermann (ca. 1680), 3 Altarblätter sind Arbeiten v. Peter Brandl (ca. 1720).

Chrám Panny Marie Vítězné / St. Maria de Victoria auf dem Weißen Berg (Řepy, Bílá Hora): Nach dem Sieg der Habsburger über die böhm. Stände in der Schlacht am Weißen Berg im Jahre 1620 wurde 1622 an dieser Stelle eine Kapelle errichtet. Der Maler Christian Luna gründete 1704 eine Bruderschaft, die zum Ziele hatte, die Kapelle in eine Wallfahrtskirche umzugestalten. Der Umbau in die heutige Kreuzkuppelkirche erfolgte in den Jahren 1704–14 durch einen unbekannten Architekten. Der die Kirche umgebende Kreuzgang wurde 1717–29 hinzugebaut. Die dort befindlichen Gewölbemalereien stammen von Johann A. Schöpf (1728). Das Kuppeldekkenfresko »Mariä Himmelfahrt« im Kircheninneren malte Cosmas Damian Asam* 1728. Das Deckengemälde in der S-Kapelle stammt v. V. V. Reiner (1718), das in der N-

Teynkirche, Grabmal Tycho Brahe

Teynkirche, Hauptaltar

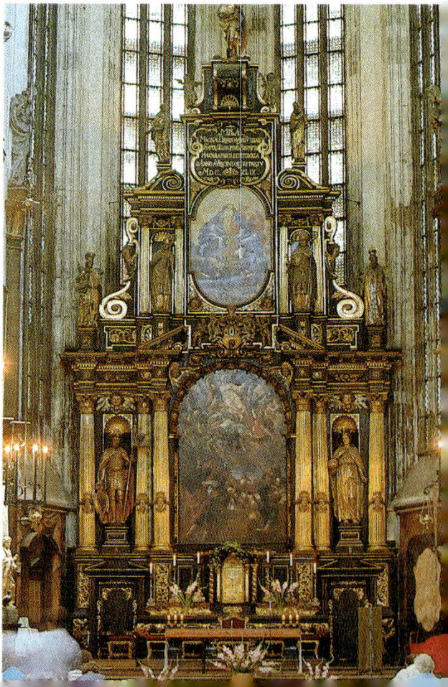

Kapelle v. Johann A. Schöpf (1728). Beides sind Darstellungen aus der Marienlegende. Auf dem Giebel des Hauptportals (1710) steht eine Statuengruppe »Mariä Verkündigung« v. Johann Ulrich Mayer (1729). Die Kirche befindet sich direkt an der Endhaltestelle der Straßenbahnlinie Nr. 22, in die man im Zentrum in Richtung Řepy z. B. an der Národní třída und am Malostranské náměstí einsteigen kann.

Interessant ist auch die n der Kirche gelegene *Gedenkstätte,* die an die Schlacht am Weißen Berg erinnert. Am 8. 11. 1620 kam es hier zum entscheidenden Kampf zwischen dem Heer der böhm. Stände und dem der Habsburger. Mit der Niederlage der böhm. Stände wurde nicht nur der sog. Böhm. Krieg entschieden, sondern auch die Geschichte Böhmens für die folgenden 300 Jahre. Diese Zeit wird auch »Temno« (»Dunkelheit«) genannt.

Von diesem Punkt überblickt man das damalige Gebiet des Schlachtfeldes, das zum Nationalen Kulturdenkmal erklärt wurde.

An der Karlovarská ulice Nr. 4/CN 1 steht das Gebäude eines *Gasthauses.* Es wurde v. den Serviten mit der Absicht einer Klostergründung 1628 errichtet, aber nie seiner Bestimmung zugeführt.

Bes. sehenswert ist das in einem ehem. Wildpark gelegene *Schloß Hvězda (Stern)* (→Profanbauten: Palais, Schlösser), das sich in der Nähe befindet. Dorthin gelangt man am einfachsten mit der Linie 22, wenn man an der Haltestelle Vypich aussteigt und den Weg bis zum Eingangstor des Parks zu Fuß zurücklegt.

Kostel Panny Marie u Kajetánů / Kirche der Jungfrau Maria v. der immerwährenden Hilfe bei den Kajetanern (Malá Strana/Kleinseite, Nerudova ulice): →Straßen, Plätze, Märkte.

Kostel svaté Markéty / Margaretenkirche (Břevnov, Markétská ulice): →Sakralbauten: Klöster, Bývalý benediktinský klášter.

Rotunda svatého Martina / St.-Martins-Rotunde (Vyšehrad, V pevnosti): →Profanbauten: Burgen, Vyšehrad.

Kostel svatého Martina ve zdi / St. Martin in der Mauer (Staré Město/Altstadt, Martinská ulice): Die Kirche wurde ca. 1178–87 als Pfarrkirche der nach ihr benannten ehem. Siedlung Újezd des hl. Martin im Auftrag der Fürstin Adelheid, Gemahlin v. Soběslav I., erbaut. Beim Bau der Altstädter Stadtmauern teilte man die Siedlung in 2 Teile (ca. 1250). Für die nun zur Altstadt gehörende Kirche hatte dies zur Folge, daß

Maria-Schnee-Kirche

ihre S-Wand direkt an der Mauer lag. So kam sie zu ihrem Namen.
Im Jahre 1350 erfolgte ein got. Umbau: Das Kirchenschiff wurde erhöht und neu eingewölbt, ein quadratischer Chor hinzugebaut, und an der SW-Ecke entstand ein Turm. Das wertvolle Netzrippengewölbe im Chor entstand erst 1360–70. Ihr heutiges Äußeres erhielt die Kirche durch einen spätgot. Umbau 1488, der v. der Familie Holec z Květnice finanziert wurde, die im Haus nebenan wohnte. Zu der urspr. einschiffigen Kirche ergänzte man 2 Seitenschiffe.
Das neue Oratorium im N-Schiff hat ein schönes Rippengewölbe in Sternform und ist nach den Donatoren benannt. Hinzugebaut wurde auch die Elogiuskapelle, deren Decke heute gemalte Pflanzen aus dem 17. Jh. zieren. Nach einem Brand 1678 wurde der Turm umgestaltet.
Nach 1784 diente die Kirche als Lager-, Wohn- und Geschäftsraum. In den Jahren 1905–06 wurde sie v. Kamil Hilbert* restauriert und erhielt neue Renaissancegiebel. Eine Generalrenovierung erfolgte 1975. Die urspr. einschiffige roman. Kirche ist in ihrer Anlage noch im heutigen Hauptschiff erhalten geblieben. An der Außenwand des Presbyteriums befindet sich eine *Gedenktafel an die Bildhauerfamilie Brokoff**, die hier auf dem zugehörigen Friedhof begraben wurde. Das Porträt des Ferdinand Maximilian Brokoff ist eine Arbeit v. Josef Mařatka (1909).
Die Kirche nahm in der hussitischen Bewegung eine zentrale Stellung ein. Im Jahre 1414 fand hier zum erstenmal das Abendmahl in beiderlei Gestalt statt. Es wurden Brot und ein Kelch mit Wein gereicht. Der Kelch war zuvor ein Privileg der Priester; danach wurde er zum Symbol der gesamten hussitischen Bewegung.
Heute dient die Kirche der ev. Religionsgemeinschaft der Böhm. Brüder als Gotteshaus. Spaziert man auf der Národní třída in Richtung Jungmannovo náměstí, so erblickt man auf der linken Straßenseite, ungefähr auf der Höhe des Hauses Nr. 37/CN 416, durch 2 Durchgänge die eng umbaute Kirche.

Maria-Schnee-Kirche

Kostel svaté Maří Magdaleny / St. Maria Magdalena (Malá Strana/Kleinseite, Karmelitská ulice Nr. 2/CN 388): Als Klosterkirche der Magdalenerinnen Anfang des 14. Jh. erbaut, wurde sie während der hussitischen revolutionären Bewegung 1420 zerstört. Die Ruine ging 1604 in den Besitz der Dominikaner über, die 1656–77 eine neue frühbarocke Kirche errichten ließen. Architekt war Francesco Caratti*, die Bauleitung hatte Giovanni de Capauli. Sein heutiges Spätempire-Aussehen erhielt der Bau durch J. Wachtel und J. v. Wetzl.
In den Jahren 1791–1849 diente die Kirche als Postamt und anschließend als Gendarmeriekaserne. Nur die achteckige Kuppel erinnert an ihre urspr. Bestimmung. Das ehem. Kloster, an dessen Bau Kilian Ignaz Dientzenhofer* mitwirkte, beherbergt heute das Staatsarchiv für neuere böhm. Geschichte.

Kostel svatého Matěje / St. Matthias (Dejvice): Die Kirche liegt auf einem Hügel zwischen den Siedlungen Hanspaulka und Baba mit Blick in das Tal Tichá Šárka. An der Stelle des heutigen Spätbarockbauwerks v. Ignaz Palliardi* stand eine ältere, 1771 abgerissene Kirche. Der Hauptaltar, im Rokokostil errichtet, trägt ein Gemälde des hl. Matthias, 1699 v. K. Dittmann geschaffen.

St. Maria de Victoria, Kleinseite, »Prager Jesulein« >

Es gehörte noch zur Ausstattung der urspr. Kirche. Auf der rechten Seite des Triumphbogens sieht man ein gewaltiges Kruzifix aus der Barockzeit, zwischen dem Chor und dem Kirchenschiff ein schönes Rokokogitter. Auf dem Kirchenfriedhof befindet sich das Grab des böhm. Historikers J. Šusta (1874–1945).

An der Straße Šárecká steht ein Schlößchen, das im 18. Jh. zu dem Gut v. Hans Paul Hippmann gehörte. Nach ihm wurde die Siedlung Hanspaulka genannt (Nr. 29/CN 15). Heute gehört der Bau zum Museum der Hauptstadt P. Die Siedlung ist ein modernes Villenviertel. Hierher gelangt man mit den Buslinien 125 (ab dem Moldauufer Na Františku) und 131 (ab Metrostation Hradčanská).

Kostel svatého Michala / St. Michael (Malá Strana/Kleinseite, Kinského zahrada): →Parks und Gärten.

Kostel svatého Michala / St. Michael (Nové Město/Neustadt, Opatovická ulice): Neben der urspr. roman. Kirche gründete Anfang des 12. Jh. der Abt v. Kladruby (Benediktinerorden) ein Gehöft, v. dem heute noch das Haus Nr. 20/CN 158 erhalten ist. Nach dem Abt (auf tschech. = opat) wurde die ehem. Siedlung bis zur Gründung der Neustadt Opatovice genannt. Im 14. Jh. erfolgte ein got. Umbau der Kirche. An das Hauptschiff wurde ein Chor angebaut, anschließend errichtete man die beiden Seitenschiffe in der Zeit Ende des 14./Anfang des 15. Jh. Das Kreuzrippengewölbe des Haupt- und des S-Schiffs stammen aus dem Jahre 1511. Die Barockkapelle im N-Schiff entstand ca. 1750, der Turm wurde bereits 1717 errichtet. In den Jahren 1980 bis 1983 erfolgte die Restaurierung der Kirche.

Seit 1789 war St. Michael im Besitz der dt. Lutheraner, bis sie 1945 v. den slowak. Lutheranern übernommen wurde. In einem Kirchenfenster befindet sich eine Darstellung Martin Luthers aus dem Jahre 1915.

Kostel svatého Michala / St. Michael (Staré Město/Altstadt, Melantrichova ulice Nr. 17/CN 970/971): Diese urspr. roman. Kirche aus dem 12. Jh. wurde zweimal got. umgebaut. Im Jahre 1626 ging die dreischiffige Kirche in den Besitz des Servitenordens über, der 1636–64 um die Kirche herum ein Kloster errichten ließ. Die heutige Barockkirche wurde ca. 1650 renoviert und erhielt an ihrer S-Wand eine Renaissancekapelle. Der Barockumbau erfolgte in

St. Maria de Victoria auf dem Weißen Berg, Řepy

St. Maria de Victoria auf dem Weißen Berg, Řepy, Fresken im Kreuzgang

der 1. Hälfte des 18. Jh. durch F. I. du Prée, der die got. Mauern miteinbezog. Im Jahre 1786 wurde das Kloster aufgehoben und seine Gebäude in Wohnhäuser umgebaut. An den Häuserfassaden erinnern Barockgitter und ein Relief des hl. Michael über dem Portal an die urspr. Funktion. In der als Lager benutzten Kirche befinden sich noch Reste der Deckenmalereien v. J. V. Spitzer.

Im 15. Jh. wirkten hier bedeutende Persönlichkeiten der reformatorischen Hussitenbewegung. Der Magister Johannes Hus predigte in dieser Kirche in den Jahren 1400-02 und Magister Křišťán z Prachatic v. 1406 bis 1439. Letzterer, Rektor der Universität v. P., war ein Freund v. Johannes Hus und einer seiner Begleiter auf dem Konzil in Konstanz, an dessen Ende Hus als Ketzer verbrannt wurde. In den Jahren 1439-51 predigte hier der Magister Petr z Mladoňovic, der den überlieferten Bericht über den Konstanzer Hus-Prozeß geschrieben hat.

Kostel svatého Mikuláše / St. Nikolaus (Staré Město/Altstadt, Staroměstské náměstí): Das Gotteshaus wurde als frühgot. Kirche v. dt. Kaufleuten errichtet und diente bis zum Bau des Altstädter Rathauses 1338 als Versammlungsort. Im 14. Jh. wurde sie in eine got. Basilika ohne Chor, aber mit Turm umgebaut. Im Jahre 1634 kam die Kirche in den Besitz der slaw. Benediktiner, die ihr Kloster Na Slovanech (→Sakralbauten: Klöster) den spanischen Benediktinern v. Montserrat überlassen mußten. Nachdem die Kirche 1660 im Frühbarockstil umgestaltet worden war, riß man sie 1732 ab, um eine neue Kirche zu errichten. Das heutige Bauwerk projektierte Kilian Ignaz Dientzenhofer*, realisiert wurde es durch den Baumeister Hans Fitz in den Jahren 1732-35. Der Kuppelbau über kreuzförmigem Grundriß erhielt als architektonische Besonderheit an seiner breiten Stirnseite das v. zwei Türmen flankierte Hauptportal. Zu dieser Zeit war die Fassadenfront noch nicht der Weite des Altstädter Rings zugewandt, sondern durch das ihr direkt gegenüber liegende Krennhaus der Enge der Altstadtgassen angepaßt worden (→Straßen, Plätze, Märkte: Staroměstské náměstí). Ihr reicher Statuenschmuck stammt v. dem Bildhauer Anton Braun*. Die Plastiken auf dem Portal sind allegorische Darstellungen des Alten und Neuen Testaments. Zwischen den Doppelsäulen stehen die hll. Nikolaus und Prokop. Auf dem Segmentsims darüber befinden sich die hll. Benedikt und Scholastika. Die Türme tragen die böhm. Landespatrone. Auch die Kuppel über dem polygonalen Innenraum schmücken Plastiken v. Anton Braun. Die Gemälde darunter, die Kuppelfresken und die Wandmalereien im Chor stammen v. dem bayerischen Maler Cosmas Damian Asam*. Das Kuppelbild der 4 Evangelisten ist im Jahre 1914 übermalt und ergänzt worden.

Von der urspr. Ausstattung ist nur der Hauptaltar erhalten geblieben. Ihn schmückt ein neueres Marienbild v. Karel Špillar (1917). Bes. sehenswert ist ein im Hauptschiff hängender großer *Lüster* aus Metall mit reichem Kristallglasschmuck, der in der böhm. Glashütte in Harrachov Ende des 19. Jahrhunderts für die russisch-orthodoxe Kirchengemeinschaft angefertigt wurde.

An der Außenwand des Chors befindet sich ein Standbild des hl. Nikolaus auf einem Sockel v. B. Šimanovský (1905). In der Ecke l unter ihm steht ein mit Delphinen gestalteter Brunnen im Empirestil.

Zu der Kirche gehörte auch ein Kloster,

Ehem. Maria-Magdalena-Kirche

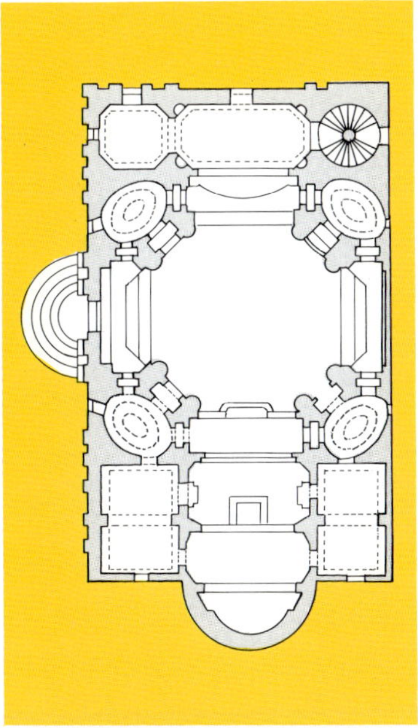

St. Matthias

Kostel svatého Mikuláše / St. Nikolaus (Altstädter Ring)

das 1727-30 v. Kilian Ignaz Dientzenhofer* und František Maximilián Kaňka* barock umgestaltet wurde. Im Jahre 1787 hob man das Kloster auf, und 1898 wurden seine Gebäude abgerissen. Zuvor fand jedoch in dem als Theater umgebauten Kloster 1832 eine Aufführung v. Wolfgang Amadeus Mozarts Oper »Don Giovanni« statt. Heute stehen hier im Stil des Neubarock errichtete Wohnhäuser (Pařížská ulice Nr. 1/CN 1073 und U radnice Nr. 5/CN 24). Die Kirche benutzte man ab 1865 als Konzertsaal, bis sie 1871 der russisch-orthodoxen Kirche zugesprochen wurde. Seit 1920 ist sie die Hauptkirche der Tschechoslow. Kirchengemeinschaft. In den Jahren 1965-77 wurde der Kirchenbau umfassend restauriert.

Bemerkenswert ist noch das 1 neben der Kirche stehende Haus. Es ist das Geburtshaus des Prager Schriftstellers Franz Kafka (1883-1924) (→Profanbauten: Patrizier- und Bürgerhäuser, U věže/Zum Turm).

Kostel svatého Mikuláše / St. Nikolaus (Malá Strana/Kleinseite, Malostranské náměstí/Kleinseitner Ring): Die Kirche wird als eines der bedeutendsten Barockwerke n der Alpen angesehen. Sie wurde an der Stelle einer got., im Jahre 1283 dem hl. Nikolaus geweihten Kirche auf der Mitte des Platzes errichtet. 3 Generationen bedeutender Barockarchitekten waren an ihrer Fertigstellung beteiligt. Die Bauherren waren die Jesuiten, deren Orden 1628 die urspr. Kirche mit den sie umgebenden Häusern v. Ferdinand II. geschenkt bekommen hatte. Bevor die Kirche in den Besitz der Jesuiten kam, gehörte sie den Hussiten. Hier predigte der Reformator Jan Milíč z Kroměříže 1364, der auch »Vater der tschech. Reformation« genannt wird. Jan Rozacius Hořovský wirkte hier in den Jahren 1618 bis 1622. Nach der Schlacht am Weißen

< Kirche St. Martin in der Mauer

St. Nikolaus, Altstädter Ring

Berg wurden die Anführer der böhm. Stände v. den kaiserlichen Siegern zum Tode verurteilt. In seiner Funktion als Pfarrer begleitete J.R. Hořovský die 27 Angeklagten zu ihrer Hinrichtung auf den Staroměstské náměstí/Altstädter Ring (→Straßen, Plätze, Märkte).

Zuerst wurde 1674 v. dem Architekten Francesco Caratti* und dem Baumeister Domenico Orsi* das Kolleggebäude errichtet (→Straßen, Plätze, Märkte: Malostranské náměstí Nr. 25/CN 2). Direkt neben dem Jesuitenkolleg begann Christoph Dientzenhofer* im Jahre 1704 mit dem Bau der neuen St.-Nikolaus-Kirche, und bis 1711 hatte er bereits das Hauptschiff, die Seitenkapellen, das Gewölbe und die Galerien beendet. In den Jahren 1737–52 setzte sein Sohn Kilian Ignaz Dientzenhofer* den Bau fort. Er ergänzte das Presbyterium und die prächtige Kuppel, die eine lichte Höhe v. 75 m hat. Anselmo Lurago* errichtete 1756 den Glockenturm. Die Kuppel mit ihrem Turmaufbau und der Turm, beide ca. 79 m hoch, gehören zu den bekannten Ansichten v. P.

Der plastische Schmuck an der Außenfas-

Kostel svatého Mikuláše / St. Nikolaus (Kleinseitner Ring)

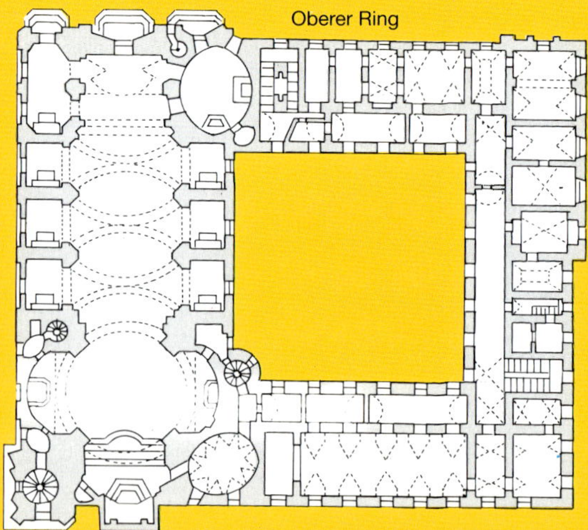

sade wird in der Forschung dem Bildhauer J.F. Kohl zugeschrieben. Die künstlerische Innenausstattung ist das beste Beispiel für das Pompöse des Prager Hochbarocks. Das *Deckenfresko* über dem Langhaus v. Johann Lukas Kracker (1760–61) ist mit seinen 1500 qm eines der größten in ganz Europa. Es zeigt Szenen aus dem Leben des hl. Nikolaus. Die Ausmalung der Kuppel erfolgte 1752–53 durch Franz Xaver Balko mit Darstellungen der Hl. Dreifaltigkeit und den Engeln im Himmel. Darunter befinden sich 4 überlebensgroße Standbilder der Kirchenlehrer und Jesuitenheiligen, geschaffen v. dem Bildhauer Ignaz Franz Platzer*, der auch der Schöpfer der Holzplastiken im Hauptschiff und im Chor ist. Auch die Statue des hl. Nikolaus auf dem Hauptaltar ist ein Werk dieses Künstlers (die Plastiken entstanden in der Zeit zwischen 1752 und 1769). Die v. Josef Hennevogel mit Kunstmarmor verkleideten Wände und Pfeiler schmücken Fresken v. Johann Lukas Kracker. Die durchgehenden Galerien zieren Fresken v. Josef Redelmayer, der zusammen mit Josef Hager die Deckenmalereien in den Seitenkapellen geschaffen hat. Das Altarbild in der 1. Seitenkapelle l ist eine Darstellung des hl. Kreuzes v. Karel Škréta*. Ein Altar auf der gleichen Seite trägt ein Gemälde des hl. Michael v. dem neapolitanischen Maler Francesco Solimena*. Auf dem Altar l v. der Kuppel steht die got. Plastik der *Jungfrau Maria aus Foyen,* die, aus dem belgischen Wallfahrtsort stammend, 1629 hier aufgestellt wurde. Rechts vom Eingang befinden sich ein zinnernes Taufbecken und ein Gemälde der hl. Anna aus der Vorgängerkirche. Ein bildhauerisches Meisterwerk ist die mit schönem Rokoko-Ornament verzierte, aus Kunstmarmor und vergoldetem Holz v. Richard und Peter Prachner gearbeitete *Kanzel* (1765). Die Orgel schuf Thomas Schwarz im Jahre 1745.

Kostel Nanebevzetí Panny Marie a Karla Velikého/Mariä Himmelfahrt und Kaiser Karls d. Gr., auch **Karlshof** genannt (Nové Město/Neustadt, Ke Karlovu): Der Bau wurde als Klosterkirche des Augustinerchorherren-Ordens 1350 v. Karl IV. gestiftet. Zu Ehren Karls d. Gr. erbaute man den got. Zentralraum nach dem Vorbild der Pfalzkapelle in Aachen als Oktogon. Außerdem erhielt der Bau einen kurzen Chor und eine quadratische Orgelempore. Nach

Kostel Nanebevzetí Panny Marie a Karla Velikého / Mariä Himmelfahrt und Kaiser Karls d. Gr. (Karlshof)

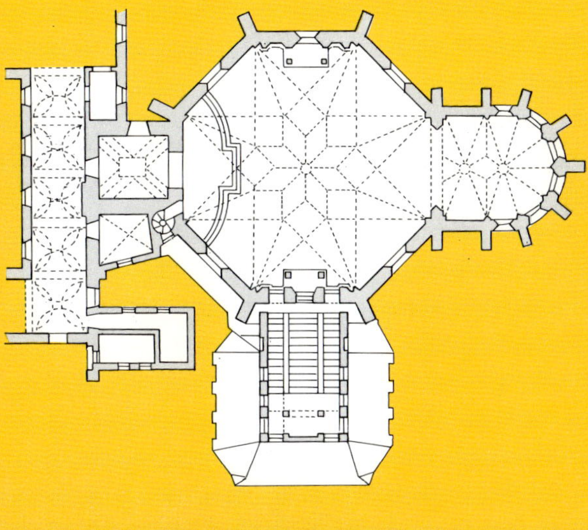

St. Nikolaus, Altstädter Ring

dem Tod Karls IV. gerieten die Bauarbeiten ins Stocken, und der Chor erhielt erst 1498 ein Netzgewölbe. Das kunstvolle Sternrippengewölbe über dem Oktogon entstand noch später. Es wurde 1575 unter Maximilian II. wahrscheinlich v. Bonifaz Wohlmut* ergänzt. Der Baumeister Jan Blažej Santini-Aichel* gestaltete Teile des Innenraumes im Barockstil um (1708). Aus dieser Zeit stammen auch die an der S-Seite gelegene *hl. Stiege* und die *Christi-Geburt-Kapelle* darunter. Die dreigliedrige Treppe ist eine Kopie der hl. Stiege im Lateran in Rom. Der Legende nach stammt sie aus dem Palast des Pilatus und wurde v. der hl. Helena als Reliquie nach Rom gebracht, weil auf ihr Jesus ein Stück seines Leidensweges gegangen war. Der mittlere Treppenaufgang ist nur auf Knien begehbar. Die Kapelle wurde der Christi-Geburt-Grotte in Bethlehem nachgebildet. An den Seitenemporen entstanden in den Jahren 1733–38 die barocken Plastikengruppen »Mariä Verkündigung« und »Jesus vor Pilatus« v. J.J.Schlansovský. Die Altäre (ca. 1738–40) tragen Gemälde v. Johann G.Heinsch, Josef Redelmayer und Franz Theodor Dallinger. Im 18.Jh. erhielt der Innenraum einen Sternenhimmel. Im Jahre 1872 erfolgte eine teilweise Regotisierung der Kirche (z.B. Hauptaltar v. Bedřich Wachsmann v. 1872).

Das r an die Kirche anschließende *Kloster* wird bereits im 14.Jh. erwähnt. Im barokken Stil wurde es 1660–68 v. Giovanni Orsi umgestaltet. Die neue *Prälatur* baute 1716 bis 1729 František Maximilián Kaňka* hinzu. Heute dienen die Klostergebäude als Museum des Ministeriums des Inneren.

Kostel Narození Páně / Christi-Geburt-Kirche (Hradčany, Loretánské náměstí): →Sakralbauten: Kirchen, Loreta.

Kostel Nejsvětějšího srdce Páně / Herz-Jesu-Kirche (Vinohrady, Náměstí Jiřího z Poděbrad): Diese moderne Kirche wurde in den Jahren 1928–32 v. Josip Plečnik erbaut. Auffallend ist ihr breiter Turm. Im Inneren befinden sich auf dem Hauptaltar die Statuen Christi und der böhm. Schutzheiligen v. D.Pešan.

Kostel svatého Petra na Poříčí / St. Peter am Poříčí (Nové Město/Neustadt, Petrská ulice): Das Gotteshaus wurde bereits in der Mitte des 12.Jahrhunderts als Pfarrkirche der Siedlung Poříčí erbaut. Die Siedlung war eine Gründung dt. Kaufleute im 11.Jahrhundert und wurde 1348 in die v. Karl IV. gegründete Neustadt einbezogen. Die romanische dreischiffige Basilika gehörte ab 1215 dem deutschen Ritterorden und ab 1235 dem Kreuzherrenorden mit dem roten Stern. Von ihr erhalten sind 2 Türme und die aus behauenen Quadersteinen erbaute W-Wand. Im 14. und 15.Jahrhundert wurde die Kirche got. umgebaut und 1874 bis 1879 v. Josef Mocker* regotisiert. Das neugot. Eingangsportal stammt v. Ludvík Šimek (1876). Der Hauptaltar trägt ein Gemälde v. V.V.Reiner mit dem Motiv »Christus und der hl. Petrus« (1730).

In der linken Ecke steht eine Plastik des Heiligen v. Matthäus Wenzel Jäckel aus dem Jahre 1722. Das Zinntaufbecken v. 1544 ist eines der ältesten Ausstattungsstük-

St. Nikolaus, Kleinseitner Ring >

ke. Der spätgot. Glockenturm mit der nachträglich aufgesetzten Barockkuppel war früher der Eingang zum nahe gelegenen Friedhof.

Kostel svatého Petra a Pavla / St. Peter und Paul (Vyšehrad): →Profanbauten: Burgen, Vyšehrad.

Kostel svatého Prokopa / St. Prokop (Malá Strana/Kleinseite, Prokopská ulice Nr. 3/ CN 625): Die ursprünglich romanische Kirche wurde als Pfarrkirche für die Johanniter Anfang des 13. Jahrhunderts erbaut. Bevor der Baumeister Anselmo Lurago* in den Jahren 1689–1693 die Barockkirche errichtete, wurde die alte Kirche abgerissen. Von ihr sind noch Mauerreste in der Krypta erhalten.
Im Jahre 1784 wurde die Kirche aufgehoben und in ein Wohnhaus verwandelt. An seine ursprüngliche Funktion erinnern heute die Apsis zur Straßenseite und eine Plastik des heiligen Prokop über dem Portal. Die Figur ist eine Arbeit des Bildhauers Ignaz Franz Platzer* aus dem Jahre 1780.

Kostel svatého Rocha / St. Rochus (Hradčany, Strahovské nádvoří): →Sakralbauten: Klöster, Strahovský klášter.

St. Nikolaus, Kleinseitner Ring
Deckenmalerei v. J. L. Kracker

Kostel svatého Rocha / St. Rochus (Žižkov, Olšanské hřbitovy/Wolschaner Friedhof): Auf dem neu angelegten Pestfriedhof (→Sakralbauten: Friedhöfe) wurde der Bau 1680–82 als Friedhofskirche errichtet. Der Architekt des elliptischen Zentralbaus mit Kuppel war wahrscheinlich Jean-Baptiste Mathey*, der Baumeister Jan Hainric. Im Inneren befinden sich als älteste Ausstattungsstücke ein zinnernes Taufbecken vom Ende des 16. Jahrhunderts und ein Fresko im Presbyterium v. Josef Stetter (1766).
Die Kirche steht im ältesten Teil des Friedhofs und ist v. künstlerisch wertvollen *Grabmälern* v. der Wende des 18. zum 19. Jh. umgeben.

Kostel svatého Salvátora / St. Salvator (Staré Město/Altstadt, Anežská ulice): →Sakralbauten: Klöster, Anežský klášter.

Kostel svatého Salvátora / St. Salvator (im Clementinum; Staré Město/Altstadt, Křižovnické náměstí/Kreuzherrenplatz): Die Kirche gehört zu dem großen Gebäudekomplex eines ehem. Jesuitenkollegs, des Clementinums (→Sakralbauten: Klöster, Klementinum). Der Bau dieser 1. Jesuitenkirche Böhmens wurde an der Stelle eines Bürgerhauses im Jahre 1578 v. einem unbekannten Architekten mit dem O-Chor begonnen. Bis 1601 waren bereits die 3 Schiffe des Langhauses, das Querschiff und 3 Marmorportale errichtet. In den Jahren 1648/49 erhielt die Basilika durch den Architekten Francesco Caratti* eine Kuppel. Den aus 3 Bogen konstruierten und durch Doppelpilaster strukturierten Portikus der Hauptfassade fügte in den Jahren 1651–53 der Baumeister Václav Michna v. Vacínov hinzu. Den reichen *Statuenschmuck* der Frontfassade schuf Johann Georg Bendl* ca. 1659. Über dem Portal in der Mitte stehen v. l nach r die 4 Kirchenpatrone: Augustinus, Gregor d. Gr., Ambrosius und Hieronymus. In der prächtigen Giebelnische befindet sich ein Standbild der Maria. Die Giebelspitze trägt die Darstellung »Christus der Welterlöser« (mit Weltkugel), der v. den 4 Evangelisten umgeben ist. Auf den Ecken der Balustrade befinden sich die Figuren eines Papstes sowie eines Bischofs und auf den Giebelecken die hll. Ignatius und Franz Xaver. Der

Karlshof (Mariä Himmelfahrt)

Herz-Jesu-Kirche

Ausbau der beiden Türme erfolgte durch František Maximilián Kaňka* 1714.
Da die Kirche in der Übergangszeit zweier Stilepochen erbaut wurde, vereint sie in sich sowohl Elemente der Gotik als auch der Renaissance. Durch spätere Umgestaltungen mischen sich diese mit Arbeiten aus der Zeit des Barock und des Rokoko. So sind der Chor und das Querschiff spätgot. erbaut und im Inneren im Stil der Renaissance gestaltet. In den Jahren 1638–1640 errichtete Carlo Lurago* die Emporen in den Seitenschiffen. Die Wände und Wölbungen wurden mit Stukkaturen verziert. Das heutige Holzgewölbe über dem polygonalen Raum der Vierung entstand erst 1729/30. Die Verkleidung des Chorabschlusses mit Kunstmarmor stammt aus der Zeit des Rokoko, so auch das Deckenfresko »Die 4 Erdteile« v. dem Maler Karel Kovář (1748). Der Rokokohochaltar trägt eine Kopie J.G. Haerings (1632) v. Raffaels Gemälde »Verklärung Christi«. Über den 2 v. František Maximilián Kaňka* projektierten Seitenaltären (ca. 1720) hängen Gemälde der Ordensheiligen Ignatius und Franz Xaver v. Johann G. Heinsch. Beachtenswert sind auch die barocken Beichtstühle (1673), die mit Holzplastiken der 12 Apostel v. Johann Georg Bendl, dem Schöpfer der Fassadenplastik, geschmückt sind. Das schmiedeeiserne Gitter beim Kircheneingang wurde in der 2. Hälfte des 17. Jh. gefertigt.

Salvator-Kirche, Clementinum (Augustinus li., Gregor re.)

Kostel svatého Salvátora / St. Salvator (Staré Město/Altstadt, Salvátorská ulice): Die dreischiffige Kirche wurde im Auftrag der dt. Lutheraner 1611–14 v. Johann Christoph aus Graubünden erbaut. Da sie an der Wende v. der Gotik zur Renaissance entstand, ist sie v. beiden Stilen geprägt worden. Ermöglicht wurde der Bau durch die v. Kaiser Rudolf II. (1576–1611) erklärte Religionsfreiheit, woraufhin in ganz Europa für diese Kirche gesammelt wurde. Doch nach der Schlacht am Weißen Berg ging sie 1626 in den Besitz des Paulanerordens über. In der 2. Hälfte des 17. Jh. ließ er die Kirche im Barockstil umbauen. Es entstanden die Seitentribünen und Stuckverzierungen. Ihr ca. 1682 am Staroměstské náměstí (Altstädter Ring) errichtetes Kloster verbanden sie mit der Kirche durch einen gedeckten Gang. Der Glockenturm stammt aus dem Jahre 1720. Am inneren Gewölbe findet man noch Aufschriften und Wappen aus der Bauzeit. Die übrige Ausstattung ist modern.
Nach ihrer Auflösung 1748 wurden Kloster und Kirche 1857 als Münzstätte genutzt, bis die Kirche 1863 der ev. Kirchengemeinschaft der Augsburger Konfession übergeben wurde. Seit 1918 ist sie die Hauptkirche der Böhm. Brüdergemeinschaft. In den 70er Jahren des 20. Jh. wurde die Kirche renoviert.

Kostel svatého Šimona a Judy / St. Simon und Juda (Staré Město/Altstadt, U milosrdných): Der Vorgängerbau der Kirche war eine schon den gleichen Heiligen geweihte Kapelle aus der Mitte des 14. Jh. Die heutige Barockanlage ist typisch für die Spitalkirchenbauten der Böhm. Brüder, auch wenn sie später nochmals umgestaltet wurde. Die heutige Kirche entstand in den Jahren 1615–20 im Auftrag der Böhm. Brüder, die die Kapelle zu einer Saalkirche im Renaissancestil, aber noch mit got. Reminiszenzen, umbauen ließen. Nach 1620 kam sie in den Besitz der Barmherzigen Brüder, die an der Stelle des Spitals ein

Salvator-Kirche, Clementinum >

Kloster und ein Krankenhaus gründeten. Die sich über die Kirche und die angrenzenden Bauten erstreckende Spätbarockfassade entstand bei einem Umbau in der Mitte des 18. Jh. durch den Architekten J. J. Hrdlička. Im Inneren ist noch ein schönes Netzrippengewölbe vom Anfang des 17. Jh. erhalten. Der als Fresko gemalte Hauptaltar v. J. Hager aus dem Jahre 1773 trägt ein Gemälde der hll. Simon und Juda v. V. V. Reiner (ca. 1730). Beachtenswert ist eine aus Plänerkalkstein gearbeitete *Madonnenstatue* aus der Mitte des 16. Jh. Auf der Kirchenorgel spielten die berühmten Komponisten Josef Haydn und Wolfgang Amadeus Mozart während ihrer Prag-Besuche.

Kostel svatého Štěpána / St. Stephan (Nové Město/Neustadt, Štěpánská ulice): Das Gotteshaus wurde im Jahre 1351 als Hauptpfarrkirche der oberen Prager Neustadt gegr. Bis 1394 waren der Chor und die 3 Schiffe der got. Basilika fertiggestellt. Der prismatische Turm wurde erst Anfang des 15. Jh. hinzugebaut.

An der S-Seite errichtete man 1668 eine Barockkapelle, die sog. *Kornel-Kapelle*. In ihr hängt ein Gemälde der Kreuzabnahme Christi v. Matthias Zimprecht (1680). Davor befindet sich die Grabstätte des Barockbildhauers Matthias Bernhard Braun* (1648–1738). Die Kapelle an der N-Seite stammt aus dem Jahre 1736 und gehörte der Neustädter Bürgerfamilie Branberger. Sie ist mit einem Gemälde des Jüngsten Gerichts v. J. Zinner (1739) ausgestattet. Im Jahre 1866 erhielt die Kirche eine neue Vorhalle. Anschließend wurde sie v. Josef Mocker* regotisiert (1876–79), 1936 restauriert.

Das Innere der Kirche ist geprägt v. dem Kontrast zwischen got. Architektur und spätgot. sowie barocker Ausstattung. Den Hauptaltar gestaltete der Tischlermeister Samuel Kraus 1669 als frühbarocke Portalkulisse. Er trägt Statuen der böhm. Landespatrone v. Johann Georg Bendl* und zwei Gemälde v. Matthias Zimprecht: »Die Steinigung des hl. Stephanus« und »Hl. Dreifaltigkeit«. Weitere Gemälde stammen v. Karel Škréta*, V. V. Reiner und Matthias Zimprecht. An den Wänden des Hauptschiffs befinden sich Fresken v. Josef Scheiwl (1880). Dargestellt sind Szenen aus dem Leben des hl. Stephanus. An der Stirnwand des linken Seitenschiffs steht ein *Epitaph* des Druckers M. Petrle aus Annaberg, 1580 von dem Hofmaler Bartholomäus Spranger* gemalt.

Vor dem Altar der Taufe Christi ein v. 3 Klauenfüßen getragenes got. Zinntauf-

St.-Simon-und-Juda-Kirche

becken v. Bartoloměj Konvář aus dem Jahre 1462. Beachtenswert ist auch die steinerne Kanzel aus der 2. Hälfte des 15. Jh. Künstlerisch bes. wertvoll ist die *Madonna v. St. Stephan* aus dem Jahre 1472, eine got. Tafelmalerei mit urspr. Rahmen, darauf 8 Rahmenminiaturen. Dargestellt sind Szenen aus dem Leben der Maria und die Kindheit Christi.
Hinter der Kirche, in der Straße Na Rybníčku; befindet sich eine weitere Sehenswürdigkeit: die *Longinus-Rotunde* (→siehe Seite 28).

Kostel svatého Tomáše / St. Thomas (Malá Strana/Kleinseite, Letenská ulice): Ursprünglich befanden sich an dieser Stelle eine kleinere St.-Thomas-Kirche und eine St.-Dorothea-Kapelle. Die heutige Kirche entstand zusammen mit dem Bau des v. Wenzel II. gestifteten Klosters der Augustinereremiten in den Jahren 1285–1379. Die dreischiffige Basilika mit ihrem langgestreckten Chor (bereits 1316 geweiht) und dem W-Turm wurde in 2 Bauetappen v. unbekannten Architekten errichtet. In der Mitte des 14. Jahrhunderts wurden die Sakristei mit einem Kreuzrippengewölbe und einer Mittelsäule sowie der Vorraum hinzugefügt. Die marmornen Renaissanceportale stammen v. Bernardo de Alberto (1596). Ihr heutiges Aussehen erhielt die Kirche durch einen Barockumbau v. Kilian Ignaz Dientzenhofer* in den Jahren 1723–31. Die Portalstatuen an der W-Fassade, die hll. Augustinus und Thomas, sind Arbeiten v. Hieronymus Kohl (1684). Das Gewölbe trägt eine prächtige Deckenmalerei v. V. V. Reiner aus dem Jahre 1730. Im Langhaus sind Szenen aus dem Leben der hl. Augustinus und Thomas, in der Kuppel eine Allegorie der 4 Erdteile und im Chor jubilierende Engel dargestellt. Der Hauptaltar wurde wahrsch. nach einer Vorlage v. Kilian Ignaz Dientzenhofer* v. dem Tischlermeister Christán Kovář angefertigt (1731). Die Schnitzereien stammen v. Johann Anton Quittainer, so auch die 2 überlebensgroßen Figuren im Altarraum. Diese beiden Künstler schufen auch die prächtige *Kanzel.* Die 6 Statuen der böhm. Landespatrone sind Arbeiten v. Ferdinand Maximilian Brokoff* und seinem Schüler Ignaz Müller. Urspr. dienten diese Figuren als Modelle für Silberstatuen, die v. Franz Michael Redelmayer gegossen und nur an Festtagen gezeigt wurden. Anfang des 19. Jh. schmolz man sie aus Geldnot ein. Interessant sind die Altarbilder »Hl. Augustinus« und »Martyrium des hl. Thomas« nach Gemälden v. Peter Paul Rubens (Kopien). Die Originale hängen in der Natio-

St. Stefan

St. Thomas, Klostergebäude (Kreuzgang)

St. Wenzel, Smíchov

nalgalerie. Die meisten Altarbilder schufen die Maler Karel Škréta* und Franz Xaver Balko. Zur Zeit Rudolfs II., als St. Thomas zur Hofkirche erhoben wurde, befand sich hier eine Begräbnisstätte berühmter katholischen Persönlichkeiten.

Erhalten ist noch ein im Kreuzgang befindliches Epitaph der englischen Dichterin E.J. Vestonia von 1612. Aus der gleichen Zeit stammt ein l im Chor befindlicher Altar des hl. Sebastian mit einem Gemälde, das Bartholomäus Spranger* zugeschrieben wird.

Die *Klostergebäude* wurden im Verlauf der Jh. nach Bränden mehrfach umgebaut. Ihr heutiges Aussehen stammt v. einem Umbau durch G. de Capauli aus dem 17. Jh. Innen ist noch eine got. St.-Barbara-Kapelle erhalten geblieben. Zum Kloster gehörte auch eine 1358 gegr. *Bierbrauerei.* Heute setzt sich diese gastliche Tradition in dem neueren Gebäude (1763), Letenská ulice Nr. 12/CN 33, fort. Gleich um die Ecke, in der Tomášská ulice Nr. 4/CN 26, findet man eines der schönsten Hauszeichen v. P. Am Haus *»Zum goldenen Hirsch«* (→Profanbauten: Patrizier- und Bürgerhäuser, U zlatého jelena) sieht man die Plastik »St. Hubertus mit dem Hirsch« v. Ferdinand Maximilian Brokoff* (1726).

Kostel svatého Václava / St. Wenzel (Smíchov, Náměstí 14. října): Die zum Erzdekanat gehörige Kirche wurde in den Jahren 1881–85 v. den Baumeistern J. Linhart und V. Milde nach Plänen v. Antonín Barvitius als Neurenaissancebau errichtet. Sie ist einer der bedeutendsten Sakralbauten v. P. aus der 2. Hälfte des 19. Jh. Ihr plastischer Fassadenschmuck sowie die Brustbilder der böhm. Schutzheiligen sind Arbeiten v. Ludvík Šimek. Der dreischiffige Innenraum ist im Stil einer altchristlichen Basilika gestaltet. An der reichen Ausstattung waren viele bedeutende Künstler beteiligt. In der Hauptapsis befindet sich ein Mosaik mit dem Motiv Christus und die böhm. Schutzheiligen v. Josef Trenkwald. Unterhalb Szenen aus dem Leben des hl. Wenzel v. František Sequens. Die Seitenapsiden haben Zikmund Rudl mit dem Bild »Himmelfahrt Christi« und Max Pirner mit einer »Marienkrönung« ausgemalt. Der Hauptaltar trägt Statuen v. Čeněk Vosmík*.

Kostel svatého Václava / St. Wenzel (Vršovice, Náměstí Svatopluka Čecha): Die Kirche ist ein herausragendes Beispiel für den Konstruktivismus in der Sakralarchitektur v. P. Sie wurde in den Jahren 1929/30 als Mittelpunkt des Platzes v. dem Architekten Josef Gočár als kubistischer Saalbau mit Vorhalle erbaut. Schon v. weitem sieht man ihren 80 m hohen Turm. Zum Chor hin ist der Bau durch Stufen erhöht. Ausgestattet ist der Innenraum u. a. mit einem Marienaltar v. Karel Pokorný, einem auf dem Hauptaltar befindlichen Kreuz v. Čeněk Vosmík*, einem Kreuzweg v. Bedřich Stefan und einer nach einem Karton v. Josef Kaplický angefertigten Glasmalerei im Hauptchor.

Kostel svatého Václava na Zderaze/St. Wenzel am Zderaz (Nové Město/Neustadt, Resslova ulice): Die Kirche liegt auf einem ehem. Hügel, der nach einer Regulierung der Höhenunterschiede in der Neustadt heute kaum noch als solcher erkennbar ist. Im MA befand sich hier die nach einer Sagengestalt benannte Siedlung Zderaz, in der 2 Kirchen, ein Kloster und eine kleine got. Burg v. König Wenzel IV. standen. Eine der Kirchen ist die im 12. Jahrhundert als Pfarrkirche errichtete roman. St.-Wenzels-Kirche. Im Jahre 1399 wurde sie got. umgebaut, ihre 2 Schiffe wölbte man jedoch erst 1586/87 neu ein. Der frühbarokke Chor und die Sakristei stammen aus dem 17. Jahrhundert. In den Jahren 1909 und 1926 wurde die Kirche regotisiert. Das spätgot. Gewölbe zeigt Darstellungen der St.-Wenzels-Legende von Josef Hager (2. Hälfte 18. Jahrhundert). Im Chor findet man noch Reste gotischer Wandmalereien (ca. 1400). Die Kirchenbänke und ein Altar mit einem Kruzifix sind Arbeiten von F. Bílek (1930).

Kostel svatého Vavřince/St. Laurentius (Malá Strana, Hellichova ulice Nr. 16/CN 396): Nach ihrer Aufhebung im Jahre 1784 wurde die urspr. roman. Kirche in ein Wohnhaus umgebaut. An den eigtl. Kirchenbau erinnern noch ein auf Blech gemalter hl. Laurentius an der Frontfassade, Spitzbogenfenster und im Inneren des Hauses ein erhaltener got. Vorraum v. einem Umbau im 14. Jh.

Kostel svatého Vavřince na Petříně / St. Laurentius (Malá Strana/Kleinseite, Petřín/Laurenziberg): Die auf dem Laurenziberg gelegene Barockkirche mit ihren 2 Türmen und einer Kuppel ist durch den Umbau einer älteren Kirche unter Ignaz Palliardi in den Jahren 1735–70 entstanden. Sie wurde in die sich über den Berg ziehende Hungermauer aus der Zeit Karls IV. (→Parks und Gärten, Petřín S.212) eingefügt. Im S-Teil der Kirche sind noch Reste des urspr. roman., bereits 1135 erwähnten Baus erhalten. Eine Statue des legendären Kirchengründers St. Adalbert steht an der Außenwand. Sie ist eine Arbeit v. F. Dvořáček (1842). Der Hauptaltar trägt ein Gemälde v. Jean Claude Monnot mit der Darstellung des Martyriums des hl. Laurentius (1693).
Neben der Kirche wurde 1735 eine *Kalvarienberg-Kapelle* errichtet, mit einem Sgraffitobild »Auferstehung« v. Mikuláš Aleš. Außerdem findet man in der Nähe eine Nachahmung des *Kerkers Christi* und des *Hl. Grabes.*

St. Laurentius, Laurenziberg (Petřín)

Katedrála svatého Víta / St.-Veits-Dom (Hradčany/Hradschin): →Profanbauten: Burgen, Pražský hrad S.88.

Kostel svatého Vojtěcha v Jirchářích / St. Adalbert (Nové Město/Neustadt, Vojtěšská ulice): Als die Moldau (Vltava) noch nicht befestigt war, stand die Kirche nahe dem Flußufer in der ehem. Gerbersiedlung. So reicht die Geschichte der urspr. got. zweischiffigen Kirche bis ins 13. Jh. zurück. Ihr heutiges Barockaussehen stammt v. einem Umbau in den Jahren 1720–30. Am Ende des 19. Jh. wurde sie regotisiert. Der hinter der Kirche stehende Glockenturm datiert v. ca. 1700, die angebaute Kreuzkapelle v. 1690. Im Inneren der Kirche befinden sich noch Deckenmalereien aus der 1. Hälfte des 16. Jh. Der Hauptaltar v. 1875 trägt ein Bild des hl. Adalbert v. Peter Maixner. Beachtenswert sind noch eine Statue der *Jungfrau Maria vom Zderaz* (→Kirchen, St. Wenzel am Zderaz S.56) aus einer nicht mehr erhaltenen Kirche und ein got. Zinntaufbecken.

Interessant ist auch das zur Kirche gehörende spätbarocke *Pfarrhaus* in der Parallelstr. Pštrossova Nr. 17/CN 214. Es ist mit Plastiken v. Ignaz Franz Platzer und mit Illusionsmalereien v. Johann Hoffmann ausgestattet. In dem Gedenkraum für den Komponisten Josef Bohuslav Foerster (1859–1951), einen Freund Gustav Mahlers, finden manchmal Konzerte statt. Sehenswert ist auch die *Sammlung barocker Musikinstrumente*. Das Haus, in dem J. B. Foerster seine Kindheit verbrachte, liegt direkt neben der Pfarrei.

Kostel svaté Voršily / St.-Ursula (Nové Město/Neustadt, Národní třída): Als Klosterkirche des 1674–78 v. Marco Antonio Canevalle erbauten Klosters der Ursulinerinnen wurde das Gotteshaus 1702–04 errichtet. Auch für den Kirchenbau wird Marco Antonio Canevalle als Baumeister angenommen, doch schreibt man Paul Ignaz Bayer oder Jean-Baptiste Mathey den Entwurf zu.
Links vom Eingang steht eine Figurengruppe des hl. Johannes v. Nepomuk mit Putten v. Ignaz Franz Platzer*.Der plastische Fassadenschmuck stammt v. Franz Preiß. Dieser Bildhauer ist auch der Schöpfer der Hauptaltarplastik. Das Altarblatt der hl. Ursula stammt v. J. K. Liška (1706), der Himmelfahrts-Altar trägt ein Gemälde v. Peter Brandl. Prächtige Stukkaturen v. Tomaso Soldatti* und Deckenfresken v. Johann Jakob Steinfels schmücken den Saalraum. In den ehem. Klostergebäuden befinden sich heute medizinische Institute und die *Klosterweinstube* »Klášterní vinárna«.

2. Klöster

Anežský klášter / Agneskloster (Staré Město/Altstadt, Anežská ulice): Das Kloster befindet sich im N der Altstadt nahe dem Moldauufer. Die ehem. Klosteranlage bestand zu ihrer Blütezeit aus 7 Kirchen (3 davon erhalten), einem *Klarissinnenkonvent,* einem Minoritenkloster und 2 Kreuzgängen. Heute gehört es zu den herausragenden ma historischen und baulichen Monumenten v. P.
In den Jahren 1231–34 gründete hier König Wenzel I. auf Anregung seiner Schwester Agnes ein Kloster. Dieser Klarissinnenkonvent wurde nach dem Vorbild der hl. Klara, die ein Frauenkloster bei Assisi leitete, gestaltet. Daß die beiden Frauen im Kontakt miteinander standen, belegt ein überlieferter Briefwechsel. Ab 1235 nahm die hl. Agnes (erst 1989 heiliggesprochen) die

St.-Ursula-Kirche, Figurengruppe mit Johannes v. Nepomuk

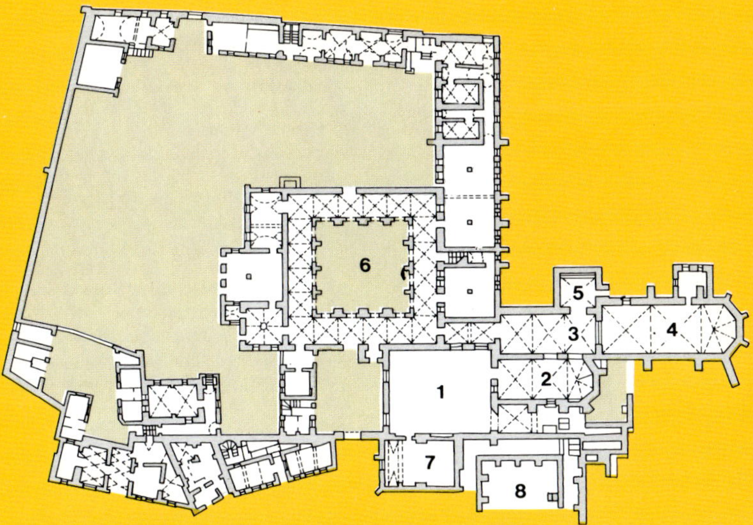

Anežský klášter / Agneskloster 1 Franziskuskirche (Schiff) **2** Franziskuskirche (Chor) **3** Kapitelsaal **4** Salvatorkirche **5** Maria-Magdalenen-Kapelle **6** Kreuzgang **7** Barbarakapelle **8** Minoritenkloster

Stellung der Äbtissin ein. Der große Gebäudekomplex entstand in mehreren Etappen bis zum Jahre 1280 und wurde sogar noch zu Lebzeiten der Ordensgründerin fertiggestellt. Die einzelnen Gebäude sind in verschiedener Ausprägung vom Stil der burgundischen Zisterziensergotik geprägt. In den Jahren 1231–40 wurden der O-Flügel des Konvents und die zweischiffige *Franziskuskirche* (1) errichtet. Den *Chor* (2) baute man erst 1238–45 hinzu, zur gleichen Zeit wie das s der Kirche angeschlossene *Minoritenkloster* (8). Der den Versammlungen dienende *Kapitelsaal* (3) entstand aus der ehem. Wohnung der Äbtissin (ca. 1250) mit einer frühgot. Balkendecke und einem anschließenden Refektorium, das als Andachtsraum benutzt wurde. Die *Salvatorkirche* (4) mit dem für sie charakteristischen Dachreiter und der *Maria-Magdalenen-Kapelle* (5) wurde in den Jahren 1275–80 erbaut. Die Forschung nimmt an, daß sie als *Mausoleum der Přemysliden-Herrscher* diente. Als Unterstützung dieser Annahme wird u. a. der zwischen Kirche und Kapitelsaal befindliche Arkadenbogen herangezogen. Seine Kapitelle tragen bekrönte Porträtmasken, die als stilisierte Bildnisse der Přemysliden gedeutet werden. Als gesichert gilt jedenfalls, daß in dieser Kirche die hl. Agnes im Jahre 1282 beigesetzt wurde. Der um den Paradieshof quadratisch angelegte *Kreuzgang* (6) entstand erst 1330. Die *Barbarakapelle* (7) wurde noch Ende des 14. Jh. ergänzt. In der Zeit der hussitischen Bewegung wurde das Klosterareal verlassen. Das Männerkloster verfiel und das der Frauen bezogen 1556 die Dominikaner, bis die Klarissinnen im Jahre 1626 zurückkamen. In ihrem Auftrag wurde an der N-Seite des Konvents die Prälatur erbaut (2. Hälfte des 17. Jh.) und die Barbarakapelle barockisiert (ca. 1700).

Nach der Aufhebung des Klosters im Jahre 1782 durch den Habsburger Joseph II. nutzte man die Gebäude als Lager und als Armenwohnungen. Die ganze Anlage verwahrloste zunehmend, bis 1892 eine Gesellschaft zur Erneuerung des Agnesklosters gegr. wurde. Nach mehreren archäologischen Untersuchungen in der Mitte des 20. Jh. übergab man den Auftrag der detaillierten Rekonstruktion dem Institut für Denkmalpflege in P.; Architekt war Josef Hejzlar.
1980 konnte die *Nationalgalerie* in den restaurierten Räumen ihre Ausstellung »Kunsthandwerk und tschech. Malerei des 19. Jh.« eröffnen und damit auch die Klostergebäude dem Publikum zugänglich machen. Im Erdgeschoß, in der Abteilung Kunsthandwerk, sind künstlerisch wertvolle Objekte aus der Zeit des Empire bis hin zum Jugendstil ausgestellt. Die kunstgewerblichen Exponate umfassen Möbel sowie u. a. Keramik, Porzellan, Gold, Silber, Zinn, Textilien und vor allem das weltberühmte böhm. Glas. In der 1. Etage präsentiert sich die tschech. Malerei u. a. mit Künstlern wie August Piepenhagen, Josef Navrátil*, Karel Purkyně*, Mikoláš Aleš*, Jakub Schikaneder und Josef Mánes*, dem bedeutendsten Prager Maler des 19. Jahrhunderts.

Die Galerie ist täglich außer Mo v. 10 bis 18 Uhr geöffnet.

Bývalý benediktinský klášter / Kloster Břevnov oder Bräunau (Břevnov, Markétská ulice): In der Regierungszeit v. Boleslav II. gründete hier der hl. Adalbert, der 1. böhm. Bischof, bereits im Jahre 993 das 1. Männerkloster Böhmens.
Von der urspr. roman. Basilika hat man bei grundlegenden archäologischen Untersuchungen im Jahre 1962 unter dem Chor der heutigen Barockkirche die Krypta gefunden.
Das Klosterareal der Benediktiner betritt man durch ein prächtiges Barockportal v. Kilian Ignaz Dientzenhofer* (1740), das mit einer Statue des heiligen Benedikt, des Ordensheiligen, geschmückt ist. Sein Schöpfer war der bayrische Bildhauer Karl Josef Hiernl, der auch die Johannes-v.-Nepomuk-Figur vor der Kirche geschaffen hat.
Nach Plänen v. Christoph Dientzenhofer* wurden die Klostergebäude 1708–40 und die Kirche *svaté Markéty/St. Margaretha* 1708–15 errichtet. Die im Stil des röm. Illusionismus Borrominis gebaute Kirche gehört zu dem Typ der Saalbauten. Ihr plastischer Giebelschmuck stammt v. Matthäus Wenzel Jäckel*. Den einschiffigen Innen-

Agneskloster

raum bilden 4 sich überschneidende Ovale und ein Presbyterium. Die Deckenfresken schuf Johann Jakob Steinfels. Sämtliche Altarbilder stammen v. Peter Brandl; hervorzuheben ist das Gemälde »Der Tod und der hl. Günther«. Der Hauptaltar v. dem Tischler Josef Dobner nach Entwurf v. Christoph Dientzenhofer (1718) trägt eine Plastik der hl. Margarethe v. Matthäus Wenzel Jäckel*.
Für die Innenarchitektur der Klostergebäude war Kilian Ignaz Dientzenhofer*, der Sohn v. Christoph Dientzenhofer, verantwortlich. Am bekanntesten ist der Prälatensaal, auch Theresianischer Saal genannt, wegen seines eindrucksvollen Deckenfreskos v. Cosmas Damian Asam*. Die dominante Szene zeigt den hl. Günther und das Pfauenwunder. Trotz der Fastenzeit war der Heilige v. einem Fürsten zum Mahl geladen worden. Da er nicht ablehnen konnte, betete er. Darauf erhob sich ein gebratener Pfau und ging davon. Der Heilige war gerettet. Der Überlieferung nach wurde er in diesem Kloster begraben (etwa in der 1. Hälfte des 11. Jh.).
Vom Zentrum gelangt man zum Kloster am einfachsten mit den Straßenbahnlinien 8 und 22 in Richtung Řepy.
Nicht weit entfernt befinden sich noch weitere Sehenswürdigkeiten: die Kirche Panny Marie Vítězné/St. Maria de Victoria und die Gedenkstätte an die Schlacht am Weißen Berg (Bílá Hora; →Sakralbauten: Kirchen) und das Schloß Hvězda/Stern (→Profanbauten: Palais, Schlösser).

Emauzy, Klášter na Slovanech / Emmaus, Kloster bei den Slawen (Nové Město, Vyšehradská třída): Das Kloster wurde 1347 v. Kaiser Karl IV. noch vor der Gründung der Neustadt den Benediktinern des slaw. Ritus gestiftet. Mit der Wiederbelebung der Cyrillus-Methodius-Tradition durch die Einführung der altslawischen Sprache in die Messe verfolgte die Kirche u. a. das Ziel, größeren Einfluß im O zu erlangen. Zuerst ließen sich Benediktiner aus den Balkanländern an der Kapelle der heiligen Cosmas und Damian nieder. Sie ist heute noch, jedoch barock umgestaltet, im Klostervorhof zu sehen. Am Ostermontag im Jahre 1372 wurde die Kirche geweiht. Da an diesem Tag »Der Gang nach Emmaus« aus dem Evangelium gelesen wurde, bekamen Kloster und Kirche ihren entspr. Namen.
Eine herausragende Stellung als Bildungsstätte nahm das Kloster vor allem im 14. und 15. Jh. ein. Es war bekannt für seine zahlreichen Übersetzungen und illuminierten Handschriften. Hier entstand u. a. auch

Kloster Břevnov

der glagolitische Teil des Evangeliars v. Reims, auf den die französischen Könige bis 1782 ihren Eid leisteten.
In den folgenden Jh. wechselte die Anlage mehrere Male ihre Besitzer. In den Jahren 1419–1589 gehörte sie den Hussiten, nach 1630 den spanischen Benediktinern v. Montserrat, die eine umfassende Barockisierung der Klostergebäude vornahmen und sie um eine Etage aufstockten. Ab 1880 kam sie in den Besitz der Benediktiner aus Beuron, die sie wiederum regotisierten. Ein moderner Anbau wurde noch 1930 hinzugefügt. Im Jahre 1941, während der Okkupation, lösten die Nationalsozialisten das Kloster auf.
Die Kirche Panny Marie na Slovanech/St. Maria bei den Slawen, 1348–72 als got. Kirche mit 3 gleichgroßen Schiffen erbaut, unterlag jeweils demselben Wandel wie das Kloster. Bei einem anglo-amerikanischen Bombenangriff wurde die ganze Anlage sehr stark beschädigt. So auch die ehem. 2 Barocktürme, die die W-Fassade der Kirche zierten. Erst 1967 wurden sie durch den Bau v. 2 konkaven Spitztürmen, die der Form v. Segeln oder Flügeln ähneln, ersetzt. Der Architekt war František M. Černý*.
Aus der Gründungszeit blieben 2 besondere Kostbarkeiten erhalten: die mehrfach restaurierten Wandmalereien des Kreuzganges (1360), auf deren 26 Flächen eine Art spätmittelalterliche Armenbibel dargestellt ist (Ereignisse des Alten und Neuen Testaments sowie Wunderlegenden), und die *Kreuzigungstafel v. Emmaus.* Sie gilt als herausragendes Beispiel der böhmischen Hofmalerei des 14. Jahrhunderts. Heute ist sie in der Nationalgalerie (→Museen) ausgestellt.
Ab 1949 dienen die Klosterräume der Tschechoslowak. Akademie der Wissenschaften.
In der Kirche finden des öfteren Konzerte statt.

Klášter svatého Jiří / St.-Georgs-Kloster (Hradčany, Jiřské náměstí): →Profanbauten: Burgen, Pražský hrad S. 104.

Klementinum / Clementinum, ehem. Jesuitenkolleg (Staré Město/Altstadt, Křižovnikké náměstí/Kreuzherrenplatz): Dieser nach der Prager Burg zweitgrößte Gebäudekomplex v. P. mit einer Fläche v. ca. 2 ha grenzt an die Straßen: Karlova (S), Platnéřská (N) und an die Plätze: Křižovnické (W), Mariánské náměstí (O). Die vierflügelige Anlage mit 5 Innenhöfen, Zwischentrakten, 3 Kir-

Kloster Břevnov, St. Margaretha, Deckenfresko über dem Chor

Kloster Břevnov, St. Margaretha, barocke Marien-Statue

chen und einer Sternwarte wurde im Lauf der Jh. in mehreren Bauabschnitten errichtet.

Urspr. standen an dieser Stelle ein 1232 erbautes Dominikanerkloster, 3 Kirchen, 32 Bürgerhäuser und mehrere Gärten. Im Zuge der Gegenreformation waren 1556 v. Ferdinand I. die Jesuiten nach P. gerufen worden. Sie übernahmen das Dominikanerkloster, erwarben die angrenzenden Grundstücke und begannen im Jahre 1578 mit dem Bau des Chores der St.-Salvator-Kirche (1); (→Sakralbauten: Kirchen, Kostel svatého Salvátora) als erstes Gebäude des Clementinums. Fortgesetzt wurden die Bauarbeiten erst in den Jahren 1648-1729, zunächst unter der Bauleitung v. Francesco Caratti*, anschließend v. František Maximilián Kaňka*. Im Anschluß an die St.-Salvator-Kirche entstand die heute dreigeschossige Hauptfassade (2), gegliedert durch 22 Fensterachsen und breite rustizierte Pilaster mit verzierten Kapitellen. Darüber befinden sich reicher Ornamentschmuck, plastische Köpfe der römischen Kaiser (v. Giovanni B. Cometa) und 2 doppelköpfige Adler. Die Dachlukarnen über dem Sims wurden später hinzugebaut. Der N-Flügel wurde Ende des 17. Jh. erbaut, der O-Flügel Anfang des 18. Jh. mit einem schönen Barockportal, das v. Giebel und Balkon betont wird. Der S-Flügel besteht größtenteils aus den Fassaden der Kirchen *St. Salvator* (1) und *St. Clemens* (3) (→Sakralbauten: Kirchen, Kostel svatého Klimenta) sowie der in der Mitte gelegenen *Welschen Kapelle* (4); (→Sakralbauten: Kapellen, Vlašská kaple). Die Clemenskirche stammt noch aus dem urspr. Dominikanerkloster und wurde in den Jahren 1711-13 v. František Maximilián Kaňka zu dem heutigen Barockbau umgestaltet. Dieser Architekt errichtete 1721-23 auch den Turm der *Sternwarte* (5), der 1748 umgestaltet wurde. Hier richtete sich der Astronom Josef Steepling (1716-78) die Sternwarte ein, in der seit 200 Jahren meteorologische Aufzeichnungen gemacht werden. Sein im Hof stehendes Denkmal schuf Ignaz Franz Platzer*. Die Atlasstatue auf der Turmspitze stammt v. einem unbekannten Künstler. Die letzten baulichen Umgestaltungen nahm Ladislav Machoň in den Jahren 1924-29 vor.

Nach der Schlacht am Weißen Berg (Bílá Hora) wurde 1622 das urspr. reformatorische Carolinum (→Profanbauten: öffentliche Bauten, Karolinum) dem Jesuitenkolleg angeschlossen.

Am Ende des Dreißigjährigen Krieges (1648) war hier das Zentrum der Prager Studenten, die auf der Karlsbrücke

Emmaus-Kloster

Clementinum (Innenhof)

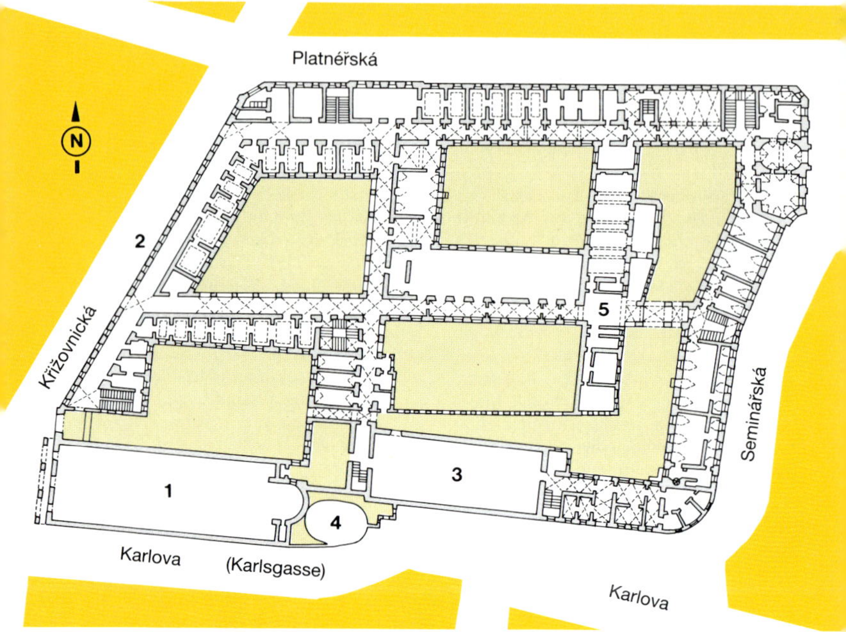

Clementinum 1 St.-Salvator-Kirche **2** Hauptfassade **3** St.-Clemens-Kirche **4** Welsche Kapelle **5** Sternwarte

(→Brücken, Karlův most S.217) gegen die anstürmenden Schweden erfolgreich kämpften. Im sw Hof erinnert die Plastik »Prager Student« an dieses Ereignis. Nachdem 1773 das Jesuitenkolleg aufgehoben wurde, befand sich hier das Erzbischöfliche Seminar. Im Jahre 1777 wurde die Universitätsbibliothek eingerichtet.

Von den Innenräumen ist der bekannteste der v. František Maximilián Kaňka 1721 bis 1727 erbaute *Bibliothekssaal*. Den sich über 2 Geschosse des O-Flügels erstreckenden barocken Saal schmückt ein Deckenfresko v. Johann Hiebl (1727). Dargestellt sind Motive der Wissenschaft und der Kunst. Die an den Wänden stehenden Eichenregale sind mit Büchern gefüllt. In der Saalmitte wurde eine Reihe Erd- und Himmelsgloben vom 17. bis Mitte des 19. Jh. aufgestellt. Eine umlaufende Galerie mit schmiedeeisernen Gittern wird v. vorgesetzten gedrehten Säulen getragen. An der Stirnseite des Raumes hängt ein Gemälde v. Kaiser Joseph II. Sehenswert ist auch die ebenfalls v. F. M. Kaňka erbaute *Spiegelkapelle* (1724) mit ihren vergoldeten Stukkaturen und dem Deckengemälde »Szenen aus dem Leben Mariens«. Heute finden hier Ausstellungen und Konzerte statt. Der *Mozartsaal* im N-Flügel ist im Rokokostil gestaltet. Interessant sind die Reste eines an die Wand gemalten Altars der urspr. hier befindlichen roman. Kirche *St. Martin der Kleinere*. Im anschließenden *Mathematiksaal* befindet sich eine beachtliche Tischuhrensammlung aus der Mitte des 18. Jh. Die Decken der langen Gänge im W-Flügel beleben Stukkaturen und Fresken, die Motive aus der Geschichte des Jesuitenordens zeigen.

Heute ist hier der Sitz der *Staatsbibliothek* der ČSFR, die eine wertvolle Sammlung v. über 5 Millionen Bänden, darunter ca. 6000 Handschriften und ca. 3000 Inkunabeln, birgt. Eine berühmte Kostbarkeit

Clementinum, Front am Mariánské náměstí

ist das *Vyšehrader Krönungsevangeliar* aus dem Jahre 1086. Außerdem sind in den Gebäuden die Universitätsbibliothek, die Bibliothek der Technischen Hochschule und die Slaw. Bibliothek untergebracht.

Strahovský klášter / Kloster Strahov (Hradčany, Strahovské nádvoří): Das hoch über der Stadt auf dem Petřín/Laurenziberg w v. der Prager Burg gelegene Kloster erkennt man schon vom Tal aus an seinen 2 charakteristischen Kirchtürmen.

Auf einer Strahov genannten Stelle gründete Vladislav II. mit dem Bischof Jindřich Zdík im Jahre 1140 ein Prämonstratenserkloster. Es bildet den Kern der heutigen, nach mehreren Um- und Erweiterungsbauten stark veränderten Klosteranlage. Reste der urspr. roman. Gebäude wurden 1950/51 bei intensiven archäologischen Untersuchungen gefunden.

Das nach einem Brand 1258 mehrfach got. umgebaute Kloster gestaltete man 1614–26 im Renaissancestil um. Ende des 17. Jh. verlieh ihm der Baumeister Jean Baptiste Mathey* seine Barockgestalt, v. der leider nur wenig erhalten geblieben ist. Sie wurde zu großen Teilen während des Österreichischen Erbfolgekrieges 1741 zerstört. Das heutige Äußere des Klosters wurde nach 1741 geprägt. Vom Strahovské nádvoří/Strahover Platz gelangt man durch ein prächtiges Barocktor, bekrönt mit einer Plastik des *hl. Norbert* (Ordensgründer der Prämonstratenser) v. Johann Anton Quittainer (ca. 1742) in den *Klostervorhof* (1). Auf eine im spätgot. Stil errichtete Steinsäule zugehend, die die Statue des Ordensheiligen trägt, sieht man l die St.-Rochus-Kirche, r das *Bibliotheksgebäude* (2), während sich in der Mitte die mächtige Frontfassade der *Abteikirche St. Mariä Himmelfahrt* (3) erhebt. Die *Kirche svatého Rocha/St. Rochus,* in den Jahren 1603–12 erbaut, wurde v. Kaiser Rudolf II. aus Dankbarkeit für die Erlösung v. der Pest (1599) gestiftet. Der über kreuzförmigem Grundriß im spätgot. Stil errichtete Bau weist zusätzlich Renaissance-Elemente auf (z. B. das Maßwerk der Fenster). Die Kirche diente vor ihrer Aufhebung im Jah-

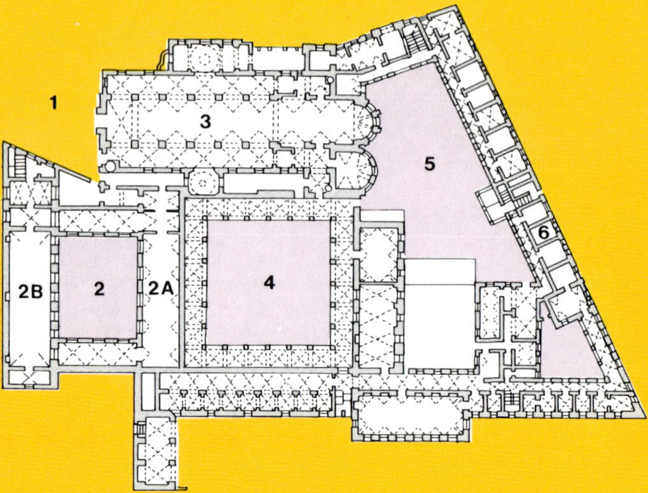

Strahovský klášter / Kloster Strahov 1 Klostervorhof **2** Bibliotheksgebäude **3** St. Mariä Himmelfahrt (Abteikirche) **4** Konvent **5** Haupthof **6** Prälatur

Clementinum, Studentischer Lesesaal

re 1784 als Pfarrkirche des Pohořelec/Brandplatzes (→Straßen, Plätze, Märkte). Nach ihrer Renovierung in den Jahren 1970–73 befindet sich hier der Ausstellungssaal *Musaion* des Museums der tschech. Literatur. Die *Abteikirche Svaté Panny Marie na Strahové/St. Mariä Himmelfahrt* (3) erbauten die Prämonstratenser bereits 1140–82 als dreischiffige roman. Basilika. Dieser roman. Kern der Kirche hat all die baulichen Veränderungen während der Jh. überdauert. Dagegen ist das Querschiff v. der Gotik geprägt. Die äußere Gestalt und die Ausstattung im Inneren stammen jedoch vorwiegend aus der Zeit des Barock.

Nach den Kriegszerstörungen v. 1741 entstand die durch Pilaster gegliederte und mit Mittelrisalit und Giebel versehene Frontfassade. Das v. Doppelsäulen eingerahmte Kirchenportal trägt eine qualitätvolle Immaculata-Figur v. Johann Anton Quittainer*. Auf den Stufen des ansteigenden Giebels stehen Plastiken; v. l nach r: der hl. Augustin, der hl. Adrian, das Gotteslamm, der hl. Jakobus und der hl. Norbert. Die beiden hohen, den Chor flankierenden Türme gestaltete Anselmo Lurago* in ihrer heutigen Form (1743–52).

Das Deckengewölbe des Innenraumes ist durch Stuckkartuschen v. Michael Ignaz Palliardi* in Felder aufgeteilt (1743), die im folgenden Jahr ausgemalt wurden. Die mittlere Freskenreihe v. Josef Kramolín zeigt 8 Szenen aus der Marienlegende. Die übrigen 32 Gewölbezwickel tragen Mariensymbole v. Ignaz Raab. Über den 12 Arkadenbogen der Seitenschiffe befinden sich Darstellungen aus der Norbertlegende v. Wilhelm Neunherz. Den Hochaltar, aus rotem Marmor v. Josef Lauermann geschaffen, versah 1768 Ignaz Franz Platzer mit schönen Holzschnitzereien. Diese beiden Künstler sind zusammen mit Johann Anton Quittainer auch die Schöpfer der Seitenaltäre. Die Altargemälde stammen überwiegend v. den bedeutenden Barockmalern J. K. Liška*, Michael Lukas Leopold Willmann und Franz Xaver Balko. Beachtenswert ist auch das frühbarocke Chorgestühl v. Franz Ryckel. In einer Kapelle des rechten Seitenschiffs befindet sich das Epitaph des Grafen Gottfried Heinrich Pappenheim, der ebenso wie der Schwedenkönig Gustav Adolf in der Schlacht bei Lützen 1632 gefallen ist. In der Ursulakapelle im linken Seitenschiff werden die Reliquien der hll. Ursula und Norbert aufbewahrt. Die Fresken malte der Prämonstratenser-Mönch Siard Nosecký, der auch im Theologischen Bibliothekssaal wirkte. In der Kapelle befinden sich 2 bes. kostbare *Plenarien* (Reliquienplatten) vom Anfang des 14. Jahrhunderts. Die eine trägt auf einer mit Silber beschlagenen und mit Edelsteinen und Perlen verzierten Holzplatte ein Relief »Krönung Mariens«, das andere zeigt die 4 Evangelisten auf Emailmedaillons.

Das *Bibliotheksgebäude* (2) wurde erst in den Jahren 1782–84 v. dem Architekten Ignaz Palliardi* im Auftrag des Abtes Wenzel Mayer errichtet. Als plastischer Schmuck zieren die Hauptfassade Vasen, symbolische Attribute und ein Wappen des Kaisers Josef II. v. Ignaz Michael Platzer*. Hinter der Fassade verbirgt sich der 2 Geschosse einnehmende, prächtig ausgestattete *Philosophische Saal.* Seine die gesamte Wandfläche einnehmenden Bücherschränke wurden v. Johann Lachhofer gefertigt und aus

Kloster Strahov

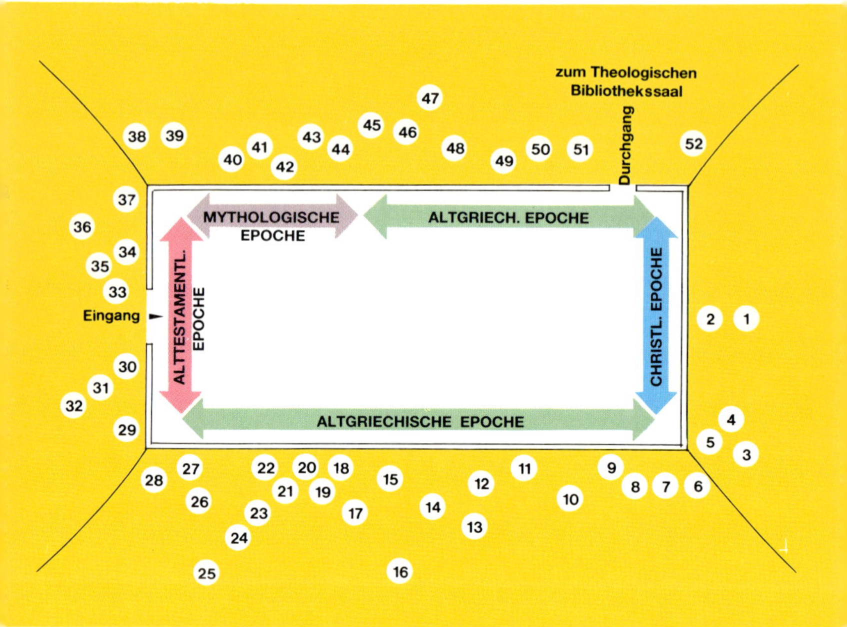

1 Altar des unbekannten Gottes **2** Ewige Flamme der Vestalinnen **3** Ludmilla **4** Wenzel **5** Hieronymus **6** Augustin **7** Adalbert **8** Joh. von Nepomuk **9** Norbert **10** Sokrates und Freunde **11** Xanthippe **12** Philosophie **13** Engel **14** Figur mit Säule (philosophische Gedanken) **15** Descartes **16** Sturz der Laster **17** Diderot **18** Voltaire **19** Magier Cleobulus und Tochter **20** Platon und Schüler **21** Pythagoras **22** Solon **23** Archimedes Thales (Fernrohr) **24** Sphinx Hippokrates **25** Baum der Erkenntnis **26** Adam und Eva **27** Kain und Abel **28** Arche Noah **29** Isaak Abraham **30** Engel **31** Moses **32** Allegorie des Alten Testaments **33** Bundeslade **34** Salomon **35** Aaron **36** Engel **37** David **38** Haß, Krieg **39** Grausamkeit **40** Satyr **41** Bachus **42** Silen **43** Bacchantin mit Tamburin **44** Kentaur **45** Streitroß Alexanders **46** Alexander d. Gr. **47** Aristoteles **48** Crates **49** Demokrit **50** Diogenes in der Tonne **51** Phanias **52** Juden, Türken, Heiden

Strahovský klášter / Kloster Strahov, Philosophischer Bibliothekssaal, Deckenmalerei

dem mährischen Kloster Louka (Brück) hierhergebracht. Unterteilt wird der Raum durch eine umlaufende Galerie mit holzgeschnitzter Balustrade. Das Tonnengewölbe der Decke schmückt ein Fresko des österreichischen Malers Franz Anton Maulpertsch* (1749). Dargestellt ist ein Geschichtszyklus, der anhand der dargestellten Personen und Ereignisse durch die 4 großen Weltepochen führt.
Man betritt den Saal üblicherweise unterhalb der Darstellung der *alttestamentlichen Epoche,* die r vom Eingang mit dem Baum der Erkenntnis und Adam und Eva beginnt. Direkt über der Tür wird die Bundeslade, in Richtung Fensterfront werden Haß, Krieg und Grausamkeit gezeigt. Hier ist der Übergang zur *mythologischen Epoche,* die mit dem Kentaur abschließt. Dem Kentaur gegenübergestellt ist Alexander

Kloster Strahov, Philosoph. Bibliothekssaal

d. Gr. mit seinem Streitroß, Anfang der *altgriech. Epoche,* die auch Aristoteles und Diogenes in seiner Tonne zeigt. Über dem Durchgang beginnt die *christliche Epoche* mit der Darstellung einer Gruppe v. Heidenvölkern. An der Stirnseite sieht man unter dem Altar des unbekannten Gottes die ewige Flamme der Vestalinnen, l die Figur des Paulus und r die böhm. Schutzheiligen Ludmilla und ihren Enkel Wenzel. Die Epoche endet mit dem hl. Norbert. Hier schließt die andere *altgriech. Epoche* mit dem Philosophen Sokrates an und führt über Xanthippe, die französischen Enzyklopädisten Descartes, Diderot und Voltaire sowie Platon, Pythagoras und Archimedes zu Asklepios mit Schlange und Hippokrates, wo der Zyklus wieder am Baum der Erkenntnis endet. Die Deckenmitte schmückt das Gemälde »Verherrlichung der Göttlichen Weisheit«. Im Saal steht eine Büste des Kaisers Franz I. v. Franz Xaver Lederer*. Auf dem Weg zum Theologischen Saal kommt man an einer

Kloster Strahov, Abteikirche Mariä Himmelfahrt

Glasvitrine vorbei, in der das berühmte *Strahover Evangeliar* ausgestellt ist. Es enthält 218 Blätter (entstanden ca. 800), 4 Bilder der Evangelisten (gegen Ende des 10. Jh.) und einen später hinzugefügten, mit Samt überzogenen hölzernen Einband (wohl 2. Hälfte des 12. Jh.). Die Forschung nimmt als urspr. Besitzer dieser Kostbarkeit das Kloster St. Martin bei Trier an.

Der *Theologische Saal* entstand bereits in den Jahren 1671–79 durch den Baumeister Domenico Orsi* als dreijochiger Raum. Die zusätzlichen 2 Joche beim Eingang sind erst 1721 ergänzt worden. Die stukkierte Decke läßt in ihrem dichten Rankenwerk und den voll ausgeformten Kartuschen noch den ital. Stil um 1670 erkennen. Die Ausmalung der einzelnen Felder erfolgte in den Jahren 1723–27 durch den Prämonstratenser Siard Nosecký. In den kunstvollen Schränken und Vitrinen sind zahlreiche theologische Handschriften und Bücher ausgestellt. Bes. interessant sind die Globen aus dem 17. Jh. in der Saalmitte.

In den ehem. Klostergebäuden (4), vor allem im Kreuzgang mit seinen anschließenden Räumen, hat nach der umfassenden Renovierung 1950–53 das *Museum des nationalen Schrifttums* (Památník Národního písemnictví) seinen Sitz. Der Eingang befindet sich auf der rechten Seite des Haupthofes (5), der hinter dem Chor der Kirche liegt. Die Sammlung besteht aus 2000 Handschriften, 100 000 Bänden, 1200 Inkunabeln und einmaligen Stichen und Landkarten. Gezeigt werden auch Räume, die speziell zu wichtigen Themen der böhm. Geschichte ausgestattet sind, so z. B. ein Raum für die Přemysliden (1. Herrschergeschlecht v. Böhmen), einer für Kaiser Karl IV. und einer für den Reformator Johannes Hus. Durch ein schmales Tor in der ö Klostermauer gelangt man in die das Kloster umgebenden *Gärten*. Von hier bietet sich ein besonders schöner Ausblick auf das Dächermeer v. P. mit seinen zahlreichen Türmen. Linker Hand erhebt sich die Burganlage mit dem gewaltigen St.-Veits-Dom (→Profanbauten: Burgen, Hradschin). Man kann seinen Weg auch hier fortsetzen, z. B. in Richtung Burg, Kleinseite und Laurenziberg/Petřín. Anzumerken ist noch, daß sich in der ehem. Prälatur (6) des Klosters das reizvoll eingerichtete Restaurant »Oživlé dřevo« (»Belebtes Holz«) befindet.

Zbraslavský klášter / Kloster Zbraslav (Zbraslav/Königssaal): Das Kloster Zbraslav liegt in der gleichn. Stadt, die 1974 in die Hauptstadt eingemeindet wurde.

Dort, wo das Flüßchen Berounka in die

Kloster Strahov, Theologischer Bibliothekssaal

Moldau (Vltava) einmündet, errichtete Přemysl Otakar II. in den Jahren 1253–78 einen Jagdhof. In der Regierungszeit Wenzels II. baute man ihn in ein 1292 gegr. Zisterzienserkloster um. Die Forschung vermutet hier eine Grabstätte des Herrschergeschlechts der Přemysliden. Die während der hussitischen Revolution 1420 zerstörte Klosteranlage wurde 1716 durch den Neubau eines dreiflügeligen Konvents des Architekten Jan Blažej Santini-Aichel* ersetzt. František Maximilián Kaňka* beendete das Bauwerk im Jahre 1732.

Die urspr. got. *Kirche svatého Jakuba/St. Jakob* wurde in den Jahren 1650–54 barockisiert. Ihr Hauptaltargemälde »Mariä Himmelfahrt« stammt v. Giambattista Piazzetta* (1743). Der rechte Seitenaltar trägt die Kopie eines got. Tafelbildes der *Madonna v. Zbraslav* (heute in der Nationalgalerie im Georgskloster, →Profanbauten: Burgen, Pražský hrad S.104). Die übrige bildnerische Ausstattung haben Karel Škréta und Peter Brandl geschaffen. Interessant ist die Plastik »Přemysl der Pflüger« v. Jan Štursa und Pavel Janák (1924) im linken Seitenschiff. In ihr befinden sich die Schädel der letzten Přemysliden: v. Wenzel II., seinem Sohn Wenzel III. und seiner Tochter Elisabeth.

Im Jahre 1784 wurde das Kloster aufgehoben und 1911–25 umfassend restauriert. Heute ist hier eine *Abteilung der Nationalgalerie* untergebracht, die eine permanente Ausstellung v. Skulpturen des 19. und 20. Jh. präsentiert. Die bekanntesten Vertreter dieses Zeitabschnitts sind Josef V. Myslbek, der Schöpfer des mächtigen Wenzel-Denkmals auf dem gleichnamigen Platz in der Neustadt (→Straßen, Plätze, Märkte, Václavské náměstí) und Jan Štursa. Das Museum ist täglich außer Mo v. 10 bis 18 Uhr geöffnet.Die ehem. Prälatur gestaltete Dušan Jurkovič 1911–12 neu um. Heute dient sie staatl. Repräsentationszwecken.

3. Kapellen

Betlémská kaple / Bethlehemskapelle (Staré Město/Altstadt, Betlémské náměstí): Die heutige Kapelle ist eine originalgetreue Rekonstruktion der urspr. Kapelle nach Stichen und alten Zeichnungen durch den Architekten Jaroslav Fragner (1950–54). Den ansonsten schlicht gehaltenen Sakralbau erkennt man leicht an seinen 2 hohen Satteldächern.

Im Jahre 1391 wurde v. den Bürgern der Stadt P. an dieser Stelle die Bethlehemskapelle errichtet, um einen Raum für die Lesung der Messe in tschech. Sprache (statt in

Kloster Zbraslav

lat.) zur Verfügung zu haben. In dem einfachen Raum ohne Chor und Seitenschiffe fanden ca. 3000 Menschen Platz. In der Größe entspricht sie somit eher einer Kirche als einer Kapelle, doch war ein Kirchenbau für die tschech. Messe nicht erlaubt. In den Jahren 1402–13 predigte hier der bedeutende Reformator Johannes Hus (1369–1415), Rektor der Prager Universität, der sich vehement gegen die Weltlichkeit und Prunksucht der Kirche wandte. Auf dem Konzil in Konstanz wurde er 1415 zum Tod auf dem Scheiterhaufen verurteilt, weil er an seiner Überzeugung festhielt. Ungefähr 100 Jahre später, 1521, wirkte hier der dt. Bauernführer Thomas Müntzer (um 1490–1525), der sich sowohl für die reformatorischen Ideen einsetzte als auch für soziale gesellschaftliche Gerechtigkeit. In den Jahren 1605–20 war die Kapelle Sitz der Kirchengemeinschaft der Böhm. Brüder. Ab 1627 war nur noch der kath. Glaube zugelassen, und die Kapelle ging in den Besitz des Jesuitenordens über. I. J. 1786 riß man sie ganz ab und errichtete an ihrer Stelle ca. 1835 ein Wohnhaus. Bei der Rekonstruktion verw. man auch die Mauerreste der urspr. Kapelle, die man beim Abriß des Wohnhauses entdeckt hatte. Die Innenwände sind nach Vorbildern des Jenaer Codex v. Schülern der Akademie der bildenden Künste bemalt worden. Im O schließt das ebenfalls erneuerte *Predigerhaus* an. Es war u.a. das Wohnhaus des Magisters Johannes Hus und ist heute als Gedenkhaus eingerichtet. Im Keller ist noch der Raum einer urspr. dort befindlichen Mälzerei erhalten.

1962 wurde die Kapelle aufgrund ihrer besonderen hist. Bedeutung zum nationalen Kulturdenkmal erklärt und der Öffentlichkeit zugänglich gemacht. Zur Zeit ist sie jedoch aus techn. Gründen geschlossen.

Kaple svatého Kříže / Heilig-Kreuz-Kapelle (Hradčany): →Profanbauten: Burgen, Pražský hrad S.87.

Kaple Panny Marie v hradbách / Marienkapelle in den Schanzen (Vyšehrad, V pevnosti): →Profanbauten: Burgen, Vyšehrad.

Kaple svaté Maří Magdaleny / St. Maria Magdalena (Letná, Nábřeží kapitána Jaroše): Am Fuß des Letná bei der Svatopluk-Čech-Brücke liegt die Kapelle malerisch am Flußufer. 1635 wurde sie als frühbarokker Rundbau mit Kuppel v. einem unbek. Architekten erbaut. Auftraggeber war der Cyriakenorden, der seine heute nicht mehr erhaltenen Klostergebäude am gegenüberliegenden Flußufer hatte. Um die Kapelle

Kloster Zbraslav

Bethlehemskapelle

zu retten, wurde sie bei einer Verbreiterung des Brückenkopfes um ca. 35 m verschoben. Heute dient die 1984 renovierte Kapelle der altkatholischen Kirche als Gotteshaus.
Das dahinter liegende Empiregebäude gehört zu der ältesten Prager Badeanstalt (Občanská plovárna); sie entstand 1840.

Kaple svatého Václava / Wenzelskapelle (Hradčany): →Profanbauten: Burgen, Pražský hrad S.91. Diese Kapelle befindet sich im St.-Veits-Dom (Katedrála svatého Víta).

Vlašská kaple / Welsche Kapelle (Staré Město/Altstadt, Karlova ulice): Der Rundbau der Kapelle liegt zwischen dem Chor der St.-Salvator-Kirche und der Eingangsfront der St.-Clemens-Kirche. Diese 3 Sakralbauten bilden zusammen die s Fassade des Clementinums (→Sakralbauten: Klöster, Clementinum).
Die Kapelle wurde in der Regierungszeit Rudolfs II. im Auftrag der Welschen Kongregation, einer Vereinigung v. in P. lebenden ital. Einwanderern, in den Jahren 1590–1600 errichtet.
Der Organisation gehörte schon ein Hospital in der Vlašská ulice (→Straßen, Plätze, Märkte).

In der Forschung wird der Römer Ottaviano Mascarino als Architekt dieses 1. barocken Zentralbaus v. P. angenommen. Über ihrem ovalen Grundriß erhebt sich ein Kuppeldach mit einer Laterne. Die schlichte Außenfassade wird durch große dreigeteilte Rundbogenfenster aufgelokkert. Der Portikus mit dem schmiedeeisernen Gitter und der Balustrade wurde erst 1715 v. František Maximilián Kaňka hinzugefügt. Er dient auch als Verbindung zur Clemenskirche.
Im Inneren befinden sich unter dem Arkadenumgang 7 Kapellen, deren Gewölbe mit Mariendarstellungen ausgemalt sind. Die Kuppel schmückt das Gemälde »Mariä Himmelfahrt«.

Kaple Všech svatých / Allerheiligenkapelle (Hradčany): →Profanbauten: Burgen, Pražský hrad. Die Kapelle befindet sich im →Alten Königspalast (Starý královský palác) hinter dem Vladislav-Saal (Vladislavský sál).

Staatliches Jüd. Museum 1 Klausensynagoge **2** Maislsynagoge **3** Pinkasschule **4** Spanische Synagoge **5** Altneusynagoge **6** Hohe Synagoge und Jüd. Rathaus **7** Jüd. Friedhof **8** ehem. Zeremonienhalle

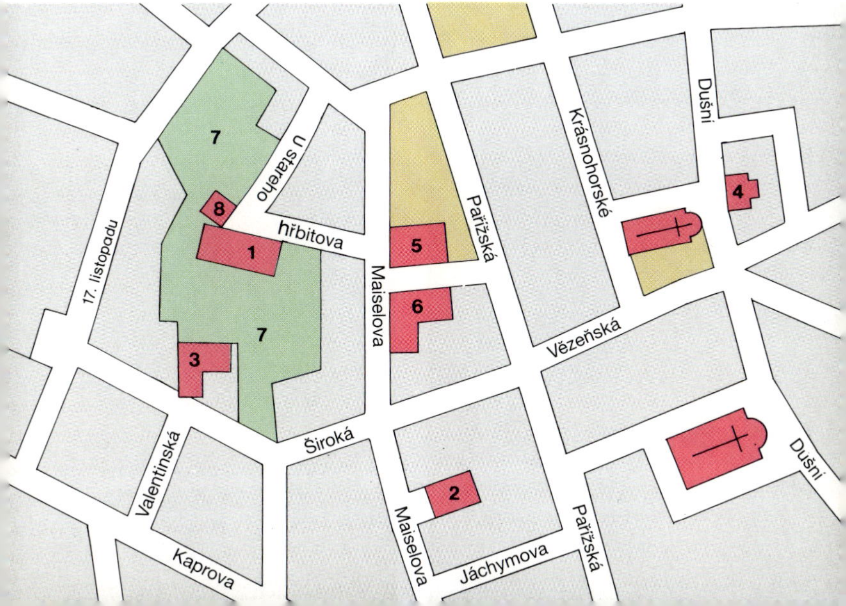

4. Synagogen

Die Geschichte der im Norden der heutigen Altstadt gelegenen alten Prager Judenstadt (Židovské Město) geht bis auf das 12. Jh. zurück. Doch werden bereits jüd. Niederlassungen im Prager Stadtgebiet im 10. Jh. erwähnt. Von der alten Prager Judenstadt blieben nach der Sanierung dieses Viertels nur 6 Synagogen, der Alte Jüd. Friedhof und das Zeremonienhaus (→Sakralbauten: Friedhöfe, Starý židovský hřbitov) und das Jüd. Rathaus (→Profanbauten: öffentliche Bauten, Židovska radnice) erhalten.

Bei der Sanierung wurde ein Wohnhaus nach dem anderen abgerissen und durch ein neues im Stil der Jahrhundertwende (19./20. Jh.) ersetzt. 3 große barocke Synagogen fielen dieser Maßnahme zum Opfer: die *Zigeuner-*, die *Grossenhof-* und die *Neue Synagoge.*

Die erhaltenen Synagogen und der Friedhof sind nicht nur bedeutende Baudenkmäler, sondern auch die einzigen Zeugen der Geschichte und des Lebens der Juden in P. Die Synagogen dienten nicht nur als Gotteshäuser, sondern auch als Zentren des gesellschaftlichen Lebens, der Erziehung und der Bildung. In der Zeit der dt. Besatzung 1939–45 wurden sie v. den Nationalsozialisten geschlossen und in Lagerräume für den beschlagnahmten privaten Besitz der Juden bzw. das Eigentum ganzer jüd. Kultusgemeinden umgewandelt, während man die Juden in die verschiedenen Vernichtungslager verschleppte. Dies geschah mit der furchtbaren Absicht, das bereits bestehende Museum (seit 1906) in ein »exotisches Museum für die ausgerottete Rasse der Juden« umzuwandeln. Deshalb entgingen viele jüd. Kultusgegenstände, Dokumente und Kunstwerke der Vernichtung. Nach der Niederlage des NS-Regimes wurden die Synagogen samt ihren kostbaren Sammlungen dem Jüd. Museum zurückgegeben, das 1950 in den Besitz des Staates überging. Das *Staatliche Jüd. Museum* (Státní židovské muzeum) begann mit den umfassenden Restaurierungsarbeiten und präsentierte bald darauf eine einzigartige Kollektion synagogaler Gegenstände; in der Vysoká synagóga/Hohe Synagoge: synagogale Textilien, in der Klausova synagóga/Klausen-Synagoge: alte hebräische Drucke und Handschriften, in der Maislova synagóga/Maislsynagoge: synagogales Silber. Die Pinkasova synagóga/Pinkasschule dient als Gedenkstätte der Judenverfolgung unter dem Nationalsozialismus

Kapelle Maria Magdalena

Staatl. Jüd. Museum, Hohe Synagoge: Koruna na Tóru

der Juden, die Staronová synagóga/Altneusynagoge wird v. der jüd. Gemeinde zum Gottesdienst genutzt, und die Španělská synagóga/Spanische Synagoge wird z.Z. umfassend restauriert. Besonders eindrucksvoll sind die Zeichnungen, die die Kinder im Konzentrationslager Theresienstadt (→Teil Böhmen: Terezín) gemalt haben. Sie sind im Zeremonienhaus ausgestellt.

Außer den bereits erwähnten Synagogen gab es im näheren Umkreis und in der Prager Judenstadt auch private und Vereinsbethäuser. Nach dem erneuten Erlangen der bürgerlichen Gleichberechtigung in der Mitte des 19.Jh. verließen viele Juden dieses Stadtviertel und gründeten eigene jüd. Gemeinden im Gebiet der heutigen Hauptstadt P. In *Karlín* wurde in der Vítkova ulice v. der seit 1817 in diesem Stadtviertel ansässigen jüd. Gemeinde eine Synagoge mit maurischen und neuroman. Stilelementen erbaut. Heute dient sie der tschech. hussitischen Kirche als Gotteshaus. In *Libeň* wurde an der Stelle einer älteren (Anfang 16.Jh.) eine neue, neuroman. Synagoge in der Ludmilina ulice errichtet. In *Smíchov* erbaute man im Jahre 1863 eine neuroman. Synagoge, die 1931 v. Architekt Leopold Ehrmann im funktionalistischen Stil umgebaut wurde (Ecke Plzeňská/Stroupežnického ulice).

Die größte Synagoge v. P. errichtete der Architekt Wilhelm Stiassny in den Jahren 1896–98 im Stadtviertel *Vinohrady* in der Sázavská ulice. Sie wurde jedoch bei einem Luftangriff gegen Ende des 2.Weltkrieges zerstört. Im Stadtteil *Žižkov* gründete der dort ansässige jüdische Kultusverein 1893 eine selbständige Gemeinde. Anstelle einer Synagoge benutzten sie ein Bethaus, das sich in der 1.Etage eines Wohnhauses in der Kalininova ulice befindet. Heute ist es im Besitz der tschechisch hussitischen Kirche. Architektonisch interessant ist die in der Prager *Neustadt* erbaute →Jubiläumssynagoge.

Das gesamte Museumsareal in der ehem. Prager Judenstadt, heute Josefov, ist täglich außer Sa v. 9 bis 17 Uhr in den Sommermonaten und v. 9 bis 16.30 Uhr in den Monaten November–März geöffnet.

Jubilejní synagóga / Jubiläumssynagoge (Nové Město/Neustadt, Jeruzalémská ulice): Nachdem bei der Sanierung der ehem. Prager Judenstadt die 3 bereits erwähnten barocken Synagogen niedergerissen wurden, gründete man einen Verein für den Bau einer neuen Synagoge. Der Architekt Wilhelm Stiassny und der Baumeister Alois Richter realisierten den Plan in den Jahren 1905–06. Die so in der Neustadt entstandene Synagoge vereinigt Elemente des Jugendstils mit maurischer Architektur, was dem Bau einen besonderen Reiz verleiht. Den Haupteingang bildet ein mächtiger zurückgesetzter Portikus, bekrönt v. einem islamischen Bogen. Die Wände des Innenraumes der Synagoge strukturiert eine doppelstöckige Arkadengalerie. Die bildnerische Ausschmückung stammt v. František Fröhlich.

Die Synagoge dient der jüd. Gemeinde v. P. bis heute als Kultusstätte.

Klausova synagóga / Klausensynagoge (Josefov/Josefstadt, U starého hřbitova/Am Alten Friedhof): Die an den Alten Jüd. Friedhof angrenzende Barocksynagoge wurde 1694 an der Stelle v. 3 kleineren Gebäuden erbaut. Benannt wurde sie nach diesen urspr. Bet- und Unterrichtshäusern, den »Klausen«. Das Tonnengewölbe des Saalraumes der Synagoge ist reich mit Stukkaturen verziert, die Wände gliedern Pilaster. Im Jahre 1884 erfolgte ein Umbau durch den Architekten B. Münzberger, der u.a. die breiten Emporen, die ehem. Frauengalerien, hinzufügte. Der barocke Aron ha-Kodesch an der O-Seite wurde 1983 restauriert, und 1 Jahr später eröffnete in der Synagoge die permanente Ausstellung hebräischer Handschriften und Drucke. Auf der Empore finden wechselnde Ausstellungen statt.

Maislova synagóga / Maislsynagoge (Josefov/Josefstadt, Maiselova ulice): Der Bürgermeister der ehem. Prager Judenstadt, Mordechai Maisl (auch Maisel oder Meisel), gründete, mit einem Privileg v. Kaiser Rudolf II. ausgestattet, in den Jahren 1590 bis 1592 die nach ihm benannte Synagoge als privates Bethaus. Diesen der Überlieferung nach größten und prächtigsten Renaissancebau des Stadtviertels errichteten Josef Wahl und Juda Goldšmíd de Herz als dreischiffigen, auf 20-Pfeilern ruhenden Saalbau. Nachdem sie bei dem großen

Feuer im Ghetto 1689 niedergebrannt war, wurde sie 1691, jedoch in kleinerer Form erneuert. Von den urspr. Pfeilern sind heute noch 14 erhalten. Weitere Umbauten folgten in den Jahren 1862–64 durch den Architekten J. M. Wertmüller und 1893 bis 1905 während der Sanierung des ganzen Viertels durch den Architekten Alfred Grotte im neugot. Stil. Es entstanden u. a. das Rippengewölbe, die Emporen und der Haupteingang, der im Rahmen dieser Umgestaltung v. O auf die W-Seite verlegt wurde. Das Vestibül entwarf der Architekt E. Králíček.

Nachdem 1956 das Staatliche Jüd. Museum die Synagoge übernahm, erfolgte in den Jahren 1963–64 eine umfangreiche Innenrestaurierung. Schon 1 Jahr später eröffnete die Ausstellung synagogalen Silbers mit einer kostbaren Sammlung jüd. Kult- und Kunstgegenstände, wie Thorazeiger, Schilde, Kronen, Gewürzbüchsen, Pokale, Leuchter etc. Neben böhm. Silberschmiedearbeiten des 17.–19. Jh. werden auch hervorragende Arbeiten aus Wien, Augsburg und Nürnberg gezeigt.

Pinkasova synagóga / Pinkasschule (Josefov/Josefstadt, Široká ulice): Ende des 15. Jh. errichtete an dieser Stelle die Familie Horowitz, eine der angesehensten Familien der alten Prager Judenstadt, ein Bethaus als Teil ihres Wohnhauses. Zu dieser Zeit bestätigte König Vladislav Jagiello die Vorrechte der jüd. Gemeinde v. P. (1501), was einen wirtschaftlichen und gesellschaftlichen Aufschwung zur Folge hatte. Im Jahre 1535 erweiterte Aron Meschullam Horowitz (Žalman Hořovský, genannt Manka) das Bethaus zu einer Synagoge. Ihren Namen Pinkasschule erhielt sie wahrscheinlich nach dem Rabbiner Pinkas Horowitz aus Krakau, dem Enkel des Aron Meschullam Horowitz.

In dem Bau mischen sich architektonische Elemente der Gotik und der Renaissance. Der langgestreckte, schmale einschiffige Saal wird v. einem schönen Netzgewölbe überspannt. Das Eingangsportal gilt als hervorragendes Beispiel für den Stil der Frührenaissance. Anfang des 17. Jh. erfolgte ein Umbau durch den Architekten Juda Goldšmíd de Herz. Es entstanden das Frauenschiff, das Vestibül und die Galerie in der Haupthalle. Nach Hochwasserschäden wurde der Aron ha-Kodesch im 18. Jh. barockisiert. Das schmiedeeiserne Rokokogitter stammt aus dem Jahre 1793, die zinnerne Thoralade entstand 1838. In der 2. Hälfte des 19. Jahrhunderts wurde nach einer weiteren Überschwemmung das Niveau des Innenraums um 1,5 m erhöht, was

Zeremonienhaus

die urspr. Proportionen des Baus zerstörte. Bei Renovierungsarbeiten in den Jahren 1950–53 wurden die Aufschüttungen wieder entfernt und die Überreste v. verschiedenen Vorgängerbauten – die ältesten stammen aus dem 11. Jh. – und eines Ritualbades entdeckt. Nach dieser Renovierung wandelte man das Innere der Synagoge in eine Gedenkstätte und ein erschütterndes Mahnmal an die Massenvernichtung der böhm. und mähr. Juden durch die Nationalsozialisten in den Jahren 1940–45 um. Die Wände sind beschrieben mit den Namen v. 77 297 Juden, ihrem Geburtsdatum und dem Tag ihres Abtransportes in eines der Vernichtungslager. An der Wand neben dem Thoraschrein stehen die Namen dieser Konzentrationslager.

Španělská synagóga / Spanische Synagoge, auch Tempelsynagoge (Josefov/Josefstadt, Dušní ulice): Der nicht mehr erhaltene Vorgängerbau der Spanischen Synagoge, die *Altschul* (Stará synagóga), gilt als älteste Synagoge der ehem. Prager Judenstadt. Ihren Namen erhielt sie erst, als in der 2. Hälfte des 13. Jh. die Neue Synagoge, die heutige →Altneusynagoge (Staronová synagóga), erbaut wurde. Nach einer wechselhaften Geschichte v. Zerstörungen, Bränden und Wiederaufbauten schildert sie eine Überlieferung (um 1700) als 33 Ellen langes und 15,5 Ellen breites Gebäude mit Satteldach und Anbauten am Längsschiff. Ab 1837 fand in dieser Synagoge der erste reformierte Gottesdienst v. P. statt, und gleichzeitig begann man mit der Pflege synagogaler Musik. Beauftragt wurde der Komponist František Škroup, bekannt als Autor der tschech. Nationalhymne und der ersten tschech. Oper. Schließlich wurde die Altschul im Jahre 1867 abgerissen. An ihrer Stelle begann schon 1868 der Architekt Ignác Ullmann mit dem Bau der Spanischen Synagoge im maurischen Stil mit Kuppel, Rundbögen und Zinnen. Ihren Innenraum gestaltete Josef Niklas nach dem Vorbild der Alhambra in Granada. Bes. prächtig sind die Stuckarabesken und Holzschnitzereien. Die Synagoge ist zur Zeit wegen Restaurierungsarbeiten unzugänglich.

Stará synagóga/Altschul (Josefov/Josefstadt, Dušní ulice): →Španělská synagóga/Spanische Synagoge.

Staronová synagóga / Altneusynagoge (Josefov/Josefstadt, Červená ulice): Die Altneusynagoge ist die älteste noch erhaltene in Europa. Der jüd. Gemeinde dient sie bis heute als Gotteshaus. Urspr. wurde sie *Neue* oder *Große Synagoge* genannt, bis eine weitere, noch neuere errichtet wurde; daraufhin erhielt sie die Bezeichnung Altneusynagoge.
Das Bauwerk vom letzten Drittel des 13. Jh. gilt als eines der herausragenden Beispiele für eine zweischiffige ma Synagoge, wie sie auch aus Regensburg und Krakau bekannt ist. Äußerlich schlicht gehalten, erhebt sie sich über einem rechteckigen Grundriß mit einem auffallend steilen Satteldach und 2 Backsteingiebeln, die Ende des 15. Jahrhunderts entstanden. Ihr Eingang liegt etwas unterhalb des Straßenniveaus. Man betritt zuerst den ältesten Teil der Synagoge, das frühgotische Vestibül, das ursprünglich als Bethaus diente, bis der an sie anschließende zweischiffige Saal vollendet war. Im 17. Jh. errichtete man in der Vorhalle 2 Kassen für die sog. Judensteuer. Die 2 weiteren Anbauten, die Frauenschiffe, stammen aus dem 17. und 18. Jh. Bei älteren Synagogen wurden die Frauenschiffe nachträglich angebaut, da die Frauen im MA nicht zum Gottesdienst zugelassen waren.

Klausensynagoge

Das Stufenportal zum Hauptschiff wird v. einem Tympanon mit einer bes. schönen Lebensbaumdarstellung überdacht. Das schlichte, aber kunstvolle fünfteilige Rippengewölbe des Innenraums tragen 2 achtseitige Pfeiler. Konsolen, Kapitelle und Schlußsteine sind mit Reliefs pflanzlicher Motive geschmückt. In der Mitte des Raumes steht der v. einem got. schmiedeeisernen Gitter abgetrennte *Almemor*, eine Kanzel zur Verlesung der Thora. Darüber hängt die große Fahne, die der Judengemeinde 1358 v. Kaiser Karl IV. verliehen wurde. An der ö Stirnwand befindet sich das größte Heiligtum, der Aron ha-Kodesch. Hier wird die Pentateuch-Pergamentrolle (5 Bücher Mose) im v. 2 Säulen flankierten *Thoraschrein* aufbewahrt. Darüber erhebt sich ein Tympanon mit Weinrankenrelief. Beachtenswert sind auch die Bronzelüster aus dem 19. Jh.
Im Jahre 1883 wurde die Synagoge durch Josef Mocker* restauriert, weitere Instandsetzungen folgten in den Jahren 1921–26 und 1966–67. Als bedeutende Rabbiner wirkten hier die Gelehrten Jehuda Löw ben Bezalel, genannt Rabbi Löw, Ezechiel Landau, Schelomo Juda Rapoport.
An das Osterpogrom v. 1389 wird alljährlich durch Lesung der Elegie des Rabbiners Avigdor Kara gedacht. Damals wurden die Bewohner des jüdischen Ghettos, die sich in die Synagoge geflüchtet hatten, hier niedergemetzelt. Der Rabbiner Avigdor Kara überlebte das Massaker und verfaßte die Elegie.
Östlich der Synagoge steht eine *Mose-Statue* v. František Bílek (1872–1941).

Spanische Synagoge

Vysoká synagóga / Hohe Synagoge, auch Rathaussynagoge (Josefov/Josefstadt, Červená ulice): Die 2. Hälfte des 16. Jh. war die große Blütezeit der ehem. Prager Judenstadt, in der deshalb auch viele neue Bauwerke entstanden, so auch das Jüd. Rathaus (→Profanbauten: öffentliche Bauten) und die dazugehörige Hohe Synagoge. Diese Zeit ist eng mit dem Namen des damaligen Bürgermeisters der Prager Judenstadt, Mordechai Maisl, verbunden.
Die Synagoge wurde im Jahre 1586 im Renaissancestil v. dem Baumeister Pankratius Roder fertiggestellt. Ihr Eingang befand sich in der 1. Etage des Rathauses. Aus dieser räumlichen Lage als auch aus ihrer gesellschaftlichen Stellung erklärt sich ihr Name. Den quadratisch angelegten Saal bekrönt ein reich mit Stukkaturen geschmücktes Sterngewölbe. Der Architekt J. M. Wertmüller baute die Synagoge im Jahre 1883 um. Ihr Rathauseingang wurde zugemauert, und man fügte ein Treppenhaus und einen Straßeneingang hinzu. Der heutige Eingang stammt aus dem Jahre 1907. Nach einer intensiven Restaurierung des Innenraumes richtete hier das Staatliche Jüd. Museum (Státní židovské muzeum) 1982 eine permanente Ausstellung synagogaler Textilien ein. Gezeigt werden u. a. Thoravorhänge und -mäntelchen, Dekken, Draperien und Baldachine vom Ende des 16. bis Anfang des 20. Jh.

5. Friedhöfe

Bývalý malostranský hřbitov/Kleinseitner Friedhof (Smíchov, Plzeňská třída): Im Jahre 1680 als Pestfriedhof angelegt, diente er ab 1786 bis 1884 als Gemeindefriedhof der Kleinseite und des Stadtteils Hradčany. Heute ist die Anlage mit ihren künstlerisch bedeutenden Grabplastiken ein öffentlicher Park, der zu einem erholsamen Spaziergang einlädt. Einige der Grabmäler stammen v. so bekannten Künstlern wie

Ignaz Michael Platzer, Václav Prachner, Josef und Emanuel Max. In der Mitte des Areals steht das ca. 5 m hohe Grabmal des Passauer Bischofs Graf Leopold Thun-Hohenstein, dessen ehem. Gutshof im benachbarten Stadtteil Košíře liegt (→Profanbauten: Palais, Schlösser; Cibulka). Die eindrucksvolle Eisenstatue wurde v. V. Dominik Zafonk nach einem Modell v. Václav Prachner in den Jahren 1830/31 gegossen. Weitere bedeutende Persönlichkeiten sind auf diesem Friedhof begraben: das Ehepaar Dušek, Freunde und Gastgeber v. Wolfgang Amadeus Mozart (→Profanbauten: Villen und Pavillons; Bertramka), und der Komponist Václav Tomášek.

Die *Hl.-Dreifaltigkeits-Kirche* (Kostel svaté Trojice) wurde in den Jahren 1831-37 anstelle einer Barockkapelle im Empirestil errichtet. Die *St.-Rochus-Kapelle* (Kaple svatého Rocha) beim Friedhofseingang stammt aus dem Jahre 1860.

Olšanské hřbitovy / Wolschaner Friedhöfe (Žižkov, Olšanské náměstí und Vinohradská ulice): Im Jahre 1680 wurde in dem ehem. Dorf Olšany ein Pestfriedhof angelegt und die Barockkirche *St. Rochus* (→Sakralbauten: Kirchen) errichtet. Nach dem Verbot v. Kaiser Joseph II. 1787, die Verstorbenen in besiedelten Gebieten zu bestatten, wurde dieser Friedhof für die auf dem rechten Moldauufer liegenden Stadtviertel zur zentr. Beerdigungsstätte. Deshalb dehnte er sich schnell aus, und es entst. auch einige selbständige Friedhöfe, z. B. der Russische, die heute zusammen eine Fläche v. ca. 500000 qm bedecken.

Viele bedeutende Persönlichkeiten des Prager Kulturlebens sind hier begraben. Es sind u.a. der Architekt Antonín Barvitius, die Bildhauer Bohumil Schnirch, Josef Mařatka und die Brüder Josef und Emanuel Max, deren Statuen auf der Karlsbrücke, in Kirchen und auf Friedhöfen zu finden sind; die Maler Jaroslav Čermák, Josef und Guido Mánes, Josef Navrátil und August Piepenhagen, deren Bilder im Agnes-Kloster (Anežský klášter) ausgestellt sind; die Schriftsteller Jan Kollár, Julius Zeyer und Josef Jungmann, der Begründer der modernen tschech. Literatursprache; der Philosoph Bernhard Bolzano, ein bedeutender Theoretiker der Phänomenologie, dessen Gedenktafel an seinem Sterbehaus in der Celetná ulice Nr. 25/CN 590 angebracht ist. Schließlich der Komponist Josef Bohuslav Foerster, ein Freund v. Gustav Mahler, der neben der Kirche St. Adalbert in der Neustadt aufgewachsen ist (Gedenkraum →Sakralbauten: Kirchen, St. Adalbert) und die Gründer des Turnvereins »Sokol«, Jindřich Fügner und Miroslav Tyrš (→Profanbauten: Palais, Schlösser, Michna-Palais). Hier ist auch der Student Jan Palach beerdigt, der sich 1969 aus Protest gegen die Niederschlagung des sog. »Prager Frühlings« auf dem Wenzelsplatz verbrannte. Ein großer Teil der Grabplastiken auf diesem Friedhof wurde v. bedeutenden Bildhauern vom Ende des 18. Jh. bis in die heutige Zeit geschaffen: Václav Prachner, Fr. X. Lederer, Ignaz Michael Platzer, Josef Mařatka, Bohumil Kafka und Josef V. Myslbek.

Starý židovský hřbitov / Alter Jüd. Friedhof (Josefov/Josefstadt, U starého hřbitova): Der Alte Jüd. Friedhof ist neben der Altneusynagoge (→Staronová synagóga) das bedeutendste historische Denkmal der alten Prager Judenstadt und als erhaltene jüd. Begräbnisstätte einzigartig auf der ganzen Welt. Noch ältere Friedhöfe befanden sich auf dem Gebiet der heutigen Kleinseite (Malá Strana) und der Neustadt (Nové

Altneusynagoge, Jüd. Rathaus

Hohe Synagoge

Kleinseitner Friedhof, Grabmal v. Graf Thun-Hohenstein

Město). Er wurde bereits in der 1. Hälfte des 15. Jahrhunders angelegt und war bis zum Verdikt v. Kaiser Joseph II. im Jahre 1787 in Gebrauch. Heute gehört er zum *Staatl. Jüdischen Museum* (Státní židovské muzeum).

Auf dem hügeligen, unter Bäumen gelegenen Friedhofsareal findet man ca. 12000 Grabmäler, zumeist Stelen, die in bizarrer Anordnung den gesamten Friedhof gleich einer zerklüfteten Felslandschaft bedecken. Dieses poetische Erscheinungsbild ist das Ergebnis einer jahrhundertealten Entwicklung und gilt heute als sein Charakteristikum. Die eng umgrenzte Fläche des Friedhofs war für die ca. 200000 hier begrabenen Menschen nicht ausreichend; deshalb wurden die Gräber übereinandergeschichtet. Bei archäologischen Untersuchungen hat man bis zu 9 solcher Schichten gefunden. Zusätzlich vermoderten die hölzernen Grabmäler, und der Boden sank an einigen Stellen ein.

In der Forschung hat man den besonderen Wert dieser Grabsteine als wissenschaftliche und künstlerische Zeitdokumente erkannt und jede einzelne Inschrift erfaßt und ausgewertet. Auf jedem Stein stehen der Name des Verstorbenen, der Name des Vaters oder bei verheirateten Frauen der Name des Ehemannes, das Datum des Todes und der Beerdigung. Der übrige Text ist in poetischer Sprache abgefaßt, beschreibt die Trauer der Hinterbliebenen und lobt die Taten des Verstorbenen. Die kunstvollen Reliefs stehen symbolisch für den Namen des Verstorbenen (Bär, Gans, Hahn u.a.) oder seinen Beruf bzw. gesellschaftlichen Stand (ärztlich-medizinische Symbole, Priestersymbole). Da das Abbilden v. lebenden wie toten Personen verboten war, wurde bes. einfallsreich auf diese Möglichkeit der Versinnbildlichung des Namens und des Berufs zurückgegriffen. Die auf den Grabmälern aufgereihten Steinchen sind Zeichen des Gedenkens und der Verehrung, eine orientalische Sitte, die in der jüd. Diaspora fortgesetzt wird: Auf das Grab kommen keine Blumen, sondern Steine, die den Leichnam vor wilden Tieren schützen sollten.

Die aus Sandstein oder Marmor gearbeiteten Grabsteine stammen aus der Zeit der Hochgotik bis zum Spätbarock. Das älteste gefundene Monument ist das Grabmal des Dichters Avigdor Karo aus dem Jahre 1439, dessen Elegien auf das Osterpogrom v. 1389 noch heute zur Erinnerung an dieses blutige Ereignis gelesen werden. Der jüngste Stein trägt den Namen Moses Beck und die Jahreszahl 1787.

Auf dem Friedhof sind so bedeutende Per-

Alter Jüdischer Friedhof

sönlichkeiten begraben wie der Rabbiner Jehuda Löw ben Bezalel, genannt Rabbi Löw (1520–1609). Dieser Gelehrte ist der Begründer der Rabbinerschule in der alten Prager Judenstadt und gilt als der Schöpfer des künstlichen Menschen aus Lehm, dem Golem. Die Golem-Legende wurde v. dem Schauspieler und Filmregisseur Paul Wegener aufgegriffen und auch in der Literatur v. verschiedenen Schriftstellern bearbeitet, so z. B. v. dem bekannten Prager Journalisten und Schriftsteller Egon Erwin Kisch (1885–1948) in seinem Buch »Pulverturm« und v. Gustav Meyrink (in den Jahren 1868–1932) in seinem Roman »Der Golem« v. 1915.

Das Grab des Rabbi Löw ist ein Sarkophag mit einem eingemeißelten Löwen. Hier sind auch der Bürgermeister (Primator) der ehem. Prager Judenstadt, Mordechai Maisl (→Synagogen), der Historiker und Astronom David Gans († 1613), der Gelehrte Josef Schelmo Delmedigo († 1655) und der Gelehrte David Oppenheim († 1736), ein Vorfahr des amerikanischen Atomphysikers Robert Oppenheimer. Eines der prächtigsten Gräber ist das der Hendele Bassevi († 1628), der Gattin des in den Adelsstand gehobenen Prager Juden Jakob Bassevi; ihren gesellschaftlichen Stand symbolisiert ein Adelswappen.

Dem dt. Schriftsteller Wilhelm Raabe diente der Friedhof teilweise als Schauplatz für seine Novelle »Holunderblüte«.

Rechts vom Eingang steht das *ehemalige Zeremonienhaus der Begräbnisbruderschaft*. Es wurde 1906 im neuroman. Stil an der Stelle eines älteren aus dem 16. Jh. v. dem Architekten F. Gerstl erbaut. Heute befindet sich hier die Ausstellung literarischer, musischer und bildnerischer Werke v. Kindern und Jugendlichen aus dem Konzentrationslager Theresienstadt (→Teil Böhmen, Terezín). Gezeigt werden Zeichnungen, Schulhefte, Tagebücher, Partituren etc. Die Exponate verdeutlichen auf beeindruckende Weise das Leiden der Juden unter dem Naziterror aus der Sicht v. Kindern.

Vinohradský hřbitov / Weinberger Friedhof (Vinohrady, Vinohradská ulice): Den Mittelpunkt des 1885 angelegten Friedhofs bildet die neugot. *St.-Wenzels-Kirche* (Kostel svatého Václava). Sie wurde 1897 nach den Plänen v. A. Turek errichtet. Um die Kirche herum sind Arkaden angelegt. Am Rande steht das Gebäude des 1929–30 im konstruktivistischen Stil erbauten *Krematoriums*, das v. einem Urnengräberfeld umgeben ist. Hier wurde auch der Prager Journalist und Schriftsteller Egon Erwin

Alter Jüd. Friedhof, Grabmal Rabbi Löw

Jüdischer Friedhof, Grab Franz Kafka

Kisch, bekannt als der »rasende Reporter«, 1948 bestattet. Sein Geburts- und Wohnhaus findet man in der Altstadt (→Profanbauten: Patrizier- und Bürgerhäuser, U dvou zlatých medvědů/»Zu den zwei goldenen Bären«).
Ebenfalls auf dem Friedhof begraben sind die Maler Jakub Schikaneder und František Kysela, der Bildhauer Otto Gutfreund und der Architekt Jan Kotěra.

Vyšehradský hřbitov / Ehrenfriedhof auf dem Vyšehrad →Profanbauten: Burgen, Vyšehrad.

Židovský hřbitov / Jüd. Friedhof (Žižkov, Jana Želivského): Dieser ö an die Wolschaner (Olšanské) Friedhöfe anschließende neue Jüd. Friedhof wurde 1895 angelegt. Der berühmte Prager Schriftsteller Franz Kafka fand 1924 hier seine letzte Ruhestätte. Sein Grab und das seiner Eltern findet man in Abt. 21, Reihe 14, Nr. 33.

PROFANBAUTEN

1. Burgen

Nový hrad/Neue Burg (Kunratice): Mitten im Wald Kunratický les liegen die Reste der kleinen got. Burg oberhalb eines Baches. In den Jahren 1411–12 wurde sie für König Wenzel IV. erbaut, der 1419 dort starb. Aber bereits 10 Jahre später fiel sie den Auseinandersetzungen während der hussitischen Revolution zum Opfer. Erhalten blieben nur die Fundamente des Wohnpalastes und des Turms.
Heute steht hier ein 1878 umgebautes ehem. Barockschlößchen, in dem sich ein Depositorium des Nationalmuseums befindet. Von T. Hafenecker erhielt auch die frühgot. Kirche St. Jakob der Größere (Kostel svatého Jakuba většího) ihr barockes Aussehen.

Pražský hrad/Prager Burg (Hradčany/Hradschin): Die Prager Burg ist nicht nur ein herausragendes Denkmal einer mehr als 1000jährigen Vergangenheit, sondern auch bis heute Schauplatz bedeutender politischer und kultureller Ereignisse. Die Geschichte der Burg ist auf das engste mit der Stadt Prag, mit Böhmen und mit der ganzen ČSFR verknüpft.
Den kahlen Hügel über der Moldaufurt besiedelten schon im 6. Jh. die ersten slaw. Stämme. Als die Přemysliden die Vorherrschaft über die Slawenstämme erlangten, verlegten sie ihre Wehrburg Levý Hradec (14 km n v. P.) in der 2. Hälfte des 9. Jh. hierher und errichteten eine dreiteilige hölzerne Burgstätte, umgeben v. einem Lehmwall.
Mit Fürst Bořivoj und seiner Gattin Ludmilla, die sich beide vom Erzbischof des Großmähr. Reiches, Methodius, hatten taufen lassen, setzte die Christianisierung Böhmens ein. Bald darauf wurde das 2. christliche Heiligtum, eine Marienkirche auf dem Prager Burgberg, errichtet. Das 1., die Kirche des hl. Klemens, befand sich in Levý Hradec. Weitere Kirchenbauten folgten: die St.-Georgs-Kirche 915–20, die St.-Veits-Rotunde 926–29, das St.-Georgs-Kloster 973 und anstelle der Rotunde eine große roman. Basilika 1061–1096.
973 wurde Böhmen selbständige Diözese; der Bischofspalast lag im w Teil des Burggeländes. Im 11. und 12. Jh. erfolgten entscheidende Umbauten der Burgstätte: Fürst Břetislav I. ersetzte ca. 1042 einen niedergebrannten Palisadenwall durch eine mit Türmen befestigte Steinmauer. Vratislav II. weihte 1096 die v. seinem Bruder Spytihněv II. gegr. Basilika ein und ersetzte die Holzbauten durch Steingebäude. Es entstand das unterste Geschoß des Alten Königspalastes. Um 1135 erweiterte und verstärkte Soběslav I. die Befestigungsanlagen, v. denen ein großer Teil bis heute erhalten ist. Nachdem Kaiser Friedrich Barbarossa 1158 dem Fürsten Vladislav II. die erbliche Königswürde verliehen hatte, wurde die Burg fortan zum Sitz der böhm. Könige und nahm an Bedeutung zu. Die Burg und die an der Moldau liegenden Siedlungen und Dörfer (das heutige P.) erlebten einen wirtschaftlichen und kulturellen Aufschwung. Im 13. Jahrh. nahm Přemysl Otakar II. den Weiterbau des Alten Königspalastes auf, den erst Kaiser Karl IV. und sein Sohn Wenzel IV. entscheidend weiterführten. Karl IV. verfolgte das Ziel, P. zu einem Zentrum in Europa zu erheben und die Burg entsprechend einer kaiserlichen Residenz umzubauen. Im Jahre 1344 wurde mit dem Bau des St.-Veits-Doms be-

gonnen, der erst 1929 fertiggestellt werden konnte. Trotz der eingeleiteten Verbesserungsmaßnahmen verlegte König Wenzel IV. seinen Sitz in den Königshof in der heutigen Altstadt, und der Burg kamen für die nächsten 100 Jahre nur noch symbolische und administrative Bedeutung zu. Die Bautätigkeit stagnierte jedoch erst während der hussitischen Revolution um 1420. 1484 zog König Vladislav Jagiello wieder zurück auf die Burg und leitete eine neuerliche Umgestaltung ein, wovon z. B. der bis heute erhaltene Vladislavsaal im Alten Königspalast zeugt.

Außer kriegerischen Auseinandersetzungen waren Feuersbrünste immer eine große Gefahr für die Burg gewesen und haben ihr im Lauf der Zeit erhebliche Schäden zugefügt; so bes. die Brände v. 1142, 1303 und 1541. Mit dem Einzug des durch Heirat an den Thron gelangten Habsburgers Ferdinand I. veränderte sich das got. Erscheinungsbild der Burg in das einer weitläufigen Renaissance-Anlage; u. a. wurden der Königliche Garten und das Königliche Lustschloß (Belvedere) angelegt.

Als kaiserliche Residenz Rudolfs II. (1576 bis 1612), eines Kunstliebhabers und Wissenschaftsförderers, erlebte P. eine neue Blütezeit und wurde zum glänzenden Mittelpunkt des Abendlandes. Nach dem 2. Prager Fenstersturz v. 1618 übernahmen die sich gegen die Habsburger Vormachtstellung wehrenden böhm. Stände den Regierungssitz, bis nach der verlorenen Schlacht am Weißen Berg (1620) die absolutistische Monarchie der Habsburger wiederhergestellt war. Dies bedeutete für die folgenden 300 Jahre das Ende der Selbständigkeit des böhm. Staates. Wien wurde zur habsburgischen Residenz, der Prager Burg fiel dagegen nur zweitrangige Bedeutung zu. So sind aus der Zeit wenige Bauten hinzugekommen, wie z. B. einige Brunnen, das Matthiastor und die Reitschule. Durch die v. Kaiserin Maria Theresia angeordnete umfassende Instandsetzung und Modernisierung der Burganlage in der 2. Hälfte des 18. Jh. verlor die Burg viel von ihrem ursprünglichen Gesicht. Erst am 28. 10. 1918 wurde nach 300 Jahren Fremdherrschaft die selbständige Tschechoslowak. Republik gegr. und die Burg zum Sitz des Staatspräsidenten bestimmt, deren erster Tomáš Garrigue Masaryk war. Unter seiner Präsidentschaft erfolgten umfangrei-

Pražský hrad / Prager Burg (Nummern-Referenzen im Text) **6** St.-Veits-Dom **7–40** →Innendetailplan **44** Alter Königspalast **45–59** →Innendetailplan >

Prager Burg, Kleinseite

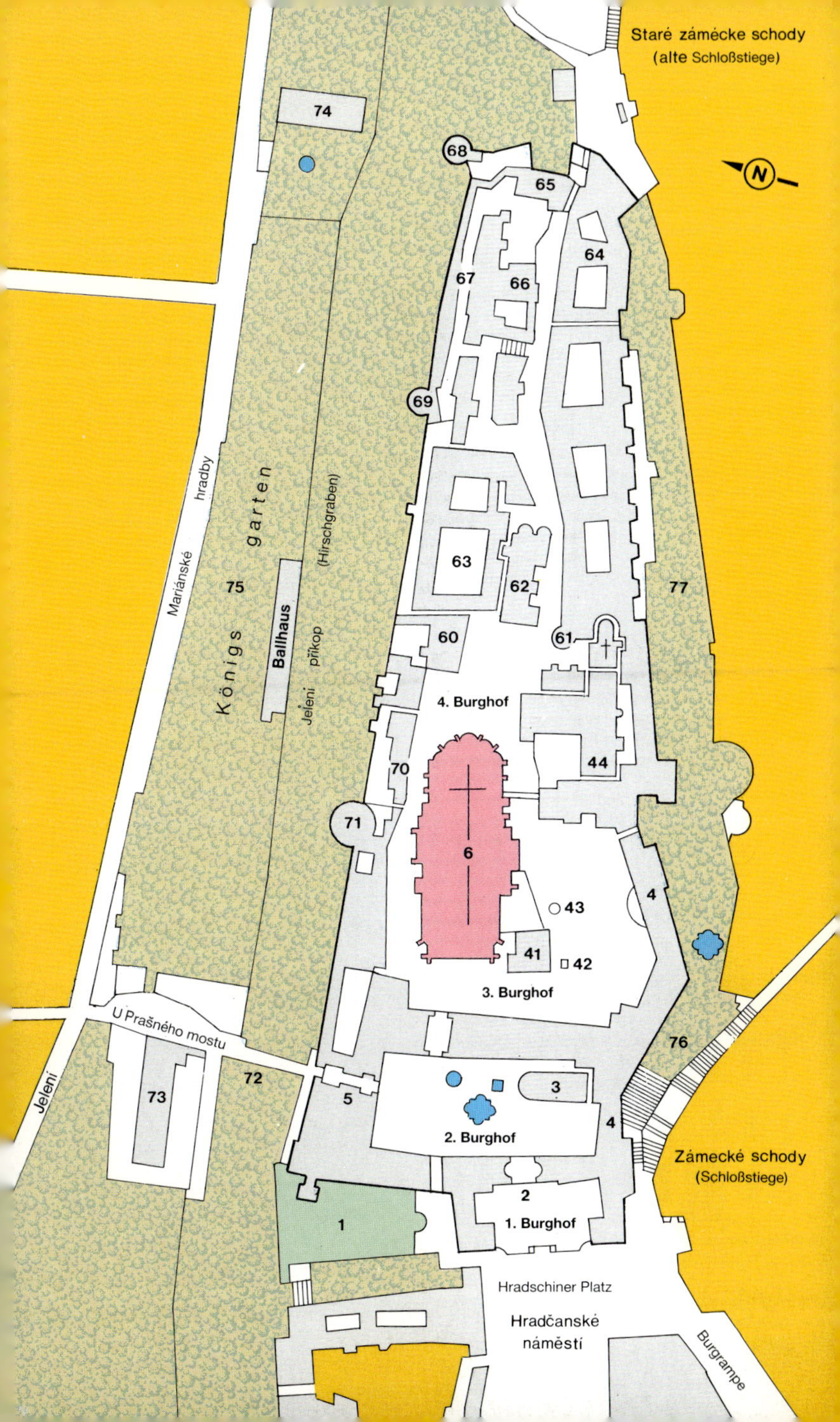
Staré zámecké schody
(alte Schloßstiege)
N
74
68
65
64
67
66
69
63
62
61
60
77
75
Mariánské hradby
Königs garten
Ballhaus
Jelení příkop
(Hirschgraben)
4. Burghof
44
70
71
6
4
43
41
42
3. Burghof
76
U Prašného mostu
Jelení
73
72
5
3
2. Burghof
4
Zámecké schody
(Schloßstiege)
2
1. Burghof
1
Hradschiner Platz
Hradčanské náměstí
Burgrampe

che Instandsetzungen und Modernisierungen durch den Architekten Josip Plečnik sowie die archäologischen Erforschungen in den Jahren 1920–1928, die auf Masaryks Initiative zurückgehen. Üblicherweise wird mit dem *Rundgang* über das Gelände der Prager Burg vom Hradschiner Platz aus begonnen. In der nachfolgenden Beschreibung ist jedes Objekt mit einer Ziffer in Text und Plan bezeichnet. Daher dürfte auch ein anderer Ausgangspunkt keine Schwierigkeiten bereiten, z. B. wenn man die Burg über die Pulverbrücke (Prašný most) oder v. O über die Alte Schloßstiege (Staré zámecké schody) erreicht.

Man betritt den durch ein Rokokogitter abgeschlossenen *1. Burghof* (Ehrenhof) zwischen den überlebensgroßen Plastiken kämpfender *Giganten,* die auf den Sockeln des Eingangsportals stehen. Diese Figuren sowie der plastische Schmuck (allegorische Gestalten und militärische Embleme) auf der Attika der ansonsten schlichten klassizistischen Palastfassade stammen v. Ignaz Franz Platzer (1756 ff.); heute sind es Kopien. Die einheitliche, den Ehrenhof bildende Fassadenfront wurde in den Jahren 1763–71 bei den großangelegten, v. Kaiserin Maria Theresia veranlaßten Umbauten der Burg v. ihrem Hofarchitekten Niccolo Pacassi unter Mitarbeit so bedeutender Baumeister wie Anselmo Lurago* und Anton Hafenecker gebaut. Im Rahmen dieser Umgestaltung schüttete man den urspr. hier verlaufenden ma Burggraben zu, der als natürliche Senke vom Hradschiner Platz quer über den 1. Burghof verlief.

Nördlich des 1. Burghofs befindet sich der sog. *Basteigarten/Zahrada na baště* (1), benannt nach einer v. den letzten Přemyslidenfürsten aufgeschütteten Bastei. Der heutige Garten wurde 1930 v. Josip Plečnik angelegt. Man erreicht ihn durch ein Gittertor vom Hradschiner Platz oder vom 2. Burghof aus.

In den mittleren Flügel ist das urspr. frei stehende *Matthiastor/Matyášova brána* (2), benannt nach Kaiser Matthias (1611–19), reliefartig einbezogen. Es wurde nach dem Vorbild röm. Triumphbogen aus Sandstein v. Giovanni Maria Philippi gearbeitet und trägt im Giebel das kaiserliche Wappen (1614). In diesem den Zugang zum 2. Burghof bildenden Tor befindet sich r ein Rokokoaufgang, 1765–66 v. N. Pacassi geschaffen, der zu einer prächtigen Flucht v. Salons führt: u. a. ein Thron-, ein Spiegel- und ein Musiksaal, die als Repräsentationsräume des Staatspräsidenten dienen und daher nicht zugänglich sind. Hinter dem linken Treppenaufgang verbirgt sich ein über alle Stockwerke erstreckender Säulen-

Prager Burg, 1. Burghof

saal. Der sich dem heutigen Besucher präsentierende *2. Burghof* ist das Ergebnis der Aufschüttung v. 2 Befestigungsgräben aus dem 13. Jh. und einer baulichen Umgestaltung aus der 2. Hälfte des 18. Jh. durch den Architekten Niccolo Pacassi. Der Eindruck des Hofs wird v. dem hervortretenden Bau der Heilig-Kreuz-Kapelle (3) und 3 Brunnen geprägt. Die Mitte dominiert eine Barockfontäne des Steinmetzen Francesco de Torre, geschmückt mit Plastiken v. Hieronymus Kohl (1686). Links v. ihr steht ein Ziehbrunnen, umgeben v. einem schmiedeeisernen Gitter (1702). Gegenüber dem Brunnen neben der Kapelle errichtete der Bildhauer Vincenc Makovský in den Jahren 1965–67 den Löwenbrunnen in Zusammenarbeit mit dem Architekten Jaroslav Fragner, der auch das Granitpflaster des Hofs entwarf.

Die **Heilig-Kreuz-Kapelle / Kaple svatého Kříže** (3) wurde 1753–63 v. Anselmo Lurago nach Plänen v. N. Pacassi an der Stelle älterer Bauten errichtet. Die klassizistische Kapelle erhielt in den Jahren 1852–56 ihr heutiges Empire-Aussehen. Die Nischenfiguren der Apostel Petrus und Paulus schuf Emanuel Max 1854; Schieferdach und Turm datieren v. 1888. Der mit Plastiken v. Ignaz Franz Platzer geschmückte Hauptaltar und das dazugehörige Gemälde »Der Gekreuzigte« v. Franz Xaver Balko stammen noch aus der Bauzeit. Die Szenen aus dem Alten und Neuen Testament in den Deckenfresken v. Wilhelm Kandler und die Statue des hl. Johannes v. Nepomuk v. Emanuel Max* datieren aus der 2. Bauetappe. Seit 1961 wird hier der *St.-Veits-Domschatz* aufbewahrt und der Öffentlichkeit zugänglich gemacht. Diese v. Kaiser Karl IV. gegr. Sammlung enthält wertvolle Schatzstücke des frühen MA. Teile davon wurden bereits 1069 im Zusammenhang mit der ehem. Basilika v. Fürst Spytihněv erwähnt; hinzu kamen Arbeiten aus der Spätgotik, der Renaissance und des Barock. Ausgestellt sind u. a. liturgische Geräte, Textilien, Gefäße und Reliquienschreine. Zu den Besonderheiten zählen die sog. Rolandshörner (10. Jh.), ein roman. Kreuz aus Limoges (ca. 12. Jh.), Silberbüsten der hll. Ludmilla, Adalbert und Veit (14. und 15. Jh.) und das Meßgewand des hl. Wenzel (2. Hälfte 14. Jh.) sowie das Krönungs- und das sog. Záviš-Kreuz.

Die s Fassadenfront, auch *Stadttrakt* genannt (4), da ihre äußere Fensterfront der Stadt P. zugewandt ist, zieht sich bis zum Alten Königspalast/Starý královský palác (44). Auch sie entstand, wie die übrigen 3 Flügel, im Zuge der theresianischen Um-

Prager Burg, Giganten

Prager Burg, Giganten

bauten, 1755–61. In der SO-Ecke entdeckte die Forschung roman. Burgmauerreste aus der Zeit v. Fürst Soběslav I. und des urspr. Weißen Turms, der schon Mitte des 12. Jh. als Staatsgefängnis diente. Die N-Seite enthält in den oberen Stockwerken den Spanischen Saal, die Rudolfgalerie und im Erdgeschoß in den 1964 umgebauten Marställen die von Jaromír Neumann eingerichtete *Gemäldegalerie der Prager Burg/Obrazárna Pražského hradu* (5). Der *Spanische Saal/Španělský sál,* 1602–06 v. Giovanni Maria Philippi erbaut, 1748–50 v. Kilian Ignaz Dientzenhofer* und 1754 v. Anselmo Lurago* umgebaut, gehört heute zu den großen Empfangs- und Repräsentationsräumen der Burg – ein langgestreckter Saal mit reichen Stukkaturen, großen Spiegeln und aufwendigem Parkett. Die *Rudolfgalerie/Rudolfinská galerie* erbaute Giovanni Gargioli 1597–98 als Aufbewahrungsort für die umfangreichen Kunst- und Raritätensammlungen Kaiser Rudolfs II.

Der Eingang in die **Gemäldegalerie** (5) befindet sich im Durchgangsbogen, der zur Pulverbrücke hinausführt. Ausgestellt sind vor allem Bilder und Plastiken der urspr. Sammlung v. Rudolf II. Wesentliche Teile davon wurden 1648 v. den Schweden als Kriegsbeute mitgenommen, z.T. nach Dresden und Wien überführt oder bei der sog. josefinischen Versteigerung 1782 verkauft. Bereits in der 2. Hälfte des 17. Jh. baute Ferdinand III. die Sammlung neu auf. Unter den Exponaten befinden sich Werke so berühmter Künstler wie Hans v. Aachen*, Adriaen de Vries*, Peter Paul Rubens*, Tizian* und Bartholomäus Spranger*. Bei archäologischen Untersuchungen wurden in einem Raum Reste des ältesten christlichen Bauwerks der Prager Burg, der Marienkirche v. Bořivoj (Ende 9. Jh.), entdeckt. In einem anderen Raum der Galerie wird die aufwendige Arbeit der Gemälderestaurierung und -konservierung demonstriert.

Rokoko-Aufgang zu den Repräsentationsräumen des Staatspräsidenten

Durch die ö Toreinfahrt, in der noch Mauerreste der roman. Befestigungsanlage zu sehen sind, geht man in den *3. Burghof,* geradewegs auf die mächtige Frontfassade des **St.-Veits-Doms/Katedrála svatého Víta** zu (6). Der 1. Vorgängerbau der Kathedrale war die nach 925 v. Herzog Wenzel (dem späteren Heiligen) gegr. *St.-Veits-Rotunde,* der 3. christliche Bau nach der Marienkirche v. Bořivoj und der St.-Georgs-Kirche v. Vratislav I. auf dem Burggelände. Nach ihrem Begründer heißt sie auch St.-Wenzels-Rotunde. Der Legende nach wurde sie über der Reliquie des hl. Veit, nämlich seinem Arm, den der dt. König Heinrich I. dem böhm. Herzog Wenzel geschenkt hatte, errichtet. Der neue größere Bau der *roman. Basilika* begann 1060 unter Spytihněv II. und wurde 1096 v. Vratislav II. als bischöfliche Kirche eingeweiht. Überreste dieser Vorgängerbauten sind unter der Heilig-Kreuz-Kapelle im Dom und außen an der S-Seite unter einem kleinen Dach zu sehen.

Den Grundstein der heutigen got. Kirche legte am 22. 11. 1344 der böhm. König Karl, der 10 Jahre später als Karl IV. zum Kaiser gewählt wurde. Unter dem am französischen Königshof bei seinem Onkel erzogenen Karl wurde der Bau nach dem Vorbild französischer Kathedralen angelegt. Noch im gleichen Jahr erhöhte er das Prager Bistum zum Erzbistum.

Der 1. Baumeister des Doms war der Franzose Matthias v. Arras*, der in den Jahren 1344–52 8 Kapellen und den anschließenden Chorumgang fertigstellte. Nach seinem Tod übernahm der aus Schwäbisch Gmünd stammende Peter Parler* die Fortführung des Baus. Er beendete den unteren Kapellenteil des Chors und errichtete den Hochchor mit kompliziertem Netzgewölbe und Stützsystem. Nach der Choreinweihung 1385 wurde 1392 der Grundstein des Kirchenschiffs und 1396 der des s Hauptturms gelegt.

Nach Peter Parlers Tod 1399 setzten seine Söhne das Werk fort. Während der Zeit der revolutionären Hussitenbewegung (um 1420) stagnierte die Bautätigkeit zunehmend, danach wurde z. B. ein 1509 begonnener N-Turm nie fertiggestellt. Durch Kämpfe und Plünderungen entstanden Schäden an dem unvollendeten Bau, ebenso durch den verheerenden Brand auf der Kleinseite v. 1541. Die Baumeister Hans Tirol und Bonifaz Wohlmut* reparierten 1560-62 die Schäden, und letzterer setzte dem Hauptturm einen Renaissancehelm auf. Im Verlauf des Ständeaufstands v. 1619 fanden erneut Plünderungen statt. Der Baumeister Orsi* legte 1673 die Fundamente für das Kirchenschiff, doch blieben auch diese Bemühungen, den Bau zu vollenden, aufgrund v. Kriegsunruhen und einer finanziellen Misere stecken.

Schließlich wurde - ähnlich wie in Köln - im Jahre 1861 ein *Dombauverein* (»Vereinigung zur Fertigstellung des Veitsdoms«) gegr., in dessen Auftrag die bedeutenden Baumeister Josef Mocker* und Josef Kranner begannen, den Bau fortzusetzen, den Kamil Hilbert im Jahre 1929 beenden konnte. Am 28.9. 1929 (Tag des Millenniums der Ermordung des hl. Wenzel) wurde der Dom geweiht. Seine sich über 1 Jtd. erstreckende Baugeschichte hat eine Vielfalt architektonischer Stilelemente hervorgebracht, die sich in der äußeren Erscheinung des Doms zu einem harmonischen Ganzen verbinden. Aus der Zeit der Hochgotik stammen der Chor und der anschließende Mittelteil mit dem prunkvollen S-Portal v. Matthias v. Arras* bzw. der parlerischen Bauhütte (1344-1406). Im Jahre 1770 ersetzte Niccolo Pacassi das durch einen Blitz zerstörte Turmdach durch den heutigen Barockhelm. Das Längsschiff, die beiden prismatischen W-Türme und die Frontfassade mit 3 den Haupteingang bildenden Bronzeportalen stammen erst aus der letzten Bauetappe. Der Dom erstreckt sich über eine Länge v. 124 m; er mißt im Querschiff 60 m und in der W-Fassade 37,5 m; die Gewölbehöhe beträgt 34 m. Die W-Türme erreichen eine Höhe v. 82 m, die der ältere S-Turm mit 96,6 m noch überragt. Der Durchmesser der Rosette über dem Hauptportal beträgt 10,4 m.

Heilig-Kreuz-Kapelle, St.-Veits-Domschatz

Beiderseits der Rosette hat Václav Sucharda 1929 Reliefs mit den Bildnissen der Domerbauer angebracht. Die farbigen Glasfenster der Rosette wurden 1927/28 nach Entwürfen v. František Kysela gefertigt. Dargestellt sind biblische Szenen v. der Erschaffung der Welt. Den Reliefschmuck der 4 Bronzetüren der 3 Frontportale schuf Otakar Španiel nach Kartons v. Vratislav Hugo Brunner (1927–29). Die beiden mittleren Türen des Doms zeigen Szenen aus der Baugeschichte, die linke solche aus dem Leben des hl. Adalbert und die rechte aus dem Leben des hl. Wenzel.

Im Innenraum trennen Pfeilerarkaden die Seitenschiffe vom dominierenden Mittelschiff. Über den Arkadenbogen verläuft im gesamten Dom ein Triforium, das im Chor bereits v. Peter Parler* angelegt wurde. Die Seitenschiffe umrahmt ein Kranz v. 21 Kapellen. Die moderne Fensterverglasung wurde nach Entwürfen v. Max Švabinský, Karel Svolinský und František Kysela angefertigt. Betritt man den Dom durch den Haupteingang, so befindet sich r als erstes die *Ludmillakapelle* (7), auch Taufkapelle genannt. Beide Namen versinnbildlichen Kunstwerke wie die Marmorstatue der Ludmilla v. Emanuel Max*, das barocke Taufbecken und das Gemälde »Taufe der hl. Ludmilla« v. Karel Pokorný. Daran schließt sich die *Heilig-Grab-Kapelle* an (8), r mit der hl. Maria Magdalena v. Aurelio Lomi (ca. 1600) und die *Thunsche Kapelle* (9) mit dem Renaissancegemälde »Engel mit dem Corpus Christi« und spätgot. Reliefs der hll. Margarete und Ursula. Innerhalb dieser Kapelle führt l eine Tür in die *Kapitelbibliothek* (10), in der wertvolle Handschriften und Bücher aufbewahrt werden. Das Erdgeschoß des S-Turms nimmt die *Házmburkkapelle* (11) ein. In ihr hängt ein Votivbild des Kaisers Ferdinand II., geschaffen 1631 v. Matthias Mayer. Hier befindet sich außerdem der Aufstieg zum *Turmumgang*. Im 1. Stockwerk des Turms hängt die Renaissanceglocke »Sigismund«, im Jahre 1549 v. Tomáš Jaroš gegossen. Sie wiegt 18 t. Darüber hängen die Renaissanceglocken »Wenzel« (1542), »Johannes d. T.« (1546) und »Josef« (1602). Die Turmuhr stammt noch aus der Zeit Kaiser Rudolfs II. (1597).

An den Tragpfeilern in der Mitte des Querschiffs stehen *8 vergoldete Holzstatuen* der böhm. Landespatrone (12), wahrscheinlich v. František Preiss (1696). Es sind die hll. Wenzel, Ludmilla, Adalbert, Sigismund,

Katedrála svatého Víta / St.-Veits-Dom
(Nummern-Referenzen im Text)

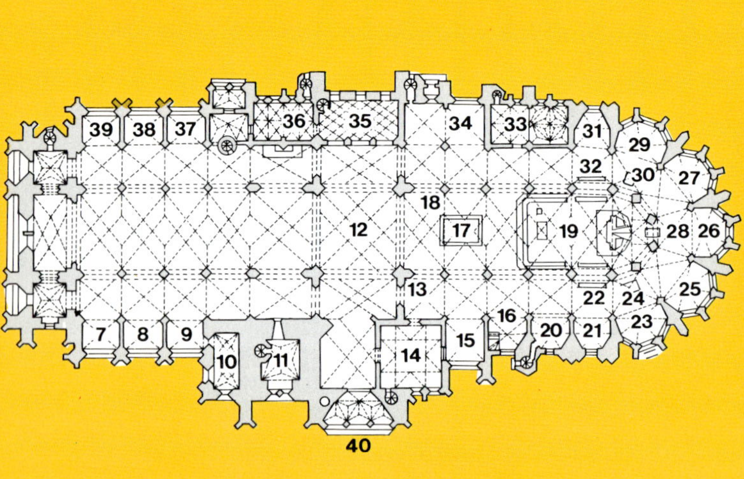

Johann v. Nepomuk, Veit, Prokop und Norbert. Auf der Rückseite des sö Pfeilers befindet sich das v. Emanuel Fischer v. Erlach* entworfene prunkvolle *Barockepitaph* (13) des Grafen Leopold Šlik, des obersten Kanzlers und Generalfeldmarschalls (1723). Der plastische Schmuck stammt v. Matthias B. Braun*. Die gegenüberliegende Kapelle auf der rechten Seite hinter dem Querschiff ist die berühmte *Wenzelskapelle/Kaple svatého Václava* (14), das traditionsreichste Heiligtum des tschech. Volkes. Peter Parler* erbaute sie in den Jahren 1362–64 über der Stelle, wo der Heilige in der ehem. St.-Veits-Rotunde v. seinem Bruder Boleslav I. beigesetzt wurde. Die eisenbeschlagene Kiefernholztür trägt außen einen Löwenkopf mit Ring als Türklopfer und einer der Eingangspfeiler innen ein Gemälde, das den gewaltsamen Tod Wenzels darstellt. An diesem Ring soll sich der Legende zufolge der Sterbende festgeklammert haben (→siehe Teil »Böhmen«, Stará Boleslav S.240).
Die Sockelzone der Kapelle ist mit 1345 in Böhmen vorkommenden Halbedelsteinen in der Inkrustationstechnik gestaltet, d.h. die Amethyste, Jaspise, Achate, Karneole, Chalzedone und Chrysoprase wurden zunächst auf nassen Putz verlegt, anschließend trug man eine dünne Schicht vergoldeten Putz auf und drückte dann mit Stempeln Muster ein. Die gleiche Technik wurde auch bei der Wandausschmückung der Heilig-Kreuz-Kapelle auf der Burg Karlštejn (→Teil Böhmen) angewendet. Die frei gebliebenen Flächen zwischen den Edelsteinen tragen Wandmalereien mit Szenen aus der Passion Christi. An der Stirnwand auf dem Fenstersims über dem reliefverzierten got. Altar steht eine aus Plänerkalkstein gearbeitete Statue des hl. Wenzel mit originaler Polychromie. Der Bildhauer Heinrich Parler*, ein Neffe Peter Parlers, stellte den Heiligen als ma Ritter dar und signierte das Werk mit dem parlerischen Winkelhaken auf einem Wappen (1373). Unter der Statue im Bereich der Sockelzone zeigt eine Wandmalerei die Kreuzigungsszene: Links hinter der noch verhüllt dargestellten Maria kniet Karl IV.; auf der rechten Seite hinter dem rotgewandeten hl. Johannes kniet seine Gemahlin Elisabeth v. Pommern. Die Wandmalereien hinter der Wenzelsstatue zeigen 2 Engel,

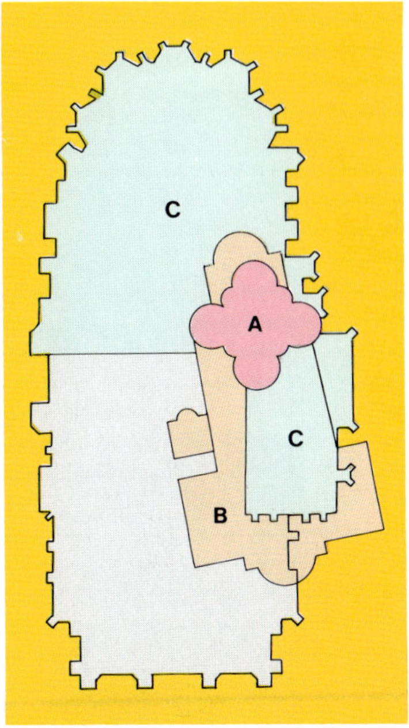

Vorgängerbauten des St.-Veits-Doms A Rotunde des hl. Veit (auch Wenzels-Rotunde) **B** roman. Basilika **C** Chor und S-Front des St.-Veits-Doms (Baustand 14. Jh.)

flankiert v. den böhm. Landespatronen. Dieses Fresko stiftete wahrscheinlich Vladislav Jagiello, der sich mit seiner Gemahlin Anna de Foix-Candale noch oberhalb davon abbilden ließ. Auf seine Initiative wurden auch die übrigen Wände mit Szenen aus der Wenzelslegende bemalt. Ungefähr in der Mitte der Kapelle steht die v. Kamil Hilbert auf den alten Fundamenten errichtete neue Tumba (1912–13). Ihre Wände sind bedeckt mit Platten aus geschliffenen Halbedelsteinen und Reliefs v. Stanislav Sucharda. Diese Tumba ist eine Nachbildung der urspr., die, während der Hussitenzeit nach Burg Karlštejn gebracht, dort vernichtet wurde. Zu den wertvollsten Objekten der Kapelle zählen ein v. Peter Vischer* 1532 gegossener Bronzeleuchter,

Prager Burg, St.-Veits-Dom

St.-Wenzels-Leuchter genannt, und ein Pastophorium in Form einer got. Turmspitze aus der Parler-Hütte.
Eine Tür in der S-Wand führt zu der seit 1867 mit 7 Schlössern gesicherten *Kronkammer,* die zur Aufbewahrung der St.-Wenzels-Krönungsinsignien dient: Krone und Schwert aus dem 14. Jh., Reichsapfel aus dem 16. Jh., Mantel und Stola aus dem 18. Jh.
Die ö anschließende *Martinitzkapelle* (15), dem hl. Andreas geweiht, diente als Begräbniskapelle der Adelsgeschlechter Lobkowitz und Martinitz. Unter dem Fenster befindet sich das Grabmal des Statthalters Martinitz, der beim 2. Prager Fenstersturz v. 1618 v. den Aufständischen aus einem Fenster des →Alten Königspalasts geworfen wurde. Die *Heilig-Kreuz-Kapelle/Kaple svatého Kříže* (16) stammt im Kern noch aus der 1. Bauetappe. Sie ist ausgestattet mit dem wertvollen Mailänder Kreuz und Gemälden der hll. Simon, Juda und Johannes v. Nepomuk. An der Wand über dem Altar sieht man noch Reste got. Wandmalereien vom Ende des 14. Jh. In dieser Kapelle gelangt man über eine Treppe in die sog. *Königsgruft,* in der man noch die Überreste der beiden Vorgängerbauten (Rotunde und Basilika) besichtigen kann. Hier stehen die bei einer Umgestaltung 1928–35 teilweise erneuerten Sarkophage der böhm. Könige und ihrer Familienmitglieder. Um den mittleren, Kaiser Karls IV., gruppieren sich der gemeinsame Sarkophag seiner 4 Gemahlinnen, die seiner Söhne Johann und Wenzel IV., die der Fürsten Ladislav Postumus und Georg v. Podiebrad, der des Kaisers Rudolf II. und der v. Maria Amalie, einer Tochter Maria Theresias.
Im Chor vor dem Hauptaltar befindet sich das *Königsmausoleum* (17), geschaffen v. Alexander Collin (1566–89). Die Oberfläche der gewaltigen, v. einem Renaissancegitter umgebenen Marmorplatte schmükken liegende Gestalten des Kaisers Ferdinand I., seiner Gemahlin Anna Jagiel-

Prager Burg, St.-Veits-Dom >

St.-Veits-Dom, Wenzelskapelle, Sockelzone (Detail)

St.-Veits-Dom, Wenzelskapelle, St.- Wenzels-Statue

lo und seines Sohnes Maximilian II. Nordwestlich dieser Tumba sieht man die frühbarocke *Kanzel* (18), kunstvoll geschnitzt v. Kaspar Bechteler (1618). Den neugot. *Hauptaltar* (19) schufen Josef Kranner und Josef Mocker in den Jahren 1868–73 unter Mitarbeit des Bildhauers Ludvík Šimek.

Unter den Fenstern zieht sich die *Triforiumsgalerie,* eine der hervorragendsten got. bildhauerischen Leistungen in P. Ihre Schöpfer sind Peter Parler* und dessen Werkstatt, die die auf der Triforiumsgalerie befindlichen 21 Porträtbüsten geschaffen haben. Es sind neben den 1375 entstandenen Heiligenbüsten eines anderen Künstlers die ersten realistischen Porträtdarstellungen des MA: Karl IV. und seine Familie, Prager Erzbischöfe, Baudirektoren und sogar die Architekten des Dombaus, Matthias v. Arras* und Peter Parler*. Im neugot. Kirchenschiff wurde das Triforium fortgesetzt. Besondere Beachtung verdient auch das den Chor überspannende parlerische Netzgewölbe.

Im Auftrag des Königs Vladislav Jagiello errichteten der Baumeister Benedikt Ried* und der Steinmetz Hans Spiess 1493 das *Königliche Oratorium* (20), das mit kunstvoll gemeißeltem spätgot. naturalistischem Astwerk bedeckt ist. Es war direkt vom Alten Königspalast zugänglich. Ungewöhnlich sind die Figuren zweier Bergleute auf dem Oratorium.

Die *Maria-Magdalena-Kapelle* (21), nach der dort befindlichen Familiengruft auch Waldsteinkapelle, beherbergt die Grabplatten der Dombaumeister Matthias v. Arras* und Peter Parler*. Gegenüber der Kapelle 2 barocke *Holzreliefs,* Meisterwerke des Tischlers Kaspar Bechteler aus dem Jahre 1631 (22).

Die *Kapelle des hl. Johannes v. Nepomuk* (23) enthält im neugot. Altar die Reliquien des hl. Adalbert; 4 Silberbüsten der böhm. Schutzheiligen Wenzel, Veit, Adalbert und Cyrillus und ein Renaissancegemälde der sog. »Passauer Jungfrau«. An den Wänden sind noch got. Fresken erhalten. Ihr gegenüber im Chorumgang steht das prunkvolle *silberne Hochgrab des hl. Johannes v. Nepomuk* (24), geschaffen v. Antonio Corradini und Josef Würth nach dem Entwurf v. Emanuel Fischer v. Erlach*. Am Sockel zeigen Bronzereliefs Szenen aus dem Leben des Heiligen. Auf dem v. Engeln getragenen Silbersarg die Statuen des Heiligen und eines Engels, der das Bild seiner Zunge trägt (das Symbol seiner Verschwiegenheit). Den Baldachin stiftete Maria Theresia 1771. Die folgenden 3 Kapellen dienten den Herrschern des Přemyslidengeschlechts als Grabkapellen. In der *Reliquienkapelle* (25) ruhen zu beiden Seiten die steinernen Tumben v. Přemysl Otakar I. – wahrscheinlich v. Peter Parler* selbst – und Přemysl Otakar II., geschaffen v. der parlerischen Bauhütte.

In der im Chorabschluß liegenden *Marienkapelle* (26) wurde wohl 1344 mit dem Bau des Doms begonnen. Hier sind die Fürsten Břetislav I. (†1055) und Spytihněv II., der Gründer des Vorgängerbaus, beigesetzt. Auch ihre Grabmäler wurden in der parlerischen Werkstatt gefertigt. In der *Kapelle Johannes' d. T.* (27) sind die Grabmäler der Fürsten Břetislav II. und Bořivoj II. Bes. wertvoll ist der sog. Jerusalemsleuchter, dessen roman. Fuß (1. Hälfte 12. Jh.) wahrscheinlich v. böhm. Kriegern in Mailand erbeutet wurde. Im Chorumgang der Marienkapelle gegenüber steht der v. Josef Kranner 1840 entworfene *St.-Veits-Altar* (28) mit einer Plastik des Heiligen v. Josef Max. Die *Erzbischöfliche Kapelle* (29), nach ihrer größten Kostbarkeit, dem Renaissance-Epitaph des Vratislav z Pernštejn

St.-Veits-Dom, Triforiumsbüste, Karl IV.

St.-Veits-Dom, Triforiumsbüste, Matthias von Arras

St.-Veits-Dom, Triforiumsbüste, Peter Parler

(v. Vredemann de Vries, ca. 1582), auch *Pernštejnkapelle* genannt. Sie diente den Prager Erzbischöfen in den Jahren 1793–1899 als Begräbnisstätte. Gegenüber die überlebensgroße *Bronzeplastik* (30) des Erzbischofs und Kardinals Friedrich Josef Schwarzenberg. Der Schöpfer war Josef Václav Myslbek*, 1904. In den neugot. Altar in der *St.-Anna-Kapelle* (31) ist eine frühgot. Reliquienplatte (1266) eingelassen. Aus vergoldetem Silber gearbeitet, zieren sie Edelsteine und Filigranarbeiten. Die Forschung lokalisiert ihre Herkunft in der St.-Martins-Kirche in Trier. Gegenüber der Kapelle hängen 2 v. Kaspar Bechteler geschnitzte *Holzreliefs* (32): die Flucht König Friedrichs v. der Pfalz, des sog. Winterkönigs, nach der verlorenen Schlacht am Weißen Berg 1620 und eine Stadtansicht v. P. Anfang des 16. Jahrhundert. Die *Alte Sakristei* (33), ehem. St.-Michaels-Kapelle, überspannt ein außergewöhnliches parlerisches Netzgewölbe. Vor ihr steht ein dreiteiliger hochbarocker Beichtstuhl und am Eingang eine polychrome Holzplastik des hl. Michael. Die letzte der bereits im MA entstandenen Kapellen ist die *Sigismundkapelle* (34), benannt nach den v. Kaiser Karl IV. 1365 hier beigesetzten Reliquien des Heiligen. Über der nicht zugänglichen Chorkapelle erhebt sich die in den Jahren 1557–61 v. Bonifaz Wohlmut* erbaute *Orgelempore* (35). Die Orgel baute Anton Gärtner 1757; sie ist ausgestattet mit 6500 Pfeifen. Bevor die Empore 1924 hierher versetzt wurde, bildete sie die provisorische W-Front der ma Kathedrale. Darauf folgt die *Neue Sakristei* (36).

Die *Neue Erzbischöfliche Kapelle* (37) diente ab 1906 als Begräbnisstätte. Über dem Altar ein Bild »Mariä Himmelfahrt« v. Bartholomäus Spranger* (1593). Bemerkenswert ist das Fenster mit den hll. Cyrillus und Methodius, entworfen v. Alfons Mucha* (1931). Der Altar der *Schwarzenbergkapelle* (38) trägt das spätgot. Tripty-

St.-Veits-Dom, Grabmal Joh. v. Nepomuk >

chon »Anbetung der Hll. Drei Könige« (um 1514). In der *Bartoň-Dobeninschen Kapelle* (39) als letzte Kapelle ist der Altarschrein mit got. Tafelbildern eine Arbeit der nordital. Schule (um 1400).

Nach dem Verlassen des Doms verdient das *S-Portal,* die sog. *Goldene Pforte* (40), besondere Beachtung. Diesen ehem., 1367 v. Peter Parler* errichteten Festeingang schmückt ein 1370–71 v. venezianischen Künstlern nach böhm. Vorlagen geschaffenes Glasmosaik. Namengebend für die Goldene Pforte (porta aurea) war der durch Sonneneinstrahlung hervorgerufene glitzernde Effekt der goldunterlegten Glaswürfelchen des Hintergrundes. Das Glas dafür stammte aus böhm. Glashütten. In der Mitte ist das Jüngste Gericht mit den böhm. Landespatronen, dem knienden Kaiser Karl IV. und seiner Gemahlin Elisabeth v. Pommern dargestellt. Das dreiteilige Gewölbe der Vorhalle bedecken die neueren Mosaiken »Kalvarienberg« sowie »Adam und Eva«. In das Ziergitter hat J. Horejc die Motive der Tierkreiszeichen und Jahreszeiten eingearbeitet (1954).

Bei dem heutigen Aussehen des *3. Burghofs* fällt die Vorstellung schwer, daß er – wie archäologische Untersuchungen ergaben – noch im MA v. Wällen durchzogen und mit vereinzelten Gebäuden, die ersten noch aus Holz, bebaut war. Heute wird seine Gestalt geprägt v. der Vereinheitlichung der den Hof bildenden Gebäude durch den Architekten Niccolo Pacassi (1761–75), die Umgestaltungen v. Josef Plečnik v. 1920 und durch den alles überragenden Dom.

Dicht an der sw Ecke des St.-Veits-Doms steht das Gebäude der ehem. **Alten Propstei** (41), heute Kulturhaus. Von den sich hier verbergenden Resten eines roman. Bischofspalastes zeugt noch ein zweiteiliges roman. Fenster an der O-Seite. Das heutige barocke Aussehen stammt v. 1701–02, die Statue des hl. Wenzel an der Gebäudeecke entstand ca. 1662. Der mehr als 16 m hohe *Monolith* (42) wurde nach einem Entwurf v. Josip Plečnik aus einem einzigen Granitblock (aus Mrákotín) gearbeitet. Er ist ein Mahnmal für die Opfer des 1. Weltkriegs, aufgerichtet 1928. Die *Reiterstatue des hl. Georg* (heute Kopie; 43), v. den Brüdern Georg und Martin aus Klausenburg 1373 in Bronze gegossen, gehört zu den bedeutendsten, wohl einmaligen Reiterstandbildern der Gotik. Erst 1791 brachte man sie auf ihren heutigen Standort, vorher befand sie sich vor der Georgskirche, dann auf einem Barockbrunnen im III. Burghof. Hinter ihr überdachte Mauerreste der roman. Basilika, des Dom-Vorgängerbaus.

Der die S-Seite des Burghofs bildende sog.

St.-Veits-Dom, Alfons-Mucha-Fenster

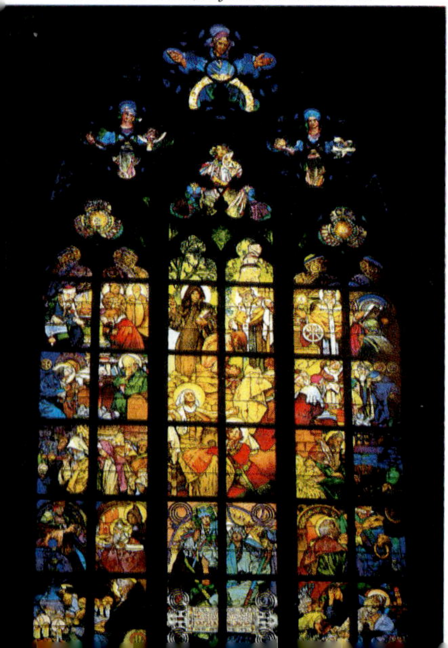

St.-Veits-Dom, »Goldene Pforte«

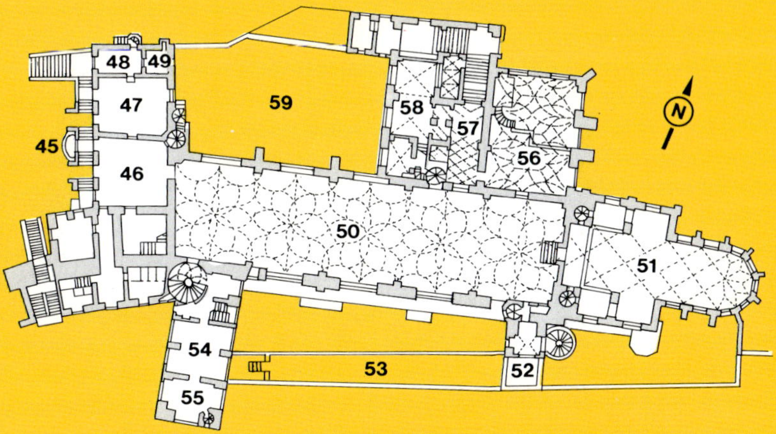

Královský palác / Alter Königspalast
(Nummern-Referenzen im Text)

Stadttrakt (4) umfaßt im Kern noch die unter Fürst Soběslav I. gebaute roman. Burgmauer (nach 1130), an die die späteren Renaissance- und Frühbarockbauten angefügt wurden. Einziger Schmuck der heutigen klassizistischen Fassaden sind die Balkone mit den Plastiken v. Lichtträgern aus der Werkstatt des Ignaz Franz Platzer* (1760/62; heute Kopien). Hier befinden sich die Büro- und Repräsentationsräume des Regierungspräsidenten der ČSFR. In der SO-Ecke führt eine Treppe hinab in den *Wallgarten/Zahrada na valech* (77).

An der O-Seite begrenzt den Hof der Gebäudekomplex des **Alten Königspalastes / Starý královský palác** (44) mit der v. Niccolo Pacassi gestalteten Rokoko-Eingangsfassade; davor befindet sich der barocke *Adlerbrunnen* v. 1664 (45). Die Ursprünge des Alten Königspalastes gehen bis in die Regierungszeit der Přemyslidenfürsten zurück. Seinem Zweck als Regierungssitz diente er bis ins 16. Jahrhundert. Anschließend beherbergte er die Zentralbehörden des böhm. Staates. Im 18. und 19. Jh. fanden hier die Krönungsfeierlichkeiten und Landtagssitzungen statt. Nach eingehender archäologischer Untersuchung wurde der Palast nach 1924 v. Karel Fiala restauriert.

Im Vorraum, dem sog. *Kleinen Saal* (46) und den angrenzenden Räumen befanden sich in den Jahren 1527–45 die Kanzleien der Böhm. Kammer. In der *Grünen Stube* (47) sind die Wände mit Wappen der Beisitzer des Hof- und Kammergerichts geschmückt. Das barocke Deckenfresko »Salomos Urteil« wurde 1963 aus dem ehem. Burggrafenamt hierher übertragen. Der Raum war Schauplatz bedeutender historischer Ereignisse: Die Versammlung der böhm. Stände vor dem 2. Prager Fenstersturz (1618) und die Verurteilung ihrer Anführer zum Tode nach der verlorenen Schlacht am Weißen Berg (Bílá Hora) 1621. In dem l anschließenden Raum mit dem farbigen spätgot. Netzgewölbe befand sich das *Schlafgemach* (48) des Königs Vladislav Jagiello; verbunden war es mit dem kleinen Raum des *Depositoriums der Hoftafeln* (49). Den berühmten *Vladislavsaal/Vladislavský sál* (50) betritt man vom Vorraum aus. Den sich in der beeindruckenden Länge v. 62 m erstreckenden Saal mit einer Breite v. 16 m und einer Höhe v. 13 m erbaute Benedikt Ried* v. Piesting 1493–1502 als Huldigungssaal für Vladislav Jagiello. Das v. im Palast tief verankerten Pfeilern getragene Rippengewölbe ist über die ganze Breite freischwebend konstruiert, eine architektonische Meisterleistung. In 5 Joche gegliedert, verschränkt es sich zu einem prächtigen Sternengewölbe. Den Jochen entsprechend bestand das heutige einfache Satteldach aus 5 Zeltdächern, die bei dem Großbrand v. 1541 vernichtet wurden. Die hohen Fenster haben schon Renaissance-Elemente.

Eine dreiteilige Spätrenaissance-Fensterfront mit einem Portal, errichtet 1589 v. Giovanni Gargiolli, bildet die ö Stirnwand des Saals. Neben dem Monogramm v. König Vladislav befindet sich l das Wappen v. Ungarn und r das v. Böhmen. Über die davorliegende Treppe gelangt man durch das Portal auf die Empore der hier angebauten *Allerheiligenkapelle/Kaple Všech svatých* (51). An ihrer Stelle befand sich bereits 1185 eine roman. Fürstenkapelle. In den Jahren 1370–87 errichtete Peter Parler* einen got. Chorbau als Sitz des Allerheiligenkapitels. Vom Brand 1541 stark beschädigt, wurde sie 1579–80 wieder aufgebaut und mit dem Vladislavsaal verbunden. In den Jahren 1753–55 gliederte man sie an das *Adelige Damenstift* (61) als Privatkapelle an. Der barocke Hochaltar trägt ein Allerheiligengemälde v. V. V. Reiner. Unter der Chorkuppel ein Triptychon des rudolfinischen Malers Hans v. Aachen*. Von dem gleichen Künstler stammt auch die »Kreuzabnahme« am rechten Seitenaltar. Der linke Seitenaltar birgt die Reliquien des hl. Prokop. Ein zwölfteiliger Gemäldezyklus v. Christian Dittmann zeigt Szenen aus dem Leben des Heiligen (1669).

Vom Vladislavsaal aus erreicht man durch einen engen Gang die *Aussichtsterrasse* (52), v. wo man einen herrlichen Ausblick auf die Stadt und die S-Front der Burg hat. Auf der linken Seite die Allerheiligenkapelle und das Adelige Damenstift, auf der rechten Seite erstreckt sich der sog. *theresianische Flügel* (53), 1766–68 als Verbindungstrakt entstanden, bis zum hervortretenden *Ludwigsflügel* (54). Letzterer war 1618 der Schauplatz des 2. Prager Fenstersturzes.

Prager Burg, 3. Burghof, Stadttrakt, Portal

In der sw Ecke des Vladislavsaals befindet sich der Eingang in den Ludwigsflügel, erbaut 1502–09 v. Benedikt Ried* als Wohntrakt im Frührenaissancestil. Die Räume auf der gleichen Ebene des Vladislavsaals dienten nach dem Brand v. 1541 der *Böhm. Kanzlei* als Räumlichkeit. Durch eine Tür in einem Renaissanceportal mit dem Monogramm Ludwigs, des Sohnes v. Vladislav Jagiello, gelangt man in einen historisch bedeutenden Raum, auch *Statthaltersaal* (55) genannt. Am 23.5. 1618 stürzten hier die Anführer der böhm. Ständebewegung die verhaßten habsburgischen Statthalter Jaroslav Bořita z Martinic (Martinitz) und Vilém Slavata z Chlumu mit ihrem Sekretär Fabritius aus dem O-Fenster des Raumes. Dieser sog. *2. Prager Fenstersturz* war letztlich Auslöser des Dreißigjährigen Krieges.

Über eine Wendeltreppe gelangt man hinauf in die *Reichshofratsstube,* die schon unter Kaiser Rudolf II. als Sitzungsraum diente; am Eingang l das Türsteherkämmerchen. Das Mobiliar stammt noch aus der Zeit der Renaissance, der Kachelofen aus dem 17. Jh. Über der Tür hängt das Gemälde »Die Belagerung v. P. durch den Preußenkönig Friedrich« v. Ignaz Raab (1755).

An der nö Ecke des Vladislavsaals befindet sich der Eingang zum *Landtagssaal* (56), urspr. ein Teil des Wohnpalastes v. Kaiser Karl IV. Um 1500 v. Benedikt Ried umgebaut, 1541 beim Brand zerstört, wurde er 1559–63 v. Bonifaz Wohlmut* neu eingewölbt. Auf der linken Seite errichtete man eine Renaissancetribüne für den Obersten Landesschreiber. Sie ist mit den dahinterliegenden Räumen der Landtafeln verbunden. Das Mobiliar aus dem 19. Jh. ist wie bei einer Tagung des damaligen Obersten Landesgerichts angeordnet: an der Fensterwand r vom Thron der Sitz des Erzbischofs, dahinter die Prälatenbank, an den Wänden die Sitze der Obersten Landesbeamten, dem Thron gegenüber die Bänke des Adels- und des Ritterstandes und die Balustrade r für die königlichen Städte. An den Wänden hängen Porträts habsburgischer Herrscher.

Neben dem Landtagssaal gelangt man durch ein Renaissanceportal v. 1541 mit 2 Eingängen durch den kleineren l über eine Treppe hinauf zur Kanzlei der Neuen Landtafeln und r durch den größeren zur *sog. Reiterstiege* (57).

Die Decken und Wände der Kanzlei tragen gemalte Wappen der hohen Beamten der Landtafeln (1561–1774), einer speziell böhm. Institution. Die *Landtafeln* sind Bücher, in denen die Landtagsbeschlüsse über die Besitzverhältnisse v. Privatpersonen, In-

Prager Burg, Alter Königspalast, Vladislavsaal

stitutionen und Gemeinden festgehalten wurden. Im hinteren Raum befindet sich ein mit Schnitzereien verzierter Bücherschrank, in dem die sog. Quarternen (einzelne Bücher) der Landtafeln stehen. Die bunten Buchrücken sind z.T. mit Darstellungen v. Blumen, Tieren und Himmelskörpern versehen. Die gesamte Einrichtung ist dem Aussehen des Amtes im 18.Jh. nachgestellt. In einem 1737 v. Kilian Ignaz Dientzenhofer* errichteten Anbau befand sich 1838-84 das *St.-Wenzels-Kronarchiv*, eine Sammlung urspr. Schriften und Privilegien der böhm. Krone (heute im Staatlichen Zentralarchiv).

Der Vorsaal der ca. 1500 v. Benedikt Ried* erbauten *Reiterstiege* (57) trägt ein schönes Kammgewölbe. Leicht abschüssig führt er zur eigtl. Treppe. Ihre aus Backsteinen gemauerten flachen Stufen erlaubten es den Rittern, mit ihren Pferden zu den im Vladislavsaal veranstalteten Turnieren zu gelangen. Auf der linken Seite der Stiege befinden sich die Räume des *Neuen Appellationsgerichts* (58); sie sind nicht zugänglich. Über die Reitertreppe gelangt man durch ein weiteres Renaissanceportal auf den *Georgsplatz/Jiřské náměstí*, auch 4.Burghof genannt.

Die heute *unterirdischen roman. Palasträume* erreicht man vom Georgsplatz über eine Treppe des Palasthofs (59); zur Zeit leider nicht zugänglich. Schon im Eingang findet man Überreste des roman. Befestigungswalls vom Ende des 9.Jh. Es folgt der 50 m lange Saal des roman. Fürstenpalastes v. Soběslav I. und Vladislav II. (1.Hälfte 12.Jh.). Über eine Treppe gelangt man in den urspr. Raum der Alten Landtafel aus der Zeit Přemysl Otakars II. (Mitte 13.Jh.). 2 niedrige zylindrische Pfeiler tragen sein Gewölbe, aus der gleichen Zeit die 2 Arkaden. Der Fußboden des sich anschließenden *Karlssaals* wurde originalgetreu restauriert. Die mächtigen Pfeiler an den Seitenwänden gehören zu dem darüberliegenden Vladislavsaal. Den nächsten Raum nennt man Alte Registratur. Es schließt sich der *Säulensaal Wenzels IV.* an, der v. 2 runden Pfeilern gestützt wird (ca. 1400). Weiter kann man noch Ausgrabungen unter dem 3.Burghof besichtigen. Den *4.Burghof* bildet der Georgsplatz/Jiřské náměstí, n begrenzt durch die sog. Mockerschen Häuser (60), die v. Josef Mocker* erbaute *Neue Propstei/Nové proboštství* und 2 Residenzen für die Angehörigen des St.-Veits-Kapitels, w durch den Chor des St.-Veits-Doms, s vom Adeligen Damenstift (61) und ö v. der frühbar. Front der St.-Georgs-Basilika und dem anschl. Kloster.

Das Gebäude des *Adeligen Damenstifts/*

Prager Burg, Alter Königspalast, Statthaltersaal (Schauplatz des 2. Prager Fenstersturzes)

Ústav šlechtičen (61) entstand in den Jahren 1753–55 durch den Um- und Erweiterungsbau des ehem. Rosenbergpalais/-Rožmberský palác. Es diente als Kloster für verarmte weibliche Adelige. Die Äbtissin, immer eine Habsburgerin, erhielt 1782 das Recht, die böhm. Könige zu krönen.

Die Anfänge der **St.-Georgs-Basilika / Bazilika svatého Jiří** (62) gehen bis auf die Gründungszeit der Prager Burg zurück; sie ist der bedeutendste roman. Sakralbau v. P. Im Jahre 921 wurde sie v. Fürst Vratislav I., einem Sohn der hl. Ludmilla, gegr., 925 v. Wenzel (dem späteren Heiligen) zur Grabkirche für seine Großmutter, die hl. Ludmilla, umgestaltet. Nach der Beseitigung der Brandfolgen v. 1142 erbaute man die 2 O- oder Chorflankentürme, den O-Chor, die darunterliegende Krypta und verlängerte den dreischiffigen Bau nach W. Im Rahmen einer weiteren Umgestaltung durch die Bauhütte Peter Parlers in der Mitte des 14. Jh. wurde die got. Ludmillakapelle in der SO-Ecke des Chors angefügt. Anfang des 16. Jh. gestaltete die Bauhütte Benedikt Ried* das kunstvolle S-Portal, bekrönt v. einem Relief, das den hl. Georg im Kampf mit dem Drachen darstellt. Um 1670 erhielt die Basilika ihre frühbarocke Frontfassade; die Plastiken der Kirchengründer stammen v. Johann Georg Bendl*. Außen an der SW-Ecke erbaute František Maximilián Kaňka* 1718–22 die *Kapelle des hl. Johannes v. Nepomuk* an. Ihre Fassadenplastik des Heiligen schuf Ferdinand Maximilian Brokoff*. Im Inneren stammen Hauptaltargemälde und Kuppelfresko v. V. V. Reiner. Ihr heutiges Aussehen ist das Ergebnis einer puristischen Rekonstruktion v. 1897 bis 1907. Dabei erhielt die barocke Frontfassade ihre urspr. rötliche Farbe zurück. In den Jahren 1959–62 wurden die urspr. weißen, für die Kirche charakteristischen roman. Türme rekonstruiert. Bei archäologischen Untersuchungen entdeckte man Teile der Grundmauer des Gründungsbaus, außerdem die *Grabstätten der ersten Přemysliden-Fürsten,* die sich heute im Chorraum befinden: die Gebeine Vratislavs I. r in einer bemalten Holztumba des 15. Jh. und die v. Boleslav II., dessen Schwester Mlada 973 das benachbarte Kloster gründete, unter dem v. einem schmiedeeisernen Gitter umgebenen Grabstein.

Die zentrale Bedeutung der *Ludmillakapelle,* erbaut unter Kaiser Karl IV. für die bereits 925 hier bestattete erste böhm. Christin Ludmilla, wird durch ihre erhöhte Lage noch unterstrichen. Die hinter einem neugot. Altar stehende Plänerkalksteintumba (Peter Parler*, um 1380) trägt ihre in Stein gemeißelte liegende Gestalt.

Prager Burg, Alter Königspalast, Reiterstiege

Nach dem Tod des Herrschers Vratislav war es zwischen seiner Mutter, der christlichen Ludmilla, und ihrer heidnischen Schwiegertochter Drahomíra zu Machtrivalitäten gekommen, da sein Sohn Wenzel für die Herrschaftsübernahme noch zu klein war. Ludmilla wurde 925 v. Drahomíra auf ihrem Witwensitz Tetín ermordet. Obwohl dies keine religiös motivierte Tat war, wurde Ludmilla als erste Märtyrerin heiliggesprochen.

Unter dem Treppenaufgang der Ludmillakapelle befindet sich die *Krypta* der hl. Brigitta v. Schweden mit ihrer Statue v. 1726. Bes. wertvoll ist das dreiteilige Relief in der Nische der n Turmkapelle, eine ausgezeichnete Arbeit der böhm. Plastik aus der Zeit um 1220; es stammt vom Portal der Basilika vor ihrer Umgestaltung. Im Jahre 973 gründeten Boleslav II. und seine Schwester Mlada neben der Basilika ein Benediktinerinnenkloster, das **St.-Georgs-Kloster / Klášter svatého Jiří** (63), das erste Kloster Böhmens. Nach mehreren in verschiedenen Jh. vollzogenen Umbauten wurde es während der Säkularisation unter Joseph II. aufgehoben und in eine Artilleriekaserne umgewandelt, später in ein Gefängnis für Geistliche.

Das Kloster war im MA ein bedeutendes Skriptorium. Hier entstanden eine Reihe v. Handschriften, so auch die Passionale der Äbtissin Kunigunde (1321). Erhalten ist die *St.-Anna-Kapelle,* in der auch die Ordensgründerin Mlada 994 beigesetzt wurde. Der urspr. aus dem 10. Jh. stammende Bau hat heute ein barockes Äußeres. Das Kloster, v. den Architekten J. Pilar und F. Cubr zur repräsentativen Galerie umgebaut (eröffnet 1976), ist heute Sitz der **Nationalgalerie / Národní galerie.** Die bedeutendsten Werke der böhm. Gotik (Tafelbilder des Hohenfurter und Wittingauer Meisters, Holzskulpturen des 14. und 15. Jh.), Spätgotik, Renaissance und Barock sind hier zu einer einzigartigen Sammlung zusammengetragen, vorzüglich präsentiert und um Originale (Tympana der Maria-Schnee-Kirche, Teynkirche, die Reiterstatue des hl. Georg vom 3. Burghof u. a.) ergänzt.

Die **Georgsgasse / Jiřská ulice** verläuft vom gleichnamigen Platz in ö Richtung entlang der langgestreckten Fassadenfront des Adeligen Damenstifts bis zum ehem. Lobkowitz-Palais und dem Schwarzen Turm am O-Tor des Burgareals. Auf der gegenüberliegenden Seite liegen das ehem. Burggrafenamt und davor ein Treppenaufgang zum Goldenen Gäßchen.

Das **Lobkowitz-Palais / Lobkovický palác** (64) wurde urspr. 1570 als Renaissancepalais für die einflußreiche Adelsfamilie

St.-Georgs-Basilika

St.-Georgs-Basilika, Chorraum

Pernštejn im ital. Stil erbaut. Von dem späteren frühbarocken Umbau für die Familie Lobkowitz durch Carlo Lurago* (1651) sind noch 2 Pilasterportale erhalten. Sein heutiges Aussehen stammt v. einer Umgestaltung im Jahre 1791. Seit 1987 beherbergt das Palais u.a. eine permanente Ausstellung zur Entwicklung des böhm. Staates bis 1848.

Der **Schwarze Turm/Černá věž** (65) gehört zu der Befestigungsanlage, die Soběslav I. im 12. Jh. errichten ließ, und diente als Schuldnergefängnis. Das *O-Tor* stammt aus verschiedenen Bauetappen vom 13. bis 15. Jh. und führt zu einer kleinen *Aussichtsterrasse,* v. wo man einen schönen Blick auf die am Hang liegenden Gärten und die Stadt hat. Von hier führt ein Weg über die *Alte Schloßstiege/Staré zámecké schody* in die Stadt hinunter.

Wieder im Burgareal befindet sich an der N-Seite des v. einer Steinmauer umgebenen Hofs das **ehem. Burggrafenamt/Bývalý Purkrabství** (66). In der Zeit vom 13. bis 16. Jh. des öfteren umgebaut, wurde es nach dem Brand v. 1541 v. Giovanni Ventura in ein Renaissance-Giebelhaus umgestaltet, wovon u.a. die restaurierte Sgraffitofassade zeugt. Der Burggraf war nach dem Herrscher der höchste Beamte des Landes. Im Jahre 1961 wurde das Gebäude in das *Haus der Tschechoslowak. Kinder/Dům československých dětí* umgewandelt. Erwachsenen ist der Zutritt nur mit Sondergenehmigung erlaubt.

Über den Treppenaufgang vor dem ehem. Burggrafenamt gelangt man in das berühmte **Goldene Gäßchen/Zlatá ulička** (67), das nach den urspr. hier lebenden Handwerkern früher Goldschmiedegäßchen genannt wurde. Die an die Burgmauer angebauten hübschen buntgestrichenen Häuschen zwischen dem Weißen- (69) und dem Daliborka-Turm (68) bilden heute die Gasse, die als bedeutendes Relikt des damaligen Burglebens im MA und in der Zeit der Renaissance erhalten ist. In der Regierungszeit Kaiser Rudolfs II. wohnten hier seine Bogenschützen. Später wurde es Zufluchtsort für verarmte, keiner Zunft angehörende Handwerker. Über das damals hier herrschende Elend täuscht die jetzige malerische Atmosphäre hinweg. Ihren poetisch klingenden Namen hat die Gasse v. der Legende, daß hier die Hofalchimisten Kaiser Rudolfs II. ihre Laboratorien hatten. Doch wirkten diese nachweislich im Pulverturm Mihulka (71). Im Haus CN 22, das Franz Kafkas Schwester Ottla gemietet hatte, schrieb der Schriftsteller im Winter 1916/17 die meisten Erzählungen des »Landarzt«-Bandes.

Der Festungsturm **Daliborka** (68) wurde 1496 nach Plänen v. Benedikt Ried* im Auftrag v. Vladislav Jagiello am ö Ende der Befestigungsmauer errichtet. Benannt wird er nach dem 1498 hier eingekerkerten Ritter Dalibor z Kozojed, dessen Vergehen darin bestand, daß er den aufständischen Leibeigenen seines Nachbarn seinen Schutz zugesagt hatte. Der Komponist Bedřich Smetana machte diesen Ritter zur Titelfigur seiner bekannten Oper »Dalibor«.

Ein teilweise noch erhaltener Wehrgang führt zum neuen **Weißen Turm/Bílá věž** (69), einer halbkreisförmigen Bastei. Ab 1584 bis 1752 diente der Turm als Staatsgefängnis anstelle eines urspr. gleichnamigen Turms, dessen Überreste man im sö Gebäude des 2. Burghofs gefunden hat. Bekannte Insassen dieses Kerkers waren u.a. der englische Alchimist Edward Kelley und die Anführer des Ständeaufstands v. 1618. Die Wände sind noch heute mit Inschriften der Gefangenen bedeckt.

Prager Burg, Schwarzer Turm

Die *Vikarsgasse/Vikářká ulice* führt n entlang des Chorabschlusses des St.-Veits-Doms, bei dessen Bau sie nach Abriß des urspr. hier stehenden Kapitelhauses entstand. Im 1705 errichteten Gebäude der *Alten Dechanei,* Nr. 37 (70), befindet sich das Informationszentrum der Burg. Den ehem. Bibliotheksraum des St.-Veits-Kapitels schmücken Deckenfresken v. 1724–26. Die benachbarten Häuser vereinigte der Architekt Karel Firla zur Gaststätte *»Vikárka«*. Der Prager Schriftsteller Svatopluk Čech hat dieses Lokal in seinen Satiren »Ausflug des Herren Brouček ins XV. Jh.« und »Zum Mond« verewigt, Stoff für eine Oper v. Leoš Janáček. Hinter der Gaststätte erhebt sich der *Pulverturm Mihulka/Prašná věž-Mihulka* (71), eine Bastei vom Ende des 15. Jh. Nach dem Burgbrand v. 1541 diente er dem Gießer Tomáš Jaroš* als Wohn- und Arbeitsstätte. Er war u. a. der Schöpfer der großen Glocke des St.-Veits-Doms. In der Regierungszeit Kaiser Rudolfs II. befanden sich hier die Werkstätten der Alchimisten. Später diente der Turm als Pulvermagazin, dann als Wohnraum. Heute werden seine Räume für Ausstellungen genutzt: zur Geschichte des spätgotischen Festungsbaus in Böhmen, zur Metallgießerei und zur Entwicklung der Naturwissenschaften in der Renaissance.

Außerhalb des Burggeländes befinden sich noch die nachstehenden Sehenswürdigkeiten: durch die Durchfahrt im 2. Burghof gelangt man über die Pulverbrücke zu dem Gebäudekomplex der Reitschule, auf der gegenüberliegenden Seite erstreckt sich der Königsgarten bis zum Lustschloß Belvedere. Unterhalb der S-Front der Burg liegen der Paradies- und der Wallgarten.

Die *Pulverbrücke/Prašný most* (72) wurde in den Jahren 1535–40 als einstöckige Holzbrücke mit verdecktem Geheimgang auf 5 steinernen Pfeilern erbaut. Sie diente als Verbindung der Wohnräume Ferdinands I. mit dem n angelegten Renaissancegarten, dem heutigen Königsgarten. Von Niccolo Pacassi wurde die schon mehrfach veränderte Brücke durch einen aufgeschütteten Wall ersetzt.

Ursprünglich überspannte sie das steile Tal des *Flüßchens Brusnice,* das bis zum Einsatz von Artillerie als natürlicher Schutz der Burg diente. Das Tal erhielt seinen Namen *Hirschgraben/Jelení příkop* v. der dort bis 1743 betriebenen Zucht von Jagdwild. Das Gebäude auf der linken Seite ist die im Jahre 1694–95 von Jean Baptiste Mathey* erbaute *Reitschule* (73) mit ihrem anschließenden Arkadenhof. Seit 1949 befinden sich hier von Pavel Janák gestaltete Ausstellungsräume.

Prager Burg, »Goldenes Gäßchen«

Das nö der Burg gelegene graziöse Bauwerk des *Belvedere* genannten **Königlichen Lustschlosses / Královský letohrádek** (74) gilt als herausragendstes Beispiel ital. Renaissancearchitektur n der Alpen. Der Auftraggeber König Ferdinand I. ließ es für seine Gemahlin Anna errichten. Die Grundsteinlegung erfolgte durch den aus Genua stammenden Architekten Paolo della Stella 1538. Seine Baumeister Juan Maria del Pambio und Giovanni Spazio beendeten das Erdgeschoß, dem Bonifaz Wohlmut* 1556–64 das Obergeschoß aufsetzte. Den Arkadenumgang des Erdgeschosses bilden 40 schlanke Säulen. Ihre Sockel, die Bogenzwickel und Türfriese tragen reichen Reliefschmuck: Szenen aus der Mythologie, historische und Genreszenen sowie Wappen. Charakteristisch für diesen Bau ist sein geschwungenes, mit Kupferblechen belegtes Renaissancedach, dessen Form an ein umgekehrtes Boot erinnert. Die urspr. Gestaltung des Innenraums verfremdete ein Umbau in den Jahren 1841–55. Den Eingang verlegte man v. der Gartenfront nach N und errichtete anstelle der schmalen Renaissancetreppe einen überdimensionierten Treppenaufgang. Die Terrasse nutzte der Hofastronom Tycho Brahe um 1600 für seine wissenschaftlichen Beobachtungen. Heute dienen die Räumlichkeiten der Nationalgalerie für wechselnde Ausstellungen.

An der W-Seite des Gebäudes befindet sich die moderne Plastik »Der Sieg« v. Jan Štursa*. In der Mitte des 1937–39 v. Pavel Janák rekonstruierten Renaissancegartens steht die bekannte *»Singende Fontäne«*, ein 1568 v. Tomáš Jaroš* gegossener Bronzebrunnen nach einem Entwurf v. Francesco Terzio. Der illustre Name beruht auf dem Klang, den die herabfallenden Wassertropfen auf dem aus Glockenmetall bestehenden Becken erzeugen.

Der Eingang befindet sich an der Straße Mariánské hradby.

An den beiden Längsseiten der Burg erstrecken sich ihre ausgedehnten Gartenanlagen.

Im N zieht sich der **Königsgarten / Královská zahrada** (75) v. der Straße U prašného mostu/Zur Pulverbrücke bis hin zum Lustschloß Belvedere. Er wurde an der Stelle v. Weinbergen 1534 im Auftrag König Ferdinands I. angelegt. Man pflanzte exotische und Ziergewächse an, errichtete eine Orangerie und ein Feigenhaus. Hier befand sich eine der ersten Tulpenzüchtungen Europas. In den Jahren 1538–64 baute Bonifaz Wohlmut* das **Große Ballhaus** (das Kleine und das Sommerballhaus wurden völlig zerstört), vor dem die Barockpla-

Prager Burg, Reitschule

stik »Allegorie der Nacht« v. Anton B. Braun* steht; v. diesem Bildhauer stammen auch noch weitere Gartenplastiken. Im Verlauf der Jh. mehrmals verwüstet und umgestaltet, verwandelte man ihn im 19. Jh. in einen englischen Garten.

An der heutigen Str. U Prašného mostu erbaute Udalrico Aostalis de Sala für Kaiser Rudolf II. in den Jahren 1581–83 den *Löwenhof/Lví dvůr,* der der Haltung v. Raubtieren diente; heute befindet sich hier eine Gaststätte.

Der *Paradiesgarten/Rajská zahrada* (76) an der S-Seite der Burg wurde 1562 an der Stelle alter Befestigungsanlagen im Auftrag des Erzherzogs Ferdinand v. Tirol angelegt. In der SO-Ecke des Gartens entstand 1617 der *Matthiaspavillon,* ein Rundbau mit einem Kupferdach. Im Inneren trägt die Decke 39 Wappen der Länder des Kaiserreichs; die Wände schmücken Fresken v. Josef Navrátil, 1848. Die heutige Gartengestaltung erfolgte nach Plänen v. Josip Plečnik (1920–24). Er ist auch der Schöpfer der monumentalen Treppe und des 20 t schweren Granitbeckens in der Gartenmitte. Die Statue des »Guten Hirten« stammt v. Josef Kalvoda (1922). Den Garten erreicht man über die Burgrampe/Ke hradu neben der Schloßstiege/Zámecké schody. Er ist nur Sa und So in den Sommermonaten geöffnet.

Der ö angrenzende *Wallgarten/Zahrada na valech* (77) entstand 1861 nach der Aufschüttung ehem. Befestigungswälle. Die heutige Anlage schuf ebenfalls der Architekt Josip Plečnik. In der SW-Ecke errichtete er einen v. 8 Säulen getragenen Pavillon. Eine ma Bastei gestaltete er in eine Aussichtsterrasse um. Unterhalb des Ludwigtrakts (54) bezeichnen *2 Obelisken* die Stellen, wo die kaiserlichen Statthalter beim 2. Prager Fenstersturz auftrafen, den Sturz jedoch überlebten, weil sie in eine frisch aufgefahrene Ladung Dung fielen. Weitere bemerkenswerte Bauten im Garten sind eine auf einer ehem. Bastei errichtete Volière, eine Empire-Wachstube, eine Bellevue genannte Aussichtskolonnade mit Plastiken v. Ignaz Franz Platzer* und ein Herkules-Brunnen. Am ö Gartenende erhebt sich ein 12 m hoher Monolith. Von der Aussichtsterrasse führt eine Treppe hinab zum Musikpavillon im Garten des Hartig-Palais.

Über eine andere Treppe gelangt man hinauf in den 3. Burghof.

Die historischen Objekte und Sammlungen der Prager Burg sind täglich außer Mo. v. 9 bis 17 Uhr geöffnet, die Höfe bis 22 Uhr.

Belvedere, »Singende Fontäne«

Königsgarten, Ballhaus, Statue »Allegorie der Nacht«

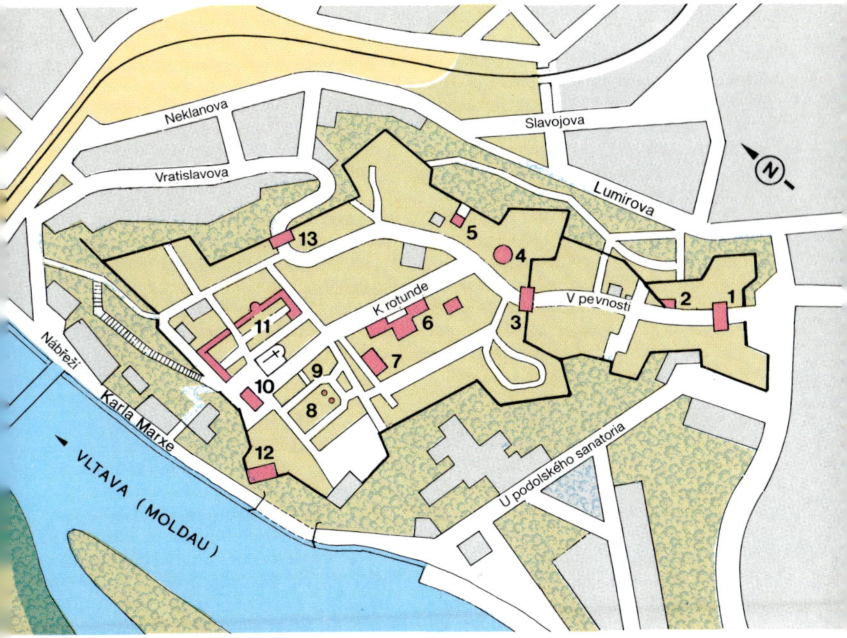

Vyšehrad 1 Tábortor **2** Reste des Špičkatores **3** Leopoldstor **4** St.-Martins-Rotunde **5** Kapelle Maria in den Schanzen **6** Neue Dechanei **7** Fundamente der Laurentiusbasilika **8** Vyšehradské sady (Park) **9** Überreste einer roman. Brücke **10** Kapitelkirche St. Peter und Paul **11** Ehrenfriedhof mit Slavín **12** Bad der Libuše **13** Chotek-Tor

Vyšehrad (Vyšehrad): Auf einem steil über dem rechten Moldauufer aufragenden Felsen liegt die sagenumwobene Burg Vyšehrad. Ihr Name ist eng mit der legendären Fürstin Libuše, der Gattin des Přemysliden-Urvaters Přemysl der Pflüger, verknüpft. Nach Überlieferungen des Chronisten Kosmas (11. Jh.) hat Libuše v. ihrer Residenz auf dem Vyšehrad die Gründung der Stadt P. prophezeit. Die historischen Forschungen und archäologischen Untersuchungen weisen jedoch darauf hin, daß die Burgstätte erst gegen Ende des 10. Jh. besiedelt war. Ihr Name wird zum erstenmal auf v. Boleslav II. (967–999) geprägten Münzen mit der Aufschrift »Visegrad« erwähnt. Die ältesten Funde einer steinernen Burganlage stammen erst aus dem 11. Jh. Die Bedeutung der Burg wuchs, als Fürst Vratislav II. aufgrund v. Machtstreitigkeiten mit seinem Bruder, dem Bischof Jaromír, seinen Regierungssitz hierher verlegte (um 1070). Er gründete ein Kollegiatskapitel und stiftete eine Basilika, den 1. Vorgängerbau der heutigen St.-Peter-und-Paul-Kirche. In der Folge entstanden weitere Bauten: ein roman. Königspalast, eine Befestigungsanlage, die St.-Martins-Rotunde und die St.-Laurentius-Basilika. In der Vorburg siedelten sich Händler und Handwerker an. Schon mit dem Umzug v. Soběslav I. zurück auf die Prager Burg verlor der Vyšehrad in der 1. Hälfte des 12. Jh. an Bedeutung. Erst mit Kaiser Karl IV. erlebte die Burg eine neue Glanzzeit. Karl IV., ein Nachkomme der Přemysliden (seine Mutter Eliška war die letzte dieses ruhmreichen Geschlechts), verfügte, auch die Burg Vyšehrad wieder in die Krönungszeremonien einzubeziehen. So entstand der traditionelle Krönungsweg vom Vyšehrad über den Karlsplatz, den Altstädter Ring, durch die Karlsgasse, über die Karlsbrücke zum St.-Veits-Dom auf der Prager Burg. Außerdem modernisierte er die Befestigungsanlagen durch Ausbau und schloß sie der Prager Neustadt an.

Der Vyšehrad hatte sich zu einer kirchlichen Kapitelstadt entwickelt, deren Bewohner größtenteils Kanoniker und Geistliche waren; es gab ca. 14 Kirchen und Kapellen. Während der hussitischen revolutionären Bewegung (1. Prager Fenstersturz, 1418) wurde die Burg v. der Bevölkerung erobert und ihre Gebäude als Symbole der kath. Kirche zerstört. Auf dem Vyšehrad kehrte für mehr als 100 Jahre Stille ein.

In der Regierungszeit Georgs v. Podiebrad entstanden neue Ansiedlungen, so daß 1467 die »Freistadt auf dem Berg Vyšehrad« gegr. wurde. Die Differenzen zwischen dem röm.-kath. Kapitel und der utraquistischen Bevölkerung fanden ihren Höhepunkt während des Aufstands der böhm. Stände (2. Prager Fenstersturz, 1618). Nach einem Sieg der kath. Liga 1620 ging der Vyšehrad zurück in den Besitz des Kapitels. Nachdem ein heftiger Angriff der Schweden v. 1648 die Burganlage schwer beschädigt hatte, wurde ab der Mitte des 17. Jh. die dortige Bevölkerung ausquartiert und der Vyšehrad in eine ausgedehnte Militärzitadelle verwandelt. Diese Bastion wurde dann Bestandteil der neuen barokken Befestigung der Stadt. Aus jener barokken Bauetappe stammt z. B. das St.-Leopolds-Tor. Die einsetzende gewaltsame Rekatholisierung hatte u. a. zur Folge, daß die Bauarbeiten an der Kapitelkirche wieder aufgenommen wurden. Im Jahre 1883 wurde der Vyšehrad zum 6. Stadtviertel v. P. erklärt, und kurz darauf entstand das Chotek-Tor.

Mit dem Anwachsen des nationalen Bewußtseins und im Zuge der Romantik in der Mitte des 19. Jh. in Böhmen rückte der v. einer eher sagenhaften Vorgeschichte umgebene Vyšehrad immer mehr ins Blickfeld von Komponisten, Literaten und Künstlern. Bedřich Smetana leitete seinen sinfonischen Zyklus »Mein Vaterland« mit dem Stück »Vyšehrad« ein und widmete Fürstin Libuše eine Oper. Felix Mendelssohn Bartholdy komponierte das Stück »Libušes Weissagung«. Die Schriftsteller Julius Zeyer, Adalbert Stifter und Franz Grillparzer sowie die Maler Mikoláš Aleš und V. Morstadt wurden ebenfalls vom Vyšehrad inspiriert. Auf Anregung des Propstes Václav Štulc wurde in den 70er Jahren des 19. Jh. der Ehrenfriedhof angelegt, wo

Der Vyšehrad über der Moldau

heute ca. 600 bedeutende Persönlichkeiten des tschech. kulturellen und wissenschaftlichen Lebens bestattet sind. Der an der O-Seite befindliche Slavín ist das gemeinsame Mausoleum für die verdienstvollsten und ruhmreichsten Tschechen.

Den Vyšehrad erreicht man am besten mit der Metro C bis zur gleichnamigen Station. Der Weg führt am Palác kultury/Kulturpalast (→öffentliche Bauten) vorbei, und man betritt die Burganlage v. SO durch das barocke Tábortor.

Das *Tábortor/Táborská brána* (1) wurde 1655/56 als Teil der äußeren barocken Befestigung zwischen Basteien erbaut. Auf dem Platz dahinter befand sich die ma Vorburg. Auf der Höhe des Hauses Nr. 9/CN 10 auf der Straße V pevnosti sind noch die Überreste des got. *Špičkatores* (2) zu erkennen. Hier befand sich die Befestigungsmauer zur Zeit Kaiser Karls IV. Das *Leopoldstor/Leopoldova brána* (3) bildet den inneren Eingang in die Burganlage. Urspr. war es durch eine über einen Graben führende Zugbrücke gesichert, die 1842 durch die heutige Zufahrtsstraße ersetzt wurde. Das Tor errichtete Carlo Lurago* 1678, und Giovanni B. Allio versah es mit plastischem Schmuck.

Hinter dem Tor stehen auf einer leichten Anhöhe die St.-Martins-Rotunde und eine Marienkapelle.

Die *St.-Martins-Rotunde/Rotunda svatého Martina* (4) entstand als Pfarrkirche der Vorburg des Vyšehrad am Ende des 11. Jh. und ist bis heute nicht nur das älteste erhaltene Bauwerk der Burg, sondern auch die älteste Rundkirche v. P. Bei einer Umgestaltung durch A. Baum (1878–80) wurde ihr Eingang v. der W-Seite an die S-Seite verlegt. Aus dieser Zeit stammt auch das mit Motiven aus dem *Vyšehrader Krönungskodex* (11. Jh.) reich verzierte neuroman. Portal. So auch der Marmoraltar im Inneren, der v. dem Maler František Sequens mit Bildern ausgestattet wurde. Die Wandmalereien sind Werke v. A. König und J. Herman.

Die barocke *Marienkapelle in den Schanzen/Kaple Panny Marie v hradbách* (5) wurde als Wallfahrtsort für die Figur der Jungfrau Maria v. Loreto im 18. Jh. erbaut. Nach der Aufhebung der Kapelle 1784 durch Joseph II. wurde die Statue in die Kapitelkirche St. Peter und Paul gebracht.

In der Nähe befand sich urspr. die got. St.-Johannes-Enthauptungs-Kirche.

Über die Straße Štulcova ulice gelangt man zur Neuen Dechanei, hinter der sich in der Soběslavova ulice die Grundmauern der roman. Laurentiusbasilika befinden.

Die *Neue Dechanei* (6) erbaute J. Niklas 1877–79 im neugot. Stil. Heute ist hier eine permanente Ausstellung über die Geschichte des Vyšehrad und die Kapitelbücherei untergebracht. Hinter dem Haus befindet sich eine Freilichtbühne.

Die Forschung nimmt an, daß die noch aus der Regierungszeit v. Vratislav II. stammende *St.-Laurentius-Basilika/Kostel svatého Vavřince* (7) in der 2. Hälfte des 11. Jh. als Pfarrkirche der Festung erbaut wurde. Die dort bei archäologischen Untersuchungen gefundenen sechseckigen Bodenkacheln, reich mit antiken Motiven verziert, sind heute im Lapidarium des Nationalmuseums ausgestellt.

Im 11. Jh. befanden sich an der Stelle des heute hier angelegten Parks *Vyšehradské sady* (8) die roman. Palastgebäude der ma Burg, die unter Kaiser Karl IV. in einen got. Königshof umgestaltet wurde. Am n Parkrand sind noch Überreste einer *roman. Brücke* (9) zu sehen.

In der Barockzeit stand auf diesem Gelände das Zeughaus, das 1927 niederbrannte.

Vyšehrad, St.-Martins-Rotunde

Vyšehrad, Kirche Peter u. Paul, Tympanon: »Das Jüngste Gericht« (Detail)

Die 4 überlebensgroßen *Statuengruppen* schuf der Bildhauer Josef V. Myslbek 1881 bis 97, urspr. für die →Palacký-Brücke (→Brücken). Dargestellt hat er Figuren alter tschech. Sagen: »Libuše und Přemysl«, »Ctirad und Šárka«, »Slavoj« und »Lumír und das Lied«.

An der N-Seite des Parks erhebt sich die *Kapitelkirche St. Peter und Paul/Kostel svatého Petra a Pavla* (10).

In den Jahren 1070–80 v. Fürst Vratislav II. als dreischiffige Basilika des Kollegiatskapitels Vyšehrad erbaut, wurde sie um 1330 nach schweren Brandschäden in eine frühgot. Chorbasilika umgebaut. Der unter Kaiser Karl IV. entstandene fünfschiffige Bau wurde 1575 bis 1576 v. Udalrico Aostalis de Sala im Renaissancestil umgestaltet und schließlich v. František Maximilián Kaňka und Carlo Canevalle im Barockstil abermals verändert. Der neugot. Umbau v. Josef Mocker* in den Jahren 1885–1903 hat das heutige Aussehen der Kirche geprägt und die Spuren der älteren Bauetappen verdeckt. Auch das Wahrzeichen des Vyšehrad, die weithin sichtbaren Türme, stammen erst aus dem Jahre 1902. Das Hauptportal trägt ein Tympanon mit dem Relief »Das Jüngste Gericht« v. Štěpán Zálesák (1901).

Die Wände des Innenraums bedecken Fresken v. František und Maria Urban. Im Chorabschluß des linken Seitenschiffs zeigt eine barocke Wandmalerei die Ansicht des Vyšehrad um 1420. Das wertvollste Ausstattungsstück ist ein altböhm. Tafelbild der Jungfrau Maria, auch Vyšehrader Madonna genannt, aus dem Besitz Kaiser Karls IV. Ihr bekannterer Name, *»Regenmadonna«*, stammt noch aus der Zeit, als sie zum Schutz vor Dürreperioden angebetet wurde. Noch aus der Gründungszeit der Kirche datiert der roman. Steinsarkophag des hl. Longinus, der wahrscheinlich für einen Přemyslidenfürsten bestimmt war. Die Krypta diente im 12. Jh. als Grabstätte für die Přemysliden.

Auf der N-Seite der Kirche liegt der Eingang zum *Vyšehrader Friedhof/Vyšehradský hřbitov* (11), einem Ehrenfriedhof,

der um 1870 an der Stelle des ehem. Pfarrfriedhofs für die Bestattung bedeutender Persönlichkeiten des tschech. Kulturlebens angelegt wurde.
Das Zentrum bildet der 1884–90 nach Entwürfen v. Antonín Wiehl entstandene *Slavín,* ein Ehrenmal für diejenigen, die sich für die tschech. Nation besondere Verdienste erworben haben. Die allegorische Darstellung des »Ruhms« und der »Trauer« schuf Josef Mander.
Das Friedhofsareal umgibt auf 3 Seiten ein im Stil der Renaissance erbauter Arkadengang v. Antonín Wiehl (1890–98). Auch die v. verschiedenen Künstlern geschaffenen Plastiken der ca. 600 Grabstätten verdienen Beachtung. Unter den auf dem Friedhof Bestatteten befinden sich u.a. die Schriftsteller Karel Čapek, Jan Neruda, Božena Němcová und Julius Zeyer, die Komponisten Antonín Dvořák, Bedřich Smetana und Zdeněk Fibich, die Bildhauer Josef V. Myslbek, Jan Štursa, Bohumil Kafka und Ladislav Šaloun, die Maler Alfons Mucha, Mikoláš Aleš, Julius Mařák und Karel Purkyně sowie die Architekten Jaroslav Fragner, Josef Gočár und Ignác Ullmann.
Die um das Burggelände verlaufende Befestigungsmauer ermöglicht einen interessanten Spaziergang. Im N hat man einen herrlichen Ausblick über den sog. Prager Kessel bis hinüber zur Prager Burg. Im O bilden die Kuppeln der Karlshofkirche neben der das Nusle-Tal überspannenden Nusle-Brücke und dem Hotel »Forum« Dominanten. Im W, wo der Felsen fast senkrecht zur Moldau abfällt, befindet sich die got. Ruine eines Wachgebäudes, das sog. *»Bad der Libuše«* (12). Im MA zog man hier die mit den Schiffen ankommenden Waren zur Burg hinauf.
Verlassen kann man die Festung durch das n *Chotek-Tor,* ein 1841 im Empirestil erbautes Ziegeltor (13), und gelangt so in die Neustadt hinunter. Im Tor befindet sich der Zugang zu den Kasematten, die während des Barockumbaus im Inneren der Befestigungsanlage eingerichtet wurden (nicht zugänglich).

2. Palais, Schlösser

Arcibiskupský palác / Erzbischöfliches Palais (Hradčany, Hradčanské náměstí Nr. 16/ CN 56): Obwohl das Erzbischöfliche Palais in unmittelbarer Nähe des mächtigen Haupteingangs des Hradschins (Pražský hrad) steht, bildet seine prächtige Rokokofassade eine Dominante des Platzes (→ Hradčanské náměstí S.177).
Das urspr. an dieser Stelle stehende Renaissancepalais kaufte Kaiser Ferdinand I. im Jahre 1562 von dem Grafen Florian v. Gryspek und schenkte es dem Prager Erzbischof Antonín Brus z Mohelnice, dem 1. Erzbischof nach der hussitischen Revolution (ab 1419). Selbständiges Bistum war P. schon seit 973, doch unterstand es dem Erzbistum v. Mainz, bis es 1344 in der Regierungszeit v. Kaiser Karl IV. zum Erzbistum erhoben wurde. Der Sitz der Bischöfe befand sich im MA nicht auf der Burg, sondern auf der Kleinseite (Malá Strana) in der Nähe des Malteser Platzes (Maltézské náměstí; →Profanbauten: Palais, Schlösser; Bývalý biskupský dvůr/Pfalz der Prager Bischöfe). Im Zeichen der 1. Rekatholisierung war der Umzug des Erzbischofs in die Nähe des Regierungssitzes und der Kathedrale sicher auch ein Ausdruck der neuen Machtverhältnisse.
Im Auftrag des Erzbischofs baute Bonifaz Wohlmut* 1562-64 das Palais um, und 1599 wurde der Bau v. Udalrico Aostalis de Sala* um die mit Fresken v. Daniel Alexius v. Květná geschmückte Kapelle erweitert. In den Jahren 1675/76 gestaltete der französische Architekt Jean-Baptiste Mathey* den Dreiflügelbau im Frühbarockstil um; es war sein erster Auftrag in P. Mathey bringt zum erstenmal den röm. Baugedanken nach P., indem er einen besonderen Akzent auf die Mitte setzt (z. B. das Prunkportal), während zuvor nach einer gleichmäßigen Achsengliederung gebaut wurde, z. B. Clementinum (→Sakralbauten: Klöster). Von Paul Ignaz Bayer erhielt das Palais in den Jahren 1722-25 seinen rückwärtigen 4. Flügel. Der letzte Umbau erfolgte im Auftrag des Erzbischofs Antonín Graf Přichovský durch Johann Josef Wirch (in den Jahren 1764-65). Es entstand die heutige Rokokofassade unter Einbeziehung architektonischer Elemente v. Jean-Baptiste Mathey*.
Über dem bossierten Sockelgeschoß erheben sich 2 1/2 Fenstergeschosse, ein noch v. Jean-Baptiste Mathey* errichteter Dachaufbau, dessen Giebel wie auch die Attika mit plastischen Vasen und Figuren v. Ignaz Franz Platzer* geschmückt sind. Teilweise wurden die Plastiken durch Kopien v. Tomáš Seidan ersetzt. Die Betonung der Mitte wird durch die im 18. Jh. hinzugefügten Seitenrisalite verringert; so erhält die gesamte Fassade eine dynamische Struktur. Die oberen 1 1/2 Geschosse unterstreichen diese Tendenz durch einen entsprechenden Wechsel der Fensterform und der Gliederung durch Halbsäulen oder Pilaster. Die Risalite treten durch Rundbogenfenster mit Balkonen bzw. Okuli und Säulen bes. hervor.
Die Interieurs stammen größtenteils aus der Zeit des letzten Umbaus durch Johann Josef Wirch. Erwähnenswert sind die Original-Tapisserien aus Pariser Ateliers, die Motive aus dem indischen Kulturbereich zeigen. In der Ende des 16. Jh. erbauten Kapelle (s. o.) befinden sich 2 got. Reliquienbüsten der hll. Peter und Paul aus vergoldetem Kupfer, die wahrscheinlich noch aus Peter Parlers* Dombauhütte stammen. Das Palais ist nur am Gründonnerstag von 9 bis 17 Uhr für die Öffentlichkeit zugänglich.
Durch den linken Eingang gelangt man zum →Palais Sternberg, in dem sich Ausstellungsräume der Nationalgalerie befinden.

Bretfeldský palác / Bretfeld-Palais (Malá Strana/Kleinseite, Nerudova ulice Nr. 33/ 240): →Straßen, Plätze, Märkte.

Buquoyský palác / Buquoy-Palais (Staré Město/Altstadt, Celetná ulice Nr. 20/ CN 562): →Straßen, Plätze, Märkte.

Buquoyský palác / Buquoy-Palais (Malá Strana/Kleinseite, Velkopřevorské náměstí/- Großprioratsplatz Nr. 2+3/ CN 486+ 484): Der Gebäudekomplex besteht aus 2 Palais, dem *Großen Buquoy-Palais* (Velký palác Buquoyský) und dem *Kleinen Buquoy-Palais* (Malý palác Buquoyský), die heute zusammen den Sitz der französischen Botschaft bilden. Das Große Palais wurde

Vyšehrad: Ehrenfriedhof, Arkadengang >

1719 durch Maria Josefa v. Thun erbaut, im Jahre 1738 unter Hrzán v. Harrasov erweitert und gelangte schließlich 1748 in den Besitz der Familie Buquoy, die namengebend war. Der schöne Stukkaturenschmuck an der Frontfassade stammt wahrscheinlich v. Matthias Bernhard Braun. Das Kleine Palais, ein Renaissancebau v. 1598, wurde 1780 barockisiert und gehörte ab 1816 zum Familienbesitz der Buquoys.

Bývalý biskupský dvůr / Pfalz der Prager Bischöfe (Malá Strana/Kleinseite, Mostecká ulice/Brückengasse Nr. 16/CN 47): Bevor der Sitz der Erzbischöfe 1562 auf den Burgberg verlegt wurde (→Arcibiskupský palác), residierten die Prager Bischöfe, erst ab 1344 Erzbischöfe, in einem feudalen, festungsartigen Hof, gelegen auf dem Gebiet der heutigen Kleinseite. Die urspr. Holzbauten entstanden 1182–97, wurden unter Bischof Jan z Dražic im 14. Jh. in Stein umgebaut und erhielten unter Jan Očko z Vlašimě einen got. Turm. Im Jahre 1420 wurde das Anwesen weitgehend v. den Hussiten zerstört. In den Kellern der neuen Gebäude hat man heute Überreste aus der roman. Zeit gefunden (→Straßen, Plätze, Märkte).

Caretto-Millesimovský palác / Caretto-Millesimo-Palais (Staré Město/Altstadt, Celetná ulice, Nr. 13/CN 597): Der Vorgängerbau dieses Barockpalais an einer der zentralen Straßen der Altstadt stammt aus der 2. Hälfte des 12. Jh. und wurde später got. umgebaut. Davon zeugen die im w Untergeschoß gefundenen roman. eingewölbten Räume, die 2 got. Fenster im 1. Stock und die beiden got. Ziergiebel an der Frontfassade. Der heutige Barockpalast wurde im Jahre 1750 nach Plänen v. Anselmo Lurago begonnen und 1756 unter einem neuen Besitzer, dem Grafen J. Caretto-Millesimo, beendet.

Vyšehrad: Ehrenfriedhof, Grab Jan Neruda

Letohrádek Cibulka / Schloß Cibulka (Košíře): Die Geschichte des inmitten des Naturparks stehenden, etwas verwilderten Schlößchens geht bis auf das 14. Jh. zurück. Urspr. befand sich hier ein Gutshof, der v. dem Passauer Bischof Leopold Thun v. Hohenstein als Sommersitz aufgekauft und in den Jahren 1818–24 zu einem klassizistischen Schloß umgebaut wurde. Im Park befinden sich einige typische und reizvolle Bauten sowie Statuen: ein Diana-Tempel, eine künstliche Burgruine, die Nachbildung einer got. Einsiedelei und ein chinesischer Pavillon. Hinter dem Schloß ein Standbild des Bischofs Thun v. Hohenstein v. Václav Prachner aus dem Jahre 1822.

Clam-Gallasovský palác / Clam-Gallas-Palais (Staré Mesto/Altstadt, Husova ulice/Husgasse Nr. 20/CN 158): Das gewaltige Palais mit seinem n angebauten Eckgarten nimmt in der ansonsten eng bebauten Altstadt eine ganze Straßenseite der Husgasse v. der Ecke Karlova ulice bis zum Platz Mariánske náměstí ein. Aus kunsthistorischer Sicht gilt es als bedeutendster Profanbau des Hochbarock in P.
Der Vizekönig v. Neapel, Johann Wenzel Graf Gallas, ließ an der Stelle mehrerer Wohnhäuser und einer Pfarrei das nach ihm benannte Palais v. dem Wiener Architekten Johann Bernhard Fischer v. Erlach* errichten (1713–19); die Bauleitung hatte Domenico Canevalle. Charakteristisch für das dreigeschossige, vierflügelige Palais sind die 2 beiderseits v. je 2 Giganten flankierten Portale in den Eckanbauten. Die kräftigen Figuren stützen die sich über den Portalen erhebenden, mit Putten und Va-

sen verzierten Balkone. Beachtung verdienen auch die Postamente, auf denen die Portalplastiken stehen. Sie zeigen Reliefs mit Darstellungen der Taten des Herkules. Der gesamte bildhauerische Schmuck der Portale und der Fassade stammt aus der Werkstatt v. Matthias Bernhard Braun*, so auch die im Wechsel aufeinander folgenden Segment- und Dreiecksgiebel der obersten Fensterreihe. Heute kann man v. den urspr. auf der Attika stehenden 13 Skulpturen antiker Götter noch einige in der Nationalgalerie betrachten. Den neunachsigen Mittelteil der Fassade bekrönt ein Dreiecksgiebel.
Im Inneren des Palais befindet sich ein prächtiges Treppenhaus mit einem aufwendigen Sandsteingeländer und reichem Freskenschmuck. Heute ist hier der Sitz des Archivs der Hauptstadt P. Im Hof des Vierflügelbaus befindet sich ein kunstvoller Triton-Brunnen, auch ein Werk v. Matthias Bernhard Braun*.

Colloredo-Mansfeldský palác / Colloredo-Mansfeld-Palai s (Staré Město/Altstadt, Karlova ulice Nr. 2/CN 189):→Straßen, Plätze, Märkte.

Černínský palác / Czernin-Palais (Hradčany, Loretánské náměstí Nr. 5/CN 101): Auf der W-Seite des Platzes erhebt sich oberhalb der Loretokirche (→Sakralbauten: Kirchen) der gewaltige Baukörper des Czernin-Palais. Urspr. bildete er einen architektonischen und damit auch politischen Gegenpol zur Burg (→Profanbauten: Burgen, Pražský hrad), dem Regierungssitz. Da die Fläche zwischen ihnen noch nicht bebaut war, lagen sie sich direkt gegenüber. Die Bauherren waren Humprecht Czernin v. Chudenice, kaiserlicher Botschafter in Venedig, und sein Sohn Hermann. Im Jahre 1694 begann Francesco Caratti* mit dem Bau der mehrflügeligen Anlage mit 2 Innenhöfen und behielt die Leitung bis zu seinem Tod 1677. Aufeinanderfolgend setzten Giovanni B. Maderna, Domenico Egidio Rossi und František Maximilián Kaňka* den Bau fort, bis er schließlich v. Anselmo Lurago* nach Zerstörungen während der französischen Okkupation (1742) erneuert wurde. Gleichzeitig erweiterte er das Palais, indem er die Frontfassade mit einem langen, sich über die 3 Portale erstreckenden Balkon ausstattete und im Garten eine Orangerie hinzufügte (ca. 1747). Das dreieinhalbgeschossige Palais ist geprägt vom Stil der ital. palladianischen Architektur. Über dem hohen Sockel aus Diamantquadern erheben sich 30 Säulen mit stuckierten Kapitellen. Die 150 m lange Hauptfassade rhythmisieren 29 Fensterachsen. Die an sich strenge Struktur wird auch durch den alternierenden Wechsel v. Segment- und Dreiecksgiebeln aufgelockert, eine Tendenz, die die vortretenden Portale und der Balkon verstärken. Ein vorgekragter Sims trennt die Fassade v. dem schlichten Dach, dessen einziger Schmuck die Dachfenster (Fledermausgauben) sind.
Von der reichen Innenausstattung verdient bes. das Fresko »Kampf der Giganten« v. V. V. Reiner erwähnt zu werden. Im Garten befinden sich 2 schöne Salae terrenae v. Francesco Caratti*, die mit Arkaden umgeben sind. In einem der Arkadenbogen steht eine Herkules-Skulptur v. Ignaz Franz Platzer*. Eine Innenbesichtigung ist nicht möglich, da hier der Sitz des Außenministeriums ist.
Im 19. Jh. wurde das Palais als Kaserne genutzt und verkam entsprechend. Eine umfassende Restaurierung durch Pavel Janák

Vyšehrad: Ehrenfriedhof, Grab Bedřich Smetana

Erzbischöfl. Palais, Hradschiner Platz

Clam-Gallas-Palais

(1928–34) gab ihm seine ehem. Pracht zurück.

Fürstenberský palác / Fürstenberg-Palais (Malá Strana/Kleinseite, Valdštejnská ulice/Waldsteingasse Nr. 8/CN 153): Das heutige Spätbarockgebäude stammt v. einem Umbau eines 1580 durch den Zusammenschluß dreier Häuser entstandenen Palais in den Jahren 1743–47 durch einen unbekannten Architekten. Interessant ist die Querstellung der Frontfassade des Palais zur Straße und seine Ausrichtung auf den Garten. Im 18. Jh. nahm das Bestreben, eine Einheit v. Haus und Garten zu erzielen, auf Kosten der Repräsentation zu. Benannt wird das Palais nach dem damaligen Besitzer Karl Egon v. Fürstenberg, einem reichen Industriellen.
Heute ist das Palais Sitz der polnischen Botschaft (→Straßen, Plätze, Märkte).

Grömlingovský palác / Palais Grömling (Malá Strana/Kleinseite, Malostranské náměstí/Kleinseitner Ring Nr. 28/CN 5): →Profanbauten: Patrizier- und Bürgerhäuser, U kamenného stolu/Haus »Zum steinernen Tisch«.

Palác Harbuval-Chamaré, auch Bylandt-Rheitovský palác / Harbuval-Chamaré-Palais (Malá Strana/Kleinseite, Sněmovní ulice Nr. 13/CN 171): Urspr. stand an dieser Stelle eine roman. St.-Michaels-Kirche (Mitte 13. Jh.), umgeben v. einem Friedhof. Ende des 17. Jh. projektierte wahrscheinlich Jean Baptiste Mathey* den Bau des Palais, v. dem heute noch die frühbarocke Fassade und der Turm erhalten sind. Den Hang unterhalb des Hradschin (Pražský hrad) gestaltete man in einen Terrassengarten um. Heute dienen die Räumlichkeiten dem Außenhandelsministerium, der Garten ist jedoch zugänglich.

Harrachovský palác / Harrach-Palais (Nové Město/Neustadt, Jindřišská ulice Nr. 20/CN 939): Nicht weit v. der St.-Heinrich-

Clam-Gallas-Palais, Portal >

Czernin-Palais

Kirche (→Sakralbauten: Kirchen, Kostel svatého Jindřicha S.24) erbaute wahrscheinlich Ignaz Johann Palliardi* 1765–70 das Spätrokokopalais. Seinen Namen hat es v. dem späteren Besitzer Franz E. Graf Harrach. Heute ist der Bau ein Wohn- und Geschäftshaus.
Unweit v. hier (Nr. 19/CN 888) wurde am 4.12. 1875 der berühmte Dichter Rainer Maria Rilke (1875–1926) geboren.

Palác Hložků ze Žampachu / Palais der Herren Hložek ze Žampachu (Hradčany, Kanovnická ulice Nr. 4/CN 70): Als Architekt dieses Barockpalais nimmt die Forschung Carlo Lurago an. Der Vorgängerbau wird bereits im 14. Jh. als zum St.-Veits-Domkapitel gehörig erwähnt. Im Jahre 1631 errichtete man gleich nebenan das Stadttor v. Hradčany, Špitálská brána, das schon 1885 abgerissen wurde.
Heute befindet sich in dem Palais die österreichische Botschaft. Gegenüber erhebt sich der mächtige Turm der St.-Johannes-v.-Nepomuk-Kirche (→Sakralbauten: Kirchen, Kostel svatého Jana Nepomuckého).

Hrzánský palác / Hrzán-Palais (Hradčany, Loretánská ulice/Loretogasse Nr. 4/CN 177): Der got. Vorgängerbau gehörte dem Baumeister Peter Parler* (1330–99), dem

Garten am Fürstenberg-Palais

Schöpfer so herausragender Prager Bauten wie des Chors des St.-Veits-Doms (Chrám svatého Víta), der Karlsbrücke (Karlův most) und des Altstädter Brückenturms (Staroměstská mostecká věž). Das Palais erhielt sein heutiges spätbarockes Aussehen gegen Ende des 18. Jh. unter Einbeziehung der bei einem Renaissance-Umbau entstandenen Fassadensgraffitos und dem rustizierten Portal.

Am Anfang dieses Jahrhunderts befand sich hier die Malerschule des Ferdinand Engelmüller, dessen Bronzebüste im Hof aufgestellt ist.

Heute wird das Palais für staatliche Repräsentationszwecke genutzt.

Letohrádek Hvězda / Schloß Stern (Břevnov, Bílá Hora/Weißer Berg): Das Renaissanceschloß liegt etwas abseits der Straße in einem v. einer Mauer umgebenen Wildgehege auf einem Hügel. In Blicknähe befindet sich der Schauplatz der schicksalhaften Schlacht am Weißen Berg, für die eine Gedenkstätte bei der Wallfahrtskirche St. Maria de Victoria (→Sakralbauten, Kirchen) angelegt wurde.

Das kuriose Merkmal des Palais ist sein sternförmiger Grundriß, der auch namengebend war. So bemerkenswert dieser Baukörper in der heutigen Zeit ist, um wieviel spektakulärer war er zur Zeit seiner Errichtung in der Mitte des 16. Jh.!

In dem v. Ferdinand I. 1530 angelegten Wildpark gleichen Namens, der in den Jahren 1541–63 mit einer Mauer umgeben wurde, ließ sein Sohn Erzherzog Ferdinand v. Tirol das Palais für seine Frau Philippine Welser bauen. Die Pläne lieferte der Bauherr selbst und betraute mit der Ausführung die Baumeister Juan Maria Aostalis und Giovanni Luchese und mit der Leitung die Architekten Bonifaz Wohlmut* und Hans Tirol. Über der schlichten Fassade des dreigeschossigen Baus erhob sich ein auffallend hohes und steiles Renaissancedach, das später durch ein barockes Dach mit Laterne ersetzt wurde und sich dem Betrachter heute als niedrigeres Dach aus der 2. Hälfte des 18. Jh. präsentiert. Entsprechend der äußeren Form des sechszackigen Sterns gestalten sich auch die inneren Räume. Von einem zwölfeckigen Mittelraum, der v. einer Kuppel überwölbt ist, gehen 6 Gänge mit Tonnengewölben ab, die zu den in den jeweiligen Spitzen liegenden rhombusförmigen Räumen führen. Besondere Beachtung verdient die mit blendendweißen Stukkaturen geschmückte Decke des Erdgeschosses. Diese Arbeit der Italiener Giovanni Campione und Avostalis del Pambio gilt als frühestes Werk dieser Art in Böhmen und als eines der besten in ganz Mitteleuropa. In 334 Feldern werden Szenen aus der antiken Mythologie und röm. Geschichte dargestellt. Die Mitte füllt ein Medaillon, das eine bekannte Szene aus Vergils Epos zeigt: Äneas, der legendäre Urahn des röm. Herrschergeschlechts, trägt seinen greisen Vater Anchises aus dem zertrümmerten Troja. Um dieses Motiv gruppiert sich ein Zyklus v. 6 Tugenden. In einer ausgezeichneten Komposition sind die übrigen Bilder thematisch angeordnet und harmonieren mit den architektonischen Gegebenheiten. Von der urspr. Einrichtung erhalten sind in der 1. Etage die Renaissancekamine und in der 2. Etage der ehem. Speisesaal mit den Resten eines Renaissancefußbodens aus glasierten Kacheln.

Im 17. und 18. Jh. durch mehrere Kriege stark beschädigt, diente das Schloß in der Regierungszeit Kaiser Josephs II. als Pul-

Schloß Stern

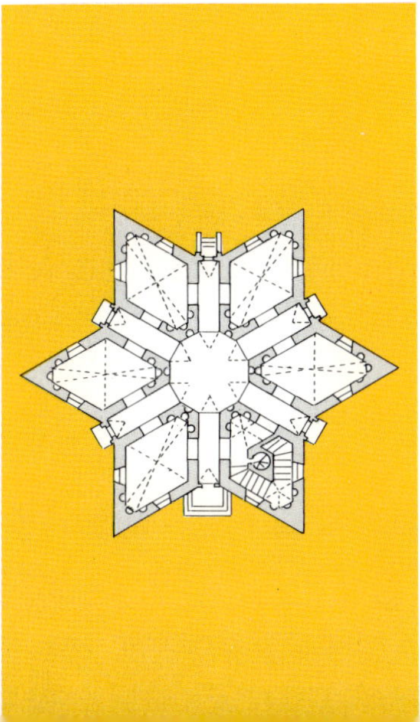

verlager. Ende des 19.Jh. kam es in den Besitz der Prager Burg, wurde 1951 durch Pavel Janák restauriert und als Museum für den tschech. Schriftsteller Alois Jirásek (1851–1930), den Verfasser vor allem historischer Romane, eingerichtet. Die 1.Etage widmete man 1958 seinem Freund, dem bedeutenden Maler Mikoláš Aleš* (1852–1913), der sich in seinen Werken auch mit geschichtlichen Themen auseinandersetzte. Im Souterrain findet man eine sehr interessante Ausstellung zur Schlacht am Weißen Berg und ihren Zusammenhängen sowie zur Baugeschichte des Schlößchens. Die Räumlichkeiten im Erdgeschoß werden auch für Konzerte und Literaturlesungen genutzt.

Vom Zentrum der Stadt gelangt man am einfachsten mit der Straßenbahnlinie 22 hierher, wenn man Richtung Řepy fährt, an der Haltestelle Vypich aussteigt und den Weg bis zum Tor des Wildgeheges zu Fuß zurücklegt.

Das Schloß ist täglich außer Mo v. 9 bis 16 Uhr geöffnet und So v. 10 bis 17 Uhr.

Palác Jiřího z Poděbrad / Georg v. Podiebrad-Palais oder Haus der Herren v. Kunštát und Podiebrad (Staré Město/Altstadt, Řetězová ulice Nr.3/CN 222): Hinter der Fassade des heutigen Spätempirepalais verbirgt sich eines der bedeutendsten Beispiele frühmittelalterlicher Profanarchitektur v. P. Nach 1950 wurden in der Altstadt viele Häuser entdeckt, deren Keller einst ma Erdgeschoßräume bildeten. Einzigartig an diesem Fund ist, daß v. dem ma Palais 3 Geschosse innerhalb der heutigen Bausubstanz erhalten geblieben sind.

Der urspr. zweigeschossige roman. Wohnpalast, um die 2.Hälfte des 12.Jh. erbaut, gehörte zu einem reichen Gutshof. Von den 3 nebeneinanderliegenden Räumen je Etage war der untere mittlere Raum v. Anfang an auf 2 Pfeilern eingewölbt. Die Seitenräume wurden später nur auf einem kräftigen Kreuzpfeiler eingewölbt. Das in dieser Form noch erhaltene Erdgeschoß mit den roman. Kaminen kann man im Souterrain des jetzigen Hauses besichtigen. Derart verschoben findet man v. seiner 1.Etage im Erdgeschoß noch Gemäuer und seinen später hinzugebauten roman. N-Giebel im 1.Stockwerk. Im 15.Jh. war das Anwesen im Besitz der Herren v. Kunštát, die den Bau um eine Etage aufstocken und schon damals das Erdgeschoß zum Keller umbauen ließen. In den Jahren 1453–58 war hier das Wohnhaus des 1458 gewählten böhm. Königs Georg v.Podiebrad (Jiří z Poděbrad), der zuvor das Amt des Landesverwesers ausübte. In diesem Haus verfaß-

Schloß Stern

te er einen Entwurf für einen Friedensbund der Völker - ein bis dahin einzigartiges Unternehmen.
Nach einer umfassenden Restaurierung im Jahre 1970 sind die Räume der Öffentlichkeit zugänglich: täglich außer Mo in den Monaten Mai bis Oktober v. 10 bis 18 Uhr.

Kaiserštejnský palác / Kaiserstein-Palais, heute: U Petzoldů (Malá Strana/Kleinseite, Malostranské náměstí Nr. 23/CN 37): Urspr. standen an dieser Stelle (→Straßen, Plätze, Märkte) 2 got. Häuser, die 1630 zu einem vereinigt und um 1700 im Auftrag v. Helfried Freiherr v. Kaiserstein barock umgebaut wurden. Der Architekt Giovanni Battista Alliprandi* versah die schlicht gegliederte Fassade mit zarten Stukkaturen. Das Adelswappen des Bauherrn findet man über dem Mittelfenster in der 1. Etage. Die Attika schmücken allegorische Plastiken der 4 Jahreszeiten, wohl v. Ottavio Mosto*. Ende des 19. Jh. ließ der derzeitige Besitzer den got. Laubengang zumauern und ein neues Portal sowie einen Balkon anbringen. Diese baulichen Maßnahmen wurden ca. 1980 im Rahmen einer umfassenden Rekonstruktion rückgängig gemacht. An der Frontfassade erinnert eine Tafel an die Opern- und Konzertsängerin Ema Destinnová (1878-1930), die ab 1907 hier wohnte. Sie war u.a. die Partnerin v. Enrico Caruso. Ein Gedenkraum im Haus ist öffentlich zugänglich; ansonsten ist der Bau der Sitz der tschechoslowak. Handelskammer.

Lethohrádek Kinských / Lustschloß Kinsky (Smíchov, Petřínské sady): →Parks und Gärten.

Palác Kinských / Kinsky-Palais oder Golz-Kinsky-Palais (Staré Město/Altstadt, Staroměstské náměstí/Altststädter Ring Nr. 12/CN 606): Das an der O-Seite des Altstädter Rings (→Straßen, Plätze, Märkte) stehende Palais springt dem Betrachter nicht nur wegen seiner schönen Rokoko-Ornamentik ins Auge, sondern auch durch seine in Richtung auf den Platz vorgeschobene Lage.
An seiner Stelle befanden sich im MA 2 Häuser, v. denen im Keller des Palais noch Überreste gefunden wurden. In den Jahren 1755-65 errichtete der Baumeister Anselmo Lurago* das Spätbarockpalais für Johann Ernst Graf v. Golz. Die Pläne stammten v. Kilian Ignaz Dientzenhofer*, der noch vor dem Baubeginn starb. Das dreigeschossige Palais rhythmisieren 13 Fensterachsen und 2 Risalite, deren Pilaster jeweils einen Dreiecksgiebel tragen.

Kaiserstein-Palais (links), Haus Zum steinernen Tisch (rechts)

Die Tympana der beiden Giebel schmükken Reliefs mit Darstellungen mythologischer Szenen. Unterhalb der Giebel befinden sich die v. Doppelsäulen eingerahmten Portale.
Das bossierte Sockelgeschoß trennt ein durchgehender Balkon v. den beiden Fenstergeschossen, v. denen das 1. durch seine kunstvollen Verzierungen dominiert. Die Statuen antiker Gottheiten auf der Attika stammen v. Ignaz Franz Platzer* (teilweise durch Kopien ersetzt).
In den Jahren 1786–1945 gehörte das Palais dem Fürstengeschlecht der Familie Kinsky, die es jedoch nicht selbst bewohnte. Seit dem 19. Jh. befand sich in der Rückfront das Altstädter Dt. Gymnasium, das auch der Schriftsteller Franz Kafka besuchte. Kafkas Vater hatte r im Erdgeschoß seinen Laden mit Galanteriewaren. Heute befindet sich in den 1835 im Empirestil umgestalteten Räumen des Palais die Graphische Sammlung der Nationalgalerie mit über 100000 Zeichnungen und Graphiken, vor allem v. tschech. Künstlern wie Josef Mánes*, Mikoláš Aleš* und Václav (Wenzel) Hollar*.

Kolovratský palác / Kolowrat-Palais (Malá Strana/Kleinseite, Valdštejnská ulice/ Waldsteingasse Nr. 10/CN 154): An der

Kinsky-Palais

Stelle eines Renaissancehauses errichtete Ignaz Johann Palliardi* nach 1770 das mächtige Spätbarockpalais für Hermann J. Graf Czernin. Den sich über 15 Achsen erstreckenden dreigeschossigen Bau gliedern Pilaster in 5 gleich große Abschnitte. Die Mitte wird durch einen leicht hervortretenden Risalit, bekrönt mit einem Dreiecksgiebel, betont. Unterstrichen wird diese Tendenz v. dem prächtigen Portal mit einem Wappen mit der Inschrift »Věrně a stále« (»Treu und beständig«) und den Rundbogenfenstern in der 1. Etage. Die Dachbalustrade schmücken plastische Vasen. Hinter dem Palais zieht sich ein im ital. Stil v. Ignaz Johann Palliardi* angelegter Terrassengarten bis zum Hradschin (Pražský hrad) hinauf. Er ist barock gestaltet mit Brunnen, Plastiken und seltenen Pflanzen.
Nach einigen Besitzerwechseln kam das Palais in den 80er Jahren des 19. Jh. in den Besitz der Familie Kolowrat. In der Zeit der 1. Republik (1918–39) befand sich hier das Präsidium der tschechoslowak. Regierung. Heute ist das Palais der Sitz des Ministeriums für Kultur (→Straßen, Plätze, Märkte).

Kounický palác / Kaunitz-Palais (Malá Strana/Kleinseite, Mostecká ulice/Brückengasse Nr. 15/CN 277): →Straßen, Plätze, Märkte.

Královský letohrádek / Königliches Lustschloß, genannt Belvedere (Hradčany, Mariánské hradby und Královská zahrada): →Profanbauten: Burgen, Pražský hrad S. 107.

Královský palác / Königspalast (Hradčany): →Profanbauten: Burgen, Pražský hrad S. 99.

Palác pánů z Kunštátů / Kunstadt-Palais (Staré Město/Altstadt, Řetězova ulice Nr. 3/CN 222): →Palác Jiřího z Poděbrad.

Palác Lažanských / Lažanský-Palais (Staré Město/Altstadt, Smetanovo nábřeží Nr. 2/ CN 1012): Das am Moldauufer errichtete Neurenaissancepalais besaß als Vorgängerbauten im 14. Jh. ein Bad und im 17./18. Jh. ein Spital. Es entstand im Auftrag des Grafen Prokop Lažanský nach den Plänen v.

Ignác Ullmann in den Jahren 1861-63. Wegen Hochwassergefahr befinden sich erst in der 1. Etage Fenster. In dem Zeitraum 1863-69 wohnte und arbeitete hier Bedřich Smetana (1824-84), der u.a. den berühmten Zyklus »Mein Vaterland« (»Má vlast«), ein sinfonisches Meisterwerk, komponierte. Diese Tradition fortsetzend, beherbergt das Palais heute die Akademie der Musischen Künste. Im Erdgesch. befindet sich das Café Slávia; Eingang gegenüber dem Nationaltheater/Národní divadlo.

Ledebourský palác / Ledebour-Palais (Malá Strana/Kleinseite, Valdštejnské náměstí Nr. 3/CN 162): →Straßen, Plätze, Märkte S.204.

Libeňský zámek / Lustschloß Libeň (Libeň, Třída Rudé armády Nr. 35/CN 1): Das v. einem Park umgebene Rokokoschlößchen erbaute Johann Prachner in den Jahren 1769-70 als Sommersitz der Bürgermeister v. Prag. Das v. Doppelsäulen eingerahmte Portal, darüber der kleine Balkon und die Dachuhr bilden den Mittelpunkt der ansonsten schlicht gehaltenen Fassade. Urspr. befand sich hier eine got. Festung. Im Treppenhaus findet man eine wertvolle Gittertür, um 1770 v. J. Chr. Biringer gearbeitet. Der mit Fresken geschmückte Saal dient heute als Trauungssaal. Die eingebaute Marienkapelle (Turm auf dem Dach) ist mit Gemälden v. Ignaz Raab und Holzschnitzereien v. Richard Prachner ausgestattet. In den Jahren 1890-94 wurde der Park v. Thomayer in eine öffentliche Grünanlage umgestaltet.
Im Jahre 1608 wurde in dem Vorgängerbau der sog. Frieden v. Libeň unterzeichnet. Heute tagt hier der Rat des Stadtbezirks.

Lichtenštejnský palác / Lichtenstein-Palais (Malá Strana/Kleinseite, U Sovových mlýnů Nr. 4/CN 506): Das auf der →Kampa-Insel gelegene Palais ist das einzige der Kleinseite, das direkt an der Moldau (Vltava) liegt. Es wurde Ende des 16. Jh. im Auftrag v. Franz Helfried v. Kaiserstein als einstöckiges Palais mit 2 Türmen auf einem sechseckigen Grundriß errichtet. Der Architekt war wahrscheinlich Jean Baptiste Mathey*. Nach 1831 erfolgte durch die damaligen Besitzer, die Adelsfamilie Lichtenstein, eine bauliche Umgestaltung: Die Türme verschwanden, das Dach wurde vereinfacht (z. B. durch Abtragen der Attika) und ihr Adelswappen über dem Portal angebracht. Bei einem weiteren Umbau in der 2. Hälfte des 19. Jh. wurde der Bau um eine Etage aufgestockt und die Fassade im Empirestil gestaltet.

Lažanský-Palais

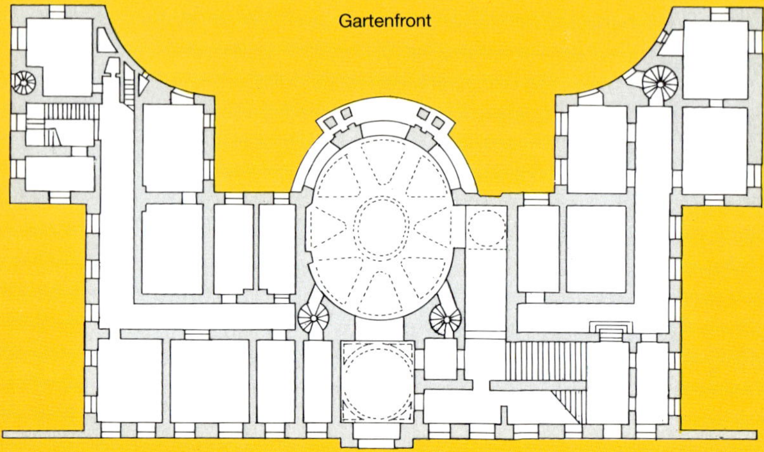

Lobkovický palác / Lobkowitz-Palais

Lichtenštejnský palác / Lichtenstein-Palais (Malá Strana/Kleinseite, Malostranské náměstí Nr. 13/CN 258): →Straßen, Plätze, Märkte.

Lobkovický palác / Lobkowitz-Palais (Malá Strana/Kleinseite, Vlašská ulice/Welsche Gasse Nr. 19/CN 347): Das v. Giovanni Battista Alliprandi* in den Jahren 1703–07 erbaute Frühbarockpalais, ab 1753 im Besitz der Familie Lobkowitz, wurde durch Ignaz Palliardi* im Jahre 1769 um ein Stockwerk erweitert. Zur Welschen Gasse (→Straßen, Plätze, Märkte) hin präsentiert sich das Palais mit einem mächtigen Eingangsportal, bekrönt v. einem Giebel, der das Adelswappen der Familie Lobkowitz trägt, und einer Attika mit Statuenschmuck. Dem Hang des Laurenzibergs/Petřín zugewandt, bildet die Gartenfront eine Cour d'honneur. Die Mitte betont ein zweigeschossiger sich über den übrigen Bau erhebender ovaler Risalit, dessen Erdgeschoß als Sala terrena konstruiert ist. Die Decke der Sala terrena wurde v. Hans Jakob Steinfels mit der Chronos-Thematik bemalt und v. Tomaso Soldatti* mit Stukkaturen ausgestattet. Diese beiden Künstler wirkten auch an der Innengestaltung mit. Den Garteneingang säumen die 2 Sandstein-Statuengruppen »Entführung Proserpinas durch Neptun« und »Entführung Oreithyias durch Boreas«.

Das Palais ist heute der Sitz der Botschaft der BRD.

Gleichzeitig mit dem Bau der Sala terrena entstand der v. dem Gärtner Johann Kapula angelegte Terrassengarten, der 1793 v. Václav Skalník in einen englischen Naturpark umgestaltet wurde. Beim Spaziergang findet man noch einen Bärenzwinger und ein Vogelhaus aus dieser Zeit. Das Denkmal des Dichters Jaroslav Vrchlický stammt aus dem Jahre 1960 und ist eine Arbeit v. Anton Paul und Josef Wagner.

Rechts vom Palais führt ein schmaler Weg zum Garten, vorbei an dem malerischen

Lobkowitz-Palais hinter den Dächern der Kleinseite

Wohnhaus (Nr. 21 a) des Malers und Graphikers Cyril Bouda (1901–84).

Lobkovický palác / Lobkowitz-Palais (Hradčany, Jiřská ulice Nr. 1/3): →Profanbauten: Burgen, Pražský hrad S. 104).

Lobkovický palác / Palais Lobkowitz-Öttingen (Malá Strana/Kleinseite, Josefská ulice Nr. 6/CN 34): An der Stelle des 1730 nach Plänen v. František Maximilián Kaňka gestalteten Barockpalais stand schon ab dem MA ein Haus. Dort wo seine N-Fassade direkt an die Letenská ulice – eine der Kleinseitner Hauptstraßen – angrenzt, wurden 2 Durchgänge durch ein ehem. Zimmer und durch den Eingang geschlagen. Durch den einen donnern nun täglich die Autos, durch den anderen führt der Fußgängerweg. Zwischen dem Palais und dem Längsschiff der St.-Thomas-Kirche (→Kostel svatého Tomáše) fährt eingleisig und millimetergenau die Straßenbahn.

Mac-Nevenův palác / Mac-Neven-Palais (Nové Město/Neustadt, Palackého ulice Nr. 7/CN 719): Im Auftrag des Iren W. Mac-Neven baute Ignaz Johann Palliardi* in den Jahren 1780–90 das urspr. Renaissancehaus zu dem jetzigen Spätbarockpalais um. Später kam es in den Besitz des bedeutenden tschech. Historikers František Palacký (1798–1876), der hier bis zu seinem Tod wohnte. Nach ihm ist auch eine der Moldaubrücken benannt (→Brücken). Heute zeigt das Nationalmuseum in diesem Palais Teile seiner Werke sowie die größtenteils noch erhaltene Einrichtung. Am Eingang befinden sich die Büste des Historikers v. Josef V. Myslbek und eine Gedenktafel an den tschech. Politiker F. L. Rieger, seinen Schwiegersohn.

Martinický palác / Martinitz-Palais (Hrad cany, Hradčanské náměstí Nr. 8/CN 67): Das in der NW-Ecke des Platzes (→Straßen, Plätze, Märkte) erbaute urspr. Renaissancepalais war einstöckig und vierflügelig angelegt. Nach der Schlacht am Weißen Berg (Bílá Hora) 1620 gelangte das

Palais Lobkowitz-Öttingen

Gebäude in den Besitz des Adelsgeschlechts Martinitz, die es um eine Etage aufstocken und einen reich strukturierten Giebel errichten ließen. Das v. Bossenquadern umrahmte Eingangsportal trägt ihr Familienwappen. Für diese Familie baute der Römer Carlo Fontana in der Loretánská ulice Nr. 4/CN 181 ein Palais, das als einzigartiges Beispiel röm. Renaissancearchitektur gilt.
Bes. schön sind die bildnerischen Darstellungen der Josefslegende an der Straßenfront, die im 3. Viertel des 16. Jh. in Sgraffitotechnik (→Schwarzenberský palác/Schwarzenberg-Palais) entstanden. Auch die Hoffront zieren Sgraffitos. Im Inneren befindet sich eine prächtige Renaissancekapelle.
Heute beherbergt das Gebäude die Büros der Chefarchitekten v. P. und wird außerdem für Konzerte und Ausstellungen genutzt.

Letohrádek Michna/Lustschloß Michna (Nové Město/Neustadt, Ke Karlovu Nr. 20/CN 462): →Profanbauten: Villen und Pavillons, Vila Amerika/Villa Amerika S. 138.

Michnovský palác/Michna-Palais (Malá Strana/Kleinseite, Újezd Nr. 40/CN 450): Um 1580 erbaute Udalrico Aostalis de Sala* an der Stelle eines ma Klosters für die Familie Kinský ein zweiflügeliges Renaissanceschlößchen mit einem Vorhof. Nach der Schlacht am Weißen Berg (Bílá Hora) kaufte der durch den Sieg reich gewordene Pavel Michna v. Vacínov das Palais mit Garten. Es blieb im Familienbesitz, und ca. 25 Jahre später entstand die heutige prunkvolle Anlage. Man ließ v. dem Architekten Francesco Caratti* und den Baumeistern Pietro Colomba und Zacharia Campione de Bossi den riesigen Gartentrakt anbauen, der jedoch nie fertiggestellt wurde. Später, nun im Besitz der Familie Schwarzenberg (1684–1767), wurde der sich bis zur →Kampa-Insel erstreckende Garten im französischen Stil gestaltet. Anschließend gehörte das Palais dem Staat, der es als

Zeughaus nutzte. Den auf diese Weise heruntergekommenen Bau kaufte 1921 der Turnverein »Sokol«, und es folgte eine umfassende Restaurierung durch František Krásný.
Heute beherbergt das Palais das Museum für Körpererziehung und Sport. Im Vorhof steht die Skulptur des Ästhetikers und Kunsttheoretikers Miroslav Tyrš (1832–84); er war der Gründer des Turnvereins »Sokol«. Nach ihm wird das Palais auch Tyrš-Haus (Tyršův-dům) genannt. Die Skulptur stammt v. Ladislav Šaloun.
Das Museum ist täglich außer Mo v. 9 bis 17 Uhr geöffnet, So erst ab 10 Uhr.

Palác Mladotů ze Solopisk / Mladota-ze-Solopisk-Palais (Nové Město/Neustadt, Karlovo náměstí/Karlsplatz Nr. 40/CN 502): →Profanbauten: Patrizier- und Bürgerhäuser, Faustův dům/Fausthaus S. 142.

Morzinský palác / Morzin-Palais (Malá Strana/Kleinseite, Nerudova ulice/Nerudagasse Nr. 5/CN 256): Das Palais, das der größtenteils aus Bürgerhäusern bestehenden Straßenfront (→Straßen, Plätze, Märkte) angepaßt ist, entstand aus dem Zusammenschluß v. 3 älteren Häusern. In den Jahren 1713/14 errichtete Jan Blažej Santini-Aichel* im Auftrag des Grafen Wenzel Morzin den dreigeschossigen Barockbau. Die in dreizehn Achsen gegliederte Fassadenfront dominiert der fünfachsige Mitteltrakt mit seinen beiden Portalen, dem Balkon, einer Wappenkartusche und dem Giebel.
2 kraftvolle Mohrenfiguren tragen den Balkon – eine Vergegenständlichung des Namens des Bauherren, denn Morzin heißt Mohr. Über jedem Portal befindet sich eine allegorische Plastik: der Tag mit der Sonnenscheibe und der Mond mit der Sichel. Dieser plastische Schmuck sowie die Statuen der 4 Erdteile auf der Attika stammen v. Ferdinand Maximilian Brokoff*.
Architektonisch und künstlerisch betrachtet, gilt das Palais Morzin als einer der bedeutendsten Barockbauten v. P. Heute ist hier der Sitz der rumänischen Botschaft.

Nostický palác / Nostitz-Palais (Malá Strana/Kleinseite, Maltézské náměstí/Malteserplatz Nr. 1/CN 471): Das die S-Seite des Platzes (→Straßen, Plätze, Märkte) einnehmende dreigeschossige Frühbarockpalais errichtete wahrscheinlich Francesco Caratti* (1658–60). Benannt ist es nach dem Auftraggeber Hertwig Graf Nostitz. Die straff durch Pilaster strukturierte Fassadenfront bekrönt eine im Jahre 1720 wahrscheinlich v. Jan Blažej Santini-Aichel* hinzugefügte Attika, geschmückt mit den Statuen röm. Imperatoren v. Michael Josef Brokoff. Um 1760 wurden die Figuren durch Vasen ergänzt, und Anton Hafenecker gestaltete das Rokokoportal. Die klassizistischen Giebel der Fenster im 1. Stock entstanden 1780, die mit neugotischen Gittern versehenen Balkone darüber erst in der 1. Hälfte des 19. Jahrhunderts. Die heutigen Attikafiguren sind Kopien des Prager Bildhauers Jindřich Čapek.
Heute befinden sich 3 Institutionen in dem Gebäude: die ehem. berühmte Nostitz-Bibliothek mit ca. 15 000 Bänden (heute Dobrovský-Bibliothek), die Niederländische Botschaft und das Ministerium für Schulwesen.

Martinitz-Palais, Sgraffito: »Josefs Flucht vor Potiphars Frau«

Letohrádek Portheimka / Lustschloß Portheim (Smíchov, Matoušova ulice Nr. 9/CN 68): Dieses reizvolle Bauwerk schuf der bedeutende Prager Barockbaumeister Kilian Ignaz Dientzenhofer* für seine eigene Familie. Den künstlerischen Schwerpunkt bildet die Gartenfront, deren Mittelrisalit einen ovalen Saal enthält. Dieser trägt ein Deckenfresko v. V. V. Reiner (1729). Dargestellt sind, für Reiner ungewöhnlich, Szenen aus der Mythologie. Nach einigen Besitzerwechseln wurde im Jahre 1884 der S-Flügel abgerissen, um Platz für den Bau der St.-Wenzels-Kirche zu haben (→Sakralbauten: Kirchen, Kostel svatého Václava S. 56). Heute dienen die Räumlichkeiten der Galerie »D« für Ausstellungen; geöffnet täglich außer Mo v. 10 bis 13 Uhr und 14 bis 18 Uhr.

Rožmberský palác/Rosenberg-Palais (Hradčany, Jiřské náměstí Nr. 1/CN 2): →Profanbauten: Burgen, Pražský hrad S. 103.

Salmovský palác / Salm-Palais (Hradčany, Hradčanské náměstí Nr. 1/CN 186): Das Empirepalais wurde v. František Pavíček in den Jahren 1800–10 für den Erzbischof Wilhelm Florentin v. Salm errichtet. Aus dieser Zeit stammt die über dem Eingangstor angebrachte Krone mit dem goldenen »S«. Der Buchstabe paßt ebensogut zu den späteren Besitzern, der Adelsfamilie Schwarzenberg, die es an ihr benachbartes Palais angliedern ließen (→Schwarzenberský palác).

Schönbornský palác / Schönborn-Palais (Malá Strana/Kleinseite, Tržiště/Marktstr. Nr. 15/CN 365): Von dem 1643–56 für den Grafen Rudolf Colloredo erbauten Palais ist das kunstvoll geschnitzte Portal auch nach dem Barockumbau v. Jan Blažej Santini-Aichel* erhalten geblieben. Die Vierflügelanlage erhielt eine mit Giebeln und Erkern geschmückte Frontfassade. Den Hofdurchgang säumen 4 Giganten, wahrscheinlich aus der Braunschen Werkstatt. Leider ist der schon im 17. Jh. berühmt gewordene Terrassengarten mit seinem Aussichtspavillon nicht zugänglich. Das Palais beherbergt heute die Botschaft der USA.

Schwarzenberský palác / Schwarzenberg-Palais (Hradčany, Hradčanské náměstí Nr. 2/CN 185): Das mächtige Palais dominiert nicht nur die S-Seite des Platzes (→Straßen, Plätze, Märkte: Hradčanské náměstí S. 177), sondern bildet durch seine schon v. weitem sichtbare Silhouette und Fassade einen charakteristischen Bestandteil des Burgbergs.

Nostitz-Palais, Portal

Lustschloß Portheim, Gartenfront

Nach dem verheerenden Burgbrand v. 1541, ausgelöst in einem Palais am Kleinseitner Ring (→Malostranské náměstí S. 181), errichtete Augustin Vlach im Auftrag des Grafen Lobkowitz das dreiflügelige Renaissancepalais, das sich um einen Ehrenhof gruppiert und nach außen mit einer festungsartigen Mauer umgeben ist. Man erkennt das Palais sofort an seinen mit *Sgraffitomalereien* bedeckten Fassadenwänden. Sgraffito nennt man eine besondere Putztechnik, bei der Schichten verschieden gefärbten Putzes auf die Wand aufgetragen werden und durch Abkratzen der obersten Schicht die Zeichnung entsteht. Diese auch Kratzputz genannte Technik findet man bei mehreren Prager Bauwerken, z. B. dem Palais Martinitz am gleichen Platz und dem Haus zur Minute (U minuty) am Altstädter Ring (Staroměstské náměstí).
Beim Palais Schwarzenberg findet man 2 verschiedene Sgraffitomotive: Die der Kleinseite zugewandte Fassade trägt gleichmäßig geschnittene Werksteine, und die übrigen Wände zieren nach venezianischem Vorbild nachgeahmte Diamantquader. Ein Lünettensims im lombardischen Stil trennt den dreigeschossigen Bau v. dem steilen Dach. Die hohen Stufengiebel sind mit toskanischen Pilastern reich gegliedert.

Schönborn-Palais, Portal

Schwarzenberg-Palais, Pestsäule

Hier verbinden sich der ma Stil Prags mit der ital. Baukunst zu einem eindrucksvollen Ganzen.
Im 2. Stock sind 4 Säle mit Deckenmalereien (ca. 1580) geschmückt. Dargestellt sind Persönlichkeiten und Allegorien der Antike.
Nach mehreren Besitzerwechseln gelangte das Palais durch Heirat im Jahre 1719 an die Adelsfamilie Schwarzenberg. Sie schlossen 1811 das r v. ihnen liegende Salm-Palais ihrem Baukomplex an.
Heute befindet sich hier das *Historische Militärmuseum* (Vojenské muzeum-historická expozice) mit Ausstellungsstücken wie Waffen, Uniformen u.a. aus ganz Europa v. der Antike bis einschließlich 1. Weltkrieg. Das Museum ist täglich außer Mo in den Monaten Mai bis Oktober v. 9.30 bis 16.30 Uhr geöffnet.

Slavatovský palác / Palais Slavata, ehem. Palais der Herren v. Hradec (Malá Strana/Kleinseite, Thunovská ulice Nr. 25/ CN 193): Das v. Joachim v. Hradec 1562 bis 1564 erbaute Renaissancepalais zählt zu den ersten Bauten dieser Stilrichtung in P. Seine ansonsten schlicht gehaltene Fassade mit Resten v. Renaissancesgraffitos dominiert der sechsstufige Mittelgiebel, der v. Zwerghäusern umgeben ist. Dieser Giebel ist ein augenfälliges bauliches Merkmal für den unteren Bereich der Neuen Schloßstiege/Zámecké schody. Um 1602 kam das Palais in den Besitz der Herren Slavata, die es umgestalteten; dabei brachten sie über dem Eingangsportal ihr Wappen an. In der Mitte des 19. Jh. erfolgte eine erneute bauliche Veränderung. Das Palais ist mit dem Thun-Hohenstein-Palais (→Thun-Hohenštejnský palác) verbunden, bzw. bildet seine Rückfront. In beiden Bauten ist heute die ital. Botschaft untergebracht.

Smiřických palác / Smiřický-Palais (Malá Strana/Kleinseite, Malostranské náměstí/ Kleinseitner Ring Nr. 18/CN 6): Das an der Ecke zur Sněmovní ulice stehende Spätrenaissancepalais wurde um 1605 an der Stelle zweier got. Häuser im Auftrag der Adelsfamilie Smiřický errichtet. Trotz des Barockumbaus durch Josef Jäger (ca. 1764/65) sind die beiden Erkertürme und der Arkadenumgang erhalten geblieben.
Besondere Bedeutung erlangte das Palais durch ein historisches Ereignis: Am 22.5. 1618 versammelte sich hier die Opposition der böhm. Stände, die bei diesem Treffen beschloß, die kaiserlichen Statthalter der Habsburger zu entmachten. Schon am nächsten Tag wurde der Beschluß in die Tat umgesetzt, indem die Aufständischen die Statthalter aus dem Fenster der Ludwigsflügel der Burg (→Profanbauten: Burgen, Pražský hrad S. 101) stürzten. Dies war der Auslöser des Dreißigjährigen Krieges. Nach der Niederlage der böhm. Stände (1620) in der Schlacht am Weißen Berg (Bílá Hora) ging das Palais in den Besitz des Fürsten Valdštejn/Wallenstein über.

Letohrádek Stromovka / Lustschloß des Statthalters im Baumgarten (Holešovice): Urspr. stand an dieser Stelle ein in der Regierungszeit des Königs Vladislav Jagiello erbautes Jagdschlößchen (um 1480), das 1578/79 v. Udalrico Aostalis de Sala in einen v. Arkaden umgebenen Renaissancebau umgestaltet wurde. Diese Arkaden sind in den heutigen doppelbogigen Fenstern noch nach dem neugot. Umbau v. Georg Fischer und Johann Philipp Jöndel (1804) zu erkennen. Der sö viereckige Turm verleiht dem Bau, der inmitten v. Parkanlagen gelegen ist, eine besondere Note.
Vom 17. Jh. bis 1918 war hier der Sitz der böhm. Statthalter, wovon das Palais den Namen behalten hat. Ab 1948 befindet sich hier die Abteilung Zeitungen und Zeitschriften des *Nationalmuseums.*

Sweerts-Sporckův palác / Sweerts-Sporck-Palais (Nové Město/Neustadt, Hybernská ulice Nr. 3 + 5/CN 1034 + 1036): Das nach mehrfachen Umbauten urspr. aus 2 Häusern entstandene Palais besteht aus einem einstöckigen und einem zweistöckigen Bau. Der plastische Schmuck der Attika und der Portale stammt v. Ignaz Michael Platzer*. Heute sind hier Verwaltungs- und Universitätsräume untergebracht.

Palác Sylva Taroucca / Sylva-Taroucca-Palais (Staré Město/Altstadt, Na příkopě/Am Graben, Nr. 10/CN 852): Im Auftrag des Fürsten Ottavio Piccolomini errichteten Kilian Ignaz Dientzenhofer* und Anselmo Lurago* dieses vierflügelige zweieinhalbgeschossige Palais in den Jahren 1743–51 in einer damals noch ländlichen Umgebung

(→Straßen, Plätze, Märkte). Die Straßenfassade zeichnet eine gewisse, schon klassische Strenge aus, die v. der Symmetrie und der konsequenten Betonung der Mitte herrührt. Die Statuen auf dem Giebel und der Attika schuf Ignaz Franz Platzer. Nach hinten gruppiert sich der Bau um eine Flucht v. 3 Höfen, im 2. befinden sich 2 steinerne Brunnen mit Maskarons. In dem im 20. Jh. umgestalteten Inneren ist ein erhaltenes, reichgeschmücktes Rokokotreppenhaus v. Anselmo Lurago bemerkenswert. Heute dient das Palais als Klub; es finden hier u. a. kulturelle Veranstaltungen statt.

Šternberský palác / Sternberg-Palais (Hradčany, Hradčanské náměstí Nr. 15/CN 57): Das etwas zurückgesetzte, im hochbarocken Stil erbaute Palais liegt direkt neben dem Erzbischöflichen Palais (→Arcibiskupský palác), dessen linker Bogengang seinen Zugang bildet. Als Architekt der 1698–1730 errichteten Vierflügelanlage wird in der Forschung Giovanni Battista Alliprandi*, der frühere Pläne v. Domenico Martinelli mit einbezog, angenommen. Bekannt ist das *»Chinesische Kabinett«* im 2. Stock, ein ovaler Saal mit vergoldeten Stuckverzierungen v. Donato Frisoni und prächtigen Chinoiserien v. J. V. Kratochvíl. Heute wird in den Räumen ein Teil der »Sammlung europäischer Kunst« der *Nationalgalerie* (Národní galerie) ausgestellt. Die Bilder und Kleinplastiken französischer Meister gehören zu den größten und bedeutendsten Sammlungen außerhalb Frankreichs. Außerdem werden Niederländer, Flamen, Spanier und Deutsche, darunter auch so berühmte Einzelstücke wie das »Rosenkranzfest« v. Albrecht Dürer* gezeigt.
Das Museum ist täglich außer Mo v. 10 bis 18 Uhr geöffnet.

Šternberský palác / Sternberg-Palais (Malá Strana/Kleinseite, Malostranské náměstí/Kleinseitner Ring Nr. 19/CN 7): Dieses 1684 aus dem Zusammenschluß zweier Häuser – in einem brach der die Kleinseite und die Burg stark beschädigende Brand v. 1541 aus – erbaute Palais wurde Anfang des 18. Jh. mit einer Barockfassade versehen, an der ein Bild der Krönung Mariens erhalten blieb. Aus einer hier untergebrachten Gemäldegalerie ist die heutige Nationalgalerie (Národní galerie) hervorgegangen.

Thunský palác / Thunsches Palais (Malá Strana/Kleinseite, Sněmovní ulice Nr. 4/CN 176): Das 1669–1720 wahrscheinlich v. Jan Blažej Santini-Aichel* errichtete Palais

Palais Slavata, Schloßstiege

Sternberg-Palais

wurde nach einem Brand als Landtagsgebäude weitgehend neu erbaut (ab 1801). Die schlichte klassizistische Fassade trägt ein reichverziertes Tympanon mit dem böhm. Löwen und der St.-Wenzels-Krone.
Am 14.11. 1918 fand hier die 1. Sitzung des Parlaments der am 28.10. 1918 gegründeten ČSFR statt. Damit war die 300jährige Vorherrschaft der Habsburger Monarchie beendet (Gedenktafel).

Thunský palác/Thunsches Palais, auch Leslie-Palais (Malá Strana/Kleinseite, Thunovská ulice Nr. 14/CN 180): Von dem urspr. Renaissancepalais, das 1716–27 v. Anselmo Lurago umgestaltet wurde, ist ein barock umgebauter Turm erhalten geblieben. Den Garten verwandelte man im 19. Jh. in einen englischen Park.
Der Komponist Wolfgang Amadeus Mozart wohnte hier bei seinem ersten Pragbesuch.
Heute ist hier der Sitz der Botschaft Großbritanniens.

Thun-Hohenstejnšký palác/Thun-Hohenstein-Palais, ehem. Kolowrat-Palais (Malá Strana/Kleinseite, Nerudova ulice/Nerudagasse Nr. 20/CN 214): Dieses Palais bildet zusammen mit dem Slavata-Palais (→Slavatovský palác) eine riesige Vierflügelanlage. Sie erstreckt sich zwischen den parallel verlaufenden Straßen Nerudova und Thunovská und mit einer eingeschossig überbauten Brücke noch bis zur Neuen Schloßstiege/Zámecké schody.
Als 1. Gebäude entstand das aufwendige Renaissancehaus Joachim v. Hradec an der Thunovská ulice, um 1564 v. Antonín Vlach errichtet. Die 2 später hinzugefügten niedrigeren Seitentrakte stammen v. Udalrico Aostalis de Sala*. Im Jahre 1602 kam es dann als Dreiflügelanlage mit Innenhof in den Besitz des Herrn Slavata, der es um einen Flügel in der Nerudova ulice erweitern wollte. Mit dieser Absicht kaufte er dort 6 kleine Häuser auf; er starb, bevor er seinen Plan verwirklichen konnte. Das tat Norbert V. v. Kolowrat, der durch Erbschaft in den Besitz des Palais kam. Der 4. Flügel entstand nach Plänen v. Jan Blažej Santini-Aichel* 1721–26 als selbständiges Palais und gehört zu den schönsten Barockbauten v. P. In der Mitte des zweieinhalbgeschossigen Baus tritt ein Risalit mit einem prächtigen Portal, flankiert v. 2 kleineren Seitenportalen unter 2 Oculi, hervor. Die Eingangstür bekrönen 2 kraftvolle Adler mit gespreizten Schwingen, die Wappentiere des Bauherrn Kolowrat, gearbeitet v. Matthias Bernhard Braun*. Die darüber plazierten Plastiken, »Jupiter« und »Juno«, stammen v. einem unbekannten Künstler. Die sich über dem rustizierten Sockelgeschoß erhebende Fassade beleben Lisenen und Dreiecksgiebel über den Fenstern des 1. Stockwerks.
In den Besitz der Adelsfamilie Thun v. Hohenstein – vorher ansässig im Toskana-Palais (→Toskánský palác) – kam der Gebäudekomplex durch Erbschaft im Jahre 1768. Heute beherbergt es die italienische Botschaft.

Toskánský palác/Toskana-Palais (ehem. Thun-Hohenstein-Palais) (Hradčany, Hradčanské náměstí/Hradschiner Platz Nr. 5/CN 182): An der w Schmalseite des Platzes (→Straßen, Plätze, Märkte) erbaute der französische Architekt Jean-Baptiste Mathey* das vierflügelige Palais im frühbarocken Stil (1689–91) für die Familie Thun-Hohenstein. Die langgestreckte Fassadenfront wird durch 2 je einen Balkon tragende Säulenportale unterbrochen. Über den Portalen erheben sich auf einem hal-

Lustschloß des Statthalters im Baumgarten

ben Dachgeschoß 2 turmähnliche Dachaufbauten. Die die Balustrade zierenden Plastiken antiker Götter schuf Johann Brokoff*. Über den Balkonen brachte man nachträglich Wappenkartuschen der Herzöge v. Toskana an, in deren Besitz das Palais v. 1718 bis 1918 kam. An der Ecke zur Loretánská ulice befindet sich die Figurengruppe »Erzengel Michael im Kampf mit dem Drachen«, gearbeitet ca. 1693 v. Ottavio Mosto*.
Heute ist hier der Sitz des Außenministeriums.

Trojský zámek / Schloß Troja (Troja, U trojského zámku Nr. 6/CN 1): In der ehem. Ortschaft Zadní Ovenec, dem heutigen Stadtteil Troja, erbaute Jean-Baptiste Mathey* das Schloß nach Vorbildern röm. Villenarchitektur wie z. B. der Villa d'Este bei Rom. Auftraggeber dieses Dreiflügelbaus mit der nach hinten ausgedehnten Gartenanlage war Wenzel Adalbert Graf Sternberg. Eine monumentale Freitreppe führt zum Park, der in seiner Gestaltung der 1. französische Garten in Böhmen war. Das Geländer der zweiläufigen Freitreppe schmücken Statuen der Götter und Titanen, Arbeiten der sächsischen Bildhauer Johann Georg und Paul Heermann (1673 bis 1732).
Die allegorischen Büsten der 4 Tageszeiten, der 4 Elemente und 4 Erdteile stammen wahrscheinlich aus der Brokoffschen Werkstatt (1688–1731). Die Gartenterrassen zieren Terrakottavasen.
Im Inneren des Hauptflügels bildet der große Festsaal, auch Kaisersaal genannt, das Zentrum. Sein Deckenfresko, eine Arbeit des niederländischen Malers Abraham Godin, hat die Einheit der kirchlichen und weltlichen Macht zum Thema. Den Bildmittelpunkt bildet das Auge Gottes. Die Längswände zeigen eine Ahnengalerie des Habsburger Herrscherhauses. Die übrigen Zimmer im Erdgeschoß wurden v. den Italienern Francesco Marcetti und seinem Sohn Giovanni Francesco ausgemalt.
Die urspr. Wirtschaftsgebäude dienen heute als Gartenrestaurant.
Die Schloßanlage ist Mo. geschlossen.

Valdštejnský palác / Waldstein-Palais, auch **Wallenstein-Palais** (Malá Strana/Kleinseite, Valdštejnské náměstí Nr. 4/CN 17): Der Bauherr dieser prunkvollen Barockanlage unterhalb der Burg war Albrecht v. Waldstein (Wallenstein), Herzog v. Friedland und Mecklenburg, Fürst v. Sagan und kaiserlicher Generalissimus, genannt auch der Friedländer. Mit dem Ausbruch des böhm. Aufstands 1618 und im weiteren Verlauf des Dreißigjährigen Krieges kämpfte er erfolgreich auf der Seite des Habsburgers Friedrich II. und kam so zu Ansehen und ungewöhnlichem Reichtum. Obwohl aus einer utraquistischen (protestantischen) Familie stammend, stellte er sich in den Dienst der kath. Liga. Durch günstige Heirat und Ankauf konfiszierter böhm. Güter konnte er seinen Reichtum noch vergrößern. In NO-Böhmen hatte er sogar ein eigenes Fürstentum (→Teil Böhmen: Frýdlant) mit der Hauptstadt →Jičín. Nach Intrigen und der Unterstellung eines geplanten Hochverrats wurde Waldstein 1634 in →Cheb/Eger von gedungenen Mördern umgebracht. Er wurde v. Friedrich Schiller als Titelheld in dem Drama »Wallenstein« verewigt.
Urspr. befanden sich an der Stelle des Waldstein-Palais ca. 26 Häuser und mehrere Gärten. Der heutige Waldsteinplatz (→Straßen, Plätze, Märkte) entstand erst durch den Bau dieses 1623–30 v. Andrea Spezza projektierten Gebäudekomplexes,

Thun-Hohenstein-Palais

der sich um 5 Innenhöfe und einen großen Garten gruppiert, der v. einer festungsartigen Mauer umschlossen ist. Das die ö Seite des Platzes bildende dreigeschossige Hauptgebäude gliedern 17 Achsen und 3 Portale, v. denen die beiden äußeren blind sind. Hinter der nach ital. manieristischen Vorbildern gehaltenen Fassade verbirgt sich ein über 2 Stockwerke reichender prächtiger Festsaal, der sog. Rittersaal. Seine Ausstattung mit Fresken und Stukkaturen stammt v. Baccio Bianco, der auch der Schöpfer des ausgezeichneten Deckengemäldes ist, auf dem Waldstein als Gott Mars auf einem Triumphwagen über die Wolken eilt. Angeschlossen ist eine Hauskapelle. Im w Teil des Gartens steht die berühmte *Sala terrena,* erbaut 1624-27 v. Giovanni Pierroni. Trotz ihrer beachtlichen Höhe wirkt sie durch die v. schlanken toskanischen Doppelsäulen gebildeten Bogen feingliedrig. Ihr Tonnengewölbe bedecken weiße Stukkaturen mit Pflanzenornamentik. Die einzelnen Flächen malte Baccio Bianco 1629/30 mit Szenen aus dem Trojanischen Krieg aus.
In dem 1625-30 v. Niccolo Sebregondi angelegten Garten führt v. der Sala terrena ein mit Bronzefiguren gesäumter Weg: auf der linken Seite nach dem Pferd Venus und

Toskana-Palais, Figurengruppe: »Erzengel Michael im Kampf mit dem Drachen«

Adonis, Neptun und Apollon und auf der rechten Seite eine Ringergruppe, Laokoon und Bacchus. Heute stehen hier Kopien der 1648 v. den Schweden als Kriegsbeute nach Schloß Drottningholm (bei Stockholm) gebrachten Figuren des Bildhauers Adriaen de Vries* (1626/27), der auch die Plastiken des Herkules und der Najaden auf der Insel des rechteckigen Teichs vor der Reitschule geschaffen hat. Auf dem Teich soll 1618 der Erfinder J. Božek Experimente mit seinem Dampfschiffmodell gemacht haben.
Nördlich der Sala terrena befinden sich künstlich angelegte Tropfsteinhöhlen. Südlich ein kleiner Salon, wo sich der legendäre Teppich befindet, in den der ermordete Waldstein angeblich eingerollt war.
Die *Reitschule* dient heute als Ausstellungssaal der *Nationalgalerie;* sie ist v. außen (Metrostation Malostranská) zugänglich und täglich v. 10 bis 18 Uhr geöffnet.
Der Garten ist nur in den Monaten Mai bis September geöffnet (9-19 Uhr), Zugang in der Letenská ulice.

Velkopřevorský palác/Großprioratspalais (Malá Strana/Kleinseite, Velkopřevorské náměstí/Großprioratsplatz Nr. 4/CN 485): An der Stelle des heutigen Barockpalais ließ schon 1516-32 der Großprior Jan z Rožmberka für den Johanniterorden, einen Orden der Malteserritter, bei der Malteserkirche (→Sakralbauten: Kirchen, Kostel Panny Marie pod řetězem S. 32) einen Palast errichten. In den Jahren 1725-27 baute Bartolomeo Scotti wahrscheinlich unter Mitwirkung v. František Maximilián Kaňka das zweiflügelige und zweigeschossige Eckgebäude um. Es hat gleiche Außenfassaden und je ein Portal, das ein Wappen des Großpriors trägt. Die bildhauerische Ausstattung stammt v. Matthias B. Braun*, der auch das Treppenhaus mit laternentragenden Putti und Vasen schmückte.
Heute beherbergt das Palais eine *Sammlung alter Musikinstrumente* und das *Musikarchiv* des Nationalmuseums. Die Sammlung ist täglich außer Mo v. 10 bis 16 Uhr geöffnet und in den Wintermonaten ganz geschlossen. Im Palastgarten finden auch Konzert- und Theaterveranstaltungen statt.

Vrtbovský palác/Vrtba-Palais (Malá Strana/Kleinseite, Karmelitská ulice Nr. 25/

Toskana-Palais

Schloß Troja, Gartenfront

CN 373): Das aus dem Zusammenschluß zweier Häuser im Auftrag v. Sezima z Vrtby 1631 entstandene Renaissancepalais liegt direkt am Hang des Laurenzibergs/Petřín. Ein dorthin führendes Gäßchen wurde zur Palasteinfahrt umgestaltet und bildet heute den Zugang zu dem 1720–30 v. František Maximilián Kaňka angelegten Terrassengarten. Die dekorativen Statuen des Atlas und zweier Frauen am Eingangstor stammen wie die übrige bildhauerische Gestaltung v. Matthias B. Braun*. Die Sala terrena im unteren Teil des Gartens schmücken Plastiken der Ceres und des Bacchus v. dem gleichen Bildhauer und Fresken v. V. V. Reiner. Zur Zeit ist der Garten wegen umfassender Restaurierung geschlossen.

Eine Gedenktafel an der Frontfassade weist darauf hin, daß hier 1886–89 der tschech. Maler Mikoláš Aleš* lebte.

In dem benachbarten Haus Nr. 31/ CN 516 sind Reste des urspr. Stadttores der Siedlung Újezd aus dem 13. Jh. erhalten geblieben.

3. Villen, Pavillons

Vila Amerika/Villa Amerika oder Michna-Lustschloß (Nové Město/Neustadt, Ke Karlovu Nr. 20/CN 462): Auftraggeber für den Bau dieses eingeschossigen barocken Lustschlößchens war Graf Jan Václav Michna z Vacínova. Der Architekt Kilian Ignaz Dientzenhofer* erbaute es in den Jahren 1712–20 im französischen Stil inmitten eines Parks, v. dem heute nur ein Garten übriggeblieben ist. Auch wurde die Umgebung längst v. der engen Innenstadtbebauung erfaßt, so daß v. der urspr. ländlichen Atmosphäre nichts mehr erhalten ist. Der Name »Amerika« stammt v. einem nahe gelegenen Ausflugslokal aus dem 19. Jahrhundert

Zurückgesetzt vom Straßenrand, liegt die Villa hinter einem schmiedeeisernen Gitterzaun etwas oberhalb des Straßenniveaus. Das jetzige Gitter aus dem Jahre 1911 ist eine Kopie des sich nun in Dresden befindenden Originals. Die durch Pilaster gegliederte Frontfassade dominieren die mit Stukkaturen reich verzierten Fenster. Darüber erhebt sich ein zweistufiges Dach mit einer Lukarne. Die 2 allegorischen Statuengruppen »Frühling und Sommer« und »Herbst und Winter« im Garten stammen v. Anton B. Braun* (ca. 1730).

Im Inneren verdienen die Fresken v. Johann Ferdinand Schor mit ihren allegorischen und historischen Themen besondere Aufmerksamkeit. In den Räumen der Villa ist heute das *Antonín-Dvořák-Museum* eingerichtet. Gezeigt werden Handschriften

Waldstein-Palais, Sala terrena, Deckenmalerei

des Komponisten, z.B. Partituren, seine Korrespondenz mit der Familie v. Bülow und Johannes Brahms sowie eine Rekonstruktion seines Arbeitszimmers.
Die Villa ist täglich außer Mo v. 10 bis 16 Uhr geöffnet.

Vila Bertramka / Villa Bertramka (Smíchov, Mozartova ulice Nr. 2/CN 169): Diese im 17. Jh. für Franz Bertram erbaute Vorstadtvilla lag in der Nachbarschaft zu den Sommerhäusern des Adels.
Trotz der Nähe der heutigen Industrieanlagen läßt der Park noch etwas v. dem einstigen malerischen Charakter der Umgebung erkennen. Im 18. Jh. wurde die Villa v. ihren neuen Besitzern, dem Ehepaar Dušek, umgebaut. Der Anlaß für diese Veränderung war wahrscheinlich der erwartete Besuch v. Wolfgang Amadeus Mozart im Herbst 1786. Er kam zum erstenmal im Frühjahr desselben Jahres auf Einladung des Grafen Thun nach P., wo die Freundschaft zwischen ihm und dem Künstlerehepaar Dušek begann. František Dušek war ebenfalls Komponist und seine Frau Josefina Dušková Sängerin. In der Villa Bertramka vollendete Mozart seine Oper »Don Giovanni«, die 1787 im Oktober im Prager Nostitz-Theater, dem späteren Tyl-Theater, mit großem Erfolg uraufgeführt

Waldstein-Garten, Venus und Adonis

Waldstein-Palais, Waldstein-Garten

wurde. Im Jahre 1791 bei einem weiteren Besuch komponierte er hier in nur 18 Tagen die für die Krönungsfeierlichkeiten v. Kaiser Leopold II. bestimmte Oper »Titus«. Noch Ende des gleichen Jahres starb Mozart in Wien.

Heute befindet sich hier eine Gedenkstätte für Mozart und das Ehepaar Dušek. In den Jahren 1955–56 wurde die Villa restauriert. Neben der größtenteils noch erhaltenen Einrichtung kann man u.a. auch das Cembalo und das Klavier, auf denen Mozart gespielt hat, bewundern.

Im Park etwas erhöht steht eine Mozartbüste v. Tomáš Seidan. In der mit Malereien ausgestatteten Sala terrena werden im Rahmen des »Prager Frühlings« und den ganzen Sommer hindurch Konzerte vornehmlich aus der klassischen Musikepoche veranstaltet.

Die Villa ist Di bis Fr v. 13 bis 16 Uhr, Sa und So v. 10 bis 16 Uhr geöffnet.

Bílkova vila/Bílek-Villa (Hradčany, Mickiewiczova ulice Nr. 1/CN 233): Der Bildhauer František Bílek (1872–1941) ließ diese Villa nach seinen eigenen Entwürfen bauen. Im Garten steht eine beeindruckende Statuengruppe des Künstlers. Heute werden die Räumlichkeiten für Ausstellungen der Galerie der Hauptstadt P. genutzt. Sie ist täglich außer Mo von 10 bis 12 und v. 13 bis 18 Uhr geöffnet.

Čapkova vila/Villa der Čapek-Brüder (Vinohrady, Bratří Čapků Nr. 29/30 CN 1853/54): Der Architekt Ladislav Machoň errichtete die Villa in den Jahren 1923–24.

Schon in ihrer Grundkonzeption war sie für 2 Familien angelegt, die Familien der Brüder Čapek. Josef Čapek (1887–1945) war Maler und sein Bruder Karel (1890–1938) Schriftsteller. Zuvor wohnten sie auf der Kleinseite in der Říční ulice Nr. 11/CN 532 (Gedenktafel an der Frontfassade).

Gröbova vila/Villa Gröbe (Vinohrady, Havlíckovy sady): Die Villa steht inmitten eines schönen Parks mit einer künstlichen Grotte und verschiedenen schönen Springbrunnen.

Sie wurde im Auftrag des Industriellen Moritz Gröbe v. Antonín Barvitius im Neurenaissancestil erbaut (1870–81).

Heute ist hier der Sitz des Hauses der Kinder und Jugend »Julius Fučík«, benannt nach dem tschech. Nationalhelden Julius Fučík, einem Journalisten und Schriftsteller, der v. den Nationalsozialisten verfolgt und umgebracht wurde.

Villa Amerika, Gartenfront

Hanavský pavilón / Hanauscher Pavillon (Letná, Letenské sady): Der auf der Letná-Anhöhe stehende Pavillon ist eine Eisenkonstruktion des Baumeisters Karel Sleif und wurde urspr. für die Jubiläums-Landesausstellung in P. errichtet. Er wurde in der Gießerei des Fürsten Wilhelm v. Hanau 1891 nach den Plänen v. Zdeněk Emanuel Fiala hergestellt und diente als Ausstellungspavillon für die Produkte dieser Fabrik. Nach Beendigung der Ausstellung ging der filigrane Bau in den Besitz der Stadt P. über, die ihn 1898 an dem heutigen Platz wieder aufrichtete.
In den Jahren 1970–73 wurde dieser dem Stil des Barock nachgebildete Pavillon umfassend restauriert. Heute befindet sich darin ein Café, v. dessen Terrasse man einen wundervollen Ausblick über die Stadt und den Fluß hat.

Kotěrova vila / Kotěra-Villa (Vinohrady, Hradešínská ulice Nr. 6/CN 1542): Der Architekt Jan Kotěra* ließ sein Haus nach eigenen Plänen in den Jahren 1908–09 erbauen. Er gilt als der Begründer der modernen tschech. Architektur. Eines seiner bedeutenden Werke ist das Haus Mozarteum in der Jungmannova ulice Nr. 30/CN 748, 1911–13 erbaut und mit einer Fassadenplastik v. Jan Štursa* geschmückt.

Hanauscher Pavillon

Kramářova vila/Kramář-Villa (Hradčany, Gogolova Nr. 1/CN 212): Die Villa wurde im Auftrag des 1. Ministerpräsidenten der Tschechoslowak. Republik (1918–19), Karel Kramář, errichtet. Die Architekten waren Friedrich Ohmann und Vincenc Beneš. Heute dient die renovierte Villa der Unterbringung v. Staatsbesuchen.

4. Patrizier- und Bürgerhäuser

In Prag tragen alle Häuser neben der allgemein üblichen Numerierung auch *Conscriptionsnummern (CN)*. Diese stammen noch aus der Zeit um 1770, als die Kaiserin Maria Theresia nach französischem Vorbild die ansonsten nur durch bildnerisch gestaltete Hauszeichen gekennzeichneten Häuser mit Nummern versehen ließ.
Die Tradition der Hauszeichen läßt sich bis ins MA zurückverfolgen, als die Hausbesitzer verschiedene geschmiedete oder gegossene Symbole, Wandbilder, Alltagsgegenstände usw. an den Fassaden anbrachten. Dadurch verliehen sie den Häusern eine individuelle Note und machten sie unterscheidbar, was vor allem den Fremden half, sich in den Gassen der ma Stadt zurechtzufinden. Ob aufwendig, phantasievoll, schlicht oder kunstvoll, dienten sie neben der Differenzierung auch als Schmuck, zur Repräsentation des Hausbesitzers oder als magisches bzw. christliches Symbol. Bei Gasthäusern übernahmen sie gleichzeitig auch die Werbung; so weist z. B. eine Traube auf eine Weinstube hin.
Häufig standen die Hauszeichen auch für den Beruf ihres Bewohners, wie z. B. die Geige für den Geigenbauer und die Waage für den Kaufmann, oder bezogen sich auf die topographischen Besonderheiten der Umgebung: Zum Kastanienbaum, Zur Brücke, Zum Turm.
Meistens wurden die Hauszeichen beibehalten, auch wenn sich die Besitzer veränderten, der Handwerksbetrieb oder die Weinstube schon längst nicht mehr bestand. So kommt es, daß die Hauszeichen noch heute Geschichten und Legenden ihrer Bewohner erzählen. Obwohl die meisten Hauszeichen aus der Barockzeit stammen, sind auch ältere erhalten wie z. B. das in Stein gemeißelte Symbol eines Wagen-

bauers aus dem Jahre 1555 (Karmelitská ulice Nr. 21/CN 382) oder die Glocke am got. Haus zur Glocke, Altstädter Ring/Staroměstské náměstí 13/CN 605.

Faustův dům / Faust-Haus (Nové Město/Neustadt, Karlovo náměstí/Karlsplatz, Nr. 40/CN 502): Die Geschichte des Faust-Hauses geht bis ins 14. Jh. zurück, als hier der got. Palast der Herzöge v. Troppau (Opava) stand. Nach mehreren Umbauten entstand das heutige zweiflügelige Faust-Haus, hinter dessen barocker Fassade sich ein Kern aus der Renaissance verbirgt, wovon noch der Eckerker zu sehen ist. Die ersten barocken Umgestaltungen ließ Adam F. Mladota ze Solopysk um 1724 ausführen. Nach ihm wird das Haus auch Mladota-ze-Solopysk-Palais genannt. Mit dem heutigen Namen Faust-Haus werden viele Sagen und Legenden verbunden.
Schon im 14. Jh. beschäftigte sich einer der Bewohner mit chemischen Versuchen. Zur Zeit Kaiser Rudolfs II. soll hier der englische Alchimist Edward Kelly zusammen mit dem Hausbesitzer, dem Hofarzt Johann Kopp, experimentiert haben. Als dann ein Mitglied der Familie der Mladotas sich ebenfalls mit Chemie beschäftigte, kam im Volksmund die Sage auf, er habe einen Pakt mit dem Teufel geschlossen. So wurde das Haus in den Zusammenhang mit dem legendären Dr. Faustus gebracht, dessen Name dem Gebäude bis heute anhaftet. In gewisser Weise bleibt das Haus seiner Tradition treu: Es beherbergt heute eine Apotheke und Teile der Poliklinik.
Das barocke Gartenportal an der Straßenecke gehört zu der benachbarten Kirche →Kostel svatého Jana Nepomuckého na Skalce/St. Johannes v. Nepomuk auf dem Felsen, der der Garten 1769 geschenkt wurde, mitsamt dem Hofflügel, der der Kirche als Pfarrhaus diente.

Mincovna / Münze (Staré Město/Altstadt, Celetná ulice Nr. 36/CN 587): Das unmittelbar beim →Prašná brána/Pulverturm stehende Palais erkennt man leicht an seinen balkontragenden Atlantenfiguren. Die Plastiken sind eine Arbeit v. Ignaz Franz Platzer* (um 1755).
Im 15. Jh. richtete König Georg v. Podiebrad an dieser Stelle den Königshof für seine Gemahlin, die böhm. Königin, ein. (Der Königshof des Königs befand sich an der Stelle des heutigen →Repräsentationshauses/Obecní dům.) Im Besitz der Altstädter Gemeinde diente das Gebäude v. 1420 bis 1783 mit kleinen Unterbrechungen als Münzstätte. Das heutige Palais errichtete Johann Josef Wirch 1755. Kleinere Umbauten folgten: 1784 v. Philipp Heger als Armeekommandantur, und in den Jahren 1857–58 wurde es um ein Gebäude vergrößert. Heute befindet sich hier der Sitz des Zivilgerichts.

Platýz (Staré Město/Altstadt, Uhelný trh Nr. 10 und Národní třída Nr. 37/CN 416): Der große Gebäudekomplex des fünfflügeligen zwischen 2 Straßen liegenden Hauses hat eine bis in die Gotik zurückreichende Baugeschichte. Das zuerst entstandene Haus am Uhelný trh grenzte mit seiner Rückfront an die ehem. Befestigungsmauern der Altstadt. Dort, wo heute die →Národní třída verläuft, war ein Graben. Erhalten ist noch ein spätgot. Pfeiler in der Durchfahrt Nr. 10. Zur Zeit der hussitischen Bewegung gehörte das Haus dem Mälzer und Primator Jan ze Stříbra, der einer ihrer Anhänger war. Im Jahre 1434 bis 1530 bewohnte es die Adelsfamilie Květnice, die sich an den Baukosten der anschließenden Kirche →Kostel svatého Martina ve zdi/St. Martin in der Mauer beteiligte. In den Jahren 1580–86 wurde das Haus unter Ergänzung des Hofflügels im Renaissancestil umgebaut, wovon Überreste der Loggia im Hof erhalten sind. So kaufte es Jan Platejz z Plattensteinu, nach dem das Haus bis heute benannt wird. Im Besitz seiner Familie blieb es bis 1672. Im Auftrag der neuen Eigentümer, der Grafen v. Šternberk, wurden anstelle des Grabens und der Stadtmauer weitläufige Gärten angelegt. Der neue Eigentümer Franz Daubek ließ den Komplex in den Jahren 1813–47 v. Heinrich Hausknecht in ein Mietshaus umgestalten und den Flügel an der Národní třída hinzubauen. Der so entstandene Em-

Prager Hauszeichen >
von links oben nach rechts unten: 1 »Zu den drei Geigen« (Nerudova), 2 »Zur goldenen Schlange« (Karlova), 3 »Zu den drei Rosen« (Vlašská), 4 »Zur Traube« (Husova) 5 Celetná Nr. 27 (»Zum Tempel«), 6 »Zu den 3 Federn« (Týnská)

pire-Bau ist mit den Büsten röm. Imperatoren umrahmt. Beachtenswert ist die an einem Portal in der Národní třída sitzende kleine Figur einer Eule.
Eine Gedenktafel am →Uhelný trh/Kohlenmarkt erinnert an ein hier v. Franz Liszt gegebenes Konzert im Jahre 1846.
Der letzte Umbau erfolgte 1937–39. Heute befindet sich hier der Sitz des tschech. Fonds der bildenden Künste.

Rottův dům / Rott-Haus (Staré Město/Altstadt, Malé náměstí Nr. 3/CN 142): Von dem urspr. roman. Haus sind im heutigen Kellergeschoß 2 Etagen mit ihren Gewölben erhalten.
Im 15. Jh. befand sich hier die Druckerei des Jan Pytlík, v. der 1488 die 1. Prager Bibel verlegt wurde. 1890, also ungefähr 400 Jahre später, ließ der Besitzer der Eisenhandlung Rott das Gebäude von E. Rechtziegel im Stil der böhm. Renaissance umbauen.
Die gesamte Front ist reich mit Wandmalereien bedeckt, die sich in den Darstellungen des Handwerks, der Landwirtschaft und der Werkzeuge auf die hier verkauften Waren beziehen. Die Zwischenräume zieren Ornamente, den Giebel das Hauszeichen von 3 weißen Rosen. Die Entwürfe stammen v. dem bedeutenden Maler Mikoláš Aleš. In den 20er Jahren dieses Jh. entstand im Inneren des Gebäudes die erste Glas-Beton-Kuppel in Prag. Noch heute befindet sich hier ein Eisenwarengeschäft.

Faust-Haus, Eckerker

Staroměstská rychta / Haus des Altstädter Ortsvorstehers (Staré Město/Altstadt, Rytířská ulice Nr. 12/CN 404): Das urspr. got. Haus wurde 1588 im Renaissancestil umgebaut und erhielt 1798–1800 seine heutige spätbarocke Fassade v. Ignaz Johann Palliardi*. Von den Vorgängerbauten sind u. a. noch der got., aus Ziegeln gemauerte W-Giebel, ein got. Saal im Hintertrakt und das Renaissanceportal erhalten.
Erst in jüngster Zeit entdeckte man bei archäologischen Untersuchungen im Hintertrakt das eingemauerte »Gallustor«, das als einziges v. den ehem. 13 Toren der Altstadt erhalten ist. Es wurde noch unter König Wenzel II. im 13. Jh. errichtet. Von dem Stadttor gelangte man früher über eine kleine steinerne Brücke über jenen Graben, der die Altstadt v. der Neustadt trennte. Ihre Überreste kann man in der Vorhalle der Metrostation Můstek (= Brückchen) sehen.
Im MA diente das Haus als Sitz des königlichen Ortsvorstehers, der für die Verwaltung und das Gerichtswesen in der Altstadt verantwortlich war.

Tyršův dům / Tyrš-Haus (Malá Strana/Kleinseite, Újezd Nr. 40/CN 450): →Profanbauten: Schlösser, Palais, Michnovský palác/Michna-Palais.

U dvou zlatých medvědů/Zu den 2 goldenen Bären (Staré Město/Altstadt, Kožná ulice Nr. 1/CN 475): Das urspr. got. Haus wurde in der 2. Hälfte des 16. Jh. im Renaissancestil umgebaut und erhielt seine heutige Empire-Fassade um 1800. Bei letzteren Veränderungen blieb das bes. kostbare Renaissanceportal erhalten. Das im Stil der ital. Frührenaissance gestaltete Steinportal schmücken Reliefpilaster und eine reiche Rankenornamentik. Auf dem Architrav stehen 2 in Stein gemeißelte, vergoldete Bären als Hauszeichen.
Im Jahre 1885 wurde hier Egon Erwin Kisch (1885–1948), ein hervorragender Journalist und Schriftsteller (»Marktplatz der Sensationen«), geboren. Er ist besser bekannt als der »rasende Reporter«.

U kamenného stolu / Zum steinernen Tisch (Malá Strana/Kleinseite, Malostranské náměstí/Kleinseitner Ring Nr.28/CN 5): Das ehem. Palais steht in der Mitte des unteren Rings (→Malostranské náměstí) genau vor dem Chor der St.-Nikolaus-Kirche (→Sakralbauten: Kirchen, Kostel svatého Mikuláše) zusammen mit den 2 Häusern Zum weißen Adler (U bílého orla), CN 4, und dem Moser-Haus, CN 3. Im Jahre 1773 erbaute Josef Jäger im Auftrag des Rechtsanwalts Karl v. Grömling das Rokokopalais an der Stelle eines ma Hauskomplexes. Die Plastiken mythologischer Gestalten auf der Attika stammen aus der Werkstatt v. Ignaz Franz Platzer*. Bereits 1874 wurde hier ein Kaffeehaus eingerichtet, das Radetzky-Café. Berühmtheit erlangte das Haus in den 20er Jahren als Kleinseitner Kaffeehaus (Malostranská kavárna), was es bis heute geblieben ist. Hier war der Treffpunkt so bedeutender Künstler und Literaten wie Franz Kafka, Max Brod, Franz Werfel und Willy Haas.

U kamenného zvonu / Zur steinernen Glocke (Staré Město/Altstadt, Staroměstské náměstí Nr.16/CN 605): Etwas zurückgesetzt neben dem barocken Goltz-Kinsky-Palais steht das got. Haus Zur steinernen Glocke. Im Grunde genommen ist es ein got. Palast, der erst in den 70er Jahren unseres Jh. aus seiner barocken Hülle herausgeschält wurde; seine Rekonstruktion war 1986 abgeschlossen. Der ma Grundriß des Hauses offenbarte sich bei den Forschungsarbeiten, die Anfang der 60er Jahre durchgeführt wurden. Als dann im Rahmen der Fassadenrestaurierung unter dem losen Barockputz got. Bauelemente bis in die oberen Etagen gefunden wurden, beschloß man nach eingehender Untersuchung, den got. Palast von seiner barocken Verkleidung zu befreien und komplett zu erneuern.

Das seit 1417 Zur steinernen Glocke genannte Haus weist in seinem Keller bereits Elemente aus dem späten 13. Jh. auf. Es war urspr. auch größer, worauf ein kleines Portal hinweist, das in benachbarten Kellern gefunden wurde. Der S-Flügel beherbergte im Erdgeschoß eine Kapelle mit Fresken aus dem frühen 14. Jahrhundert Darüber befindet sich eine 2. Kapelle ebenfalls mit Wandmalereien und Kreuzrippengewölbe.

Anfang des 14. Jh. wurde das Haus aufgestockt und die dem Platz zugewandte Fassade streng geometrisch gegliedert. Erhaltensind die steinernen frühgot. Kreuzstockfenster und die für Statuen gedachten Konsolen und Baldachine der Fassade.

Rott-Haus, Kleiner Ring

Aus den Überresten der Figuren, die man ebenfalls unter dem Putz fand, gelang es, einen Ritter und 2 thronende Gestalten zusammenzufügen. Der entscheidende Barockumbau fand im 17. Jahrhundert statt. Bei der Rekonstruktion wurden ca. 12000 urspr. Bauelemente und Reliefsteine gefunden, die als Übermauerung gedient hatten: Der got. Palast wurde für seine eigene Barockisierung zumindest teilweise als Steinbruch genutzt. Noch mehrfach umgestaltet, diente er schließlich Anfang des 20. Jahrhunderts als Wohn- und Bürohaus. Der inzwischen überdachte Hof war ein Lagerraum.

Bezüglich der ma Bauherren gibt es keine konkreten Hinweise. Aufgrund der Größe und Ausstattung kommt jedoch nur ein Mitglied des königlichen Hofes oder eine ähnlich gestellte Person in Betracht. Begründete Spekulationen gehen dahin, daß die Mutter Karls IV., die Přemyslidenfürstin Eliška, die Erbauerin gewesen sein könnte; nach Überlieferung der Zbraslaver Chronik besaß sie in der Altstadt ein Haus. Heute finden in dem mustergültig rekonstruierten Palast Ausstellungen und Konzerte statt. Der Keller dient als Lapidarium für die architektonischen Fragmente, die bei der Erforschung zutage gefördert worden sind.

U minuty / Zur Minute (Staré Město/Altstadt, Staroměstské náměstí Nr. 2/CN 3): Das urspr. got. Gebäude schließt im rechten Winkel an die Front des →Staroměstská radnice/Altstädter Rathaus an und bildet durch den Laubengang eine Verbindung zum Platz →Malé náměstí/Kleiner Ring. In der 2. Hälfte des 16. Jh. erfolgte ein Umbau im lombardischen Renaissancestil; charakteristisch ist das breite Lünettensims unter dem Dach. Beeindrukkend sind seine die gesamte Fassade bedeckenden Figuralsgraffitos aus der 2. Hälfte des 17. Jh., die mythologische, antike und biblische Gestalten darstellen (vgl. →Schwarzenberský palác). Die Plastik des steinernen Löwen an der Hausecke stammt aus der 2. Hälfte des 18. Jahrhunderts, als sich hier die Apotheke Zum weißen Löwen befand.

In den Jahren 1889–96 wohnte hier der Prager Schriftsteller Franz Kafka mit seinen Eltern. Anschließend gehörte das Haus zum Altstädter Rathaus.

U Samuela / Zum Samuel (Staré Město/Altstadt, Na Můstku Nr. 4/CN 382): In der nunmehr als Fußgängerzone gestalteten Straße unterhalb des Wenzelsplatzes steht das heutige Barockhaus in einer auffallend schönen Häuserzeile. Im Kern läßt es sich

Haus Zu den zwei goldenen Bären

Haus Zum steinernen Tisch

bis in die Gotik zurückverfolgen. Die Hausecke schmückt ein prächtiges Stuckrelief. Es zeigt die Salbung des Kindes David zum König durch den Propheten Samuel.

U tří korunek/Zu den 3 Kronen (Malá Strana/Kleinseite, Jánský vršek Nr. 13/ CN 323): Der Vorgängerbau des im 18. Jh. v. J. M. Hummel barock umgebauten Hauses war das Rathaus der ma Ortschaft Obora, die 1656 in die Kleinseite eingemeindet wurde. Im Hof des Hauses sind noch Stützpfeiler erhalten, die zu der urspr. hier stehenden Pfarrkirche Johannes d. T. aus dem 12. Jh. gehören. Sie wurde mitsamt dem Friedhof 1784 aufgehoben.

U tří pštrosů/Zu den 3 Straußen (Malá Strana/Kleinseite, U Lužického semináře Nr. 1/CN 76): Das Haus wurde 1585 unmittelbar an der →Karlův most/Karlsbrükke unterhalb des Kleinseitner Brückenturms errichtet. Der Kaufmann Jan Fux, dem es seit 1597 gehörte, ließ es 1606 umbauen und v. Alexius z Květné an der Front mit dem Hauszeichen der 3 Straußen bemalen.
Die Wahl dieser Tiere entsprach der Anfertigung und dem Handel, den Fux mit den in dieser Zeit modernen Straußenfedern betrieb. Um 1657 fügte der Baumeister

Haus Zur steinernen Glocke

Haus Zur Minute

C. Geer den frühbarocken Oberbau mit den geschwungenen Giebeln hinzu.
Im Jahre 1714 gründete hier der Armenier Deodatus Damajan das erste der heute für die Stadt typisch gewordenen Prager Kaffeehäuser.
In den Jahren 1972–76 richtete man hier ein Luxushotel ein. Die Gaststätte im Erdgeschoß kann schon auf eine bis zu Jan Fux zurückgehende Tradition blicken.

U věže / Zum Turm (Staré Město/Altstadt, U radnice Nr. 5/CN 24): An dieser Stelle neben der →Kostel svatého Mikuláše/Altstädter St.-Nikolaus-Kirche erbaute Kilian Ignaz Dientzenhofer* 1717–30 die Prälatur des Klosters der slawischen Benediktiner. Nach der Säkularisierung 1787 wurde das Gebäude in ein Wohnhaus umgestaltet. Hier wurde am 3.7. 1883 der Schriftsteller Franz Kafka geboren. Die Gedenkbüste an der heutigen Hausecke schuf K. Hladík (1966).
Im Jahre 1897 riß man das Haus ab und begann 5 Jahre später mit dem Bau des einen neuen Gebäudes im Barockstil. Von dem alten Haus ist nur das Portal erhalten. Interessant ist das schräg gegenüberliegende urspr. got. *Haus Zum grünen Frosch/U zelené žáby* (Nr. 8/CN 13) mit dem Hauszeichen v. 1654 an der im 18. Jh. umgestalteten Fassade. In der heutigen Weinstube ist der got. Kern erhalten geblieben.

Haus Zum Samuel

U zlaté labutě / Zum goldenen Schwan (Malá Strana/Kleinseite, Sněmovní ulice Nr. 6/CN 165): Das prächtige Eckhaus prägt mit seinen abwechslungsreich gestalteten Giebeln die an dieser Stelle verbreiterte Straße, die früher als Platz U Fünfkirchenů hieß. Benannt wurde der Platz nach dem gleichnamigen Besitzer des heutigen Empirehauses Nr. 15/CN 170, worauf ein erhaltenes Straßenschild am Haus Nr. 11/CN172 hinweist.
Das Haus Zum goldenen Schwan erbaute Udalrico Aostalis de Sala* 1589 als Dreiflügelanlage mit einem Arkadenhof im böhm. Renaissancestil.

U zlaté studně / Zum goldenen Brunnen (Staré Město/Altstadt, Karlova ulice Nr. 3/CN 175): Dort, wo die Karlsgasse sich platzartig verbreitert, steht das urspr. roman. Eckhaus Zum goldenen Brunnen. Nach einem Renaissanceumbau folgte eine weitere Veränderung im 17. Jh.: Es wurde um ein Geschoß aufgestockt. Die Renaissance-Frontfassade schmücken hervorragende figürliche Stukkaturen des Bildhauers Johann Ulrich Mayer. Der Überlieferung nach wurden sie 1701 aus Dankbarkeit für die abgewendete Pestepidemie angefertigt. Dargestellt sind die Pestheiligen Sebastian (l) und Rochus (r), darüber die Muttergottes und zu ihrem Haupt die böhm. Landespatrone: der hl. Wenzel und der hl. Johannes v. Nepomuk. Auf dem Sims stehen 2 Jesuitenheilige, Ignatius v. Loyola und Franz Xaver.
Der achtzackige goldene Stern in der Mitte bedeutet Hoffnung und Erwartung.
Ein zweites Haus mit dem gleichen Namen U zlaté studně steht auf der Kleinseite/Malá strana in der gleichnamigen Straße U zlaté studně Nr. 4/CN 166. In der 5. Etage des auf einem Hang liegenden Spätbarockhauses befindet sich ein Aussichtsrestaurant. Auf der Fassade ein Relief »Christus am Brunnen« v. 1820.

U zlatého jelena / Zum goldenen Hirsch (Malá Strana/Kleinseite, Tomášská ulice Nr. 4/CN 26): Gegenüber den die Straße

Haus Zum goldenen Schwan >

säumenden got. Laubengängen erbaute Kilian Ignaz Dientzenhofer* 1725/26 das in Details reich gestaltete Barockhaus. Bekannt ist es wegen seines kunstvollen Hauszeichens, das v. dem bedeutenden Barockbildhauer Ferdinand Maximilian Brokoff* ca. 1726 gearbeitet wurde. Die auf einer Konsole über den beiden Eingangsportalen stehende Statuengruppe zeigt die Szene, wie der hl. Hubertus vor dem Hirsch niederkniet.
Der Legende nach soll dem Heiligen auf der Sonntagsjagd ein Hirsch mit einem goldenen Kruzifix im Geweih erschienen sein als Mahnung für seine Verletzung des kirchlichen Feiertagsgebotes.

U zlatého melouna / Zur goldenen Melone (Staré Město/Altstadt, Michalská ulice Nr. 12/CN 432): Das heutige große Barockhaus besteht im Kern aus 2 got. Häusern, wovon eines schon 1422 Zur Melone hieß. Nach mehreren baulichen Veränderungen erwarb es der Graf Rudolf Chotek, der nach 1760 das Haus mit dem Nebenhaus verband und zu einem Palais umbauen ließ. Die letzten baulichen Eingriffe erfolgten 1980. Im Parterre des Kernhauses ist noch ein got. Kreuzrippengewölbe zu sehen. In den Räumen finden wechselnde Ausstellungen statt.

U železných dveří / Zur eisernen Tür (Staré Město/Altstadt, Michalská ulice Nr. 19/CN 436): In die heutige Barockgestaltung des Hauses wurden 1739 Elemente vorhergehender Stilepochen miteinbezogen; so auch das got. Portal aus dem 14. Jh. und die Renaissancegiebel v. ca. 1600. Die Frontfassade ziert ein bar. Fresko des hl. Samson, der eine Eisentür trägt. Benannt wird das Haus nach einem Detail des Hauszeichens, der Eisentür. Schon im 15. Jh. als Durchgangshaus konzipiert, ist der Renaissance-Eingang in der Jilská ulice erhalten. Im 19. Jh. war hier die Redaktion der 1. tschech. Arbeiterzeitschrift »Dělnické listy«.

Velký úl / Zum großen Bienenstock (Staré Město/Altstadt, 28. října Nr. 15/CN 378): An der Ecke der Straße Na můstku mit der Front in Richtung Wenzelsplatz steht das hohe spätbarocke Gebäude. Es wurde 1789 v. dem Architekten Zacharias Fiegert errichtet. Im Giebel trägt es das Relief des namengebenden Hauszeichens.

V lázních / Im Bad (Malá Strana/Kleinseite, Lázeňská ulice Nr. 6/CN 286): Seinen Namen hat das 1862 durch einen Umbau aus 2 urspr. got. Häusern entstandene Empiregebäude v. der im 14. Jh. in einem der Häu-

Haus Zum goldenen Brunnen

Haus Zum goldenen Hirsch

ser eingerichteten Badestube behalten, was auch den Straßennamen prägte. Vom 17. bis zum 19. Jh. diente das neue Gebäude als bekanntes Prager Hotel, wo so berühmte Persönlichkeiten wie der russische Zar Peter d. Gr., der Ballonfahrer und Erfinder des Fallschirms, Jean Pierre Blanchard, und der Schriftsteller François René de Chateaubriand abgestiegen sind.
Gegenüber im Barockhaus *Zum goldenen Einhorn/U zlatého jednorožce* (Nr. 11/CN 285) logierte 1796 der Komponist Ludwig van Beethoven.

5. Geschäfts- und Verwaltungsbauten

Adria palác, jetzt Dům látek / Adria-Palast, jetzt Haus des Stoffes (Nové Město/Neustadt, Národní třída Nr. 40/CN 36): Im Auftrag der Versicherungsgesellschaft »Riunione Adriatica di Sicurita« errichteten die Architekten J. Zasche und P. Janák 1923-25 das Neurenaissancegebäude im venezianischen Stil. Die mit einer Terrasse gestaltete Hauptfront des Eckhauses ist auf die Národní třída (→Straßen, Plätze, Märkte) ausgerichtet. Sie schmückt die allegorische Plastik der Adria v. Jan Štursa* (1924). Die übrige plastische Ausstattung stammt v. O. Gutfreund und Karel Dvořák. Die astronomische Uhr im Inneren trägt Figuren v. Bohumil Kafka*.
Im Souterrain hat das berühmte Experimentaltheater Laterna Magica (→Theater S. 167) seine Bühne.

Budova Hlavní pošty / Gebäude der Hauptpost (Nové Město/Neustadt, Jindrišská ulice Nr. 14/CN 909): Das in den Jahren 1871-74 errichtete Postgebäude ist bes. in seinem Inneren sehenswert. Die Vorhalle zieren Plastiken, und die Wände des Schalterraums sind mit Szenen des Post- und Verkehrswesens v. K. V. Mašek (1901) bemalt worden. Teilweise sind die Darstellungen v. der modernen Einrichtung verdeckt.
Im 14. Jahrhundert befand sich an dieser Stelle der v. dem Florentiner Apotheker Angelus angelegte Botanische Garten, der in Europa wegen seiner Einzigartigkeit berühmt war.

Dům Nr. 29/CN 536 (Staré Město/Altstadt, Rytířská ulice): Das Neurenaissancegebäude errichteten Antonín Wiehl und Osvald Polívka 1892-95 im Auftrag der Prager Sparkasse. An der Fassadengestaltung des damals einstöckigen Baus wirkten so bedeutende Künstler wie S. Sucharda, B. Schnirch und F. Hergesell mit. In den

Haus Zum großen Bienenstock

Jahren 1954–63 wurde das Gebäude um ein Stockwerk erhöht und als Museum für Klement Gottwald, Präsident der Tschechoslowak. Republik 1948–53, eingerichtet. Seit 1990 beherbergt es wieder ein Kreditinstitut.

Koospol (Vokovice, Leninova ulice Nr. 178/CN 423): Der 1977 von dem Architektenteam V. und S. Fencl und J. Nováček errichtete fünfstöckige Gebäudewürfel wurde aus Stahlbeton und Glas auf einem zweistöckigen Unterbau konstruiert. Seine oberen Etagen beherbergen das Außenhandelsunternehmen, die unteren 2 Geschäfte.

Ministerstvo spravedlnosti / Justizministerium (Nové Město/Neustadt, Vyšehradská ulice Nr. 18/CN 427): In den Jahren 1505 bis 1884 stand an dieser Stelle eine St.-Bartholomäus-Kirche mit einem Hospital. Anschließend entstand das Neurenaissancegebäude des Justizministeriums mit einer entsprechend gestalteten Fassadenfront: eine allegorische Statuengruppe »Prag beschützt die Armen« und Skulpturen v. Schildträgern v. den Bildhauern Josef V. Myslbek*, Josef Strachovský und František Hergesell.

Dům Mladé fronty / Haus Mladá fronta (Nové Město/Neustadt, Panská ulice Nr. 8/CN 896): Das 1861 v. Ignác Ullmann errichtete Neurenaissancegebäude liegt schräg gegenüber des 1782 v. M. Hummel erbauten Kaunitz-Palais/Kounický palác (Nr. 7/CN 890). Nach dem 1. Weltkrieg war hier der Sitz des Verlags der Prager Tageszeitung »Prager Tageblatt«, in dem bedeutende Schriftsteller und Journalisten ihre Artikel und Essays veröffentlichten; Egon Erwin Kisch, der »rasende Reporter«, war hier beschäftigt. Von dem dort herrschenden Milieu hat Max Brod in seinem Roman »Rebellische Herzen« ein Stück eingefangen. Heute ist hier der Sitz der tschech. Tageszeitung »Mladá fronta«.

Mozarteum / Haus Mozarteum (Nové Město/Neustadt, Jungmannova třída Nr. 30/ CN 748): Der bedeutendste Architekt der tschech. klassischen Moderne, Jan Kotěra*, erbaute das Mozarteum in den Jahren 1911–13 als Verwaltungsgebäude für einen Musikliteraturverlag. Auftraggeber war Mojmír Urbánek. Beeinflußt vom englischen und holländischen Baustil, gestaltete er die Fassade schlicht und überwiegend aus Ziegelsteinen. Die Plastiken eines Mädchens neben dem mittleren Schaufenster schuf Jan Štursa* aus Sandstein.

Dům Olympic / Olympic-Haus (Nové Město/Neustadt, Spálená ulice Nr. 16/ CN 75): Das konstruktivistische Gebäude projektierte J. Krejcar schon in den Jahren 1926–27; damit ist es eines der ersten Bauwerke dieser Stilrichtung in Böhmen. Eine Gedenktafel erinnert an den Maler Josef Mánes*, der 1871 in dem Vorgängerhaus starb.

Petschkův dům / Petschek-Haus (Nové Město/Neustadt, Politických vězňů Nr. 20/ CN 929): Das palastartige Haus erbaute der Architekt M. Spielmann 1923–25 im Auftrag des Bankiers Petschek. Im 2. Weltkrieg kam es in den Besitz der Nationalsozialisten, die hier ihr Gestapohauptquartier mit Zellen und Folterkammern einrichteten. Eine Gedenktafel erinnert an die Opfer des Naziterrors.

Strakova akademie / Straka-Akademie (Malá Strana/Kleinseite, Nábřeží kapitána Ja-

Adria-Palast, Vestibül

roše Nr. 4,6/CN 126): Hier, am Fuß des Letná-Hügels und unmittelbar am Moldauufer, legte der Jesuitenorden einen Botanischen Garten an und richtete um 1710 eine auf die Stiftung v. Straka z Nedabylic zurückgehende Schule für Kinder des verarmten Adels ein. Als Fortführung dieser Tradition wurde 1893-95 v. Quido Bělský nach Entwürfen des Architekten Václav Roštlapil an dieser Stelle der heutige neubarocke Kuppelbau der Akademie für Söhne böhm. Adelsfamilien errichtet. Das v. L. Machoň umgestaltete Gebäude dient heute als Sitz der Regierung der ČSFR.

U černé Matky Boží / Zur schwarzen Mutter Gottes (Staré Město/Altstadt, Celetná ulice Nr. 34/CN 569): →Straßen, Plätze, Märkte.

U města Vídně / Zur Stadt Wien (Nové Město/Neustadt, Hybernská ulice Nr. 6/ CN 999): An der Stelle des heutigen kubistischen Gebäudes, das Anfang des 20. Jh. durch den v. R. Stockar geplanten Umbau eines Neurenaissancehauses entstand, befand sich ein bekanntes Prager Hotel. Hier wohnte der österreichische Schriftsteller Adalbert Stifter während seines Pragbesuchs 1865. Der Name des alten Hotels wurde an das neue Gebäude weitergegeben.

6. Öffentliche Gebäude

Hradčanská radnice / Rathaus v. Hradčany (Hradčany, Loretánská ulice Nr. 1/CN 173): Das r v. der Rathausstiege (Radnické schody) liegende Rathaus wird zum erstenmal im Jahre 1486 erwähnt. Damals gehörte es zu der ehem. Pfarre der St.-Benedikts-Kirche.
Nachdem die Gemeinde Hradčany 1598 zur königlichen Ortschaft erhoben wurde, begann 1601-04 der Neubau des Rathauses durch den Architekten Kaspar Oemlichen im Renaissancestil. An der teilweise noch erhaltenen Sgraffitofassade befindet sich über dem Portal das Wappen v. Hradčany. Auch kann man das Längenmaß einer böhm. Elle, heute 59,4 cm, dort finden. 1718 wurde das Gebäude renoviert und nach 1748 in ein Wohnhaus umgebaut.

Karolinum / Carolinum, Alte Karlsuniversität (Staré Město/Altstadt, Ovocný trh/Obstmarkt Nr. 3/CN 541 und Železná Nr. 9): Die 1. Universität Mitteleuropas wurde als »Collegium Carolinum« am 7. 4. 1348 v. Karl IV. gegr. Sie hatte zu dieser Zeit noch kein eigenes Gebäude, sondern belegte Räume v. Kirchen und Klöstern, zum Teil fanden die Vorlesungen sogar in den privaten Räumen der Lehrer statt. Im

Koospol-Gebäude

Jahre 1380 machte der Münzmeister Johlin Rothlöw König Wenzel IV. sein Haus zum Geschenk. 3 Jahre später stiftete Wenzel das Gebäude der Universität; dieses got. Haus bildet den Kern des Gebäudekomplexes der heutigen Karlsuniversität, die sich aus verschiedenen Bauwerken des 14. bis 20. Jh. zusammensetzt.

Im Rothlöw-Haus befand sich eine private Kapelle mit einem prächtigen *Erker* an der Fassade zum Obstmarkt, der bis heute alle baulichen Veränderungen überdauert hat. Den Erker, von einem kunstvollen Stützpfeiler getragen und weit in die Straße hineinragend, erbaute ein unbekannter Künstler der Parlerzeit wohl um 1380. Die Zwischenräume seiner hohen Fenster schmückten einst Figuren, die unter den reich ornamentierten, heute noch erhaltenen Baldachinen standen; darüber ragen steinerne Wasserspeier heraus. Über den Fenstern befinden sich mit Krabben und Fialen versehene Ziergiebel und eine Maßwerkgalerie. Die Kapelle war den hll. Kosmas und Damian geweiht.

Noch im Jahre 1383 wurde das Gebäude für die Bedürfnisse einer Universität mit Aula, Hörsälen und Wohnungen für die Magister umgestaltet. Im Jahre 1718 erfolgte durch den Architekten František Maximilián Kaňka ein Barockumbau der Universität, bei dem die Aula um den Raum der ehem. Kapelle erweitert wurde, wobei der Erker erhalten blieb. Von einem schon früheren baulichen Eingriff ist an der W-Fassade ein Fenster mit der Inschrift »Lex Civium Dux« v. 1687 zu sehen. Am Anfang der 80er Jahre des 19. Jh. erfolgte eine Regotisierung durch Josef Mocker*. In den Jahren 1946–50 wurden die Gebäude erneut umgestaltet. Aus dieser Zeit stammt u. a. das Eingangsportal mit den Löwenplastiken und dem Brunnen davor. Die Gewölbe im Erdgeschoß wurden rekonstruiert und die große Aula modernisiert. Bei diesen Umbauten durch den Architekten Jaroslav Fragner fand man auch 2 Felder des Laubengangs des urspr. Rothlöw-Hauses.

Auf dem Gobelin an der Stirnseite der Aula ist der vor dem hl. Wenzel kniende Gründer der Universität, Kaiser Karl IV., dargestellt. Der Wandteppich wurde in der Werkstatt v. Marie Hoppeová-Teinitzerová

< *Mozarteum, Jan Štursa: Frauenplastik*

1947 nach einem Entwurf v. Vladimír Sychra gefertigt. Die davor postierte Bronzefigur Karls IV. schuf Karel Pokorný. Den Treppenaufgang schmücken allegorische Figuren v. R. Wiesner. Im Hof befindet sich ein Bronzestandbild des Reformators Johannes Hus, der zur Zeit Wenzels IV. Rektor dieser Universität war; der Schöpfer der Plastik ist Karel Lidický (1959).
Im MA war es gebräuchlich, daß sich die Studenten nach ihren Nationen aufteilten und bei Abstimmungen über je eine Stimme verfügten. In P. gab es neben den Böhmen die Bayern, die Polen und die Sachsen. Als Johannes Hus, Rektor der Universität, unter Wenzel IV. durchsetzen konnte, daß den Böhmen 3 v. 4 Stimmen zufielen, verließen die anderen Nationen P. und gründeten eine eigene Universität in Leipzig (1410). Während der hussitischen Revolution befand sich hier ein reformatorisches Zentrum der Konservativen. Nach der Niederlage der böhm. Stände in der Schlacht am Weißen Berg (1620) gegen die kath. Liga schlossen die Jesuiten 1622 das Carolinum ihrem Collegium Clementinum an (→Sakralbauten: Klöster, Clementinum). Die so entstandene Universität wurde 1654 in Karl-Ferdinand-Universität umbenannt, die 1882 in eine dt. und eine tschech. aufgeteilt wurde. Erst 1918, im

Carolinum (gotischer Erker)

Straka-Akademie

Jahr der Gründung der 1. Tschechoslowak. Republik, wurde der urspr. Name Carolinum wieder aufgenommen und beibehalten.

Palác kultury / Kulturpalast (Nusle, 5. května/5. Mai Nr. 65/CN 1640): Auf der S-Seite des Nusle-Tals errichteten die Architekten J. Mayer, V. Ustohal und J. Karlík den Kulturpalast als sechsgeschossiges Gebäude über einem polygonalen Grundriß. Er nimmt eine Fläche v. ca. 4,5 ha ein.
Die Fassade der Aluminiumkonstruktion ist mit Bauplatten und Glasflächen verkleidet.
Der riesige Bau beherbergt neben verschiedenen Versammlungsräumen und Restaurants 5 große Säle für kulturelle und politische Veranstaltungen. Der größte, der Kongreßsaal, ist mit einer Orgel ausgestattet und bietet 3000 Besuchern Platz.
An der Innenausstattung beteiligten sich viele tschech. Künstler wie L. Kaprasová und Cyril Bouda (Wandteppiche), J. Grimm und K. Souček (Gemälde), die Brüder Petr und Paul Pataki (Plastiken), Klára Pataki und Z. Vodička (Reliefs), J. Míčková und Antonín Procházka (Glas) u. a.
Auf dem Vorplatz steht die Skulptur »Freudiger Tag« v. J. Hána.

Malostranská beseda / Ehem. Kleinseitner Rathaus (Malá Strana/Kleinseite, Malostranské náměstí/Kleinseitner Ring Nr. 21/CN 35): An der O-Seite des Platzes, Ecke Letenská ulice wurde das Gebäude als 3. Rathaus der Kleinseite Ende des 15. Jh. erbaut. Das 1. Rathaus stand in der Mitte des Platzes, wo sich heute das Jesuitenkolleg neben der St.-Nikolaus-Kirche (→Sakralbauten: Kirchen, Kostel svatého Mikuláše) erstreckt und das 2. am sö Rand des Platzes (Nr. 2/CN 271).
Sein heutiges Aussehen ist größtenteils von einem Spätrenaissanceumbau geprägt, wahrscheinlich durch Giovanni Maria Filippi 1617–30. Aus dieser Zeit blieb eine Holztür, eine kostbare Einlegearbeit, erhalten. Heute kann man sie im Treppenhaus im →Staroměstská radnice/Altstädter Rathaus sehen, wo sie schon 1784 hingebracht wurde, als die einzelnen Prager Städte aufgelöst und zu einer Einheit zusammengeschlossen wurden. Im Rahmen dieser Umstrukturierung wurde das Kleinseitner Rathaus aufgehoben.
Einem erneuten Umbau in der 1. Hälfte des 19. Jh. fielen die markanten Erker und Ecktürme zum Opfer.
Während der Bauarbeiten entdeckte man in dem zugemauerten Kellergeschoß einige Kostbarkeiten, darunter auch ein Kleinseit-

Ehemaliges Kleinseitner Rathaus

ner Gesangbuch v. 1572 (heute in der Staatsbibliothek).
Eine Gedenktafel an der Fassade verweist auf folgendes historisches Ereignis: Im Jahre 1575 fand hier eine Zusammenkunft der böhm. Ständeführer der Reformationsbewegung statt, die hier den Text der sog. Böhm. Konfession formulierten, der neben politischen Forderungen auch die nach Religionsfreiheit beinhaltete. Erst unter König Rudolf II. wurde sie in das Gesetzbuch aufgenommen.
Heute wird das Gebäude für kulturelle Veranstaltungen genutzt.

Nová radnice / Neues Rathaus (Staré Město/Altstadt, Mariánské náměstí Nr. 2/CN 2): Das die O-Seite des Platzes einnehmende neue Rathaus der Hauptstadt P. errichtete der Architekt Osvald Polívka in den Jahren 1908–11 an der Stelle einer älteren Bebauung. Das Spätjugendstilgebäude trägt reichen plastischen Schmuck bedeutender Künstler: Das Relief über dem Eingang und die Statuengruppen auf dem rechten Sims (Allegorien der Revision und Buchhaltung) stammen v. Stanislav Sucharda, die Figuren auf dem Balkon und dem linken Sims (Allegorien der Bescheidenheit, Edelmut, Kraft und Ausdauer) v. Josef Mařatka, die überlebensgroßen Statuen »Der eiserne Ritter« und »Rabbi Löw« v. Ladislav Šaloun*.
Seit 1945 beherbergt das Gebäude den Sitz des Bürgermeisters und des Nationalausschusses der Stadt P.
Das gegenüberliegende Gebäude gehört zum Clementinum (→Sakralbauten: Klöster, Klementinum), das n mit dem statuengeschmückten Balkon beherbergt die städtische Volksbücherei. Ihr gegenüber liegt hinter einer Mauer der Garten des Clam-Gallas-Palais (→Profanbauten: Schlösser, Palais). In dieser Mauer befindet sich ein Steinbrunnen mit der symbolischen Figur der Moldau (Kopie); das Original schuf Václav Prachner 1812.

Novoměstská radnice / Neustädter Rathaus (Nové Město/Neustadt, Karlovo náměstí/Karlsplatz Nr. 23/CN 1): Das Rathausgebäude entstand nach der Gründung der Neustadt 1348 durch Kaiser Karl IV. als

Neues Rathaus, Statue des Rabbi Löw >

zweiflügeliges got. Eckhaus in mehreren Bauetappen ab 1367. In den Jahren 1377–98 errichtete man zuerst den O-Flügel an der Vodičkova ulice; 1411–18 folgte der Bau des S-Flügels zum Karlsplatz und 1451–56 der Turm. Der S-Flügel wurde 1520–26 wahrscheinlich v. Benedikt Ried* im Renaissancestil umgestaltet, wobei die Stabwerkgiebel im spätgot. Stil gehalten sind. Nach einem Brand v. 1559 erfolgte ein weiterer Umbau des Rathauses, der seine Größe bis heute als Vierflügelanlage mit Innenhof bestimmt.

Mit dem Zusammenschluß der Prager Städte 1784 wurde das Neustädter Rathaus in das →Staroměstská radnice/Altstädter Rathaus verlegt und das Gebäude als Gericht, Gefängnis und Standesamt genutzt.

Im Jahre 1806 erfolgte eine äußerliche Vereinheitlichung des Baus im Empirestil, dessen Spuren 100 Jahre später bei einer Rekonstruktion des Rathauses im Zustand v. 1526 durch A. Wiehl und K. Hilbert größtenteils beseitigt werden konnten.

Der heutige Trauungssaal im Erdgeschoß ist ein zweischiffiger Raum mit einem Kreuzgewölbe, geschaffen 1415 v. Martin und Bartholomäus Frycko und dem Steinmetzen Stanko Kříž. In dem mehrfach umgestalteten Turm (Renaissancefenster, Barockturm) wurde 1738 eine Barockkapelle eingebaut.

Als kostbarstes Ausstattungsstück gilt eine got. Statue des »Leidenden Christus«, geschnitzt aus Lindenholz um 1413 (heute im Museum der Hauptstadt P.).

Die vor dem Rathaus auf dem Platz 1960 errichtete Bronzeplastik des Jan Želivský, ein Werk der Bildhauerin Věra Lukošová, erinnert an den 1. Prager Fenstersturz, der Auslöser der revolutionären Hussitenbewegung war. Am 30.7. 1419 zog Jan Želivský mit einer Prozession zum Neustädter Rathaus, um die Freilassung der dort eingesperrten Reformatoren zu erwirken. Auf die provozierende Reaktion der Ratsherren folgte eine Erstürmung des Gebäudes, die mit dem Sturz der Ratsherren aus dem Fenster endete.

Der im Park stehende Barockbrunnen mit der Josefssäule ist eine Arbeit des Bildhauers Matthäus Wenzel Jäckel* (1698).

Obecní dům / Gemeinde- oder Repräsentationshaus (Staré Město/Altstadt, Náměstí republiky/Platz der Republik Nr. 5/CN 1090): Auf diesem Areal stand der *ehem. Königshof*, den König Wenzel IV., der Sohn Kaiser Karls IV., ca. 1380 anstelle der Prager Burg (→Profanbauten, Burgen: Pražský hrad) als Residenz bezog. Der Königshof diente als Regierungssitz, bis 1484 König Vladislav Jagiello seinen Sitz wieder auf die Burg verlegte. Bis zum Jahre 1777 war daraufhin das Erzbischöfliche Seminar hier angesiedelt, anschließend eine Kaserne mit Kadettenschule, bis der Gebäudekomplex 1903/04 ganz niedergerissen wurde.

Im Auftrag der Prager Gemeinde errichteten hier, unmittelbar neben dem Pulverturm/Prašná brána (→Straßen, Plätze, Märkte: Náměstí republiky), die Architekten Antonín Balšánek und Osvald Polívka den heutigen Sezessionsbau. Seine hervorstechenden Merkmale sind die große Glaskuppel und der prächtige gußeiserne Portikus mit seiner kunstvollen Bleiverglasung. Die große Lünette unterhalb der Kuppel schmückt ein Mosaik v. Karel Špillar. Das Bild trägt den Titel »Hold Praze«/»Huldigung an Prag«. Beiderseits des Mosaiks stehen allegorische Plastiken v. Ladislav Šaloun: »Demütigung und Auferstehung des Volkes«. Die Lichtträger auf den Balkonstützen stammen v. Karel Novák. Die Fassadenreliefs und -ornamente schufen bedeutende Künstler wie Antonín Štrunc, Čeněk Vošmík, Antonín Mára, Josef Mařatka, František Úprka u. a.

Auch die Interieurs der 6 großen Säle, der Büroräume und der Cafés und Restaurants im Erdgeschoß sind kunstvoll ausgestattet. Den prächtigen *Smetana-Saal* in der Gebäudemitte schmücken die Statuen »Böhm. Tänze« und »Vyšehrad« v. Ladislav Šaloun sowie Fresken v. Karel Špillar und die Deckendekoration v. Karel Novák. In diesem Raum findet u. a. die alljährliche Eröffnung des Musikfestivals »Prager Frühling« statt. Außerdem ist das Repräsentationshaus ein bedeut. historischer Schauplatz: Am 28.10. 1918 wurde hier die 1. Tschechoslowak. Republik ausgerufen.

Parlament – Federální shromáždění / Parlament bzw. Gebäude der Föderalversammlung (Nové Město/Neustadt, Wilsonova ulice Nr. 6/CN 52): Das Parlamentsgebäude liegt n des Nationalmuseums (→Museen), benachbart zum Smetana-Theater (→Profanbauten: Theater). Hier ist der Sitz der obersten gesetzgebenden Institution, der Volkskammer und der Kammer der Nationen. Die 1936–38 v. J. Rössler erbaute ehem. Börse wurde Anfang der 70er Jahre zu dem heutigen exzentrischen Bau nach Plänen v. Karel Prager u.a. erweitert. Vor dem Gebäude steht der Pylon der tschechoslowak. Staatlichkeit. Die Plastiken mit dem Titel »Atomzeitalter« schuf V. Makovský.

Rudolfinum / Haus der Künstler (Staré Město/Altstadt, Náměstí Jana Palacha Nr. 1/CN 79): Das Rudolfinum wurde im Auftrag der Böhm. Sparkasse v. den Architekten Josef Zítek* und Josef Schulz 1876 bis 1884 erbaut. Neben dem Nationaltheater (→Profanbauten: Theater, Národní divadlo) ist es das bedeutendste Neurenaissancegebäude in P. Zu der als Halbrund angelegten, mit Halbsäulen gegliederten Portalfront führt eine Freitreppe, flankiert v. Seitenrisaliten. Über dem rustizierten Sockelgeschoß erhebt sich ein zweites, durch Pilaster gegliedertes und darüber ein Dachaufbau, der in seiner Rundung die Portalfront wiederholt.
Auf der Attika stehen Skulpturen bekannter Künstler und Komponisten. Die allegorischen Statuen »Kunst« und »Musik« zu beiden Seiten der Treppe schuf Antonín Wagner. Die gußeisernen Standleuchter stammen v. Josef Schulz. Den Dachaufbau schmückten anstelle der heutigen Stukkaturen Reliefs.
Urspr. diente das Rudolfinum, nach dem kunstliebenden König Rudolf II. benannt, der Pflege der Musik und der bildenden Künste. In den Jahren 1918–38 und 1945 bis 1946 wurde es zum Sitz der Nationalversammlung. Seit 1946 ist es wieder ein zentraler Ort des Musiklebens. Im Dvořák-Saal, einem schönen Säulensaal, finden viele Konzerte des Musikfestivals »Prager Frühling« statt.

Slovanský dům / Slaw. Haus, ehem. Dt. Haus (Staré Město/Altstadt, Na příkopě/Am Graben Nr. 22/CN 859): Das Gebäude wurde um 1700 als Přichovský-Palais im Barockstil erbaut. Im Jahre 1798 gestaltete der Baumeister Philipp Heger das Palais im klassizistischen Stil um. Die Barockportale blieben jedoch erhalten. Für die Nutzung als dt. Kasino erfolgte ein entsprechender Umbau der Interieurs.
Nach 1945 wurde es in Slaw. Haus umbenannt und beherbergt heute ein kulturelles und gesellschaftliches Zentrum mit einem Restaurant.

Repräsentationshaus

Rudolfinum

Spartakiádní stadión / Spartakiaden-Stadion (Břevnov): Das w des Petřín auf einer Fläche v. 6 ha gelegene Stadion gilt als eines der größten der Welt und bietet Platz für mehr als 200 000 Besucher. Die gesamte Anlage umfaßt eine Schwimmhalle, mehrere Turnhallen und Verwaltungsräume. Mit dem Bau wurde 1926 v. dem Architekten A. Dryák begonnen. Bis zu seinem letzten umfassenden Umbau 1975 durch O. Honke-Houfek, Z. Kuna und Z. Stupka wurde das Stadion mehrfach umgebaut und erweitert.

In seiner unmittelbaren Nähe liegt das 1976–78 v. Petr Kutnar und Svatopluk Zeman erbaute *Evžen-Rošický-Stadion* für Leichtathletik, das nach dem 1942 v. den Nationalsozialisten umgebrachten Journalisten und Leichtathleten Evžen Rošický benannt ist. Zu seinem Gedenken werden jährlich besondere Wettkämpfe ausgetragen. Beachtenswert ist die v. M. und B. Benda geschaffene Frauenstatue mit Fackel.

Staroměstská radnice / Altstädter Rathaus (Staré Město/Altstadt, Staroměstské náměstí/Altstädter Ring Nr. 3/CN 1): Der heutige Gebäudekomplex des Altstädter Rathauses besteht aus einem Zusammenschluß verschiedener Häuser des 14. bis

Gebäude der Föderalversammlung

19. Jh., die im Laufe der Zeit mehrfach verändert worden sind.
Nachdem König Johann v. Luxemburg der Altstädter Gemeinde 1338 die Einrichtung eines Rathauses erlaubt hatte, kaufte der Rat 2 Bürgerhäuser am Altstädter Ring (→Straßen, Plätze, Märkte: Staroměstské náměstí) und ließ sie bis 1371 als Rathaus umbauen. Diese Häuser waren das *Wolflinisches Haus* genannte Eckhaus mit Turm und das l in Richtung Kleiner Ring (→Malé náměstí) anschließende *Kříž-Haus.* Die Häuser wurden aufgestockt und der Turm auf fast 60 m erhöht. Bereits 1364 waren der Rathausturm und die unter ihm befindliche Erkerkapelle fertiggestellt. Die 1. astronomische Uhr des Rathauses entstand schon Anfang des 15. Jh. an der S-Seite des Turmes. Im Jahre 1458 wurde das l benachbarte *Mikeš-Haus* angeschlossen. An der Wende vom 15. zum 16. Jh. wurde der ganze Baukomplex spätgot. vereinheitlicht. Aus dieser Zeit stammen das Hauptportal und das l neben ihm liegende Fenster in der S-Fassade des ehem. Wolflinischen Hauses, links neben der astronomischen Uhr. Das spitzbogige Portal mit reicher Blumenornamentik wird dem Baumeister und Steinmetzen Matej Rejsek* zugeschrieben. Die frühbarocke geschnitzte Tür datiert v. 1652. Das Doppelfenster, im gleichen Stil wie das Portal gestaltet, schmücken zusätzliche Wappen. Das l angrenzende Haus, das ehem. Kříž-Haus, wurde um 1520 mit Renaissancefenstern ausgestattet. Bes. schön ist das durch zarte Pilaster dreigeteilte Fenster mit dem unverhältnismäßig großen Tympanon, das die Wappen der Altstadt trägt. Darunter ist die Inschrift »Praga caput regni« zu lesen. Die Seitenfenster und das Gitter wurden erst 1731 hinzugefügt. Um 1830 erfolgte eine erneute bauliche Erweiterung des Komplexes durch die Einbeziehung des letzten Hauses dieser Zeile, genannt *U kohouta* (»Zum Hahn«). Im Kellergeschoß dieses Hauses mit Empirefassade vom Anfang des 19. Jh. verbirgt sich ein roman. Raum aus dem 12. Jh. Das ehem. Mikeš-Haus, r v. letzterem, wurde in den Jahren 1879–80 im Neorenaissancestil umgebaut.
Die urspr. Laubengänge im Erdgeschoß des Rathauses mit ihren got. Gewölben sind erst 1938 v. Pavel Janák freigelegt und anschließend verglast worden.
An der Stelle der heutigen Parkanlage stand urspr. der O-Flügel des Rathauses, bzw. des ehem. Wolflinischen Hauses. Nach einem klassizistischen Umbau v. 1784–87 wurde es in der 1. Hälfte des 19. Jh. mit den angrenzenden Häusern niedergerissen und 1841–44 v. Paul Sprenger und

Slovansky dům (Slawisches Haus)

Altstädter Rathaus

P. Nobile im neugot. Stil erneuert (→Straßen, Plätze und Märkte: Staroměstské náměstí).
Während des Prager Aufstandes im Mai 1945 blieb nach den Zerstörungen durch die Nationalsozialisten v. dem O-Flügel nur ein Torso. Er wurde als Mahnmal belassen. Inzwischen liegen aber bereits vieldiskutierte Entwürfe für einen modernen Anbau vor. Der S-Flügel wurde 1978–81, der Turm 1984–87 restauriert.
Durch das spätgot. Hauptportal gelangt man in ein reich ausgestattetes Vestibül. Die Wände tragen Mosaiken mit den Darstellungen »Prag und die Huldigung der slaw. Stämme« und »Libuše prophezeit den Ruhm der Stadt Prag«, entstanden nach Entwürfen des Malers Mikoláš Aleš (1937). Das Gewölbe zieren Wappen des Königreichs Böhmen und der Prager Altstadt, sowie eine St.-Wenzels-Darstellung (1934–39). Der darüberliegende Gemeindesaal, 1945 zerstört und wieder aufgebaut, enthält eine sehenswerte Decke v. 1650 und reich profilierte Portale der Spätgotik. Aus dieser Zeit stammt auch die Ratsstube, ein vertäfelter Raum mit einer kostbaren Balkendecke. Über dem Haupteingang ist das Altstädter Wappen mit einem v. einer gepanzerten Faust gehaltenen Schwert, verliehen v. Ferdinand III. (1649), angebracht. Der Seiteneingang trägt das ältere, in Holz gearbeitete Stadtwappen. Ausgestattet ist der Raum mit Plastiken der hll. Wenzel und Ludmilla, einer Marienstatue aus dem 16. Jh., Johannes d. T. und einem Schmerzensmann v. 1410, einem Kachelofen mit schöner Ornamentik und einem Relief »Die Gerechtigkeit« sowie 42 Prager Handwerkszeichen und Fahnen aus dem Dreißigjährigen Krieg. Durch einen Zwischenraum gelangt man in den neuen Sitzungssaal. Ihn schmücken 2 interessante Historiengemälde v. Václav Brožík: »Magister Johannes Hus vor dem Konzil in Konstanz« und »Die Wahl Georgs v. Podiebrad zum böhm. König«, die tatsächlich 1458 hier stattgefunden hat. Am linken Rand des Bildes hat sich der Maler selbst verewigt.
Unterhalb der Ratsstube liegt der noch heute genutzte Trauungssaal mit Wandmalereien v. Cyril Bouda.
Durch ein kostbares Renaissanceportal, gearbeitet aus rotem Marmor (Ende 16. Jh.), mit einer mit Intarsien geschmückten Holztür (ca. 1619), gelangt man ins Treppenhaus. Die Tür wurde aus dem ehem. Kleinseitner Rathaus hierhergebracht (→Malostranská radnice). Das gegenüberliegende Portal ist eine Kopie mit der Büste Karls IV. v. 1950. Von hier gibt es einen Aufstieg zum *Rathausturm*. Von seiner fast

Altstädter Rathaus, Renaissance-Fenster

70 m hohen Galerie hat man einen schönen Ausblick über die Stadt.

Neben seiner Nutzung für Ausstellungen und als Trauungsort dient das Rathaus auch Repräsentationszwecken der Gemeinde.

Der prächtige *Erker* an der O-Seite des Gebäudes unterhalb des Rathausturmes gehört zu einer got. Erkerkapelle, die um 1360 begonnen, erst 1381 der Jungfrau Maria geweiht wurde. Von ihrem achteckigen Grundriß treten 5 Seiten nach außen, deren Breite v. Fenstern ausgefüllt wird. Die Fenster, deren Bogenzwickel reich mit Maßwerk verziert sind, bekrönen mit Krabben geschmückte Ziergiebel. Die Fenstersockel tragen verschiedene Wappen als Dekor. Unter den Baldachinen stehen Säulenfiguren des 19. Jh. v. J. Max. Gestützt wird der Erkerbau v. nur einem einzigen Pfeiler. Links neben dem Erker an der Gebäudeecke steht unter einem Baldachin eine Marienstatue. Sie ist eine Kopie einer 1381 aus Sandstein gearbeiteten Figur, die sich heute im Museum der Hauptstadt P. befindet.

Wenige Tage vor Ende des 2. Weltkriegs wurde der Erker beim Beschuß des Rathauses durch dt. Truppen stark beschädigt und der O-Flügel völlig zerstört. Inzwischen ist die Erkerkapelle umfassend restauriert und dient wie schon nach dem 1. Weltkrieg als Gedenkstätte für die Gefallenen. Um den Erker wurden weitere Gedenkstätten angelegt: Eine Bronzeplatte v. K. Lidický (1960) erinnert an den Hussitenführer Jan Želivský, der 1422 vor dem Rathaus hingerichtet wurde (→Novoměstská radnice/Neustädter Rathaus, 1. Prager Fenstersturz).

Auf einer weiteren Bronzetafel stehen die 27 Namen der Anführer der protestantischen Stände, die nach der 1620 verlorenen Schlacht am Weißen Berg (→Sakralbauten: Kirchen, Chrám Panny Marie Vítězné) im darauffolgenden Jahr auf dem Altstädter Ring auf Befehl des Habsburgers Ferdinand II. hingerichtet wurden. An besagter Stelle sind 27 Kreuze und 2 gekreuzte Schwerter mit Dornenkranz in das Pflaster eingelassen.

Eine in die Fassade des Erkers eingemauerte Kassette enthält Erde v. dem Ende des 2. Weltkrieges heftig umkämpften Dukla-Paß. Dort hatten Tschechen und Russen 1944 die dt. Besatzungsarmee zurückschlagen können.

An der S-Wand des Turms befindet sich die *astronomische Uhr/Orloj*, eine weltberühmte Attraktion, vor der stündlich die Menschen zusammenströmen, um dem Apostelzug beizuwohnen. Oberhalb der Uhrenscheibe zieht zu jeder vollen Stunde

Altstädter Rathaus, Renaissance-Portal

Altstädter Rathaus, Erkerkapelle

der Zug der 12 Apostel, sechs l und sechs r, in den Fenstern vorüber. Dann schließen sich die Fenster, der 1882 hinzugefügte Hahn flattert mit den Flügeln und kräht, der Tod dreht das Stundenglas, und es ertönt das Totenglöckchen.
Um 1410 wird zum erstenmal eine v. dem Uhrmachermeister Nikolaus v. Kaaden gefertigte astronomische Uhr erwähnt. Diese wurde 1490 v. Magister Hanuš, einem bedeutenden Astronomen der Prager Karlsuniversität, umgebaut und verbessert. Um ihre Einzigartigkeit herauszustellen, wird folgende Anekdote erzählt: Die Ratsherren ließen den Magister Hanuš nach Fertigstellung der Uhr blenden, damit er kein weiteres vergleichbares Kunstwerk schaffen könne. Daraufhin hielt der so Erblindete die Uhr an, und sie stand bis Mitte des 16. Jh. still.
In den Jahren 1552–60 und im 19. Jh. folgten weitere Erneuerungen des Uhrwerks. Die allegorischen Plastiken an den Pfeilern der Ädikula, urspr. aus dem 17. und 18. Jh., stammen v. Vojtěch Sucharda, der sie nach dem Brand v. 1945 erneuerte. So auch die Apostel des stündlichen Umzugs, urspr. v. 1864. Die Statuen am oberen Pfeiler sind v. l nach r: die Eitelkeit mit einem Spiegel, der Geiz mit einem Geldsack, der Tod mit einem Stundenglas und das Heidentum als Türke. Die Figur des Erzengels Michael am unteren linken Pfeiler symbolisiert den biblisch vorausgesagten Stillstand der Zeit mit dem Weltgericht am Ende.
Die Uhr setzt sich v. unten nach oben aus 3 Teilen zusammen: der Kalenderscheibe, der Uhrenscheibe und dem Apostelumzug (vgl. oben).
Die Scheibe des Kalendariums ist mit den Motiven der Tierkreiszeichen und den ihnen entsprechenden Monaten, dargestellt als Szenen des Landlebens, v. Josef Mánes* 1865 in Öl auf Kupfer bemalt worden. Seine Mitte schmückt das Wappen der Prager Altstadt. Heute sieht man hier eine Kopie v. Bohumil Cilas. Das Original ist im →Museum der Hauptstadt Prag. – Der äußere Ring ist in 365 Abschnitte, entsprechend der Anzahl der Tage pro Jahr, eingeteilt. Jeweils um Mitternacht rückt sie einen Abschnitt vor und zeigt so den Jahresablauf an. – Die arabischen Ziffern auf dem äußeren Zifferblatt der Uhrenscheibe geben die böhm. Zeiteinteilung in fortlaufenden 24 Stunden an, d.h. von einem Sonnenuntergang zum anderen.
Die röm. Ziffern stehen für die heute gebräuchliche Einteilung in 2 mal 12 Stunden. Der längere Zeiger verweist auf die böhm. und der kürzere auf die heute übliche Zeitangabe. Die 12 bogenförmigen Linien mit schwarzen Zahlen zeigen die Planetenstellung zwischen Sonnenauf- und Sonnenuntergang an. Der über der Scheibe liegende 3. Ring mit den Tierkreiszeichen bezeichnet mittels des goldenen Zeigers den jeweiligen Monat und die Stellung des Mondes.

< Astronomische Uhr

Televizní studio / Fernsehstudio ›Kavčí hory‹ (Podolí, Kavčí hory): In dem s der Burg →Vyšehrad liegenden Stadtteil Podolí befindet sich das Areal des Tschechoslow. Fernsehens. Der gesamte Gebäudekomplex wurde in mehreren Bauetappen v. 1962–79 v. den Architekten J. Holý* und F. Smolík* errichtet. Das Hauptgebäude überragt mit seiner Höhe v. 50 m die anderen um ein Vielfaches.

Televizní věž / Fernsehturm (Vinohrady, Mahlerovy sady): Der umstrittene Fernsehturm steht in dem nach Gustav Mahler benannten Park inmitten eines Wohnviertels. Die Grundsteinlegung erfolgte am 24. Oktober 1985. Der Termin für seine Fertigstellung ist Sommer 1991. Der v. Alex Bém* projektierte Turm, konstruiert aus 3 gewaltigen Röhren und 3 Plattformen, wird 216 m hoch und 3 Fernsehstationen beherbergen. Die übrigen Räumlichkeiten sind als Aussichtsrestaurants geplant. In der Eingangshalle sollen Geschäfte eingerichtet werden.

Veletržní palác / Messepalast (Holešovice, Dukelských hrdinů Nr. 45/CN 530): Das gewaltige Gebäude stammt urspr. v. den Architekten O. Tyl und J. Fuchs, die es 1924–28 als Prager Messepalast im konstruktivistischen Stil errichteten. Nach dem verheerenden Brand v. 1974 wurde es wieder aufgebaut. Hier soll eine permanente Gemäldeausstellung der Nationalgalerie mit Werken des 20. Jh. untergebracht werden.

Židovská radnice / Jüd. Rathaus (Josefov/Josefstadt, Maiselova ulice Nr. 18/CN 250): Das Rathaus der ehem. Prager Judenstadt wurde 1586 als Stiftung des damaligen Bürgermeisters Mordechaj Maisl (→Sakralbauten: Synagogen, Maislova synagóga) v. dem ital. Architekten Pankraz Roder im Renaissancestil erbaut. Um 1763 gestaltete es J. Schlesinger barock um. Gleichzeitig wurde der hölzerne Turm hinzugefügt, an dessen Seitengiebel sich eine hebräische Uhr befindet. Ihre Zeiger laufen linksherum, so wie auch die hebräische Schrift v. r nach l gelesen wird. Anfang des 20. Jh. wurde das Rathaus durch einen s Anbau noch erweitert. Die im 1. Stock liegende *Hohe Synagoge/Vysoká synagóga* aus dem 16. Jh. erhielt erst im 19. Jh. einen vom Rathaus unabhängigen Eingang (→Sakralbauten: Synagogen).
Heute beherbergt das Gebäude den Sitz der Prager Jüd. Gemeinde und den Rat der Jüd. Gemeinde in der ČSFR. Hier befinden sich außerdem die Redaktion des Gemeindeblattes »Věstník« und ein koscheres Restaurant.

7. Theater

Divadlo ABC / Theater ABC (Nové Město/Neustadt, Vodičkova ulice/Wassergasse Nr. 28/CN 699, Ecke V jámě): Das Theater ist in den Jahren 1929–38 als Osvobozené divadlo (»Befreites Theater«) bekannt geworden; es ist eng verknüpft mit den Namen der Schauspieler und Dramatiker Jan Werich und Jiří Voskovec (»V & W«) sowie des wohl berühmtesten tschech. Jazzkomponisten Jaroslav Ježek. Das avantgardistische »Befreite Theater« spielte sowohl als Theaterform als auch durch das dramatische Schaffen des Duos V & W in der tschech. Kultur zwischen den beiden Weltkriegen eine ungewöhnliche Rolle und beeinflußte nachhaltig viele tschech. Theater.
Heute beherbergt das 1928 v. O. Polívka* errichtete Gebäude das Theater ABC.

Bránické divadlo pantomimy / Braníker Pantomime-Theater (Braník, Branická ulice 63): 1981 wurde das Pantomime-Theater in dem

< *Fernsehturm*

s Vorort gegr. Verschiedene Ensembles und vor allem junge Talente zeigen hier ihr Können. Jeweils in der 2. Junihälfte findet ein interessantes Festival statt.

Černé divadlo / Schwarzes Theater (z. Zt. Pařížská ulice 4, Josefov): Im Jahre 1961 gründete das Theater-Multitalent Jiří Srnec das »Schwarze Theater«. Nach dem unmittelbaren großen Erfolg in P. folgte bereits 1 Jahr später der internationale Durchbruch beim Theaterfestival in Edinburgh. Die Idee steht in der Tradition des japanischen Puppenspieltheaters: schwarzgekleidete Schauspieler machen sich vor schwarzem Hintergrund unsichtbar. Sichtbar bleiben lediglich die Dinge, die nicht schwarz sind. Auf diese Weise verliert die Schwerkraft ihre Bedeutung, und Requisiten werden lebendig. Da das Theater in P. noch immer keine feste Bühne hat, tritt das Ensemble vorwiegend im Ausland auf, wovon über 200 internationale Tourneen zeugen.

Laterna Magika / Laterna Magica (Nové Město/Neustadt, Národní třída Nr. 40/ CN 36): Im Erdgeschoß des Palais Adria ist das berühmte Experimentaltheaterstudio Laterna Magica (= »Zauberlaterne«) des Nationaltheaters untergebracht. Hier werden Schauspielkunst, Ballett, Pantomime und Filmtechnik auf faszinierende Weise miteinander verbunden, indem die Schauspieler vor einer Vielzahl v. Projektionsebenen scheinbar in den projizierten Filmen und Diapositiven agieren und damit Traum und Wirklichkeit verschmelzen; für den Zuschauer faszinierend und verwirrend zugleich. Der bekannte Prager Regisseur Alfred Radok realisierte seine Idee erstmals und mit großem Erfolg auf der Brüsseler Weltausstellung 1958.

Národní divadlo / Nationaltheater (Nové Město/Neustadt, Národní třída Nr. 2/ CN 223): Das Nationaltheater verkörpert neben seiner herausragenden Architektur des 19. Jh., seiner ausgezeichneten Bühne und der reichen Ausstattung durch viele namhafte Künstler auch immer ein Symbol des tschech. Nationalbewußtseins. Denn es war die tschech. Bevölkerung, die durch Sammlungen die finanziellen Mittel zum Bau dieses Theaters aufbrachte. Auf seiner Bühne sollte die tschech. Sprache gesprochen werden und nicht wie in den übrigen Theatern die deutsche.

Die Grundsteinlegung erfolgte im Jahre 1868. Der Architekt Josef Zítek* baute in die Grundmauern dieses Neurenaissancegebäudes als Ausdruck der nationalen Idee Steine v. besonderen Orten aus Böhmen und Mähren ein.

Der Maler Vincenc Beneš hat diese Landschaften auf Gemälden im Foyer der 1. Galerie festgehalten.

Im Jahr der Eröffnung 1881 (mit Bedřich Smetanas »Libuše«) brannte das Theater aus. Doch wurde es in den folgenden 2 Jahren v. Josef Schulz wieder aufgebaut und durch Einbeziehung eines kleineren Theaters an der Rückseite und eines Wohnhauses vergrößert, so daß die 2. Eröffnung am 18. 11. 1883 stattfinden konnte. Den Haupteingang an der Národní třída (→Straßen, Plätze, Märkte) bildet ein erhöhter Portikus mit 5 Arkaden, dessen Lünetten Josef Tulka mit Allegorien der 5 Lieder bemalte.

Die Nischenfiguren der tschech. Sagengestalten Lumír und Záboj zu beiden Seiten stammen v. Antonín Wagner*. Auf dem Portikus steht die Statue des Apollon, umgeben v. den 9 Musen. Diese Skulpturen, die plastische Ausarbeitung des Frieses

Jüd. Rathaus

Nationaltheater

und den Entwurf für das bronzene Dreigespann mit dem Wagen der Siegesgöttin oben auf den Ecken des Gebäudes schuf Bohuslav Schnirch*. Die allegorischen Figuren »Schauspiel« und »Singspiel« über dem der Vltava (Moldau) zugewandten w Portal sind Werke des Bildhauers Josef V. Myslbek*, während die übrigen Darstellungen v. Schauspiel, Komödie, Oper, Geschichte und Dichtung v. Antonín Wagner* stammen. Das schon v. weitem erkennbare typische Dach bekrönt eine goldene Balustrade.

Auch die künstlerischen Arbeiten im Inneren nehmen Bezug auf das Theater, die schönen Künste und die nationale Geschichte des tschech. Volkes. Die Decke des Foyers trägt ein dreiteiliges Fresko mit den Themen Verfall, Wiedergeburt und Blüte der Kunst v. František Ženíšek, der ebenfalls der Schöpfer der Wandbilder ist. Den Bilderzyklus »Meine Heimat« in den Lünetten entwarf Mikoláš Aleš*. An der n Stirnseite steht die Statue »Allegorie der Musik« v. Josef V. Myslbek*. An den Wänden des Foyers, in der Vorhalle und im Gang sieht man eine Art Porträtgalerie v. Büsten: Persönlichkeiten, die sich um die Kunst und das Theater bes. verdient gemacht haben. Die Darstellung der schönen Künste an der Decke des Zuschauerraums malte František Ženíšek.

Den Vorhang gestaltete Vojtěch Hynais mit einem Gemälde, das an den Bau des Theaters erinnert.

An der O-Seite des Nationaltheaters schließt der moderne, mit großformatigen Glasbauelementen ummantelte Gebäudekomplex der *Nová scéna/Neuen Szene* mit einem Verwaltungs- und Restaurantflügel an. In den Jahren 1977–83 v. K. Prager erbaut, bildet sie zusammen mit dem älteren Theater einen Platz. Die Skulptur stammt v. J. Malejovský.

Jedes der neuen Gebäude ist 7 Stockwerke hoch, konstruiert aus einem Stahlgerüst, verkleidet mit Glas, Aluminium und grünem Marmor. Bes. interessant ist die moderne Bühne, die sich sogar in eine Arena verwandeln läßt.

Nationaltheater, Siegesgöttin

Nostické divadlo / Nostitz-Theater (Staré Město/Altstadt, Železná ulice/Eisengasse Nr. 11/CN 540): →Tylovo divadlo/Tyl-Theater.

Nová scéna / Neue Szene (Nové Město/Neustadt, Národní třída) →Národní divadlo/Nationaltheater.

Divadélko Říše loutek / Reich der Marionetten (Staré Město/Altstadt, Žatecká ulice Nr. 1): Bei diesem Theater handelt es sich um ein beliebtes Prager Marionettentheater, an dem vor allem Kinder ihre Freude haben.

Smetanovo divadlo / Smetana-Theater (Nové Město/Neustadt, Wilsonova ulice Nr. 8/ CN 101): Urspr. stand an dieser Stelle ein 1855 v. Josef Niklas als Neustädter Theater errichtetes Holzgebäude, das 1886–1887 durch das Bauwerk des Neuen Dt. Theaters v. den Architekten Ferdinand Fellner und Hermann Helmer ersetzt wurde. Im Januar 1888 fand die Eröffnung mit Richard Wagners »Die Meistersinger von Nürnberg« statt.
Das neoklassizistische, zweigeschossige Gebäude trägt über dem v. Säulen getragenen Balkon einen Dreiecksgiebel, geschmückt mit dem Wagen des Dionysos und der Thalia, geschaffen v. Teodor Friedl.
Der Bühnenvorhang im Zuschauerraum ist mit der Szene »Vision des Dichters« v. Eduard Veith bemalt worden; vom gleichen Künstler stammt auch das Deckenfresko.

Divadélko Špejbl a Hurvínek / Marionetten-Theater Špejbl und Hurvínek (Nové Město/Neustadt, Římská ulice Nr. 45): Das weltberühmte Marionettentheater wurde 1945 v. Josef Skupa gegr., der es bis zu seinem Tod 1957 geleitet hat. Bereits 1919 kreierte er die komische Figur des Špejbl und kurze Zeit später dessen gewitzten Sohn Hurvínek. Das Theater ist zahlreichen Pragbesuchern v. seinen vielen Auslandstourneen bekannt und erfreut sich besonderer Beliebtheit bei jung und alt. Fortgeführt wird das Theater durch den Skupa-Schüler Kirchner, unter dessen Regie sich die Anzahl der Marionetten vermehrt hat.

Tylovo divadlo / Tyl-Theater, urspr. Nostitz-Theater (Staré Město/Altstadt, Železná ulice/Eisengasse Nr. 11/CN 540): Das Theater wurde in den engen Gassen der Altstadt, in unmittelbarer Nähe der Karlsuniversität v. Anton Hafenecker unter Einbeziehung der Vorschläge des Theatertheoretikers Graf Künigl in den Jahren 1781–83 erbaut. Auftraggeber war Friedrich Graf Nostitz-Reineck, der diesen 1. Theaterbau v. P. als deutschsprachiges Theater errichten ließ. Es war in dieser Zeit eines der ganz wenigen Theater, das nicht an einen der Fürstenhöfe gebunden war und somit relativ unabhängig agieren konnte.

Am 21.4. 1783 wurde die Bühne mit Gotthold Ephraim Lessings »Emilia Galotti« eröffnet. Einen weiteren Höhepunkt bedeutete die Uraufführung v. Wolfgang Amadeus Mozarts Oper »Don Giovanni« im Herbst 1787, bei der der Komponist zugegen war. Es war eine Auftragsarbeit, erteilt durch den Nostitzschen Theaterimpresario. 4 Jahre später folgte Mozarts Oper »Titus« (»La Clemenza di Tito«), die er für die hier stattfindenden Krönungsfeierlichkeiten Kaiser Leopolds II. komponiert hatte.

Nachdem das Theater 1799 v. den böhm. Ständen gekauft worden war, wurde es in Ständetheater umgetauft. 1813–16 war hier Carl Maria v. Weber Operndirektor. Seine Oper »Der Freischütz« feierte 1826 in diesem Haus Premiere.

Ab der Mitte des 19. Jh. in Dt. Theater umbenannt; hier fanden seit 1856 regelmäßig Richard-Wagner-Festwochen statt.

In den Jahren 1859–90 wurden einige Umgestaltungen, vor allem an der Rückfront und im Inneren vorgenommen, die Seitenrisalite wurden verbreitert, und die ehemals durchgehenden Fenster wurden durch 2 übereinanderliegende ersetzt. Unpassend wirken die 1890 angebrachten Eisenbalkone. In seiner Architektur gilt das Theater als der vollkommenste Vertreter des klassizistischen Stils in P. Den vorspringenden Gebäudeteil der Eingangsfront bekrönt ein v. 4 Kolossalsäulen getragener Dreiecksgiebel. Auch die Mitte der Seitenfassaden betont ein über einem dreiachsigen Risalit sitzender Giebel.

Im Jahre 1920 wurde das bis dahin Dt. Theater v. tschech. Schauspielern besetzt und gehört seitdem zum Verband des Nationaltheaters. Seinen heutigen Namen er-

Kindertheater »Reich der Marionetten«

hielt es v. dem tschech. Dramatiker, Schauspieler und Komponisten Josef Kajetán Tyl (1808–56), dessen Lied »Kde domov můj« (»Wo ist meine Heimat«) aus dem Singspiel »Fidlovačka« (Musik v. František Škroup) – die heutige Nationalhymne – zum erstenmal 1834 öffentlich gespielt wurde.
Zur Zeit wird das Theater umfassend restauriert.

Divadlo na Vinohradech / Weinberger Theater (Vinohrady, Náměstí míru/Friedensplatz Nr. 7/CN 1450): An der N-Seite des Friedensplatzes, der v. der mächtigen St.-Ludmilla-Kirche (→Sakralbauten: Kirchen/Kostel svaté Ludmily) beherrscht wird, steht das dreigeschossige Jugendstilgebäude des Theaters; erbaut 1905–07 v. Alois Čenský. Über einem v. einem schmiedeeisernen Dach bekrönten Eingang tragen Halbsäulen den mit Plastiken v. Bohumil Kafka ausgestatteten Balkon des obersten Stockwerks. Die Dachaufbauten des in den unteren 2 Geschossen leicht gerundet hervortretenden Risalits schmücken 2 allegorische Statuengruppen der Geschichte v. Milan Havlíček (1906).
Die Decke des Zuschauerraumes bedeckt ein Fresko v. F. Urban: »Huldigung der Kunst an die Heimat«. Die bildhauerische

Weinberger Theater

Tyl-Theater, Frontgiebel

Dekoration stammt hier v. A. Mára und im Foyer v. A. Popp.

Divadlo Na zábradlí / Theater am Geländer (Staré Město/Altstadt, Anenské náměstí Nr. 5/CN 209): Das heutige Wohnhaus, in dessen Erdgeschoß das Theater eingerichtet ist, steht an der Stelle der *St.-Johannes-Kirche/Kostel svatého Jana,* die im Rahmen des Kaiausbaus an der Moldau um 1843 abgerissen wurde.
Im Hof dieses Hauses befindet sich ein Abguß des Tympanonreliefs der ehem. Kirche. Dargestellt ist der »Palmesel« oder der Einzug Christi am Palmsonntag. Anfang des 19. Jh. beherbergte das Gebäude eine Kattunfabrik, wovon eine Inschrift im Hof v. 1836 zeugt.
Auf der Bühne des kleinen Theaters wird seit Beginn der 60er Jahre progressives Theater dargeboten. In dieser Zeit arbeitete hier der Dramatiker und derzeitige Staatspräsident Václav Havel zuerst als Bühnentechniker und dann als Dramaturg. Seine ersten Dramen »Gartenfest« und »Erschwerte Möglichkeit der Verständigung« wurden hier uraufgeführt.
Einen zweiten Schwerpunkt im Repertoire dieses Theaters bildet die Pantomime unter der Leitung v. Ladislav Fialka. Beeinflußt durch Jean Gaspard Debureau, gestaltete er eigene Inszenierungen und begründete damit seine weltweite Bekanntheit.

8. Brauereien

Die Prager Brauereien sind untrennbarer Bestandteil v. Tradition und Kultur der Stadt. Die Kunst des Bierbrauens läßt sich bis ins MA zurückverfolgen, wie die Zünfte der Mälzer und Brauer belegen. Noch heute wird in einigen Brauerei-Wirtshäusern nach diesen alten Rezepten gebraut, so z. B. im U Fleků/Zum Fleck. Auch hatten viele Klöster das Privileg, Bier zu brauen, wie die Brauerei und Gaststätte U Tomáše bezeugt. Neben dem sicher international bekanntesten böhm. Bier, dem Plzeňský prazdroj 12° (Pilsener Urquell), das als »Pilsener« einer Brauart seinen Namen gegeben hat, gibt es zahlreiche Sorten, die sich in Geschmack, Helligkeit und Stammwürze (jeweils in der Gradzahl angegeben) unterscheiden.
Exemplarisch sind hier die bekanntesten Brauereien genannt.

Smíchovský pivovar / Brauerei Smíchov (Smíchov, Nádražní ulice Nr. 84/CN 43): Die nach dem Stadtteil Smíchov benannte große Brauerei wurde 1869 v. dem Architekten B. Noback errichtet und bis heute mehrfach umgebaut und erweitert. Hier wird das beliebte Prager Bier »Staropramen« (»Alte Quelle«) hergestellt.

U Fleků / Zum Fleck (Nové Město/Neustadt, Křemencova ulice Nr. 11/CN 1651): Aufgrund des hier nach alten Rezepten gebrauten bes. dunklen 14gradigen Bieres erlangte die Brauerei weltweite Bekanntheit, obwohl man das Bier nur dort trinken kann. Es wird immer frisch hergestellt und nicht in Flaschen abgefüllt.
Die Innenräume der schon im 14. Jh. gegr. Brauerei sind weitgehend erhalten und lediglich mit Wandmalereien aus neuerer Zeit dekoriert. Zu dem ma Gebäudekomplex gehört auch ein Gartenlokal.

U kalicha / Zum Kelch (Nové Město/Neustadt, Na bojišti Nr. 12/CN 1733): Obwohl es sich bei dieser Altprager Bierstube nicht um eine Brauerei handelt, darf sie hier nicht fehlen. Als Schauplatz des auf der ganzen Welt gelesenen Romans »Die Abenteuer des braven Soldaten Schwejk« v. Jaroslav Hašek ist sie berühmt geworden. Der Autor Jaroslav Hašek wurde 1883 in Prag in der Školská ulice Nr. 16/CN 1325 geboren.

U svatého Tomáše / Zum St. Thomas (Malá Strana/Kleinseite, Letenská ulice Nr. 12/CN 33): Die Gründung der Brauerei geht zurück bis ins 14. Jh., als sich hier der Orden der Augustinereremiten des St.-Thomas-Klosters (→Sakralbauten: Kirchen, Kostel svatého Tomáše) niederließ. Die Mönche waren diejenigen, die die Kunst des Bierbrauens in besonderer Weise pflegten. Das urspr. Brauereigebäude lag ungefähr an der Stelle des heutigen Platzes Valdštejnské náměstí (→Straßen, Plätze, Märkte: Valdštejnská ulice).
Das heutige schließt direkt an die Kirche an und stammt erst aus dem Jahre 1736. Die Räumlichkeiten beherbergen eine Bierstube mit Gartenlokal, in denen dunkles,

traditionell gebrautes Braníker-Bier ausgeschenkt wird.

9. Mühlen und Wassertürme

Beiderseits an den Moldauufern der Kleinseite, Altstadt und Neustadt standen schon im MA die Prager Mühlen. Die meisten v. ihnen wurden abgerissen oder für andere Zwecke umgebaut. Auf ihre Existenz verweisen die für die Prager Kulisse so typischen Wassertürme. In dem die →Insel Kampa bildenden Flußarm *Čertovka/Teufelsgraben* sieht man sogar noch erhaltene Mühlräder. Der Name Teufelsgraben stammt erst vom Ende des 19. Jh. Es wird erzählt, daß er nach der auf ihre Umgebung geheimnisvoll wirkenden Besitzerin des Hauses *Zu den 7 Teufeln/U sedmi čertů* am Malteser Platz/Maltézské náměstí (CN 476) entstanden ist. Doch dem Namen zum Trotz findet man hier eine malerische Atmosphäre, die im Volksmund auch *»Prager Venedig«* genannt wird.

Von den ehem. *Sova-Mühlen/Sovovy mlýny,* die bereits im 13. Jh. an der s Kampaspitze erwähnt werden, ist nach mehreren Brand- und Überschwemmungskatastrophen nur noch ein Gebäudeteil in der Straße U sovových mlýnů (Nr. 2/CN 503) erhalten geblieben. Dieser wurde 1867 im Stil der englischen Gotik umgestaltet. Der schon bei einem Brand 1896 schwer beschädigte ö Gebäudeteil mußte 1920 dem Bau der Schleuse weichen.

Das in der Nostitzstr./Nosticova ulice stehende Gebäude der ehem. *Zlomek-Mühle/Zlomkovský mlýn* (Nr. 6/CN 469) gehörte mitsamt dem Garten seit 1810 zur angrenzenden Nostitz-Reitschule (→Profanbauten: Palais, Schlösser; Nostický palác). Ihren Namen trägt die ehem. Mühle nach dem Müller Pavel Zlomek aus der 1. Hälfte des 16. Jh. Nach einigen Besitzerwechseln wandelte sich auch ihr Zweck, z. B. beherbergte sie im 17. Jh. eine Wäscherei. In dem 1631 in den Besitz der Jesuiten gelangten Garten errichteten diese ein Lustschlößchen, das v. einem neuen Besitzer in einen Tanzsaal umgestaltet wurde.

Von der kleinen den Teufelsgraben/Čertovka überspannenden Brücke oder vom Park der Kampa-Insel sieht man das unter einem Dach befindliche große Mühlschaufelrad der bereits im 15. Jh. existierenden *Mühle Hut',* unmittelbar hinter den Sportanlagen des ehem. Michna-Palais gelegen.

Die *Großprioratsmühle / Velkopřevorský mlýn* auf dem gleichnamigen Platz Velkopřevorské náměstí (Nr. 7/CN 489) ließ

Kampa-Insel, Mühle Hut'

Wasserturm der ehem. Altstädter Mühlen

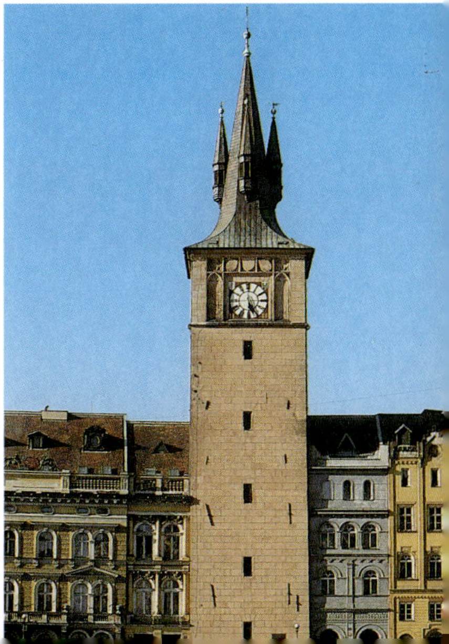

die im 13. Jh. hier angesiedelte Johanniterkommende errichten. Ende des 16. Jh. wurde sie im Auftrag der Kleinseitner Gemeinde im Renaissancestil umgebaut und erhielt so ihre typischen Giebel. Diese Mühle war noch bis 1936 in Betrieb. Von der Karlsbrücke hat man einen schönen Ausblick auf die am Teufelsgraben idyllisch gelegene Mühle.

An die *Altstädter Mühlen* erinnert nur noch der 1884 restaurierte und umgestaltete Wasserturm in der Häuserzeile Novotného lávka. Mit seinem v. 4 kleinen Aussichtstürmchen besetzten spitzen Dach bildet er eine bekannte Silhouette dieses Teils der Altstadt (Staré Město).

Einen Eindruck v. der ursprünglichen Bebauung mit den Mühlen und großen Wasserrädern vermittelt die Stadtansicht von Aegidius Sadeler, ein Kupferstich aus dem Jahre 1606.

Gegenüber der Jiráskův most/Jirásek-Brücke (→Brücken) auf der Spitze der Insel Slovanský ostrov/Slawische Insel (→Inseln) steht der bereits Ende des 15. Jh. erbaute *Wasserturm* mit einem barocken Zwiebeldach. Er versorgte die obere Neustadt (Nové Město) mit Wasser. Urspr. gehörte er zu den *Šítkovský-Mühlen/Šítkovské mlýny*, an deren Stelle heute das konstruktivistische Gebäude des Mánes-Haus/Mánesův dům (→Museen, Galerien) steht. Auf der anderen Seite der Moldau (Vltava) sieht man den weißen Turm des *Kleinseitner Wasserwerks/Malostranská vodárna* am Janáčkovo nábřeží. Er wurde bereits im Jahre 1562 ebenfalls bei einer Mühle erbaut.

Turm der ehem. Šítkovský-Mühlen

Ein weiterer *Wasserturm* der Neustadt (Nové Město) befindet sich im N auf der Höhe der Šverma-Brücke/Švermův most (→Brücken) in der Straße Nové mlýny/Neue Mühlen. Dieser Renaissanceturm v. 1606 und der Straßenname zeugen noch v. den in den Jahren 1915–16 abgerissenen Mühlen aus dem 14. Jahrhundert.

STRASSEN, PLÄTZE, MÄRKTE

Anenské náměstí / Annenplatz (Staré Město/Altstadt): Dieser reizvolle Platz mit einem Renaissancebrunnen in der Mitte liegt etwas versteckt hinter dem Smetanovo nábřeží. Benannt wird er nach dem im 14. Jh. hier bestehenden *St.-Anna-Kloster und -Kirche* der Dominikanerinnen. Urspr. befand sich an dieser Stelle schon im 12. Jh. eine St.-Laurentius-Rotunde, bei der sich in der 1. Hälfte des 13. Jh. der Templerorden ansiedelte.

In dem im 17. Jahrhundert barock umgebauten Kloster an der O-Seite des Platzes (Nr. 2/CN 211, 213) sind noch Mauerreste der ehem. Gebäude gefunden worden. Von der Liliová ulice kann man sogar noch den Chor der got. Kirche sehen.

In dieser Kirche war der Komponist Christoph Willibald Gluck (1714–87) Organist. Im Jahre 1782 wurde das Kloster säkularisiert und seine Räumlichkeiten in eine Druckerei umgewandelt. Heute gehört der Gebäudekomplex zum Nationaltheater.

Ihm gegenüber liegt das *Theater Na zábradlí/Am Geländer* (Nr. 5/CN 209; → Theater) auf dem Platz einer abgerissenen St.-Johannes-Kirche. Bemerkenswert ist noch das in der SW-Ecke stehende *Pachtovský-Palais/Palác Pachtovský* (Nr. 4/CN 208); ein Rokokobau aus dem Jahre 1770 v. Josef Wirch. Das Wappen an seiner Front verweist auf den Bauherrn Graf Pachtovský. Berühmte Gäste in diesem Haus waren die Komponisten Wolfgang

Annenplatz, Pachtovský-Palais

Celetná ulice

Amadeus Mozart und Ludwig van Beethoven.

Celetná ulice/Zeltnergasse (Staré Město/Altstadt): Die Straße ist der direkte Verbindungsweg zwischen dem →Staroměstské náměstí/Altstädter Ring und dem Pulverturm/Prašná brána und war früher eine wichtige auswärtsführende Handelsstraße. Auch wenn die Häuserzeilen heute größtenteils ein barockes Gesicht zeigen, so stammt ihr Kern zumeist noch aus romanischer und got. Zeit. Die ehedem hier durchführende Straßenbahn wurde nach dem 2. Weltkrieg entfernt. Nach umfassenden Restaurierungsarbeiten entstand die heutige Pracht- und Geschäftsstraße. Beachtenswert sind auch die vielen verschiedenen Hauszeichen, wie z. B. eine goldene Sonne (Nr. 8), ein Doppeladler (Nr. 21) und ein goldener Engel (Nr. 29).

Nahe beim Altstädter Ring steht das *Sixt-Haus / Sixtův dům* (Nr. 2/CN 553); erbaut Anfang des 13. Jh., wovon noch ein spätroman. Gewölbe im Kellergeschoß zeugt. Sein heutiges Barockaussehen stammt aus dem 18. Jh., so auch die Imperatorenplastiken auf der Attika.

In dem gegenüberliegenden got. Haus *Zu den 3 Königen / U tří králů* (Nr. 3/CN 602) sind ein Dachstuhl aus Fichtenholz und im Parterre Kreuzgewölbe erhalten geblieben. Von 1896 bis 1907 wohnte in diesem Haus der Schriftsteller Franz Kafka mit seinen Eltern. Es schließt sich die *Teyn-Pfarre/Týnská fara* an (Nr. 5/CN 601), die 1365 anstelle eines Spitals für fremde Kaufleute erbaut wurde. Auffallend ist der got. W-Giebel. Im 17. Jh. erfolgte ein Umbau, und bis 1820 war das Gebäude v. einem Friedhof umgeben.

Das barocke *Hrzán-Palais/Hrzánský palác* (Nr. 12/CN 558) entstand durch den Umbau eines roman. Hauses durch Giovanni Battista Alliprandi* (um 1702). Den plastischen Fassadenschmuck schuf Ferdinand Maximilian Brokoff*.

Den Barockbau des *Caretto-Millesimo-Palais/Caretto-Millesimovský palác* (Nr. 13/CN 597) projektierte Anselmo Lurago* (→ Profanbauten: Palais, Schlösser).

Das *Menhart-Haus/Menhartův dům* (Nr. 17/CN 595) gruppiert sich um einen Innenhof, in dem sich 2 interessante Plastiken befinden: eine kraftvolle Holzfigur v. L. Widemann aus der 1. Hälfte des 18. Jh. und eine barocke, aus Stein gehauene weibliche Gestalt. Durch den Hof gelangt man in die Štupartská ulice.

Das mehrfach umgebaute *Buquoy-Palais/Buquoyský palác* (Nr. 20/CN 562), urspr. ein got. Haus, kam 1627 in den Besitz der Witwe des Grafen Buquoy, der in der Schlacht am Weißen Berg als General der habsburgischen kath. Liga gekämpft hatte. Ab 1762 gehört es zur Prager Universität.

Auch das Nachbarhaus *Zum goldenen Geier/U zlatého supa* (Nr. 22/CN 563) gehört heute zur Universität. Die Bierstube im Erdgeschoß steht in der Tradition einer bereits im 14. Jh. hier befindlichen Brauerei. Sein heutiges Äußeres wird v. dem klassizistischen Umbau im Jahre 1804 bestimmt. Aus dieser Zeit stammen auch der plastische Schmuck an der Fassade sowie die obersten 2 Stockwerke. Integriert wurde das barocke Hauptportal.

Die Madonnenplastik am Barockhaus *U Schönfloků* (Nr. 23/CN 592) stammt wahrscheinlich aus dem Umkreis v. Matthias Bernhard Braun*.

Dicht daneben im Durchgangshaus *Zu den 4 Säulen/U čtyř sloupů* (Nr. 25/CN 590) starb der Philosoph und Mathematiker Bernhard Bolzano (1781–1848). Er war ein Gegner Immanuel Kants und wurde 1819 wegen angeblicher Irrlehren als Professor abgesetzt. Er leistete wichtige Beiträge zur Phänomenologie und mathematischen Mengenlehre.

Allgemeine Bekanntheit erlangte das kubistische Eckhaus *Zur schwarzen Mutter Gottes/U černé Matky Boží* (Nr. 34/CN 569) auf der anderen Straßenseite. Von dem urspr. Barockhaus ist nur noch die Madonnenfigur aus dem 17. Jh. erhalten geblieben, nach der das Haus weiterhin benannt wird. Das in den Jahren 1911–12 v. Josef Gočár* errichtete Gebäude gilt als erster streng kubistischer Bau in P. Der v. athletischen Gestalten getragene Balkon des folgenden Palais gehört zum Gebäude der *ehem. Münze* (Nr. 36/CN 587; →Profanbauten: Patrizier- und Bürgerhäuser).

Das klassizistische Wohnhaus *Im Tempel/V Templu* (Nr. 27/CN 589) aus dem Jahre 1801 verbirgt in sich die Reste einer frühbarocken St.-Paulus-Kirche. Erhalten sind ihre Umfassungsmauern und im Inneren Gewölbe sowie Teile des Kirchenschiffs.

Celetná ulice, Menhart-Haus, Barocke Holzplastik

Haus Zur schwarzen Mutter Gottes

Das heutige *Verwaltungsgebäude* (Nr. 31/CN 585) ist ein 1737–40 v. Kilian Ignaz Dientzenhofer* umgebautes Barockpalais. Die Fassade zieren Medaillons mit den Büsten v. Maria Theresia und Franz v. Lothringen.

Hradčanské náměstí / Hradschiner Platz (Hradčany): Der Platz war schon im MA das Zentrum der 1320 gegr. Ortschaft Hradčany. Obwohl sich die Bebauung ringsum nach dem großen Brand v. 1541 verändert hat, ist die Disposition dieselbe geblieben. An der Stelle der ehem. Bürgerhäuser entstanden Palastbauten des Adels und des Klerus, die mit dem fortschreitenden Dombau die Nähe der Kapitelkirche und des Regierungssitzes suchten.
Heute befindet sich in der Platzmitte eine kleine Grünanlage mit einer um 1726 v. Ferdinand Maximilian Brokoff* errichteten *Pestsäule,* die auf der Spitze eine Marienstatue und auf dem Sockel die 8 Landespatrone trägt. Über die gesamte ö Seite erstreckt sich die Eingangsfront der *Prager Burg/Pražský hrad* (→Profanbauten: Burgen). Dominiert wird der Platz außerdem v. 3 bes. eindrucksvollen Palais: im N vom *Erzbischöflichen Palais/Arcibiskubský palác,* im S vom *Schwarzenberg -Palais/Schwarzenberský palác* mit seiner markanten Sgraffitofassade und im W vom *Toskana-Palais/Toskánský palác* (→Profanbauten: Palais, Schlösser). Neben dem Gebäudekomplex des Schwarzenberg-Palais schließt das ehem. *Barnabiten-Kloster/Klášter barnabitů* (Nr. 3/CN 184) mit der im 18. Jh. barock umgebauten St.-Benedikts-Kirche/Kostel sv. Benedikta an, die im MA die Pfarrkirche v. Hradčany war. Ab 1626 gehörte sie dem Barnabitenorden, der ca. 30 Jahre später die Klostergebäude errichten ließ.
Heute dienen die Räumlichkeiten zur Unterbringung v. Staatsbesuchen. Viele der übrigen Häuser waren urspr. *Domherrenhäuser* wie die Gebäude Nr. 6/CN 65 und Nr. 7/CN 85 neben dem Toskana-Palais. Ihre heutigen Fassaden stammen v. einem Barockumbau im 18. Jh.; so auch das Barockhaus Nr. 10/CN 62, das ab 1372 v. dem Dombaumeister Peter Parler* bewohnt wurde.
Weitere herausragende Bauten sind das *Martinický palác/Palais Martinitz* (Nr. 8/CN 67) und das *Šternberský palác/Sternberg-Palais,* das zur Nationalgalerie gehört (→Profanbauten: Palais, Schlösser).

Karlovo náměstí / Karlsplatz (Nové Město/

Hradčanské náměstí, Hradschiner Platz

Neustadt): Der Platz wurde bereits mit Gründung der Neustadt (1348) v. Kaiser Karl IV. in den heutigen Ausmaßen v. 530 m × 150 m angelegt. Er bildete das Zentrum des öffentlichen Lebens und war zugleich Handelsplatz. Nach seinem Gründer wird der Karlsplatz erst ab 1848 benannt; davor hieß er Viehmarkt. Noch Karl IV. ließ für die Zurschaustellung der Reichskleinodien in seiner Mitte einen Holzturm aufstellen. Dieser wurde 1382 durch den Bau einer nach dem Vorbild der Kapelle Karls d. Gr. in Aachen gestalteten Fronleichnamskapelle ersetzt. Im Jahre 1437 fand hier die Proklamation der *Basler Religionsverträge* mit den böhm. Hussiten statt. Diese sog. Kompaktaten, geschrieben in tschech. und lat. Sprache auf Steinplatten, mauerte man in die Kapellenwand ein. Diese Niederschriften sind bis heute überliefert, obwohl die Kapelle 1791 abgerissen wurde. Man kann sie im Nationalmuseum (→Museen: Národní muzeum) betrachten. Mit der Gestaltung des Platzes durch die sich längs hinziehende Parkanlage hat man schon 1843 begonnen. In dieser Oase im Großstadtverkehr mit Springbrunnen, Blumenbeeten und Bänken stehen auch einige Denkmäler bedeutender Persönlichkeiten aus Wissenschaft und Kultur. Die n Stirnseite wird eingenommen vom *Neustädter Rathaus* (→Öffentliche Gebäude: Novoměstská radnice) mit seinen 3 auffallenden Renaissancegiebeln und dem Eckturm (Nr. 23/CN 1). Davor steht die Figur des Jan Želivský, dem Anführer des 1. Prager Fenstersturzes 1419, dessen Schauplatz das Rathaus war.

Das nö gegenüberliegende *Barockhaus* (Nr. 24/CN 671) gehörte im 18. Jh. dem bedeutenden Barockbildhauer Matthias Bernhard Braun*, der 1738 hier starb. Von dem urspr. Renaissancebau ist noch das Portal erhalten.

An der Straßenecke Ječná ulice erhebt sich die barocke *St.-Ignatius-Kirche* (→Sakralbauten: Kirchen, *Kostel svatého Ignáce)*, an die sich r der Gebäudekomplex des ehem. Jesuitenkollegs (heute Krankenhaus) anschließt.

An der s Platzseite befindet sich das legendenumwobene *Faust-Haus/Faustův dům,*

Karlovo nám. (Ignatius-Kirche), Statue Eliška Krásnohorská >

Nr. 40/CN 502 mit einer Apotheke im Erdgeschoß (→Profanbauten: Patrizier- und Bürgerhäuser, Faustův dům).
In dem w an der Straßenecke zur Resslova ulice stehenden Neurenaissancegebäude (Nr. 14/CN 293), 1867 v. Ignác Ullmann erbaut, ist die *technische Hochschule* untergebracht. Die Skulpturen an der Fassade schuf Josef V. Myslbek*, die das Portal flankierenden Allegorien der Wissenschaft und Arbeit Antonín Popp.

Karlova ulice / Karlsgasse (Staré Město/Altstadt): Als direktester Verbindungsweg zwischen der Karlsbrücke (→Brücken, *Karlův most*) und dem →Altstädter Ring/Staroměstské náměstí war die Straße schon im frühen MA Bestandteil des traditionellen *Krönungswegs* zur Prager Burg. Die zumeist zwischen ma Häusern verlaufende Straße gehörte zwar schon immer zu den Hauptstraßen v. P., wurde aber nie verbreitert. Ihren Namen besitzt sie erst seit 1848, davor hieß sie Jesuitengasse, davor nach den dort wohnenden Handwerkern Messermachergasse (Nožířská) und Schustergasse (Ševcovská).
Gegenüber der Karlsbrücke beginnt die Karlsgasse r mit dem heutigen Barockbau des *Colloredo-Mansfeld-Palais / Colloredo-Mansfeldský palác* (Nr. 2/CN 189); 1735 v.

Karlova ulice

F. I. Prée errichtet. Der plastische Schmuck stammt v. Anton B. Braun*. In dem anschließenden Renaissancegebäude (Nr. 4/CN 188) *Zur französischen Krone / U francouzské koruny* wohnte und arbeitete der berühmte Astronom Johannes Kepler 1607–12. In dieser Zeit entdeckte er das 1. Gesetz der Bewegung der Planeten um die Sonne. Sein Observatorium befand sich in dem Turm im Hof.
Die Barockfassade des *Pötting-Palais / Pöttingovský palác* (Nr. 8/CN 186) stammt wahrscheinlich von Jan Blažej Santini-Aichel*. Der Kern des Gebäudes datiert noch aus dem 14. Jh. Heute beherbergt es das Theaterstudio des Staatlichen Konservatoriums (DISK).
Das Café in dem Eckhaus *Zur goldenen Schlange / U zlatého hada* (Nr. 18/CN 181) steht in der Tradition des 1714 hier wohnenden Begründers der Prager Kaffeehauskultur, Deodatus Damajan, der auf den Prager Straßen Kaffee verkaufte, bis er schließlich im Haus *Zu den drei Straußen / U tří pštrosů* das 1. Prager Kaffeehaus einrichtete.
Die linke Fassadenfront bis zur Querstraße Liliová ulice bilden die 3 Sakralbauten *St.-Salvator-Kirche/Kostel svatého Salvatora,* die *Welsche Kapelle/Vlašská kaple* und die *St.-Clemens-Kirche/Kostel svatého Klimenta* (→Sakralbauten, Kirchen bzw. Kapellen).
Das Renaissancehaus *Zum goldenen Brunnen/U zlaté studně* (Nr. 3/CN 175) an der Straßengabelung trägt an seiner Frontfassade Barockstatuen der Pestheiligen (→Profanbauten: Patrizier- und Bürgerhäuser).
Dort, wo die Karlsgasse die Husova ulice etwas versetzt kreuzt, liegt l das eindrucksvolle *Clam-Gallas-Palais* (→Profanbauten: Palais, Schlösser, *Clam-Gallasovský palác*), zu erkennen an den kraftvollen Gigantenpaaren am Portal. Rechter Hand erstrecken sich bes. schön gestaltete Fassaden got. Häuser; einige tragen interessante Hauszeichen, ein anderes einen imposanten Stufengiebel.
An der Mündung der Gasse auf den Kleinen Ring/→Malé náměstí steht der große urspr. roman. Gebäudekomplex *Zu Kočků* (Nr. 44/CN 147), der um 1730 v. Bartolomeo Scotti barock umgebaut wurde. Im Erdgeschoß sind die roman. Gewölbe bis heute erhalten.

Malé náměstí / Kleiner Ring (Staré Město/ Altstadt): Dieser fast dreieckige Platz liegt zwischen der Karlsgasse/→Karlova ulice und dem Altstädter Ring/→Staroměstské náměstí. Seine Grundform ist aus der roman. Zeit erhalten geblieben und gehört zu den ältesten Anlagen der Prager Altstadt. Die ö Längsseite säumen got. Laubengänge. Im 12. Jh. befand sich hier eine Siedlung französischer Kaufleute, später ein Obstmarkt. Seine Mitte betont ein v. einem schmiedeeisernen Gitter umgebener Renaissancebrunnen v. ca. 1550; der zweischweifige böhm. Löwe wurde erst im 17. Jh. angebracht.

Das urspr. Haus *Im Paradies / V ráji* (Nr. 1/CN 144) bewohnte im letzten Drittel des 14. Jh. der berühmt gewordene Botaniker Angelo aus Florenz und betrieb hier seine Apotheke. Im Parterre ist ein bes. schönes achtzackiges got. Rippengewölbe erhalten.

Von dem Vorgängerbau des Rokokohauses *Zum weißen Löwen / U bílého lva* (Nr. 2/ CN 143) blieb das got. Portal mit dem böhm. Löwen erhalten. Seine Fassade schmückt das Relief »Auferstehung Christi«.

Hinter der Neurenaissancefassade des sog. *Rott-Hauses* (Nr. 3/CN 142; →Patrizier- und Bürgerhäuser, *Rottův dům)* verbirgt sich ein roman. Kern.

Gegenüber erstreckt sich das *Petzold-Haus* (Nr. 10/CN 4) mit seinem got. Laubengang, in dem man noch Reste eines Portals aus dem 12. Jh. finden kann, dem Eckerker und den Sgraffitoresten v. einem Renaissanceumbau (um 1600).

Das Hauszeichen *Zur goldenen Lilie / U zlaté lilie* (Nr. 12/CN 458) wurde erst in der Renaissancezeit angebracht. Das Schaufensterportal stammt aus dem 14. Jh., als sich hier eine Apotheke befand.

Die anschließenden 2 Bauten sind urspr. roman., was die barocke (Nr. 13/CN 457) und die klassizistische (Nr. 14/CN 456) Fassade verbirgt. Letzteres Haus ziert das plastische Hauszeichen eines Pferdchens.

Malostranské náměstí / Kleinseitner Ring (Malá Strana/Kleinseite): Schon im 10. Jh. war der Platz der Mittelpunkt der Kleinseitner Ansiedlung, der sog. Vorburg. Nach der Überlieferung stand in seinem Zentrum eine roman. St.-Wenzels-Rotunde. Ab dem 13. Jh. erhöhte sich seine Bedeutung noch, da er v. der Hauptverkehrsader, die v. der Karlsbrücke über die heutige Nerudova ulice aus der Stadt führte, überquert wurde. Hier fanden große Märkte statt, gründete man Geschäfte und errichtete das *Rathaus.* (→Profanbauten: öffentliche Gebäude, Malostranská beseda). Seit 1257 wurde die Ansiedlung zur Stadt erhoben. Im Jahre 1283 errichtete man an der Stelle der heutigen *St.-Nikolaus-Kirche* (→Sakralbauten: Kirchen, Kostel svatého Mikuláše) ihren got. Vorgängerbau. Neben ihr stand der später abgerissene Stadtturm und hinter ihr die Rotunde. Die St.-Nikolaus-Kirche gehörte bis zu der v. ihnen verlorenen Schlacht am Weißen Berg 1620 den protestantischen Ständen. 1628 wurde sie v. den Jesuiten übernommen, die 1674 anstelle älterer Wohnhäuser ihr Kolleg in der Mitte des Platzes errichteten. Die heutige St.-Nikolaus-Kirche entstand erst 1704–56. Mit ihrer mächtigen Kuppel und dem hohen Turm bildet sie die architektonische Dominante des Platzes. Somit ist die Zweiteilung des Platzes in einen oberen und einen unteren Ring nicht im Bau der Kirche begründet, sondern bestand schon davor. Der obere Ring hieß im 17. Jh. auch Welscher Platz, da er v. Kaufleuten ital. Herkunft bevölkert war; ab der Mitte des 19. Jh. nannte

Malé náměstí (Renaissancebrunnen)

Malostranské nám., St.-Nikolaus-Kirche

man ihn Štěpánský plac. Erst 1869 wurde die gemeinsame Bezeichnung Kleinseitner Ring eingeführt.

Am Ende einer Pestepidemie errichtete man 1715 anstelle eines Brunnens eine *Pestsäule* bzw. Dreifaltigkeitssäule nach den Plänen v. Giovanni Battista Alliprandi*. Eine mit Putten und Vasen verzierte Balustrade umschließt den mit Steinaltären gestalteten Sockel, der die böhm. Landespatrone trägt. An der Hauptseite erhebt sich die Immaculata, bekrönt v. den Plastiken der Hl. Dreifaltigkeit und dem Auge Gottes. Die Bildhauer waren Johann Ulrich Mayer und Ferdinand Geiger.

Auf dem unteren Ring ersetzte man 1858 den urspr. steinernen Brunnen mit dem böhm. Löwen durch ein Denkmal des Marschalls J. W. Radetzky, der in der Neustädter St.-Josefs-Kirche (→Sakralbauten: Kirchen, Kostel svatého Josefa) begraben liegt. Das Denkmal steht heute im Lapidarium des Nationalmuseums. Ungefähr in der NO-Ecke des Platzes befanden sich bis 1782 ein Pranger und ein Galgen. Vor dem Rokokopalast des heutigen Cafés *Malostranská kavárna* (→Profanbauten: Patrizier- und Bürgerhäuser, U kamenného stolu/Zum steinernen Tisch) in der Platzmitte stand 1928–40 ein Denkmal des französischen Historikers Erneste Denis (1849 bis 1921), ein Werk des Bildhauers Karel Dvořák, das 1940 v. den Nationalsozialisten zerstört wurde.

Heute säumen den Platz größtenteils Barock- und Rokokofassaden, die den ma Kern verbergen. An der S- und zum Teil auch N-Seite des Platzes sind die urspr. den Platz einfassenden Arkaden erhalten geblieben.

Über den n Bogengängen erheben sich das *Smiřický-Palais* (Nr. 18/CN 6; →Profanbauten: Palais, Schlösser, *Smiřických palác*), das *Sternberg-Palais* (Nr. 19/CN 7; →Profanbauten: Palais, Schlösser, *Šternberský palác*) und an der Ecke das *Velikovský-Haus* (Nr. 20/CN 518). Sein mit Sgraffiti verzierter Erker stammt noch v.

Malostranské nám., Pestsäule

Malostranské nám., Velikovský -Haus (Erker)'

dem Renaissanceumbau 1585 des urspr. got. Baus. Das schräg gegenüberliegende Eckhaus war v. ca. 1480 bis 1784 das *Kleinseitner Rathaus* (Nr. 21/CN 35; →Profanbauten: Öffentliche Gebäude, *Malostranská beseda*). Nach dem anschließenden Barockbau mit dem Fassadengemälde »Mariä Himmelfahrt« folgt das *Kaiserstein-Palais* (Nr. 23/CN 37; →Profanbauten: Palais, Schlösser, *Kaiserštejnský palác*). In diesem aus urspr. 2 got. Häusern entstandenen Barockpalast des Architekten Giovanni Battista Alliprandi* wohnte ab 1907 die berühmte Opernsängerin Ema Destinnová. Das letzte Haus in dieser Front ist der Neurenaissancebau der *Kleinseitner Sparkasse/Malostranská záložna* (Nr. 24/CN 38) aus dem Jahre 1895 v. dem Architekten J. Šula. Für das Gebäude wurden Barockgiebelhäuser abgerissen. In einem v. ihnen wohnte 1809 der Dichter Heinrich v. Kleist.

Neben dem v. Ignaz Johann Palliardi* klassizistisch umgebauten urspr. *got. Erkerhaus* an der Ecke zur Mostecká ulice/Brükkengasse steht das ältere Kleinseitner Rathaus aus den Jahren 1436–78, (Nr. 2/CN 271). Im Arkadengang ist ein got. Bogen erhalten geblieben; ebenfalls aus dieser Zeit stammen im Hof die 2 Gefängnisse. Der Turm datiert bereits aus dem 13. Jahrhundert und gehörte zur Kleinseitner Stadtmauer. Gegenüber der Längsfassade der St.-Nikolaus-Kirche wohnte in dem nach ihm benannten Haus *U Palliardů* (Nr. 6/CN 265) der Baumeister Ignaz Johann Palliardi*, der sowohl dieses wie auch die Nachbarhäuser (Nr. 5/ CN 266) und (Nr. 9/CN 262) mit klassizistischen Fassaden versah. Letzteres Haus bewohnte ab 1646 der Baumeister Santin de Bossi. In dieser Häuserzeile befinden sich Durchgänge zur Tržiště. Ab 1488 beherbergte das Haus *Zu den 3 Kronen/U tří korunek* (Nr. 11/CN 260) für ca. 100 Jahre das Kleinseitner Krankenhaus. Um 1710 wurde es v. Christoph Dientzenhofer* barock umgebaut und im 19. Jh. im Empirestil. Es

Maltézske nám., St. Nikolaus

schließt der Gebäudekomplex des *Hartig-Palais/Hartigovský palác* (Nr. 12/ CN 259) an, das urspr. aus 2 got., durch ein Gäßchen getrennte Häuser bestand; der Durchgang blieb erhalten. Im Jahre 1645 wurde mit der Umgestaltung begonnen, die erst 1720 František Maximilián Kaňka abschloß. Benannt wird das Palais nach seinem Besitzer Ludwig Hartig, einem Kunstförderer, in dessen Familie es v. 1735 bis 1827 blieb.
Das monumentale *Lichtenstein-Palais/Lichtenštejnský palác* (Nr. 13/CN 258) erstreckt sich über die gesamte W-Seite des oberen Kleinseitner Rings. Es wurde anstelle einzelner Renaissancehäuser im Jahre 1791 mit seiner einheitlichen klassizistischen Fassade für die Familie Lichtenstein umgestaltet.
In dem großen Gebäudekomplex an der Sněmovní ulice, zwischen dem Kleinseitner Ring und der Thunovská ulice, liegt das aus mehreren Häusern 1711-25 zusammengeschlossene *ehem. Jesuitengymnasium* (Nr. 16, 17/CN 1), aufgehoben 1773. Aus dieser Zeit datiert das Barockportal an der Sněmovní ulice. Das Portal am Platz stammt v. einem klassizistischen Umbau am Anfang des 19. Jh.

Maltézské náměstí / Malteserplatz (Malá Strana/Kleinseite): Der längliche Platz, benannt nach dem ehem. hier ansässigen Malteserorden (→Sakralbauten: Kirchen, Kostel Panny Marie pod řetězem), wird gesäumt v. Bürger- und Adelshäusern. Die ö Häuserzeile mit den malerischen Bogengängen trennt eine hohe Stufe v. dem heutigen Straßenniveau. Den Platzabschluß bildet der gewaltige Bau des *Nostitz-Palais* (Nr. 1/CN 471; →Profanbauten: Palais, Schlösser, *Nostický palác*). Am Haus Nr. 3/CN 474 findet man eine goldene Schlange als Hauszeichen. In dem leicht vorspringenden Nachbargebäude (Nr. 5/ CN 475) wohnte der Baumeister Josef Jäger, der sein Haus im Rokokostil errichtete. Von ihm stammt auch der Entwurf für das reizvolle *Turba-Palais/Turbovský palác* (Nr. 6/CN 477), benannt nach dem Bauherrn Franz X. Turba (1767). Heute befindet sich hier der Sitz der japanischen Botschaft. Im Eckhaus *Stará pošta/Alte Post* (Nr. 8) befand sich seit 1723 das 1. Hauptpostamt v. P. An der n Stirnseite des Platzes (Nr. 10) erinnert das Hauszeichen eines grünen Kreuzes, das Symbol der Malteser, an diesen Orden. Das Haus *Zu den Malern/U malířů* (Nr. 11/CN 291) steht an der Stelle des urspr. hier verlaufenden Stadtmauergrabens, v. dem noch Überreste im Kellergeschoß erhalten sind. Im Jahre 1531 im Renaissancestil erbaut, wurde es 1690 barock umgestaltet. Heute beherbergt es eine Weinstube. In der n Platzhälfte steht eine *Säule* mit der Statue des hl. Johannes d. T. v. Ferdinand Maximilian Brokoff*. Sie wurde 1715 am Ende einer schweren Pestepidemie inmitten eines Brunnens aufgestellt, der im 19. Jh. abgerissen wurde.

Melantrichova ulice / Melantrichgasse (Staré Město/Altstadt): Die enge, sich durch die Prager Altstadt windende Straße bildet die kürzeste Verbindung zwischen dem →Altstädter Rathaus/Staroměstská radnice und dem Wenzelsplatz/→Václavské náměstí. An ihrer Mündung in den Altstädter Ring/→Staroměstské náměstí sind 2 Häu-

serfronten durch Schwibbogen gegeneinander abgestützt. Ihren Namen erhielt sie nach dem bedeutendsten tschech. Buchdrucker des 16. Jh., Jiří Melantrich z Aventina, der neben Bibelübersetzungen auch Werke des Humanisten Erasmus v. Rotterdam in tschech. Sprache gedruckt hat. Urspr. führte die Straße ins ehem. Galliviertel, das sich bei der noch erhaltenen St.-Gallus-Kirche (→Sakralbauten: Kirchen, Kostel svatého Havla) befand. Von der got. Bebauung kann man im Kellergeschoß des Hauses *Zum goldenen Krug / U zlaté konvice* (Nr. 20/CN 477), einem heutigen Weinlokal, noch die erhaltenen Gewölbe sehen. Auf der gegenüberliegenden Straßenseite (Nr. 17/CN 970, 971) gelangt man über die Hlavsova ulice in den ehem. Klosterhof des *St.-Michael-Klosters,* an dessen Existenz die aufgehobene barocke St.-Michaels-Kirche (→Sakralbauten: Kirchen, Kostel svatého Michala) erinnert. Das Kloster wurde um 1790 in Wohnhäuser umgebaut.
In dem urspr. got., mehrfach umgestalteten *Teyfl-Haus / Teyflův dům* (Nr. 15/CN 463) ist ein Renaissance-Arkadenhof erhalten geblieben. Auch hinter der klassizistischen Fassade des Hauses Nr. 12 verbirgt sich ein got. Kern. Hier wohnte ab 1635 der Rektor der Prager Universität, Jan Marek Marci, der sich in den Bereichen der Medizin und Physik verdient gemacht hat. Die Fassade des Spätrenaissancehauses Nr. 11/CN 465 schmücken 5 Kronen als Hauszeichen und das Nachbarhaus Nr. 9/CN 466 ein böhm. Löwe.

Mostecká ulice / Brückengasse (Malá Strana/Kleinseite): Die belebte Straße mit zahlreichen Geschäften und Lokalen liegt zwischen der Karlsbrücke (→Brücken: Karlův most) und dem Kleinseitner Ring/→Malostranské náměstí. Sie bildet den Teil eines alten Handelsweges, der v. Nürnberg, Regensburg und Leipzig kommend hier die Moldau (Vltava) in Richtung O überquerte. Auch der *Krönungsweg* der böhm. Könige zur Prager Burg (→Profanbauten: Burgen, Pražský hrad) führte über sie entlang. Heute überwiegen Barockfassaden, doch die schmalen Parzellen zeugen v. viel älterer Erstbebauung.
Unmittelbar vor dem niedrigeren Kleinseitner Brückenturm (→Brücken, Karlův most) steht das Renaissancegebäude

Melantrichová ulice, Rathausturm

(Nr. 1/CN 56) des *ehem. Zollamts* v. 1591, des früheren Brücken- und Salzamtes. Die heutige Fassade stammt v. einer Umgestaltung Mitte des 19. Jh. Urspr. zierte das Haus ein kostbares spätroman. Relief. Um es vor Verwitterung u. a. Schäden zu bewahren, wird es nun im Haus aufbewahrt.
Das urspr. got. Haus (Nr. 3/CN 55) hat seinen Namen *Sächsisches Haus / Saský dům* noch aus der Zeit v. 1348–1909 behalten, als es der Herrensitz der sächsischen Herzöge war. Von dem Renaissanceumbau Ende des 16. Jh., wahrscheinlich durch den Architekten Jan Campione de Bossi errichtet, stammt noch das Portal mit dem Stadtwappen der Kleinseite aus dem 17. Jh. Erst in den 60er Jahren unseres Jh. entdeckte man die got. Umfassungsmauern und die typischen Spitzbogenfenster.
Heute ist in dem 1773–75 für die Herren v. Kaunitz v. Anton Schmidt erbauten dreigeschossigen, reich mit Stukkaturen geschmückten Rokokopalais (Nr. 15/CN 277) der Sitz der jugoslawischen Botschaft. Die mythologischen Figuren auf der Attika

schuf Ignaz Franz Platzer*. Nach seinem Bauherrn heißt das Gebäude *Kaunitz-Palais / Kounický palác.*

An der Stelle des klassizistischen Hauses Nr. 16/CN 47 und auf dem benachbarten Gelände befand sich schon am Ende des 12. Jh. die *Pfalz der Prager Bischöfe* (→Profanbauten: Palais, Schlösser, *Bývalý biskupský dvůr*). Von einem got. Umbau ist im heutigen Hof noch ein Turm erhalten geblieben.

Der moderne Gebäudekomplex des Hauses Nr. 21/CN 273 entstand 1960 nach den Entwürfen v. K. Kunc, M. Hudec und J. Stehlík. Um einen Innenhof mit Springbrunnen gruppieren sich ein Bistro, ein Kino und eine Weinstube. Über den Hof gelangt man in die Prokopská ulice.

Na příkopě / Am Graben (Nové Město/Neustadt): Die heutige belebte Geschäftsstraße, die den Wenzelsplatz/Václavské náměstí mit dem Platz der Republik/Náměstí republiky verbindet, erinnert in keiner Weise mehr an das ehem. Viertel mit Vorstadtvillen, Palais und ausgedehnten Gärten. Ihren Namen »Am Graben« trägt die Straße erst seit 1869; er weist auf den ehem. hier verlaufenden Wassergraben hin, der die Grenze zwischen Alt- und Neustadt bildete. Im Jahre 1760 wurde der Graben zugeschüttet und mit Linden bepflanzt; dementsprechend hieß die Straße »Alte Allee«. Im Auftrag des Statthalters Graf Chotek pflasterte man sie im Jahre 1839 und benannte sie nach ihm um. 1871 begann die großstädtische Bebauung; bis zu ihrem heutigen Erscheinungsbild erfolgten weitere Umgestaltungen, so daß sich die Bebauung aus Gebäuden des 17. bis 20. Jh. zusammensetzt.

An der Straßenecke Na můstku erhebt sich das moderne Gebäude des ČKD *Praha* (Nr. 1/CN 388), das die Architekten A. Šrámková und J. Šrámek 1983 als Stein- und Stahlkonstruktion errichteten. Die Uhr des ehem. Hauses wurde im Giebel integriert. Im Erdgeschoß befindet sich der Eingang zur Metrostation »Můstek«. Die oberen Etagen beherbergen neben der Administration der Maschinenfabrik ČKD Praha ein Café und ein Restaurant.

Schräg gegenüber liegt das älteste Kaufhaus v. P. (Nr. 4/CN 847): *Dům elegance.* Das Neurenaissancegebäude erbaute der Architekt T. Hansen 1869–71. Bes. beachtenswert ist die raffinierte Innenraumgestaltung.

Der Gebäudekomplex des *Sylva-Taroucca-Palais / Palác Sylva Taroucca* (Nr. 10/CN 852; →Profanbauten, Palais, Schlösser, *Palác Sylva Taroucca*) umschließt 2 Innenhöfe und mündet in einem dritten, v. dem aus man den Wenzelsplatz erreicht.

Das Nachbarhaus *Zur schwarzen Rose / U černé růže* (Nr. 12/CN 853) war urspr. ein got. Haus, in dem sich 1411 regelmäßig die aus Deutschland vertriebenen Reformatoren, Anhänger der Lehre des Johannes Hus, trafen. An das alte Gebäude erinnert ein heute den Balkon des neuen Gebäudes v. 1847 zierendes Hauszeichen einer Rose. Die Durchgangspassage fügte O. Tyl 1932 hinzu.

Das statuengeschmückte Gebäude der *Staatsbank / Státní banka* (Nr. 14/CN 854) erbaute der Architekt Bedřich Bendelmayer 1930 an der Stelle eines älteren Hauses,

< *Mostecká ulice*

Mostecká ulice, Kaunitz-Palais

des Sterbehauses der bedeutenden tschech. Schriftstellerin Božena Němcová (1820 bis 1862).

Die schlichte Empirekirche zum *Hl. Kreuz/Kostel svatého Kříže* erbaute der Architekt Jindřich Fischer 1819–23 als Saalbau für den Piaristenorden, der 1752 nach P. gekommen war. Das ehem. Kolleg liegt dahinter in der Panská ulice.

Durch ihre künstlerische Gestaltung bes. auffallend sind die beiden *Häuser Nr. 18/CN 857* und *Nr. 20/CN 858* beiderseits der Querstraße Nekázanka, durch einen reliefverzierten Bogen miteinander verbunden. Die beiden Bankgebäude erbaute der Architekt Osvald Polívka* im böhm. Neurenaissancestil in den Jahren 1894–96 (Nr. 20) und 1911–12 (Nr. 18). Bedeutende Künstler wie Ladislav Šaloun, Celda Klouček, Jan Preisler, Jan Lauda u. a. beteiligten sich an der reichen Ausstattung mit Mosaiken und Plastiken des Hauses Nr. 18. Von dem urspr. Barockpalais auf dem Grundstück Nr. 20 wurde ein Portal mit plastischen Adlern und Vasen v. Matthias Bernhard Braun* in den jetzigen Bau integriert. Die Fassadenfront schmücken Reliefs zu den Themen Technologie, Landwirtschaft, Handel und Industrie von C. Klouček und Stanislav Sucharda. Die Lünettenmosaiken wurden nach Entwürfen v. Mikoláš Aleš* geschaffen. Im Inneren sind sowohl die Vorhalle als auch das Treppenhaus mit Fresken geschmückt. Die Lichtträger sind Arbeiten von Bohuslav Schnirch.

Blick in die Nekázanka ulice

An schließt das *Slawische Haus/Slovanský dům* (Nr. 22/CN 859); ein urspr. barockes Palais (→öffentliche Gebäude).

Das Gebäude der *Staatsbank* (Nr. 24/CN 860–864) errichtete der Architekt F. Roith 1938. Vorgängerbauten waren z. B. 2 im 19. Jh. bedeutende Hotels, zu deren Gästen die Komponisten Frédéric Chopin und Franz Liszt sowie der russ. Anarchist Michael Bakunin zählten. Auch ein späteres Gebäude der Zentralbank mußte weichen; daran erinnert eine erhaltene Löwenstatue auf dem Dach.

In dem Verwaltungsgebäude gegenüber (Nr. 33/CN 969), 1930–32 von R. Hildebrandt, J. Sakař und K. Jaray errichtet, ist heute das *Föderalministerium für Verkehrswesen* untergebracht. Urspr. stand hier ein älteres Gebäude, in dem sich ein bekanntes Prager Café befand. Hier war der Komponist Franz Liszt häufig zu Gast.

Národní třída / Nationalstr. (Nové Město/Neustadt): Die heutige belebte Verkehrsstraße verläuft anstelle der ehem. Befestigungsanlage zwischen Alt- und Neustadt; der hier befindliche Graben wurde 1781 zugeschüttet. Von dieser Zeit zeugen noch der Bau und Name der Kirche St. Martin in der Mauer (→Sakralbauten: Kirchen, Kostel svatého Martina ve zdi), die unmittelbar hinter dem Haus Platýz Nr. 37/CN 416 in dieser Straße liegt; ihre Mauern kann man dort durch 2 Durchgänge sehen.

Rechts hinter der Brücke der Legionen (→Brücken: Most Legií) erhebt sich das Neurenaissancegebäude des *Nationaltheaters* (→Theater: Národní divadlo), erbaut 1868 v. Josef Zítek* und nach einem Brand durch Josef Schulz 1883 erneuert. Auftraggeber war die tschech. Bevölkerung.

Gegenüber liegt das *Palais Lažanský* (→Profanbauten: Palais, Schlösser, *Lažanských palác*) aus den Jahren 1861–63 v. Ignác Ullmann, das heute u. a. das Café Slavia beherbergt.

Hinter der kleinen Unterführungsstraße Divadelní ulice wurde 1977–83 v. Karel Prager die mit Glasbausteinen verkleidete *Neue Szene/Nová scéna* (→Theater, Národní divadlo) erbaut, die nach hinten mit dem Nationaltheater einen großen Platz bildet.

Auf der anderen Seite erstreckt sich der Neurenaissancebau der heutigen *Tschechoslowak. Akademie der Wissenschaften* (Nr. 3-5/CN 1009), in den Jahren 1858-62 und 1894-96 nach Plänen v. Ignác Ullmann für die Böhm. Sparkasse errichtet. Die Attika des Hauses trägt r die Statuengruppe »Čechie« v. Antonín Wildt nach Vorlagen v. Josef Mánes*. Früher befand sich auf diesem Gelände eine Kalkbrennerei mit Ziegelei.

Das Nachbarhaus Nr. 7/CN 1011 erbaute Osvald Polívka 1907-08 für die *Versicherungsgesellschaft »Praha«* mit einer beachtenswerten Jugendstilfassade. In die goldumrahmten Lettern, die den Namenszug bilden, sind die Fenster der oberen Etage kunstvoll integriert. Vom gleichen Architekten stammt auch das benachbarte Jugendstilgebäude des *ehem. Verlags Topič* (Nr. 9/CN 1010).

Gegenüber sieht man die rosafarbene Fassade der barocken *St.-Ursula-Kirche* (→Sakralbauten: Kirchen, *Kostel svaté Voršily*) mit dem ehem. Kloster; davor eine Statuengruppe des hl. Johannes v. Nepomuk v. Ignaz Franz Platzer*.

Das leicht hervortretende Barockeckhaus an der Mikulandská ulice (Nr. 16/CN 118) wurde wahrscheinlich v. František Maximilián Kaňka* in den Jahren 1735-40 erbaut. In der 2. Hälfte des 18. Jh. ging es in den Besitz seiner Familie über.

Im Laubengang wurde im Gedenken an die brutale Niederschlagung der Demonstration vom 17. 11. 1989 eine Wandplastik angebracht.

An der Stelle des 1975 erbauten Kaufhauses *Máj* (Nr. 26/CN 63) wurden bei archäologischen Untersuchungen Überreste einer alten Siedlung gefunden, die noch vor der Gründung der Neustadt 1348 existierte.

Der große, einen Innenhof mit Durchgang umschließende Gebäudekomplex des Bürgerhauses *Platýz* (Nr. 37/CN 416; →Profanbauten: Patrizier- und Bürgerhäuser) verbirgt hinter seiner heutigen Empirefassade eine Baugeschichte ab der Mitte des 13. Jh.

Das *Portheim-Palais/Portheimka* (Nr. 38/CN 37) schräg gegenüber erbaute 1794 der Baumeister Ignaz Johann Palliardi* für den Grafen Defours. Nach einigen Besitzerwechseln wurde es um 1850 für den Industriellen Porges v. Portheim um eine Etage erhöht und später in ein Wohnhaus umgestaltet.

Das anschließende Neurenaissancegebäude, das sog. *Adria-Palais* (Nr. 40/CN 36; →Geschäfts- und Verwaltungsbauten), beherbergt neben medizinischen Einrichtungen ein Café mit Terrasse und das Theater *Laterna Magika* (→Profanbauten: Theater, Laterna Magika). Seine Längsseite wendet es dem Jungmannplatz mit einem Denkmal des Schriftstellers und Sprachwissenschaftlers Josef Jungmann zu. Die Skulptur schuf Ladislav Šimek 1878.

Nerudova ulice / Nerudagasse (Malá Strana/Kleinseite): Als eine der malerischsten Straßen v. P. führt sie steil ansteigend vom Malostranské náměstí über die Burgrampe/Ke hradu zur Prager Burg. Früher diente sie als bedeutender Handelsweg in nw Richtung. Auf der Höhe der heutigen Marienkirche der Kajetaner stand das ehem. Stadttor, das Strahover Tor, das 1711 abgerissen wurde. Über die Straße verlief auch eine Teilstrecke des traditionellen Krönungsweges. Erst unter Maria Theresia wurden die Häuser mit Hausnummern versehen. Seit der Mitte des 17. Jh. hieß die

Národní třída

Straße Ostruhová, eine tschech. Übersetzung des dt. Namens Spornengasse, was sich wiederum - österreichisch ausgesprochen - v. den Sparren herleitet, die wegen der starken Steigung für die Wagen gelegt wurden. Später wurde sie nach dem bedeutenden tschech. Schriftsteller und Journalisten *Jan Neruda* (1834-91) in Nerudagasse umbenannt. Neruda lebte und arbeitete hier im Haus *Zu den 2 Sonnen*. In seinen berühmt gewordenen Erzählungen »Kleinseitner Geschichten« erzählt er als selbstironischer »Chronist« auf humorvolle und poetische Weise v. den Menschen und ihrem Leben auf der v. Gassen und Winkeln durchzogenen Kleinseite am Fuße des Laurenzibergs/Petřín. Heute prägen vor allem Barockfassaden das Erscheinungsbild der urspr. schon viel älteren Straße. Die Bebauung setzt sich bis auf 2 Palais und die Kirche aus Bürgerhäusern zusammen. Nach alter Prager Gewohnheit tragen die meisten individuelle Hauszeichen, v. denen hier eine bes. schöne Kollektion erhalten geblieben ist.

An der nw Ecke des Kleinseitner Rings/Malostranské náměstí beginnt die Gasse mit schmalen Häuschen, die aufwendige Giebel tragen.

Am Haus Nr. 6/CN 207 ist ein barockes Hauszeichen in Gestalt v. 2 Engeln angebracht, die einen roten Adler tragen. Die aufwendige Rokokofassade des Hauses Nr. 10/CN 209 stammt aus der Mitte des 18. Jh. In seinem Renaissance-Vorgängerbau wohnte der Hofmaler Kaiser Rudolfs II., Bartolomäus Spranger, am Ende des 16. Jh.

Das anschließende Haus *Zu den 3 kleinen Geigen/U tří housliček* (Nr. 12/CN 210) erhielt sein Hauszeichen v. der Geigenbauerfamilie Edlinger, die das Haus am Anfang des 18. Jh. bewohnte. Aus dieser Zeit stammt die heutige Barockfassade. Aus der Gotik ist das Kellergeschoß erhalten geblieben und v. einem Renaissanceumbau das Eingangsportal.

Das *Valkounsche Haus* (Nr. 14/CN 211) war 1705-23 im Besitz des bedeutenden Barockbaumeisters Jan Blažej Santini-Aichel*, der dem urspr. Renaissancegebäude sein barockes Aussehen gab. Daneben steht ein schlichtes Renaissancehaus mit einem Steinportal, das Haus *Zum goldenen Pokal/U zlaté číše* (Nr. 16/CN 212). Das goldene Relief eines Pokals auf blauem Grund in einem ovalen Rahmen stammt v. dem um 1660 hier lebenden Goldschmied B. Schuhmann.

Hinter dem barocken Äußeren des Hauses Nr. 18/CN 213 verbirgt sich ein Renaissancebau v. 1566, wovon noch Sgraffitoreste

Nerudova ulice

zeugen. Als Hauszeichen dient das Relief des Prager Schutzheiligen Johannes v. Nepomuk v. ca. 1730. Seinen Erker schmückt eine barocke St.-Florian-Statue.
Auf der anderen Straßenseite steht das 1713–14 erbaute *Morzin-Palais* (Nr. 5/CN 256; →Profanbauten: Palais, Schlösser; *Morzinský palác*) mit seinen charakteristischen balkontragenden Mohrenfiguren. Hier ist der Sitz der rumänischen Botschaft. Schräg gegenüber erstreckt sich das *Thun-Hohenstein-Palais* der ital. Botschaft (Nr. 20/CN 214; →Profanbauten: Palais, Schlösser; *Thun-Hohenštejnský palác*). Links v. ihm führt ein schmaler Durchgang um das Palais herum zur Parallelstraße Thunovská ulice.
Ein Bogen über dem Durchgang verbindet das Palais direkt mit der anschließenden *Kirche der Jungfrau Maria v. der immerwährenden Hilfe bei den Kajetanern/Kostel Panny Marie u Kajetánů*, die 1691–1717 wahrscheinlich v. Jan Blažej Santini-Aichel* erbaut wurde. Die Hauptaltarplastik schuf Matthäus Wenzel Jäckel 1724. Die ehem. Klostergebäude befinden sich im Haus Nr. 24/CN 215.
Das urspr. Renaissancehaus *Zum goldenen Schlüssel/U zlatého klíče* (Nr. 27/CN 243) trägt an seiner heutigen Barockfassade einen hervorragend geschmiedeten Schlüssel in einer Kartusche als Hauszeichen. Auch das Haus Nr. 28/CN 217 ist ein ehem. Renaissancegebäude. Als solches wurde es auf dem zugeschütteten Graben, der die Ortschaften Kleinseite und Hradčany voneinander trennte, errichtet. Unmittelbar gegenüber der hinabführenden Treppe Janský vršek liegt das Haus *Zum goldenen Löwen/U zlatého lva* (Nr. 32/CN 219). In diesem Spätrenaissancegebäude ist in der Tradition einer in den Jahren 1749–1952 bekannten Prager Apotheke das pharmazeutische Museum eingerichtet. Eine Gedenktafel erinnert an den einst hier wohnenden Kunsthistoriker Václav Vilém Štech (1885–1974), einen der besten Kenner der Prager Kunst.
Das heute barocke Nachbarhaus *Zum goldenen Hufeisen/U zlaté podkovy* (Nr. 34/CN 220) besitzt ein bes. interessantes Hauszeichen: ein über dem Portal befindliches Bild des hl. Wenzel mit Pferd, dessen Fuß ein echtes Hufeisen trägt. Im 16. Jh. befand sich hier das Wohnhaus des bedeutenden Baumeisters Udalrico Aostalis de Sala*.
Das gegenüberliegende, urspr. bürgerliche Barockhaus *Sommer und Frühling* (Nr. 33/CN 240) baute Johann Josef Wirch 1765 im Rokokostil für den Grafen Bretfeld um. Aus dieser Zeit stammt auch das Fassadenrelief des hl. Nikolaus v. Ignaz Franz Plat-

Giebel in der Nerudova ulice

Nerudova ulice, Haus Zu den zwei Sonnen

zer*. Hier waren Wolfgang Amadeus Mozart und Giovanni Casanova berühmte Gäste.
Bes. Bekanntheit erlangte das Haus *Zu den zwei Sonnen/U dvou slunců* (Nr. 47/CN 233), das ehem. Wohnhaus des Schriftstellers Jan Neruda in den Jahren 1845–57 (siehe oben). Von dem urspr. Renaissancehaus ist nach dem barocken Umbau 1673 bis 1693 das Portal erhalten. Auffallend sind die beiden schön geschwungenen Giebel. Sein Hauszeichen der beiden Sonnen in einem Stuckrahmen trägt es schon seit der Mitte des 17. Jh. Bis heute sind alle entdeckten Sonnendarstellungen auf Prager Häusern in Form v. Männergesichtern gestaltet. Man kann vermuten, daß sie symbolisch für die lebensspendende Kraft v. Wärme und Licht stehen. Die kunstvolle Gedenktafel an Jan Neruda entwarf V. Oliva 1895.

Nový svět / Neue Welt (Hradčany): Der poetische Name bezieht sich auf einen kleinen Straßenzug im Stadtteil Hradčany, der als dessen Vorstadt bereits im 14. Jh. nahe der Burg entstanden ist; urspr. standen hier eine Fasanerie und Gärten. Dazugerechnet wird auch das Seitengäßchen Černínská ulice, das direkt zum Loretánské náměstí führt. Der kleine Stadtteil wurde 1420 durch einen Brand zerstört; 1541 gab es ein erneutes verheerendes Feuer als Folge der Brandkatastrophe auf der Kleinseite. Hinter dem auch schon damals gebräuchlichen Namen »Neue Welt« verbarg sich ein Armenviertel. Heute wirken die winzigen Häuschen, deren Äußeres zumeist aus dem 18. und 19. Jh. stammt, dagegen eher romantisch verträumt. Diese Atmosphäre spiegelt sich in einigen Passagen des Romans »Der veruntreute Himmel« v. Franz Werfel wider. Die schönen Hauszeichen der Häuser kommen zumeist aus dem »goldenen« Bereich.
Besonders zu erwähnen sind die folgenden Häuser: Am Haus *Zum goldenen Vogel Greif/U zlatého noha* (Nr. 1/CN 76) erinnert eine Gedenktafel an den Aufenthalt des dänischen Astronomen Tycho Brahe um 1600. Das stuckverzierte *Haus der goldenen Birne/U zlaté hrušky* (Nr. 3/CN 77) mit einer goldenen Birne als Hauszeichen beherbergt ein beliebtes Prager Weinlokal. An der Ecke zur Kapucínská ulice steht das Erkerhaus *Zur blauen Traube/U modrého hroznu* (Nr. 5/CN 78), dessen Name auf eine ehem. Weinstube schließen läßt. Den Erker aus dem 17. Jh. trägt ein unauffälliger roter Fisch. Als hölzerner Blockbau ist das Haus Nr. 10/CN 93 bes. interessant. Im Haus *Zum goldenen Pflug/U zlatého pluhu* (Nr. 25/CN 90) wurde 1857 der berühmte Geigenspieler František Ondříček geboren. In der Černínská ulice ist das Haus Nr. 5/CN 141 mit dem kleinen, v. einer Mauer eingefaßten Gärtchen bes. reizvoll. Auf der Mauerecke steht eine steinerne Plastik des hl. Johannes v. Nepomuk, wahrscheinlich in der 2. Hälfte des 18. Jh. entstanden.

Ovocný trh / Obstmarkt (Staré Město/Altstadt): Von der →Celetná ulice als Straße abgehend, erweitert sich der Obstmarkt in Richtung Tyl-Theater/Tylovo divadlo (→Theater) zu einem Platz. Im 14. Jh. trug er den Namen »Neumarkt« und wurde 1870 in Obstmarkt umbenannt. Jetzt hat der Platz die Funktion als Markt verloren.

Nový svět (Neue Welt)

An seiner N-Seite tritt aus der Fassade der Karlsuniversität (→öffentliche Gebäude, Karolinum) ein got. Erker; der noch aus der Gründungszeit der Universität (1348) stammt.

Im Haus Nr. 12 wohnte eine Zeitlang der bedeutende Barockmaler Karel Škréta* und im Haus Nr. 16 der Astronom Johannes Kepler.

Pohořelec / Brandplatz (Hradčany): Urspr. war Pohořelec eine Vorstadt der Stadt Hradčany, gegr. 1375 v. dem Burggrafen Aleš z Malkovic. Der eigentümliche Name Brandplatz bzw. Brandstätte beruht auf der Tatsache, daß der Platz in seiner Geschichte dreimal großen Feuersbrünsten zum Opfer fiel. Die ehem. Bebauung brannte 1420 während der kriegerischen Auseinandersetzung mit König Sigismund ab; vom Großbrand 1541 stark in Mitleidenschaft gezogen, ging sie abermals 1742 beim Angriff der französischen Armee in Flammen auf. So erklärt sich, daß sein heutiges Erscheinungsbild trotz seines Alters v. überwiegend barocken Häuserfronten bestimmt wird.

Der langgestreckte Platz weist in Richtung Prager Burg ein leichtes Gefälle auf und spaltet sich am unteren Platzende in die Straßenzüge Úvoz und Loretánská ulice auf. Seine n Seite säumen zum Teil noch Laubengänge. Durch das auf der S-Seite gelegene Renaissancehaus Nr. 8/CN 147 gelangt man über eine Treppe zum Kloster Strahov (→Sakralbauten: Klöster, Strahovský klášter). Eine bis 1846 auf dem Hradčanské náměstí stehende *Statuengruppe des hl. Johannes v. Nepomuk* schmückt seine Mitte. Sie wurde 1752 v. dem Bildhauer Johann Anton Quittainer geschaffen. Dort wo die Straßen Keplerova und Parléřova ulice auf den Brandplatz münden, steht ein *Denkmal* der beiden *Astronomen Tycho Brahe* und des jüngeren *Johannes Kepler* aus dem Jahre 1984 v. Josef Vajce. Im Hof der hier befindlichen Schule (Nr. 2/CN 118) entdeckte man Anfang dieses Jh. die Fundamente des ehem. Renaissance-Lustschlößchens des Grafen Senftau.

Hier verbrachte Tycho Brahe seine letzten 2 Lebensjahre. Er arbeitete mit Johannes Kepler zusammen, der 1600 als sein Gehilfe nach P. gekommen war.
An der N-Seite des Platzes fällt das *Kučera-Palais/Palác Kučerovský* (Nr. 22/ CN 114) mit seiner reich mit Stukkaturen verzierten Rokokofassade ins Auge. Das urspr. Renaissancehaus baute Antonín Schmidt 1765-69 für die Steinmetzfamilie Demartini entsprechend um. Seinen Namen Kučera trägt es nach einem hohen kaiserlichen Offizier, der mit Ludwig van Beethoven befreundet war.
Das Haus *Zum goldenen Löwen/U zlatého lva* (Nr. 23/CN 113) wurde 1773 als Sitz der Strahover Pfarre erbaut. Aus dieser Zeit stammt auch das Strahover Wappen.
Den ö Platzabschluß bildet das *Breiter Hof/Široký dvůr* genannte Gebäude Nr. 26/CN 110. Es wird bereits im 15. Jh. als Rasthaus mit Ställen erwähnt. Von einem späteren Barockumbau zeugen noch das Portal und die Giebel.

Náměstí republiky / Platz der Republik (Nové Město/Neustadt): Früher verlief über die heutige Platzanlage die Grenze zwischen der Altstadt und Neustadt in Form eines Burggrabens. Heute befindet sich hier ein Verkehrsknotenpunkt, umgeben v. bedeutenden Gebäuden. Der an der Einmündung der →Celetná ulice auf dem Platz erbaute *Pulverturm/Prašná brána* entstand im Auftrag der Altstädter Gemeinde für König Vladislav Jagiello und bildete in seiner Regierungszeit (1471-1516) das alte Stadttor. Von dem Baumeister Václav z Zlutic begonnen, fortgesetzt v. Matěj Rejsek, wurde der Turm in die bereits bestehenden Befestigungsanlagen der Altstadt integriert. Etwas w stand das Stadttor Odraná brána, eines der urspr. 7 Stadttore, das durch kriegerische Angriffe stark beschädigt worden war. Das neue Tor sollte vor allem auch Repräsentationszwecken des nahe gelegenen Königshofs (vgl. Obecní dům/Repräsentationshaus) entsprechen und war ähnlich dem Altstädter Brückenturm (→Brücken: Karlův most/Karlsbrücke) mit reichem Ornamentschmuck verziert. Als 1484 König Vladislav Jagiello seine Residenz v. der Altstadt wieder zurück auf die Prager Burg verlegte, verlor der Turm an Bedeutung, und die Bauarbeiten stagnierten bis 1592. Ende des 17. Jh. diente der Turm als Pulverlager, was seinen heutigen Namen prägte. Im Siebenjährigen Krieg wurde er durch die angreifenden Preußen so schwer beschädigt, daß 1799 auch noch die kläglichen Reste der kunstvollen Ornamentik entfernt wurden. In den

Pohořelec, Arkaden an der Nordseite

Jahren 1875–86 restaurierte Josef Mocker* das Bauwerk, setzte ihm ein Walmdach auf und gestaltete die Durchfahrt mit einem Netzgewölbe. Das alte Dekor wurde durch neugot. Ornamentik und Statuen ersetzt; die Künstler waren u.a. Bernard Seeling, Ludvík Šimek und Jindřich Čapek.

Über eine Wendeltreppe mit 186 Stufen erreicht man die 65 m hohe Turmgalerie, v. wo man einen herrlichen Blick über die Stadt hat (geöffnet in den Sommermonaten).

Direkt neben dem Pulverturm steht das *Repräsentationshaus/Obecní dům* (Nr. 5/CN 1090; →Profanbauten: öffentliche Gebäude, *Obecní dům*) mit seinem bleiverglasten Portikus und der Kuppel. An seiner Stelle befand sich am Ende des 14. Jh. der Königshof v. König Wenzel IV. Gegenüber liegt das *Hyberner Haus/U Hybernů* (Nr. 3/CN 1037), urspr. ein 1355 v. Kaiser Karl IV. gegr. Kloster mit Kirche. Das heutige Empiregebäude verbirgt die ehem. Kirche und dient als Ausstellungssaal (→Museen, Galerien).

Am nö Platzende liegt hinter einer Mauer die barocke Kirche *St. Josef* (→Sakralbauten: Kirchen, *Kostel svatého Josefa*), in den Jahren 1633 bis 1653 für den Kapuzinerorden erbaut.

Auf der anderen Seite erstreckt sich der moderne Baukomplex des größten Prager Kaufhauses, *Kotva* (Nr. 8). Es wurde 1975 v. dem Architektenehepaar Machonin fertiggestellt. Im Jahre 1971 entdeckte man hier bei archäologischen Forschungsarbeiten Reste einer St.-Benedikt-Kirche (ca. 1233) und der dazugehörenden Kommende des Dt. Ritterordens, sowie Fundamente der got. Stadtmauer.

Staroměstské náměstí / Altstädter Ring (Staré Město/Altstadt): Nach neuesten Forschungsergebnissen befand sich im 10. Jh. die 1. Ansiedlung auf dem Altstädter Ring; bereits im 11. Jh. wird in schriftlichen Überlieferungen v. einem Markt und Handelshof für ausländische Kaufleute, dem bis heute erhaltenen *Teynhof/Tyn* gesprochen. Aufgrund zahlreicher Überschwemmungen wurde der Platz aufgeschüttet, und auf die urspr. roman. Bebauung setzte man neue got. Häuser. In einigen Kellern sind die roman. Fundamente erhalten geblieben. Die unregelmäßige Grundform des Altstädter Rings stammt noch aus seiner Gründungszeit. In den Jahren 1232–34 wurden die bis dahin verschiedenen Ansiedlungen um den Platz zur Altstadt vereinigt und erhielten 1338 durch den Umbau eines Bürgerhauses ihr *Altstädter Rathaus* (→Profanbauten: öffentliche Gebäude, Staroměstská radnice). Der Platz wurde zum Mittelpunkt der jungen Stadt; er war Handelsplatz, Treffpunkt und Schauplatz für Ereignisse v. besonderer politischer und gesellschaftlicher Bedeutung. Er war der Ort, wo die traditionellen Krönungsfeierlichkeiten begangen wurden; hier wurde 1422 der Prediger und Anführer der hussitischen Revolution, Jan Želivský, mit zahlreichen seiner Anhänger hingerichtet; 1458 wurde hier Georg v. Podiebrad zum böhm. König gewählt; 1621 erfolgte die Hinrichtung der 27 Anführer des Ständeaufstands v. 1618, wovon heute die ins Pflaster eingelassenen Kreuze vor dem Rathausturm zeugen. Im Jahre 1918 demonstrierte die Prager Bevölkerung für einen souveränen Staat und die Befreiung v. der Habsburger-Monarchie. 1945 wurde hier die russische Armee als Befreier begrüßt, und 1968 standen an gleicher Stelle die Panzer der Unterdrücker des »Prager Frühlings«.

Auch städtebaulich hat jede Epoche ihre Spuren hinterlassen: So stammen z. B. Teile

Denkmal Tycho Brahe, Johannes Kepler

Pulverturm

des Rathauses und Teynhofes noch aus der Gründungszeit der Altstadt im MA. Verborgen hinter den aufwendigen Barockfassaden mit ihren geschwungenen Giebeln und Balustraden an der S-Seite des Platzes sind die roman. und frühgot. Keller erhalten geblieben. Die n Platzseite weist eine Bebauung aus dem 19. Jh. auf.

Ein großer Eingriff in das Platzgefüge war der Abriß des *sog. Krennhauses* 1901, das mit seiner Längsseite an der Straße U radnice unmittelbar vor der *St.-Nikolaus-Kirche* (→Sakralbauten: Kirchen, *Kostel svatého Mikuláše*) stand. In den Platz hineinragend, schloß es ihn gewissermaßen ab und verhinderte den freien Blick auf die Kirche, die nur ihre Türme erkennen ließ. Südlich v. ihm stand der neugot. Erweiterungsbau des Rathauses aus den Jahren 1838–48. Dieses wurde während der dt. Okkupation 1945 zerstört, woran der erhaltene Torso erinnert. Pläne über einen neuen Anbau sind derzeit noch umstritten.

Um 1860 verschwand der ehem. Krocín-Brunnen v. der W-Seite des Platzes. Mit der Proklamation der Tschechoslowak. Republik 1918 wurde die v. Kaiser Ferdinand III. zum Andenken an den Sieg der Gegenreformation hier aufgestellte Mariensäule als Symbol der Herrschaft der Habsburger abgerissen. Da sie eines der Hauptwerke Georg Bendels* war, werden heute die Säulenteile im städtischen Lapidarium aufbewahrt.

Einschneidend war auch der bei der Assanierung der Josefstadt/Josefov geschaffene Straßendurchbruch an der n Platzseite, der den Altstädter Ring mit der Moldau verbindet. Die so entstandene *Pařížská ulice/Pariser Straße* erinnert mit ihren künstlerisch gestalteten Jahrhundertwendebauten in der Tat an einen Pariser Boulevard.

Im NO des Platzes nimmt das monumentale *Johannes-Hus-Denkmal* eine große Fläche ein. Es wurde am 6.7. 1915 zum Gedenken an den 500sten Jahrestag der Verbrennung des tschech. Reformators Johannes Hus errichtet. Sein Schöpfer ist der Bildhauer Ladislav Šaloun*. Es trägt die Aufschrift: »Pravda zvítězí« (»Die Wahrheit wird siegen«).

Einige bedeutende Gebäude am Platz sind: Bei der Mündung des Kleinen Rings/ →Malé náměstí in den Altstädter Ring steht mit dem Laubengang leicht hervortretend das Haus *Zur Minute* (Nr. 2/CN 3; →Profanbauten: Patrizier- und Bürgerhäuser, *U minuty*) mit seiner typischen Sgraffitofassade. Es schließt der Gebäudekomplex des *Altstädter Rathauses* mit der berühmten Astronomischen Uhr/Orloj und dem got. Erker an der O-Seite an (→Profanbauten: öffentliche Gebäude, Staroměstská radnice).

An der Gebäudeecke des dem Haus Zur Minute gegenüber liegenden Hauses Nr. 29/CN 460 steht die Barockstatue des *hl. Florian,* dargestellt in antiker Soldatentracht mit Helm. Er ist der Schutzpatron der Feuerwehr und hilft bei Bränden.

Das daran anschließende Wohnhaus (Nr. 28/CN 461) bekam sein barockes Erscheinungsbild wahrscheinlich v. einem Umbau durch F. I. du Prée. Zu der Zeit gehörte es noch zu dem 1626 bei der St.-Michaels-Kirche (→Sakralbauten: Kirchen, Kostel svatého Michala) gegr. Servitenkloster. Sein Renaissanceportal ist erhalten geblieben.

Altstädter Ring, Teynkirche

Das Haus *Zum goldenen Einhorn/U zlatého jednorožce* (Nr. 20/CN 548) an der Ecke zur Železná ulice läßt trotz seiner barocken Umgestaltung noch got. Elemente entdekken; Reste des mit Lilien geschmückten Hauptportals, das Gewölbe in seinem Durchgang und ein Sedile im Schaukasten an der Fassadenwand. Von dem urspr. Haus ist im Kellergeschoß eine auf einem Mittelpfeiler eingewölbte Halle erhalten. Eine Gedenktafel erinnert an die 1848 hier gegr. Musikschule des Komponisten Bedřich (Friedrich) Smetana.

An der Stelle eines got. Hauses entstand 1897 das Neurenaissancegebäude des *Storch-Hauses/Štorchovo nakladatelství* (Nr. 16/CN 552) nach Plänen von B. Ohmann. Seine aufwendige Fassade schmückt ein Gemälde des hl. Wenzel zu Pferd v. Mikoláš Aleš*.

Die ö Platzseite säumt v. der Celetná ulice bis zur Týnska ulice ein got. Arkadengang. Hinter den markanten Stufengiebeln der *Teyn-Schule/Týnská škola* (Nr. 14/ CN 604) erheben sich die mächtigen Türme der *Teynkirche* (→Sakralbauten: Kirchen, *Kostel Panny Marie před Týnem*), die ein schon v. weitem erkennbares Merkmal des Platzes darstellen. Einer der interessantesten Bauten ist sicherlich der erst in den 70er Jahren entdeckte got. Wohnpalast *Zur steinernen Glocke/U kamenného zvonu* (Nr. 13/CN 605), der bis dahin hinter einer Barockfassade verborgen lag (→Profanbauten: Patrizier- und Bürgerhäuser). Daneben ragt das barocke Kinský-Palais/Palác Kinských (Nr. 12/CN 606; →Profanbauten: Palais, Schlösser) ungewöhnlich weit in den Platz hinein.

Im Stil des frühbarocken *ehem. Paulanerklosters* (Nr. 7/CN 930) war die ganze n Platzfront urspr. gestaltet. Das Kloster entstand 1684 durch den Zusammenschluß zweier roman. Bauten und war durch einen gedeckten Gang mit der St.-Salvator-Kirche (→Sakralbauten: Kirchen, Kostel svatého Salvatora) in gleichnamiger Straße verbunden. Der Giebel des Hauses trägt die Plastiken der hll. Salvator, Franziskus und Kaspar sowie Engelsfiguren v. Mat-

Staroměstské náměstí

thäus Wenzel Jäckel* (1696). Nach der Säkularisierung befand sich hier Ende des 18. Jh. eine Münzstätte. In der nw Ecke des Platzes erhebt sich der prächtige Barockbau der →*St.-Nikolaus-Kirche* (→Sakralbauten: Kirchen, *Kostel svatého Mikuláše*).

Staroměstská tržnice / Altstädter Markthalle (Staré Město/Altstadt, Rytířská ulice/Rittergasse Nr. 10/CN 406): Das 1893–94 v. J. Fialka errichtete Gebäude der Markthalle liegt zwischen den Straßenzügen Rytířská ulice und 28. října. In einem der urspr. hier stehenden Häuser wurde der Erfinder der Lithographie, Alois Senefelder, 1771 geboren; daran erinnert eine Tafel am Haupteingang.
Trotz des Umbaus v. 1980–85 erkennt man im Inneren die Eisenkonstruktion der urspr. Halle. Die Decke wurde vor allem wegen der einfacheren Beheizbarkeit heruntergezogen.

Staroměstské nám., Johannes-Hus-Denkmal >

Týn/Teynhof, auch Ungeld (Staré Město/ Altstadt, Týnská ulice/Štupartská ulice/CN 640): Der Teynhof war urspr. ein eingefriedetes Fürstengehöft und als Handelsplatz und Zollstätte schon im 11. Jh. bekannt. Hier konnten fremde Kaufleute ihre in die Stadt eingeführten Waren stapeln und selbst Quartier finden. Dafür hatten sie eine Art Zoll, das sog. Ungeld zu entrichten. Außerdem befand sich hier ein Spital mit einer roman. Marienkirche, dem Vorgängerbau der heute den Teynhof beherrschenden Teynkirche (→Sakralbauten: Kirchen, Kostel svaté Panny Marie před Týnem). Die heutige Anlage eines v. Gebäuden umgebenen Hofes mit 2 Toren stammt noch aus dem 14. Jh. Vom Altstädter Ring/→Staroměstské náměstí trennt ihn die sog. *Teynschule/Týnská* škola, ein urspr. got. Haus mit Laubengang und venezianischen Renaissancegiebeln aus dem 16. Jh. Im 15. Jh. lehrte hier der bedeutende Baumeister Matěj Rejsek, u.a. Schöpfer des Vladislav-Saals im Alten Königspalast auf der Prager Burg/Pražský hrad.
Das wertvollste Gebäude im Teynhof ist das *Granovský-Haus* (Nr. 1, 2/CN 639, 640). Im Jahre 1558 schenkte es der Habsburger Ferdinand I. J. Granovský als Zollhaus, was es bis 1773 auch blieb. Der neue Besitzer ließ es 1560 zu einem zweiflügeligen Renaissancepalais mit einem Arkadenumgang im 1. Stock umbauen. Ein Portal trägt sein Wappen mit der Jahreszahl 1560. Die Fassade schmücken Malereien biblischer und mythologischer Szenen sowie ein Porträt Ferdinands I. Rechts davon liegt das prächtige *Portal* zur Týnská ulice (in dieser Straße hat der Barockmaler Karel Škréta gelebt; Gedenktafel am Haus Nr. 10), das 1559/60 im Renaissancestil mit Giebelaufbau und Fassadensgraffiti erbaut wurde. Das Haus Nr. 6/CN 642 im Hof heißt seit Anfang des 18. Jh. *Zum schwarzen Bären/U černého medvěda* (Hauszeichen). Auch die Statuen der hll. Johannes v. Nepomuk, Wenzel und Florian stammen aus dieser Zeit. Das Haus selbst hat einen got. Kern.
Im *Vrbnovský-Haus* Nr. 12/CN 645, einem urspr. Renaissancehaus, das im 18. und 19. Jh. umgebaut wurde, befand sich Anfang des 19. Jh. das Kaffeehaus »U komárků«, wo sich bedeutende tschech. Schriftsteller und Wissenschaftler trafen. In diesem Haus liegt auch das O-Tor des Teynhofs.
Nach der derzeit stattfindenden umfassenden Rekonstruktion soll der Teynhof für kulturelle Veranstaltungen und ein Teil als Hotel genutzt werden.

Staroměstské nám., Storch-Haus (Mitte)

Uhelný trh / Kohlenmarkt (Staré Město/Altstadt): Der in seiner ungewöhnlichen Form angelegte Platz gehörte schon im 13. Jh. zum alten Marktgebiet der Stadt. Ab dem 14. Jh. bis zum Jahre 1807 war hier eine Köhlerei ansässig. Später verkaufte man hier Gemüse und Blumen. Heute ist v. dieser Tradition nur der Name erhalten geblieben. Seit 1951 schmückt den Kohlenmarkt der sog. *Wimmersche Brunnen,* der 1797 im Empirestil für den Kunstförderer Jakob Wimmer erbaut wurde. Die den Garten- und Weinbau symbolisierenden Figuren eines Mädchens und eines Jungen schuf Franz Xaver Lederer*.
In dem Eckhaus *Zu den drei goldenen Löwen/U tří zlatých lvů* (Nr. 1/CN 420) mit Laubengang war die Wohnung des Künstlerehepaares Dušek. Dort wohnte Wolfgang Amadeus Mozart 1787 während der Uraufführung seiner Oper »Don Giovanni« im nahe gelegenen Tyl-Theater/Tylovo divadlo (→Theater).
Heute dienen die an der O-Seite des Platzes

einmündenden Straßen →V kotcích und Havelská ulice als Märkte.

Úvoz/Hohler oder auch Tiefer Weg (Hradčany): Als Fortsetzung der Straße Nerudova ulice führt sie weiter ansteigend Richtung →Pohořelec (dem heutigen Platz und ehem. Vorort), Kloster Strahov (→Sakralbauten: Klöster, Strahovský klášter) und zum Laurenziberg/Petřín. Früher diente sie auch als Ausfallstraße nach W aus der Stadt hinaus. Nach der Gründung der königlichen Stadt Hradčany 1598 wurde der Úvoz, bedingt durch seine Lage vor der Stadtmauer, zur Vorstadt.
Die heutige Straße säumt an der Hangseite die Mauer des Strahov-Gartens und gegenüber eine fortlaufende Häuserzeile mit größtenteils barock gestalteten Fassaden. Nur im unteren Teil erfolgte die Bebauung beiderseits. Als Straßenzug hat der Úvoz seinen alten Charakter bewahrt, der noch durch das Kopfsteinpflaster unterstrichen wird. Die meisten Häuser tragen auffallend schöne Hauszeichen. Das heutige *Barockhaus Nr.2/CN 171* stammt urspr. aus dem 14. Jh. Im Giebel trägt es das Auge Gottes und über dem Eingang ein mit einer Krone geschmücktes Gitter. Interessant ist das Hauszeichen der 3 gekreuzten Äxte in einer Kartusche an der Barockfassade des *Hauses Nr.6/CN 169;* es läßt auf den Beruf des ehem. Hausbesitzers (Zimmermann) schließen. Das Haus (Nr.12/CN 166) *Zum weißen Widderchen/U bílého beránka* trägt sein Hauszeichen über dem Eingang. Sein barockes Äußeres entstand in der 1. Hälfte des 18. Jh.
Das gegenüberliegende Haus Nr.11/CN 157 wurde in die Mauer des Strahov-Gartens eingebaut. Es diente dem Kloster als Weinkeller, später als Bäckerei.
Ein aufwendiges Relief der Madonna mit dem Jesuskind unter einem Baldachin schmückt die Rokokofront des Hauses *Zum Spiegel/U zrcadla* (Nr.22/CN 161). Es schließt das Haus *Zur steinernen Säule/U kamenného sloupu* (Nr.24/CN 160) an, das 1706 im Auftrag des Malers Christian Luna erbaut wurde. Zwischen den Fenstern ist das Hauszeichen einer Säule angebracht; auf ihr steht eine kleine Marienfigur. In die abgeschrägten Hausekken ließ Luna die allegorischen Büsten der Sonne und des Mondes stellen. Die Traube des *Hauses Nr.30/CN 158* ist neben dem Löwen eines der häufigsten Hauszeichen v. P.; sie weist auf eine ehem. Weinstube hin. Leicht kann man sich vorstellen, wie der Wanderer hier ein Gläschen Wein bei einem herrlichen Ausblick über die Strahover Gärten genoß.
Das Gebäude Nr.15/CN 155 an der Ecke zum Platz Pohořelec war urspr. ein 1623 erbautes Spital, das dem Bau der barocken Prager Schanzen weichen mußte. Der Abt V. Makarius Frank gab 1688 den Auftrag zur Errichtung eines neuen Spitalbaus. Aufgrund seines hohen frühbarocken Giebels hat dieser Bau das Aussehen einer Kirche. Den Eindruck verstärkt der in Stein gehauene Kalvarienberg v. 1726 auf der Fronttreppe.

Václavské náměstí/Wenzelsplatz (Nové Město/Neustadt): Dieser weltweit bekannte Platz wurde im Jahre 1348 v. Kaiser Karl IV. in der v. ihm gegr. Neustadt angelegt. Schon damals hatte er die enormen Ausmaße v. 750 m Länge und 60 m Breite und gilt bis heute als Musterbeispiel für vorausschauende großzügige Städteplanung. Bald wurde er für die jährlich stattfindenden Pferdemärkte genutzt, weshalb er dann bis zum Jahre 1848 auch »Roßmarkt« hieß. Im 18. Jh. wurden auf dem

Teynkirche

Úvoz

Úvoz, Haus Zur steinernen Säule

oberen Teil Korn, unten Tuch und Waffen verkauft. Im Revolutionsjahr 1848 benannten die Prager den Platz auf Vorschlag v. Karel Havlíček Borovský in Wenzelsplatz um. Am oberen Platzende, wo sich heute das *Nationalmuseum/Národní muzeum* (→Museen) befindet, stand bis zu seinem Abriß im Jahre 1875 ein Tor der alten Stadtbefestigung, das Roßtor oder auch St.-Prokops-Tor. Im gleichen Jahr bepflanzte man den Platz mit 2 Doppelreihen Linden und stellte Gaskandelaber auf. Die ehem. steinerne St.-Wenzels-Statue v. Johann Georg Bendl* wurde 1879 auf den Vyšehrad umgesetzt.

Die heutige Platzgestaltung ist das Ergebnis zahlreicher Veränderungen, vorwiegend aus dem 19. Jh. Durch die neuere Bebauung ging der Blick auf die imposante Maria-Schnee-Kirche (→Sakralbauten, Kirchen, Kostel Panny Marie Sněžné) verloren, die die urspr. niedrigeren Häuser stolz überragte. Um die Mitte des 19. Jh. entwickelte sich der Wenzelsplatz zu einem großstädtischen Boulevard.

In diesen Prozeß wurden auch die Querstraßen einbezogen. Bes. interessant ist das w an den Platz anschließende *Netz v. Passagen,* die die einzelnen Straßen des Viertels miteinander verbinden. Z. B. kann man vom Wenzelsplatz durch das Haus Nr. 28/CN 785 in den Garten Františkánská zahrada und weiter direkt zum Jungmannovo náměstí gelangen. Durch das Haus Nr. 38–40/CN 794, 626 führt eine lange Passage mit vielen Quergängen bis zur Straße V jámě.

In den 80er Jahren unseres Jh. wurden die heutigen Grünanlagen in der Platzmitte angelegt und der Verkehr zugunsten der Fußgänger eingeschränkt.

Das im Jahre 1912 am oberen Platzende aufgestellte *Wenzelsdenkmal/Pomník svatého Václava* entstand nach einer 3 Jahrzehnte dauernden Arbeit des Bildhauers Josef V. Myslbek*. Das Reiterstandbild des hl. Wenzel zeigt den 1. Landespatron und Märtyrer Böhmens im Rittergewand mit Harnisch und Lanze. Ihm zu Füßen stehen auf dem Sockel die 4 Schutzheiligen: Ludmilla und Prokop (vorn) und Agnes und Adalbert (hinten); sie vermitteln in ihrer Körperhaltung den Eindruck einer Prozession. Unterhalb des Denkmals wurde das für die Gründung der 1. Republik 1918 be-

Václavské náměstí, Wenzelsplatz

deutungsvolle Datum 28.10. 1918 in Messingzahlen in das Pflaster eingearbeitet.

Berühmt geworden ist der Wenzelsplatz auch als Schauplatz herausragender historischer Ereignisse:

1848 Lesung der nationalen Messe, wodurch die revolutionäre Bewegung eingeleitet wurde.

1948 Demonstration gegen die »Februarrevolution der Arbeiterklasse«.

1968 Niederschlagung des Prager Frühlings durch Einmarsch der Warschauer-Pakt-Staaten.

1989 Massendemonstrationen für eine freie demokratische Tschechoslowakei.

Von den Gebäuden werden einige bes. herausragende Beispiele der für den Platz typischen großstädtischen Bebauung hier etwas näher beschrieben.

Den *Palác Koruna* (Nr. 1/CN 846) an der Ecke zur Straße Na příkopě erkennt man leicht an seiner kleinen Kuppel in Form einer Krone. Er wurde in den Jahren 1912 bis 1914 als Geschäfts- und Bürogebäude v. A. Pfeiffer erbaut, die bildhauerische Gestaltung stammt v. Stanislav Sucharda und Jan Štursa*.

Anfang der 30er Jahre wurde das Erdgeschoß umgestaltet. In der Passage zur Na příkopě findet man eine schöne Glaskuppel. Auf der anderen Seite steht das konstruktivistische Gebäude des Schuhwarenhauses *Dům obuvi* (Nr. 6/CN 840), 1928-29 v. Ludvík Kysela für die weltweit bekannte Schuhfirma Bat'a erbaut. Ein Durchgang führt zum Platz Jungmannovo náměstí.

Es folgt das Jugendstilgebäude Nr. 8/CN 775, das heute eine Apotheke beherbergt. Das 1911-13 v. M. Blecha erbaute Haus schmücken bes. markante Figuren und Lampen aus Bronze an der Fassadenfront.

Das Nachbarhaus Nr. 10/CN 776 wurde 1899-1900 v. A. Dlabač als Geschäfts- und Verwaltungsgebäude konzipiert. Die Fassadenplastiken schuf Ladislav Šaloun*, die den Giebel flankierenden Statuen V. Amort.

Das anschließende Gebäude des *Peterka-Hauses* (Nr. 12/CN 777) errichteten Jan

Kotěra* und V. Thierhier 1899–1900 im Jugendstil.
Den *Palác Praha* (Nr. 17/CN 834) auf der anderen Platzseite erbaute der Architekt R. Stockar 1927–28 im konstruktivistischen Stil mit einer verglasten Fassadenfront. Im Erdgeschoß 2 Innenhöfe und eine Passage. In den oberen Etagen befindet sich der Sitz des Verlags Práce.
In dem sich anschließenden Neubarockgebäude (Nr. 19/CN 832) befand sich urspr. die *Versicherung Assecurazioni generali,* bei der Franz Kafka v. Oktober 1907 bis Juli 1908 arbeitete. Die Architekten Osvald Polívka und Bedřich Ohmann erbauten 1895 bis 1896 das mit plastischem Schmuck v. Stanislav Sucharda, Bohuslav Schnirch, Čeněk Vosmík u.a. versehene Haus.
Das im reinen Jugendstil v. den Architekten Bedřich Bendelmayer und Alois Dryák 1906 errichtete *Hotel Evropa* besteht im Grunde genommen aus 2 einzelnen, in sich symmetrisch angelegten Häusern; beide sind mit kolorierten und vergoldeten Ornamenten geschmückt (Nr. 25, 27/CN 825, 826).
Hinter der klassizistischen Fassade des anschließenden Hauses Nr. 29, 31/CN 824 verbirgt sich ein viel älterer Kern. Im Durchgang findet man ein erhaltenes Gewölbe aus der Zeit der Renaissance und des Barock. Im Kellergeschoß wurden sogar got. Überreste entdeckt.
Das Eckhaus (Nr. 32/CN 791) an der Vodičkova ulice erbauten die Architekten J. Sakař und Osvald Polívka für die Böhm. Bank (1914–16). Seine Fassade schmücken Plastiken v. Bohumil Kafka. Heute beherbergt es das Reisebüro Čedok. Bedauerlicherweise wurde 1913 das ursprünglich hier stehende Renaissancehaus mit Turm U Lhotků abgerissen.
Die im Turm befindlichen Deckenmalereien v. Josef Navrátil hat man teilweise abgelöst. Sie sind heute im Museum der Hauptstadt P. (→Museen, Muzeum hlavního města Prahy) zu sehen.
Im gegenüberliegenden *Wiehl-Haus* (Nr. 34 CN 792) hat der Verlag Academia seinen Sitz. Es trägt seinen Namen nach dem Architekten Antonín Wiehl, der das Gebäude 1895–96 im Stil der Renaissance errichten ließ. Die Entwürfe für die reichen Fassadenmalereien stammen v. Mikoláš Aleš und Josef Fanta.
Den oberen Abschluß des Platzes bildet als mächtige Dominante das Neurenaissancegebäude des →*Nationalmuseums/Národní muzeum.*

Wenzelsdenkmal

Valdštejnská ulice/Waldsteingasse (Malá Strana/Kleinseite): Die v. Palais gesäumte Straße zieht sich unterhalb der Prager Burg im Anschluß an den Valdštejnské náměstí als Verlängerung der vom →Malostranská náměstí kommenden Tomášská ulice fort und führt aus dem engen Straßengewirr der Kleinseite zu dem großen Verkehrsknotenpunkt am Klárov.
Der *Valdštejnské náměstí/Waldsteinplatz* wurde ab 1623 durch den monumentalen Bau des *Waldstein-Palais* (→Profanbauten, Palais, Schlösser, Valdštejnský palác) erst gebildet. Früher standen hier zumeist got. Bürgerhäuser mit ihren Gärten. Ein viel kleineres Palais ist das 1682 durch den Zusammenschluß v. 2 ma Häusern entstandene *Auersberg-Palais/Auersberský palác* (Nr. 1/CN 16). Sein heutiges Erscheinungsbild erhielt der Palast um 1751. Aus dieser Zeit stammt auch das Marienfresko an der Fassade. Erst 1843 kam er in den Besitz der Adelsfamilie Auersberg.
Nach mehreren Besitzerwechseln und Umbauten (die Jahreszahl 1588 stammt v. einem ma Vorgängerbau) entstand das heuti-

ge *Ledebour-Palais / Ledebourský palác* (Nr. 3/CN 162) nach Plänen v. Ignaz Johann Palliardi* um 1787. Im Jahre 1801 wurde das Palais über den Anschluß des Nachbarhauses erweitert. Seinen Namen trägt es nach seinem Besitzer Adolf v. Ledebour, dem es 1852–86 gehörte. Er ließ sein Wappen im Giebel anbringen. Die prächtige Sala terrena im großzügig angelegten Garten baute Jan Blažej Santini-Aichel* 1716 im Auftrag der Gräfin Trauttmansdorff. Der Garten ist nur bei Konzertveranstaltungen zugänglich. Kommt man vom gleichnamigen Platz in die *Waldsteingasse,* so gehört die Bebauung auf der rechten Straßenseite über ihre ganze Länge zum ehem. Besitztum des kaiserlichen Generalissimus Graf Waldstein. Gegenüber stehen die Palais verschiedener Adeliger; ihre Gärten ziehen sich bis zum Wallgarten der Prager Burg / Pražský hrad hinauf.

Das Renaissancehaus *Zur goldenen Sonne / U zlatého slunce* (Nr. 20/CN 161) ist das einzige Bürgerhaus in dieser Front; erwähnt wird es bereits im 14. Jh. In seinem Hof sind v. Holzsäulen getragene Arkadengänge vom Ende des 17. Jh. erhalten.

Das *Pálffy-Palais / Pálffyovský palác* (Nr. 14/CN 158) entstand 1709 im Auftrag v. Johann Josef v. Waldstein. Ungefähr hier verlief die ehem. Stadtbefestigungsmauer der Kleinseite mit dem Tor Písecká brána, das 1623 niedergerissen wurde. Das Mitte des 19. Jh. v. J. Liebel für die Familie Fürstenberg erweiterte Palais war in den Jahren 1881–1902 im Besitz der Familie Pálffy, die bis heute den Namen geprägt hat. Der schmale Terrassengarten mit Loggien und einer Sonnenuhr wurde im 18. Jh. angelegt. Letzte bauliche Eingriffe erfolgten in den 50er Jahren dieses Jh. Es folgt die langgestreckte Fassade des →*Kolowrat-Palais / Kolovratský palác* (Nr. 10/CN 154).

Dahinter liegt das 1779–83 aus 2 ma Häusern für die Gräfin Czernín errichtete, nach ihr benannte *Kleine Czernín-Palais / Menší Černínský palác* (Nr. 12/CN 155). Ab 1868 gelangte es mit dem schönen Rokoko-Terrassengarten in den Besitz der Familie Fürstenberg. Im Jahre 1952 wurde es v. J. Čihák umgestaltet.

Der heutige Spätbarockbau des →*Fürstenberg-Palais / Fürstenberský palác* (Nr. 8/CN 153) steht einer Mode folgend mit seiner Hauptfront in Richtung Garten.

Das benachbarte *Rokokopalais* (Nr. 6/CN 152) beherbergt heute die belgische Botschaft.

V kotcích / Zu den Marktbuden (Staré Město / Altstadt): Schon im MA um 1370 errichtete man anstelle des ehem. Galli-

Wenzelsplatz 34, Wiehl-Haus

Waldsteinplatz, links: Auersberg-Palais

Havelská ulice, Arkaden mit Rosen-Schlußsteinen

marktes eine steinerne Markthalle, deren mittlerer Gang den Verlauf der heutigen Straße V kotcích bestimmte. Benannt wird sie nach den in der ehem. Markthalle eingerichteten Buden bzw. kleinen Läden (tschech. = kotce). Heute setzt sich die alte Tradition in dem heute hier befindlichen Kleidermarkt fort.
Die *Markthalle* erstreckte sich in einer Länge v. 200 m und in einer solchen Breite, daß auch die heutigen Parallelstraßen Rytířská und Havelská ulice mit in den Gebäudekomplex einbezogen waren. Nachdem 1795 die Halle abgerissen wurde, bekamen die Straßen mit den Bürgerhäusern vom Anfang des 19. Jahrh. ihr heutiges Gesicht. Nur die Außenseiten der Straßen Rytířská und Havelská haben noch die alte Bebauung. In den Häusern CN 514 und CN 251 der Straße V kotcích sind noch Mauerreste der got. Verkaufsbuden erhalten.
In der Rytířská ulice wurde 1893 bis 1894 die →Altstädter Markthalle/Staroměstská tržnice erbaut.

In der *Havelská ulice* gibt es heute Stände, die größtenteils Blumen und Gemüse verkaufen. Sehenswert sind die got. Laubengänge, die die nw Straßenseite säumen. Sie haben schon zur Zeit der ihnen gegenüberliegenden ehem. Markthalle bestanden. Bei dem *Haus Nr. 5/CN 510* kann man in dem got. Laubengang noch die mit Rosenreliefs verzierten Schlußsteine des Gewölbes sehen. Das Haus selbst trägt heute eine Renaissancefassade.
Auch hinter dem barocken Nachbarhaus *Zur goldenen Waage/U zlaté váhy* (Nr. 3/CN 511) verbirgt sich ein got. Kern, einer der ältesten der Prager Altstadt. Als Hauszeichen trägt der Bau ein Fresko des Erzengels Michael, der eine goldene Waage hält, um die Wende des 17. und 18. Jh. gemalt. Benannt wird das Haus nur nach dem Detail des Hauszeichens, der Waage, da schon die Klostergebäude der *St.-Michaels-Kirche* (→Sakralbauten: Kirchen, Kostel svatého Michala) nach dem Erzengel benannt waren. Symbolisch steht das Bild für den darunter auf tschech. geschriebenen Wunsch, daß Gott dieses teure Haus beschützen möge.

Vlašská ulice / Welsche Gasse (Malá Strana/Kleinseite): Als Fortsetzung der Straße Tržiště erklimmt die Vlašská ulice den Laurenziberg/Petřín. Sie endet inmitten der Strahover Gärten/Strahovská zahrada, wo man seinen Weg z. B. in Richtung Strahover Kloster/Strahovský klášter oder zum Aussichtsturm fortsetzen kann. Benannt wird sie nach dem dort 1602 angelegten Spital einer ital. (= welschen) Bruderschaft (vgl. auch Welsche Kapelle/Vlašská kaple unter: Sakralbauten, Kapellen). Zur Zeit finden hier und in den angrenzenden Straßen ausgedehnte Restaurierungsarbeiten statt.
Der bedeutende Architekt Udalrico Aostalis de Sala* errichtete 1591 für sich und seine Familie das erste Wohnhaus in dieser Straße.
Der Renaissancebau gehört heute zur Botschaft der USA, deren Hauptgebäude das l anschließende *Schönborn-Palais* (→Profanbauten: Palais, Schlösser; *Schönbornský palác*) am Ende der Tržiště ist (Nr. 15/CN 365).
Das heutige Barockhaus *Zu den 3 roten Rosen/U tří červených růží* (Nr. 9/CN 355)

trägt ein entsprechendes Hauszeichen aus der 1. Hälfte des 18. Jh. Die abgebildeten Rosen haben im Gegensatz zu älteren Darstellungen das Aussehen einer Zuchtrose. Die älteren sehen eher aus wie 5blättrige wilde Heckenrosen. Ein Beispiel dafür findet man in der gleichen Straße am Haus Nr. 28 über dem Portal.

In dem langgestreckten Barockbau des *Lobkowitz-Palais* (→Profanbauten: Palais, Schlösser; *Lobkovický palác;* Nr. 19/CN 347) befindet sich die Botschaft der Bundesrepublik Deutschland.

Dahinter liegt das romantische Haus des Malers und Graphikers *Cyril Bouda* (1901 bis 1984) in einem kleinen Garten (Nr. 21 a/CN 341). Man erreicht das Häuschen und den Lobkowitz-Garten durch den Durchgang CN 346.

Den schräg gegenüberliegenden Gebäudekomplex Nr. 34/CN 335 bildet das 1602 hier gegr. *Welsche Spital* - heute Casa d'Italia, ein ital. Kulturzentrum.

Im 16. Jh. siedelten sich in P. viele ital. Künstler, Handwerker und Kaufleute an. Sie gründeten 1573 die sog. Welsche Kongregation. In deren Auftrag errichtete der Baumeister Domenico de Bossi 1602 die frühbarocke Anlage des Spitals mit einer Jungfrau-Marien-Kirche als zweigeschossigen Bau um einen Arkadenhof. In der Sakristei hing eines der bedeutendsten Werke des Barockmalers Karel Škréta*: Das große Ölgemälde zeigt den hl. Borromäus, wie er Pestkranke in Mailand besucht. Heute ist das Bild im Besitz der Nationalgalerie v. P. In den Jahren 1804-1942 war hier ein Waisenhaus untergebracht.

Oberhalb schließt sich das heutige *Fakultätskrankenhaus Pod Petřínem* an mit der *Spätempire-Kirche St. Karl Borromäus/Kostel svatého Karla Borromejského pod Petřínem* v. 1855 (Nr. 36, 38, 40/CN 336, 337, 338). Den ältesten Teil des Krankenhauses ließ in den Jahren 1851-54 die Kongregation der Barmherzigen Schwestern des hl. Karl Borromäus v. A. Gudera an der Stelle v. Weinbergen erbauen. Im 19. und 20. Jahrhundert erfolgten große bauliche Veränderungen.

Im Garten steht eine Pieta v. Johann Brokoff*, die bis Mitte des 19. Jh. auf der Karlsbrücke (→Brücken: Karlův most) stand. Die Kirche wird heute als medizinische Bibliothek genutzt.

Vlašská ulice, links: Welsches Spital

Zámecké schody / Schloßstiege (Malá Strana/Kleinseite): Der Treppenaufgang v. der Kleinseite zur Prager Burg/Pražský hrad hinauf ist schon ein aus dem MA bekannter Verbindungsweg. Als solcher bereits im 13. Jh. bekannt, erwähnen ihn aus dem 15. Jh. stammende schriftliche Dokumente als in Stufen angelegt. Aus dieser Zeit stammt die erste Bebauung, die sich nun bis an den Rand der Burgmauer fortsetzt. Im 16. und 17. Jh. galt die Treppe als Handelspunkt. Handwerker und Künstler hatten hier ihre Läden aufgemacht. Davon zeugen heute die tiefen Fensterbretter, die der Warenpräsentation dienten, z. B. im Haus Nr. 4/CN 187.

In dem urspr. got. Haus Nr. 6/CN 188 wohnte der *Maler Jan Zrzavý* (1890-1977), woran seine Büste an der Fassadenfront erinnert. Das benachbarte Haus Nr. 8 trägt in einer Kartusche ein Löwenrelief als Hauszeichen.

Gegenüber der schlichten Häuserzeile an der Treppe wirkt die mächtige Giebelfront des tiefer liegenden Slawata-Palais (→Pro-

Schloßstiege

Burgrampe/Ke hradu

fanbauten: Palais, Schlösser; Slavatovský palác) bes. prächtig.

Die Schloßstiege mündet oberhalb auf der *Burgrampe/Ke hradu*, die 1663 gebaut wurde. Die Skulptur des hl. Philippus Neri schuf 1715 Michael Josef Brokoff*. An der Stelle des heutigen Aussichtspunktes ließ die Gräfin Sternberg 1672 die *ehem. Kapelle der Jungfrau Maria vom Einsiedel* errichten, die nur wenig mehr als 100 Jahre überdauerte. Nach ihrem Abriß blieben ihre Fundamente mit der Treppe erhalten und beherbergen heute ein Café. Auf dem Plateau trägt eine Säule aus dem 17. Jh. eine Pieta v. Johann Brokoff* und ein barocker Sockel die Statue des hl. Wenzel von Ottavio Mosto*, die urspr. die Karlsbrücke schmückte (heute Kopie, Original im städtischen Lapidarium).

PARKS, GÄRTEN, DENKMÄLER

Botanická zahrada / Botanischer Garten (Nové Město/Neustadt, Na slupi): Der auf einem ansteigenden Gelände liegende Botanische Garten wurde bereits 1845 gegr. In den Anlagen und Gewächshäusern findet man eine reiche Pflanzenvielfalt.

Pomník Františka I. / Franzensmonument (Staré Město/Altstadt, Smetanovo nábřeží): Inmitten einer kleinen Grünanlage erhebt sich das einer got. Turmspitze nachgebildete Denkmal des Kaisers Franz I.; erbaut 1844–46 nach den Entwürfen v. Josef Kranner. Die bildhauerische Ausstattung stammt v. Josef und Emanuel Max*. Die urspr. das Monument krönende Reiterstatue des Kaisers befindet sich heute im Lapidarium des Nationalmuseums.

Chotkovy sady / Chotek-Park (Hradčany): Den später nach seinem Gründer benannten Park ließ der Oberste Burggraf Karel Graf Chotek unterhalb des Lustschlosses Belvedere (→Profanbauten: Burgen, Pražský hrad, Královský lethohrádek) 1833 als ersten öffentlichen Park anlegen. Oberhalb eines kleinen Teiches steht ein Denkmal für den Dichter Julius Zeyer (1841–1901), gestaltet als Grotte. Die darin befindlichen Marmorstatuen schuf Josef Mauder*; dargestellt sind die Hauptpersonen aus den Werken des Dichters. Die Plastik einer

Frauengestalt mit Apfel schuf B. Benda 1960.

Pomník Karla IV. / Denkmal Kaiser Karls IV. (Staré Město/Altstadt, Křižovnické náměstí): Das zwischen der Kreuzherrenkirche (→Sakralbauten: Kirchen, Kostel svatého Františka Serafinského) und dem Altstädter Brückentum (→Brükken: Karlův most) stehende neugot. Denkmal Kaiser Karls IV. wurde 1848 zum 500. Jahrestag der Gründung der Universität (1348) durch Karl IV. aufgestellt. (→Profanbauten: öffentliche Gebäude, Carolinum). Das gußeiserne Standbild fertigte J. D. Burgschmiedt aus Nürnberg nach dem Modell des Dresdner Bildhauers E. Hähnel.
Die den Sockel zierenden Frauenstatuen sind Allegorien der 4 Universitätsfakultäten: Philosophie, Jurisprudenz, Naturwissenschaften und Theologie.

Zahrada Kinských / Kinsky-Garten, wird heute auch zum Petřínské sady gerechnet (Smíchov): Der Garten liegt oberhalb des Stadtteils Smíchov und s der Hungermauer, durch deren Tore man den Park auch vom Petřín/Laurenziberg aus betreten kann.
Der Haupteingang liegt auf dem Platz Náměstí sovětských tankistů gegenüber dem hier aufgestellten Panzerdenkmal, das an die Befreiung v. P. durch die Rote Armee am 9. 5. 1945 erinnert.
Den Park mit dem zum Teil älteren Baumbestand legte Rudolf Fürst Kinsky Anfang des 19. Jh. an. Am Hang ließ er sich v. dem Architekten Heinrich Koch ein Lustschloß im Empirestil bauen. In dem 1827–31 fertiggestellten Schlößchen befindet sich seit 1905 die ethnographische Abteilung des Nationalmuseums. Gezeigt werden Gegenstände der tschech. und slowak. Volkskunst sowie die der slaw. Völker, wie Gemälde, illustrierte Bibeln, Trachten, Stickereien, Möbel, Holzschnitzereien etc.
Am Parkeingang steht die Skulptur »Die Vierzehnjährige« v. Karel Dvořák* (1928). Weitere Plastiken sind eine Löwenrobbe v. Jan Lauda* (1953) und ein Denkmal der Schauspielerin Hana Kvapilová v. Jan Štursa* (1913).
Eine kleine Attraktion ist die auf der Anhöhe stehende Holzkirche St. Michael/Kostel svatého Michala aus dem 18. Jh. Sie wurde 1929 aus Medvědovce nach P. gebracht. Aus Mähren stammen der hölzerne Glockenturm und das bemalte Kreuz.

Královská zahrada / Königsgarten (Hradčany): →Profanbauten: Burgen, Pražský hrad.

Blick von der Burgrampe in die Nerudova ulice

Park kultury a oddechu / Kultur- und Erholungspark (Bubeneč): Die ausgedehnte Parkanlage v. ca. 36 ha im N der Stadt wurde v. Antonín Wiehl für die Jubiläumsausstellung 1891 angelegt. Die Anlage wurde nach 1918 als Messegelände genutzt und 1952–55 in den heutigen Park umgestaltet. Seinen Namen hatte er (bis 1990) nach dem tschech. Nationalhelden Julius Fučík (1903–43), einem sozialist. Schriftsteller und Journalisten (»Reportagen, geschrieben auf dem Galgen«), der während der dt. Okkupation hingerichtet wurde. Sein Geburtshaus liegt im Stadtteil Smíchov in der Duškova ulice Nr. 20/CN 1041.
Die Saison der Veranstaltungen beginnt im Frühling mit dem traditionellen Jahrmarkt *»Matějská pout'«*, der regelmäßig am 24. 2., dem Tag des heiligen Matthäus (Matěj) stattfindet. Als Prager Kirmes kann er schon auf 400 Jahre Geschichte zurückblikken: der 1. Jahrmarkt fand wahrscheinlich 1595 statt, als der Propst v. P. die Erlaubnis erhielt, am Tag des hl. Matthäus Ablässe anzunehmen. Den Sommer über finden hier verschiedene Veranstaltungen statt; die Saison endet schließlich mit einem Herbstmarkt.
Ausgestattet ist der Park mit einer Reihe interessanter Objekte: Gleich am Eingang sind Springbrunnen aufgestellt, die mit Tierfiguren aus Keramik nach Entwürfen v. J. Kavan geschmückt sind. Schon v. weitem erkennt man den 1891 v. B. Münzberger als komplizierte Eisenkonstruktion erbauten *Kongreßpalast* an seinen charakteristischen Türmen. Den aus dem gleichen Jahr stammenden *Pavillon der Hauptstadt* P. schmücken Fassadenreliefs v. G. Zoula und Nischenfiguren v. F. Hergesell. Heute beherbergt er das Lapidarium des Nationalmuseums, wo Gegenstände bildhauerischer Kunstfertigkeit vom 11.–19. Jh. aufbewahrt werden. Sehenswert ist der v. Jan Koula 1908 als Rundbau errichtete Pavillon mit dem Panoramagemälde v. L. Marold, das die historisch folgenschwere Schlacht bei Lipany darstellt. Am 30. 5. 1434 wurde das hussitische Heer dort vernichtend geschlagen. Ein weiterer Pavillon ist der für die Weltausstellung Expo 58 v. den Architekten F. Cubr, J. Hrubý und Z. Pokorný erbaute preisgekrönte Ausstellungspavillon, der 1960 v. Brüssel nach P. zurückgebracht wurde.
In dem 1960–62 v. Jaroslav Fragner errichteten *Planetarium* kann man an der Kuppeldecke Projektionen des Nachthimmels mit den sich bewegenden Sternen und Planeten beobachten. Außerdem werden die Räume für wissenschaftliche Vorträge und Ausstellungen genutzt.

Franzensmonument

Kulturpark, Nischenfigur im Pavillon

Für kulturelle und sportliche Veranstaltungen stehen zusätzlich zur Verfügung: eine Eiskunstlaufhalle, die 1962 v. F. Krásný aus dem Umbau einer ehem. Ausstellungshalle v. 1907 rechtzeitig zur Weltmeisterschaft im Eiskunstlauf fertiggestellt wurde. Als größte überdachte Sporthalle der ČSFR faßt sie 18 500 Zuschauer. Daneben gibt es noch eine Schwimmhalle, 2 Bühnen und ein Rundkino. Westlich grenzt das Gelände an die ma Parkanlage Stromovka/Baumgarten mit kleinen Seen und dem gleichnamigen Lustschloß →Letohrádek Stromovka an.

Letenské sady / Letná-Garten (Letná): Der Letná-Hügel liegt auf der anderen Moldauseite der Altstadt gegenüber. Von seinem Plateau hat man einen herrlichen Blick über die Šverma-Brücke/Švermův most (→Brücken) in die Prachtstraße Pařížská ulice bis weit über die Stadt hinweg.
Das Stalin-Denkmal, das sich auf diesem Plateau befand, wurde bereits Anfang der 60er Jahre entfernt.
Die mit Spazierwegen durchzogene Gartenanlage stammt aus dem Jahre 1950. Reizvoll ist der 1898 hier aufgestellte Eisenpavillon *Hanavský pavilon/Hanauscher Pavillon* (→Profanbauten: Villen, Pavillons), heute ein Luxusrestaurant, v. wo man einen schönen Ausblick über die Moldaubrücken hat.
Das im N gelegene Sparta-ČKD-Stadion, benannt nach der Maschinenfabrik ČKD, entstand nach dem umfassenden Umbau eines älteren Fußballstadions v. den Architekten C. Mandl, V. Syrovátka und F. Šamán in den Jahren 1966–69. Es faßt ca. 40 000 Zuschauer.
Durch die Anhöhe führt ein 1953 fertiggestellter Verkehrstunnel in den NW der Stadt.

Medvědí fontána / Bärenbrunnen (Smíchov, Náměstí 14. října): In der Grünanlage auf dem verkehrsreichen Platz ö der St.-Wenzels-Kirche/Kostel svatého Václava steht der reizvolle Bärenbrunnen. Er wurde 1689 v. Hieronymus Kohl* aus Sandstein gearbeitet.
Der mehrfach umgesetzte Brunnen war urspr. für die Adelsfamilie Slawata entstanden, deren Wappentier der Bär ist.
In der n des Platzes verlaufenden Straße Lesnická ulice wohnte der Physiker und Mathematiker Albert Einstein 1911–12 im Haus Nr. 7/CN 1215, während er an der Karlsuniversität/Karolinum lehrte.

Na valech / Wallgarten (Hradčany): →Profanbauten: Burgen, Pražský hrad.

Karl IV.

Kinsky-Garten, Holzkirche St. Michael

Národní památník Jan Žižka/Nationaldenkmal des Jan Žižka (Žižkov): Der als Park gestaltete Hügel Žižkov, ehem. Vítkov, war am 14.7. 1420 der Schauplatz der bedeutenden Schlacht zwischen dem Kreuzfahrerheer des Königs Sigismund und den v. Jan Žižka z Trocnova geführten Hussiten, die schließlich als Sieger hervorgingen. Nach ihrem Anführer wurde der Hügel in Žižkov umbenannt und ab 1877 der ganze Stadtteil.

Zur Erinnerung errichtete man sein Reiterstandbild vor der 1929–32 v. J. Zázvorka erbauten Gedenkstätte. Die Reiterfigur stammt v. dem Bildhauer Bohumil Kafka*, 1950. Die mehrfach umgestaltete Gedenkstätte, ein mit Granit verkleideter Bau, beherbergt das Grab des Unbekannten Soldaten und dient als Begräbnisstätte bedeutender Persönlichkeiten wie Ludvík Svoboda u.a.

Petřín / Laurenziberg (Malá Strana/Kleinseite): Der die Kleinseite v. N nach W umschließende Höhenzug des Petřín ist ein ö Ausläufer des Weißen Bergs/Bílá Hora. Nach dem Prager Chronisten Cosmas ist sein tschech. Name Petřín v. dem lat. Wort »petrus« (= dt. »Stein«) abgeleitet, während sich der dt. Name Laurenziberg auf die schon seit dem 12. Jh. auf dem Berg stehende, heute barockisierte St.-Laurentius-Kirche (→Sakralbauten: Kirchen, Kostel svatého Vavřince) bezieht. Noch im 18. Jh. war der Hügel mit Weinbergen bedeckt. An ihrer Stelle befinden sich heute große Obstgärten, deren Blütenpracht im Frühling die Hänge in ein zauberhaftes Bild verwandeln. Unter dem in den Jahren 1984/85 umgebauten Gartenrestaurant Nebozízek verbirgt sich ein urspr. Winzerhaus, benannt nach dem ehem. Weinberg Nebozez. Man erreicht den Petřín vom Kloster Strahov/Strahovský klášter, vom Platz Malostranské náměstí über die Str. Vlašská ulice oder v. der Straße Újezd mit dem Schrägaufzug. Die ehem. Drahtseilbahn wurde bereits 1891 fertiggestellt und mit Wasserkraft betrieben, 1930 elektrifiziert und 1964 bei einem Erdrutsch zerstört. Die jetzige Bahn datiert v. 1985. Im Haus (Nr. 28–32) auf der gegenüberliegenden Straßenseite hatte der Fotograf Josef Sudek (1896–1976) sein Atelier.

Bärenbrunnen

Neben seinen weitläufigen Parkanlagen bietet der Petřín interessante Objekte zur Besichtigung:

Aus den Strahover Klostergärten kommend, bewegt man sich geradewegs auf den 1891 zur Jubiläumsausstellung erbauten 60 m hohen *Aussichtsturm/Rozhledna* zu. Er ist eine maßstabgetreue Miniaturnachbildung des 1889 fertiggestellten Pariser Eiffelturms. Über 266 Stufen erreicht man die oberste Plattform, v. wo sich der Ausblick auf ein herrliches Stadtpanorama eröffnet. Leider ist der Aussichtsturm aus technischen Gründen zur Zeit nicht zugänglich.

In der Nähe steht ein hölzerner Pavillon, der 1891 als Nachbildung eines got. Tores erbaut wurde. Er beherbergt den *Irrgarten/Bludiště*.

Durch ein Spiegellabyrinth gelangt man zu dem Panoramagemälde v. Karl und Adolf Liebscher und Vojtěch Bartoněk aus dem Jahre 1898. Dargestellt ist die Schlacht der Prager Studenten gegen die Schweden auf der Karlsbrücke 1648.

Schon v. weitem sichtbar sind die barocken Türme der *St.-Laurentius-Kirche* (→S. 57). Neben ihr wurden 3 kleine Kapellen errichtet: Die Kalvarienkapelle aus dem Jahre 1735 schmücken Sgraffiti nach Entwürfen v. Mikoláš Aleš*, die 1936 v. J. Riedl realisiert wurden. Neben der Nachbildung des »Kerkers Christi« steht eine Hl.-Grab-Kapelle v. 1732, erbaut v. N. Saazer.

Die s gelegene *Volkssternwarte/Hvězdárna hlavního města Prahy* zeigt eine astronomische Ausstellung und gibt den Bürgern die Möglichkeit des abendlichen Sternebetrachtens.

Dahinter verläuft die *Hungermauer/Hladová zed'*, die sich vom Gipfel des Hügels bis zu seinem Fuß entlangzieht. Errichtet unter Kaiser Karl IV. 1360 als Stadtbefestigung der erweiterten Kleinseite, schließt sie heute das Kloster Strahov und die Gärten der Palais Schönborn und Lobkowitz ein. Im S grenzt sie an den Kinsky-Garten/Zahrada Kinských und im W an die riesigen Sportanlagen beim Stadion Spartakiádní stadión. Die mit Zinnen und Schützenrampen ausgestattete Mauer ließ Kaiser Karl IV. der Überlieferung nach erbauen, als P. unter einer schweren Hungersnot litt, um der Bevölkerung eine Erwerbsmöglichkeit zu verschaffen. In dem Namen Hungermauer wird die Erinnerung an jene Zeit wachgehalten.

Im Park am Hang steht ein v. Josef V. Myslbek geschaffenes Denkmal des bedeutendsten tschech. Dichters der Romantik, Karel Hynek Mácha (1810–36), als dessen Hauptwerk die lyrisch-epische Erzählung »Máj« gilt.

Riegrovy sady / Rieger-Park (Vinohrady): Benannt wird der 1902–08 an der Stelle ehem. Privatgärten angelegte Park nach dem tschech. Politiker František Ladislav Rieger (1818–1903). Das Denkmal des Politikers schuf Josef V. Myslbek* 1913. Der Gartenbauarchitekt war L. Bat'ka. Von der urspr. Bebauung sind ein Aussichtsturm und eine Empirevilla erhalten geblieben. Die Turnhalle, Bohemians ČKD Praha, erbaute F. Marek in den Jahren 1931–34.

Valdštejnské zahrada / Waldstein-Garten (Malá Strana/Kleinseite, Letenská ulice): →Profanbauten: Schlösser und Palais, Valdstejnský palác/Waldstein-Palais.

Vojanovy sady / Vojan-Park (Malá Strana/Kleinseite, U Lužického semináře): Dieser reizvolle Park liegt versteckt hinter der ö Häuserfront der Straße Letenská ulice und einer Mauer in der Straße U Lužického semináře, wo sich heute der einzige öffentliche Zugang befindet.

Der Garten wurde in der 2. Hälfte des 17. Jh. bei dem zur St.-Josefs-Kirche (→Sakralbauten: Kirchen, Kostel svatého Josefa) gehörenden Kloster der Karmeliterinnen angelegt, v. dessen urspr. Gebäuden es im W umgeben ist. Im MA gehörte dies Areal zur Pfalz der Prager Bischöfe/Bývalý

Laurenziberg, Volkssternwarte

biskupský dvůr (→Profanbauten: Palais, Schlösser). Benannt wird er nach dem Schauspieler Eduard Vojan, einem herausragenden Charakterdarsteller des Nationaltheaters, dessen ehem. Wohnhaus in der Míšeňská ulice Nr. 10/CN 67 das Hauszeichen eines in eine Kartusche gemalten Schafes trägt.

Links vom Eingang des Parks steht in einer Nische eine barocke Statue des Johannes v. Nepomuk, die den Heiligen auf einem Fisch darstellt, geschaffen v. Ignaz Franz Platzer*. In der Mitte liegt der Bau einer der hl. Therese geweihten Kapelle aus dem 18. Jahrhundert. Beachtenswert ist auch die als Nachbildung einer Tropfsteinhöhle gestaltete St.-Elias-Kapelle, deren Deckenfresken Szenen aus dem Leben des hl. Elias zeigen.

Vrtbovská zahrada / Vrtba-Garten (Malá Strana/Kleinseite, Karmelitská ulice Nr. 25/CN 373): →Profanbauten: Palais, Schlösser; Vrtbovský palác/Vrtba-Palais.

Zoologická zahrada / Zoologischer Garten (Troja, U Trojského zámku): Der 1931 v. Professor Jiří Janda gegr. Tiergarten beherbergt zahlreiche Tierarten, darunter auch die bes. seltene Rasse des Przewalski-Pferdes.

METRO

Heute ist die Metro mit ihren Trassen A, B und C, die in einem weitverzweigten Netz v. 40 km unter der Stadt P. und der Moldau liegen, zum wichtigsten öffentlichen Verkehrsmittel geworden und aus dem Prager Leben nicht mehr wegzudenken. Die großzügig angelegte Untergrundbahn befördert in der Zeit von 5-24 Uhr Zehntausende v. Menschen zwischen den verschiedenen Teilen der Stadt. Die bisher fertiggestellten 40 Stationen in ca. 25-30 m Tiefe verbinden ca. 200 Rolltreppen mit der Oberwelt (Stand 1990).

Mit dem Bau der Untergrundbahn wurde im Jahre 1966 begonnen. Als 1. Strecke wurde die Trasse zwischen den Stationen Kačerov und Sokolská am 9. 5. 1974 in Betrieb genommen; heute ist sie in beide Richtungen verlängert. Der Ausbau der Metro wird weiter fortgesetzt.

An der Gestaltung der einzelnen Stationen haben namhafte Künstler mitgewirkt. Hier sei nur eine kleine Auswahl besprochen: Die Station *Malostranská* der Linie A wurde in 26 m Tiefe v. dem Architekten Zdeněk Drobný gebaut. Ihr Vestibül schmücken 2 Rokokovasen und eine allegorische Statue der Hoffnung, einem Origi-

Laurenziberg, Hungermauer

nal v. Matthias Bernhard Braun nachgebildet. Weitere Kopien seiner Plastiken findet man in der zur Metrostation gehörenden Gartenanlage v. Otakar Kuča. Die Fontäne stammt aus einer Zusammenarbeit der Künstler Z. Drobný, L. Jirásek mit dem Gartenarchitekten O. Kuča. Sehenswert ist das kunstvoll geschwungene Gitter, in das goldene Motive v. Prager Hauszeichen (Schlüssel, 3 sich kreuzende Geigen) eingearbeitet sind, geschaffen v. J. Bruthans und Z. Runczik.

Die v. Georgi Romancov entworfene Umsteigestation *Müstek* der Trassen A+B liegt im Geschäftszentrum v. P. in ca. 30 m Tiefe. Die v. Jan Maršík entworfene Vorhalle, die größte Prags, ist auch v. der Mitte des Platzes Václavské náměstí/Wenzelsplatz durch einen unterirdischen Gang erreichbar.

Am Haupteingang in der Straße Na příkopě befinden sich in einer Ecke des Vestibüls die beleuchteten Mauerreste eines ma Brunnens und einer kleinen Brücke (Müstek = Brückchen), die der Metrostation den Namen gab.

An der Grenze zwischen den heutigen Stadtteilen und damaligen selbständigen Städten Altstadt/Staré Město und Neustadt/Nové Město führte die Brücke im MA über den Graben der ehemaligen Stadtbefestigungsanlage (→ Profanbauten: Patrizier- und Bürgerhäuser, Staroměstská rychta/Haus des Altstädter Ortsvorstehers).

Als moderne Kunstwerke sind u.a. ein Vorhang aus farbigem Glas vor einer Wand v. S. Kostka und die mit Keramik verkleidete Wand v. K. Velický hervorzuheben.

Die Metrostation *I. P. Pavlova*, benannt nach dem russischen Physiologen, im Stadtteil Vinohrady projektierte O. Madera. Bei den Bauarbeiten wurden einige alte Länderwappen und Fragmente eines Reliefs mit böhmischen Löwen zutage gefördert, die heute in der Vorhalle ausgestellt sind.

Sie stammen v. dem ehem. Stadttor Svinská brána (»Schweinetor«), das in den Jahren 1891–97 mitsamt der anschließenden Stadtmauer abgerissen wurde. Die großräumig angelegte Vorhalle der Metrostation *Náměstí republiky* wird durch aus geschichtetem Glas bestehende Stelen gegliedert. Interessant ist auch ihr »Lichtspiel«, das dadurch entsteht, daß sie die gradlinige Neonbeleuchtung zum Teil in den Nationalfarben blau, weiß und rot brechen. Diese Kunstwerke sind Arbeiten v. V. Cigler (Entwurf), J. Frydrych, A. Hübschmannova und E. Kyllar.

Die Station *Staroměstská* der Trasse A

Vojanovy Sady (Vojan-Park)

stammt v. dem Architekten M. Novák. Das 28 m tief liegende Vestibül schmückt ein Mosaik v. M. Sladký.

BAHNHÖFE

Hlavní nádraží / Hauptbahnhof (Vinohrady, Wilsonova ulice Nr. 16/CN 300): Das Gebäude des Hauptbahnhofs liegt heute z. T. an und z. T. unter einer vom oberen Wenzelsplatz kommenden Hauptverkehrsstraße, die in Richtung der n Stadtteile in eine Hochstraße übergeht.
Die reizvolle Diskrepanz zwischen dem Jugendstil-Hauptgebäude und dem modernen großzügigen Erweiterungsbau lädt förmlich zum Besuch dieses Verkehrsknotenpunktes der Bahn und Metro ein. Der Hauptbahnhof wurde 1901–09 v. Josef Fanta erbaut; seine Frontfassade schmükken Plastiken v. Stanislav Sucharda und H. Folkmann. Die Statuen auf der Turmuhr schuf Čeněk Vosmík. Im Vestibül stammen die schönen Malereien an der Kuppeldekke und den Wänden von J. Fröhlich, die Statuen v. F. Kraumann und J. Pickart. Der Hauptbahnhof ist neben dem Repräsentationshaus/Obecní dům der reinste Jugendstilbau v. Prag.

Vor dem alten Bahnhofsgebäude befindet sich seit 1980 die neue Abfertigungshalle. Sie liegt unter der Straße und richtet ihre Fassadenfront auf den ebenfalls unterhalb des Straßenniveaus liegenden Park Vrchlického sady, der in seinen Anlagen zum Verweilen einlädt. Das neue Bahnhofsgebäude mit seinen 6 Glastürmen entwarf der Architekt J. Danda. Die darunterliegende Metrostation Hlavní nádraží / Hauptbahnhof der Trasse C baute J. Truka.

Nádraží Praha-střed / Bahnhof Prag-Mitte (Nové Město/Neustadt, Hybernská ulice Nr. 13/CN 1014): An der Straßenecke Hybernská und Havlíčkova ulice erbaute A. Jüngling 1845 das 1. Prager Bahnhofsgebäude als Sackbahnhof und gestaltete es mit 2 Türmen. Der Zugverkehr wurde im August des gleichen Jahres aufgenommen. Den Seiteneingang belebt ein eisernes verglastes Vordach.

Smíchovské nádraží Praha / Bahnhof Prag-Smíchov (Smíchov, Nádražní ulice Nr. 1/CN 279): Das nahe dem Moldauufer erbaute Gebäude stammt im Kern aus der Zeit 1861/62 und war einer der 1. Bahnhofsbauten in P. In den 50er Jahren unseres Jh. wurde der Bau umgestaltet und v. den Architekten L. Zák und J. Zázvorka er-

Metrostation Müstek

weitert. Die Vorhalle schmücken Wandmalereien v. F. Wiesner im Stil des sozialisti. Realismus. Von hier aus verkehren die Züge zur Burg Karlštejn (→Teil Böhmen).

BRÜCKEN

Most Barikádníků / Brücke der Barrikadenkämpfer (Holešovice): Als Verbindung der Stadtteile Holešovice und Troja 1926–28 v. den Architekten J. Chochol und F. Mencl im N der Stadt gebaut. Während des Prager Aufstandes im Mai 1945 war hier der Schauplatz heftiger Kämpfe zwischen den Verteidigern v. P. und den dt. Truppen. Nach diesem Ereignis ist die Brücke benannt.

Hlávkův most / Hlávka-Brücke (Nové Město/Neustadt): Sie führt als wichtige Verkehrsverbindung zwischen den Stadtteilen Nové Město und Holešovice über die Insel Štvanice (→Inseln). Erbaut wurde sie in 2 Etappen: zuerst 1908–10 ihr s Teil als Eisenkonstruktion v. M. Petrů und in den Jahren 1909–12 der n Teil als Betonkonstruktion v. P. Janák und F. Mencl. Das n Brückenende schmücken 2 allegorische Statuengruppen: »Die Humanität« und »Die Arbeit«, v. dem tschech. Bildhauer Jan Štursa* in den Jahren 1911–13 geschaffen. Ende der 50er Jahre wurde die Brücke verbreitert.

Jiráskův most / Jirásek-Brücke (Nové Město/Neustadt): Diese 1929–33 v. V. Hofman und F. Mencl konstruierte Brücke liegt zwischen den Stadtteilen Nové Město und Smíchov. Sie ist nach dem bedeutenden tschech. Schriftsteller Alois Jirásek (1851 bis 1930) benannt. Er verfaßte vor allem historische Romane. Auf dem ebenfalls nach ihm benannten Platz (Jiráskovo náměstí) am Neustädter Brückenende steht sein *Denkmal*, eine Arbeit der Künstler K. Pokorný und J. Fragner (1960). Jiráseks Wohnhaus befand sich an der Ecke des Platzes und der Einmündung der Straße Resslova (Nr. 1/CN 1775, Gedenktafel). Eine umfangreiche Ausstellung seiner Bücher findet man im Schloß Hvězda/Stern (→Profanbauten: Palais, Schlösser S. 121).

Hauptbahnhof Prag, Vestibül

Karlův most / Karlsbrücke (Staré Město/Altstadt): Die Karlsbrücke ist mit ihrer got. Architektur und ihrer barocken Statuenallee eines der bedeutendsten Baudenkmäler v. P. und wegen ihrer Schönheit in der ganzen Welt berühmt. Als Verbindung zwischen den Stadtteilen Altstadt und Kleinseite hat sie noch heute eine zentrale Bedeutung im Stadtleben. Bis 1836 war sie die einzige Möglichkeit der Moldauüberquerung und machte dadurch die Stadt zu einem der wichtigsten Verkehrsknotenpunkte Mitteleuropas. Im Prager Stadtbild nimmt sie eine überragende Stellung ein. Charakteristisch sind ihre 16 Brückenbogen, die an den Pfeilern aufgestellten Statuen und vor allem die gewaltigen Brückentürme an den Brückenenden, die nach den jeweiligen Stadtteilen benannt sind. Sie war seit Jh. ein beliebtes Motiv der Künstler. Nähert man sich der Brücke von der Altstadt über die Straße Karlova, so steht man zuerst vor der prächtigen O-Fassade des *Altstädter Brückenturms* (→S. 222). Durch dessen Torbogen blickt man über die 520 m

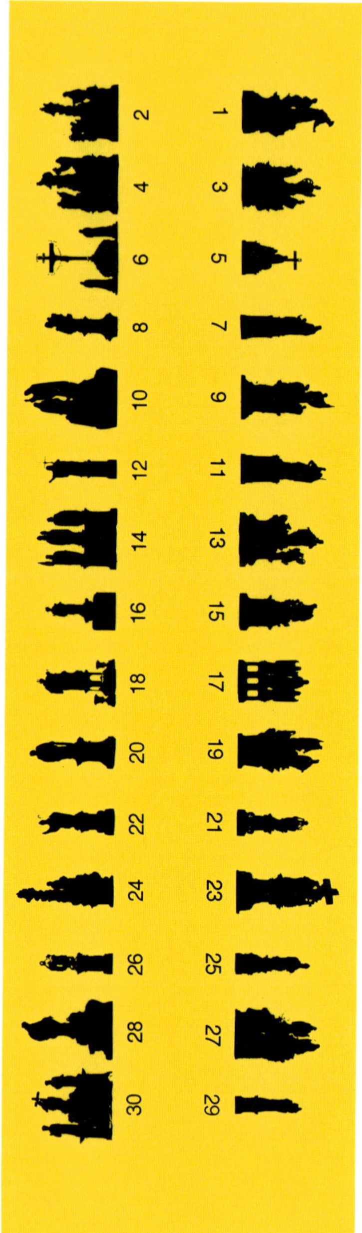

lange statuengesäumte Karlsbrücke auf das Panorama der Kleinseite.

Eine bereits 1118 erwähnte Holzbrücke, die ungefähr an dieser Stelle die Moldau überspannte, wurde 1157 durch Hochwasser zerstört. Schon ein Jahr darauf wurde sie durch den Bau der roman. *Judithbrücke* ersetzt. Diese 1. Steinbrücke wurde unter König Vladislav II. nach Regensburger Vorbild erbaut und nach seiner Gemahlin Judith benannt. Als Abwehrturm entstand zur gleichen Zeit der niedrigere der *Kleinseitner Brückentürme* (→S. 224). Im Jahre 1342 wurde auch diese Brücke Opfer eines Hochwassers. Reste v. ihren Brückenbogen

Karlův most / Karlsbrücke Statuengruppen **1** hl. Ivo, 1711 v. Matthias Bernard Braun, Kopie v. 1908 **2** Madonna mit hl. Bernhard, 1709 v. Matthäus Wenzel Jäckel (Kopie) **3** hll. Barbara, Margarete, Elisabeth, 1707 v. Ferdinand Maximilian Brokoff **4** Madonna mit den hll. Dominikus und Thomas v. Aquin, 1708 v. Matthäus W. Jäkkel (Kopie) **5** Pieta, 1859 v. Emanuel Max **6** Kreuzigungsgruppe mit Figuren v. 1861, Kruzifix v. 1629 **7** hl. Josef, 1854 v. E. Max **8** hl. Anna selbdritt, 1707 v. Matth. W. Jäckel **9** hl. Franz Xaver, 1711 v. F. M. Brokoff (Kopie) **10** Cyrillus und Methodius, 1928 v. Karel Dvořák **11** hl. Christophorus, 1857 v. E. Max **12** Johannes d. T., 1857 v. Josef Max **13** hl. Franz v. Borgia, 1710 v. F. M. Brokoff **14** hll. Wenzel, Norbert, Sigismund, 1853 v. J. Max **15** hl. Ludmilla, um 1720 Werkstatt M. B. Braun **16** hl. Johannes v. Nepomuk, 1683, Modell v. Joh. Brokoff, Guß W. Heroldt **17** hl. Franziskus Seraphicus, 1855 v. E. Max **18** hl. Antonius v. Padua, 1707 v. Joh. Mayer **19** hll. Vincentius Ferrerius und Prokop, 1712 v. F. M. Brokoff **20** hl. Judas Thaddäus, 1708 v. Joh. Mayer **21** hl. Nikolaus v. Tolentino, 1708 v. Johann Friedr. Kohl (Kopie) **22** hl. Augustinus, 1708 v. Johann F. Kohl (Kopie) **23** hl. Luitgard, 1710 v. M. B. Braun **24** hl. Kajetan, 1709 v. F. M. Brokoff **25** hl. Adalbert, 1709 v. Josef Michael Brokoff (Kopie) **26** hl. Philippus Benitius, 1714 v. Michael Bernhard Mandl (Kopie) **27** hll. Johannes v. Matha, Felix v. Valois und Ivan, 1714 v. F. M. Brokoff **28** hl. Veith, 1714 v. F. M. Brokoff **29** hl. Wenzel, 1858 v. Josef Kamil Böhm **30** hll. Kosmas und Damian, 1709 v. Joh. Mayer

findet man in einigen Kellern v. Kleinseitner Häusern, und ihre Fundamente kann man bei günstigem Wasserstand in der Moldau sehen. 15 Jahre mußten sich die Prager mit einer provisorischen Brücke behelfen. Erst 1357 legte Kaiser Karl IV. den Grundstein der heutigen nach ihm benannten Karlsbrücke, die nach dem Vorbild der Römerbrücke in Trier konstruiert und bis 1870 einfach *Steinbrücke* oder Prager Brücke genannt wurde. Die Bauleitung hatte der damals erst 27jährige Dombaumeister Peter Parler* (Veitsdom) inne. Sein Brückenbaumeister war der Kleinseitner Bürger Johannes Ottl. Die Brücke wurde erst Anfang des 15. Jh. in der Regierungszeit Wenzels IV. fertiggestellt. Die Vollendung seines Werkes erlebte Peter Parler nicht mehr. Er starb im Jahre 1399.

Die Brücke führt in einer leichten Biegung über die Moldau, die Insel Kampa (→Inseln) und das Flüßchen Čertovka, wobei sich ihr Verlauf wahrscheinlich aus der bautechnischen Umgehung der Reste der Judithbrücke unter Beibehaltung der alten Brückenköpfe erklärt. Die aus Sandsteinquadern erbaute Brücke ist 10 m breit und ruht auf 17 beiderseitig verstärkten Pfeilern. Bis zu ihrer Restaurierung in den Jahren 1965–75 wurde sie noch v. Kraftfahrzeugen und Straßenbahnen überquert. Jetzt ist sie nur noch Fußgängern zugänglich. Im MA hatte die Brücke außer einem einfachen Kruzifix noch keinen plastischen Schmuck. Ihr Wahrzeichen war der mächtige Altstädter Brückenturm, der 1464 im größeren der Kleinseitner Brückentürme ein etwas weniger aufwendiges Pendant bekam. Der *Skulpturenschmuck* stammt erst aus der Barockzeit. Die 30 Statuen und Statuengruppen sind als Stiftungen des Adels, der verschiedenen Orden und Universitäten in den Jahren 1683–1730 bei verschiedenen Barockbildhauern in Auftrag gegeben worden. Darunter waren so bedeutende Künstler wie Ferdinand Maximilian Brokoff*, Matthäus Wenzel Jäckel* und Matthias Bernhard Braun*. Einige Figuren wurden durch Hochwasser zerstört und im 19. Jh. durch neue ergänzt. Überdies wurden wegen des drohenden Steinzerfalls einige Brückenstatuen durch Kopien ersetzt. Die Originale befinden sich z. T. im Lapidarium des Nationalmuseums. Das einzigartige Erscheinungsbild der barocken Statuengalerie ist jedoch bis heute erhalten geblieben.

Als älteste Plastik wurde 1657 das bereits 1629 v. J. Hilger gegossene *Bronzekruzifix* an der Stelle des vorher erwähnten ma errichtet. Die Anbringung der darunter befindlichen Tafel mit hebräischer Inschrift v.

Karlsbrücke

1696 war einem Juden vom Landestribunal als Strafe wegen einer Schmähung Christi auferlegt worden. Die seitlichen Figuren sind eine spätere Arbeit v. Emanuel Max (1861). Als künstlerisch wertvollste Arbeit wird die in Sandstein gemeißelte Figurengruppe mit der *hl. Luitgard* v. Matthias Bernhard Braun* angesehen. Dargestellt ist die Vision der Heiligen, wie sich Christus zu ihr vom Kreuz herabbeugt. Bedeutend ist auch die Statuengruppe der *Madonna mit den hll. Dominikus und Thomas v. Aquin.* Diese Arbeit v. Matthäus Wenzel Jäckel* v. 1708 zeigt die Übergabe des Rosenkranzes an die Gründer des Dominikanerordens. Die einzige Marmorarbeit ist die Skulptur des *hl. Benitius* v. M. B. Mandl aus dem Jahre 1714. Die Bronzestatue des *hl. Johannes v. Nepomuk* wurde im Jahre 1683 v. J. W. Herold in Nürnberg nach Entwürfen v. M. Rauchmüller und Johann Brokoff* gegossen. Das Holzmodell v. Brokoff steht heute auf dem Hochaltar der Kirche *St. Johann v. Nepomuk auf dem Felsen* (→Sakralbauten: Kirchen, Kostel sv. Jana Nepomuckého na Skalce). Der Überlieferung nach ließ König Wenzel IV. in der Nähe der heutigen Statue im Jahre 1393 Jan v. Pomuk, Generalvikar v. P., wegen eines kirchenrechtlichen Streits v. der Brücke in die Moldau stürzen. Erst im Jahre 1729 wurde der Geistliche als Märtyrer heiliggesprochen und avancierte daraufhin bald zum Brückenheiligen. Man erzählt jedoch auch, daß er in der Moldau ertränkt wurde, weil er Wenzel nicht das Beichtgeheimnis v. dessen Gemahlin preisgegeben hat. Die Stelle wird zwischen dem 6. und 7. Pfeiler durch ein Relief markiert.

Mit der Statue des *»Türken«* in der Figurengruppe des hl. Johannes v. Matha hat Ferdinand Maximilian Brokoff* 1714 die wohl bekannteste Gestalt der Karlsbrücke geschaffen: der Türke als Bewacher der im Kerker gefangenen Christen, oft auch ein Symbol des Heidentums. Interessant ist auch die v. Matthias Bernhard Braun* geschaffene Plastik des *hl. Ivo* (1908 durch eine Kopie ersetzt). Die urspr. Figur wurde v. der juristischen Fakultät gestiftet. Im MA war der hl. Ivo der Schutzpatron der Rechtsgelehrten.

Auf der S-Seite der Brücke unterhalb der

Karlsbrücke >

Statuen der hll. Vinzenz Ferrer und Prokop steht auf dem Ufer der Insel Kampa auf einem spätgot. verzierten Brückenpfeiler die Steinstatue eines geharnischten Mannes mit Helm und Schwert. Er wird im Tschech. *Bruncvík-* und im Deutschen *Rolandstatue* genannt. Diese Figur stammt v. L. Šimek (1884). Sie steht an der Stelle einer nun im städtischen Lapidarium aufbewahrten älteren Statue vom Anfang des 16. Jh., die als Wahrzeichen für die Rechte der Altstädter Gemeinde errichtet wurde. Die Karlsbrücke war immer wieder Schauplatz historischer Ereignisse: Über sie führte der *Krönungsweg* der böhm. Könige, der die beiden Burgen Pražský hrad/Hradschin und Vyšehrad verband. Während der Hussitenaufstände erreichten die Anhänger v. Johannes Hus über diese Brücke die Kleinseite (1420). Friedrich v. der Pfalz, der sog. Winterkönig, floh über sie nach der verlorenen Schlacht am Bílá Hora/Weißen Berg (1620). Die Prager Studenten verteidigten 1648 die Altstadt vor dem Ansturm der Schweden. 200 Jahre später fanden hier die Unabhängigkeitskämpfe der Tschechen gegen die Vormachtstellung der Österreicher statt.

Heute ist die Brücke nicht nur eine wichtige Fußgänger-Verkehrsverbindung zwischen den beiden zentralen Stadtteilen, sondern auch Promenade, Treffpunkt und beliebtes Forum für Künstler und Musiker. Eingebettet in das Panorama der Altstadt, der Kleinseite, des Hradschin und der Moldauinseln, bietet sie dem Spaziergänger zu jeder Tages- und Nachtzeit unvergeßliche Eindrücke.

Staroměstská mostecká věž / Altstädter Brückenturm (Staré Město/Altstadt): Der Altstädter Brückenturm gilt als einer der architektonisch bedeutendsten Wehrtürme der Gotik in Europa. Beachtenswert ist seine hohe und breite Durchfahrt, die den oberen Stockwerken nur noch eine schmale Mauerwand als Stützung übrig läßt. Ihr Netzgewölbe stammt noch aus der Bauzeit und hat anstelle des Schlußsteins die böhm. Königskrone. Dieser Turm aus Sandstein wurde 1357/58-95 über dem 1. Brückenpfeiler errichtet. Noch in der Regierungszeit Karls IV. (1346-78) v. Peter Parler* begonnen, wurde er erst unter seinem Sohn Wenzel IV. (1378-1419) fertiggestellt. Der Architekt Josef Mocker* restaurierte den Turm in den Jahren 1874-78. Aus dieser Zeit stammt auch das heutige Dach.

Die ö Fassadenfront ziert ein reicher plastischer Schmuck. Die Wappenreihe über dem Durchgang besteht aus den Wappen-

Karlsbrücke, Hl. Cosmas u. Damian

Karlsbrücke, Johannes v. Nepomuk

Karlsbrücke, Bruncvík, Rolandstatue

Altstädter Brückenturm, plastischer Schmuck an der Ostseite

schilden der v. Kaiser Karl IV. beherrschten Länder. Daneben sieht man Eisvögel in steinernen Rahmen, die die Form eines geknoteten Schleiers haben. Dies ist das Wahrzeichen v. Wenzel IV. Als Sitzfiguren unter dem Rundbogen sind l Kaiser Karl IV. mit der Kaiserkrone und r sein Sohn Wenzel IV. mit der Krone des röm. Königs dargestellt. Zwischen ihnen auf einer Konsole über 2 Brückenbogen steht als Patron der Brücke der *hl. Veit*, dessen Reliquie (ein Arm) unter dem St.-Veits-Dom begraben liegt (→Profanbauten: Burgen, Pražský hrad S.88). Neben ihm sind unter luxemburgischen Flügelhelmen das Reichswappen und das des Königsreiches Böhmen angebracht. In dem Zwickel oberhalb des Rundbogens befinden sich ein Wappenschild mit Wenzelsadler und auf dem Gurtgesims ein plastischer Löwe. In der Maßwerkgalerie darüber stehen 2 Statuen böhm. Schutzheiliger: l der hl. Adalbert, der erste böhm. Bischof v. P., und r der hl. Sigismund.

Die der Kleinseite zugewandte Westfassade trug ebenso prächtigen plastischen Schmuck. An seine Zerstörung bei der Belagerung durch die Schweden im Jahre 1648 erinnert heute eine Gedenktafel. Einziger Schmuck ist das Wappen der Altstadt. Der Turm ist z.Zt. der Öffentlichkeit nicht zugänglich.

Malostranská mostecká věž / Kleinseitner Brückentürme (Malá Strana/Kleinseite): Die beiden durch ein Tor verbundenen Brückentürme auf dem Kleinseitner Ufer bilden eine der charakteristischsten Dominanten Prags. Ihre Geschichte ist eng mit der der Brücke verbunden.

Der niedrigere roman. Turm aus dem 12. Jh. wurde im Zusammenhang mit der 1. steinernen Brücke, der *Judithbrücke*, als Bestandteil der Kleinseitner Befestigungsanlage unter König Vladislav I. erbaut. Das Dach und der Giebel sind v. einem Renaissanceumbau 1591 bis heute erhalten geblieben.

Der höhere Turm entstand an der Stelle eines roman. Vorgängerbaus im Jahre 1464 unter König Georg v. Podiebrad im spätgotischen Stil und ist das Werk eines unbekannten Architekten. Als Vorbild diente wahrscheinlich der prächtige *Altstädter*

Karlsbrücke, Kleinseitner Brückentürme >

Brückenturm. Doch wurden hier die Nischen auf beiden Stirnseiten aus Geldmangel nie für die eigtl. konzipierte bildhauerische Gestaltung genutzt. Der dreistöckige Turm mit Aussichtsgalerie und Ecktürmchen wurde 1879–83 v. Josef Mocker* restauriert.

Im Jahre 1411, zur Zeit v. Wenzel IV., wurde das urspr. roman. Tor zwischen den Türmen durch das heutige im got. Stil ersetzt. Die früher über dem Tor angebrachten Wappen der böhmischen Länder befinden sich nun im 1. Stock des höheren Turmes, v. wo man auch auf die mit Zinnen besetzte Galerie zwischen den Türmen gelangt.

Bes. wertvoll ist ein ehemals an der Fassade des niedrigeren Turms befindliches *roman. Relief* aus der 2. Hälfte des 12. Jh., geschaffen v. einem unbekannten Künstler (heute im an den Turm angebauten Haus des ehem. Zollamtes). Es ist im Stil spätroman. Plastiken aus Regensburg gearbeitet. Dargestellt ist ein thronender Herrscher und 1 ein vor ihm kniender junger Mann. Es gibt verschiedene Deutungen: König Vladislav I. und der vor ihm kniende Baumeister der Judithbrücke, Přemysl Otakar II. und der vor ihm kniende Gründer der Kleinseite (1257) oder Wenzel I. mit seinem sich vor ihm verbeugenden Sohn Přemysl Otakar II., der eine Rebellion gegen den Vater versucht hatte.

Der Kleinseitner Brückenturm ist täglich geöffnet zu folgenden Zeiten: April und Oktober 10–17 Uhr; Mai–September 10 bis 18 Uhr; November–März geschlossen.

Most Legií / Brücke der Legionen (Nové Město/Neustadt): Diese 1891–1901 v. dem Ingenieur Soukup und dem Architekten Balšánek erbaute Brücke verbindet den Stadtteil Malá Strana mit den Stadtteilen Staré Město und Nové Město. Über eine schön angelegte Treppe gelangt man auf die Střelecký-Insel (→Inseln). Anstelle dieser Brücke überspannte vorher eine Kettenbrücke die Vltava. Einziger Schmuck sind die Lampen und je 2 turmähnliche Aufbauten am Kleinseitner und Neustädter Brükkenkopf.

Während der kommunistischen Regierungszeit war sie in *Brücke des 1. Mai/Most 1. máje* umgetauft. Seit 1990 wird sie wieder zu Ehren der tschech. Legionen benannt, die im ersten Weltkrieg auf seiten der Entente-Mächte gegen die Österreich-Ungarische Monarchie gekämpft hatten.

Mánesův most / Mánes-Brücke (Josefov/Josefstadt): Die Brücke verbindet die Stadtteile Josefov und Staré Město mit den am

Altstadt, Brücke der Legionen

anderen Moldauufer liegenden Bezirken n und unterhalb des Hradschin. In den Jahren 1911–14 als Brücke des Erzherzogs Franz Ferdinand erbaut, trägt sie heute den Namen des tschech. Malers Josef Mánes. Auf dem Moldauufer der Josefstadt steht beim Brückenende sein *Denkmal*, v. dem Bildhauer Bohumil Kafka geschaffen.

Nuselský most / Nusle-Brücke (Nové Město/ Neustadt): Sie überspannt als kürzeste Verbindung zwischen der Neustadt und dem Stadtteil Pankrác das in der Stadt gelegene Nusle-Tal in einer Höhe v. ca. 40 m. 1965–1973 v. J. Michálek und S. Hubička in der Länge v. 485 m und der Breite v. 26 m als moderne Verkehrsbrücke für Fußgänger, Kraftfahrzeuge und eine Metrolinie erbaut. Die Metro verläuft in einem Tunnel unterhalb der Straße. Die Brücke war benannt nach dem kommunistischen Politiker Klement Gottwald (1896–1953), der nach seiner Rückkehr am Ende des 2. Weltkrieges zuerst stellvertretender und 1946 schließlich Ministerpräsident wurde. Durch einen geschickten Wahltrick wurde er 1948 Staatspräsident. Jetzt erhielt die Brücke ihren üblichen Namen zurück.

Most Palackého / Palacký-Brücke (Nové Město/Neustadt): Über diese Brücke gelangt man v. der Neustadt in den Stadtteil Smíchov. Sie wurde 1876–78 v. F. Münzberger und J. Reiter erbaut und 1951 verbreitert. Bis 1945 waren die Brückenenden mit Statuengruppen v. Josef V. Myslbek geschmückt. Diese kunstvollen Figuren befinden sich heute im Park Vyšehradské sady (→Profanbauten: Burgen, Vyšehrad). Benannt ist die Brücke nach dem tschech. Historiker und Politiker František Palacký (1798–1876), der sich für die nationalen Rechte des tschech. Volkes und gegen die Fremdherrschaft v. Deutschen und Österreichern einsetzte. Auf der Seite der Neustadt steht seine Statue; sie ist versehen mit Darstellungen der tschech. Geschichte und stammt v. dem Künstl. Stanislav Sucharda.

Prašný most / Pulverbrücke (Hradčany): →Profanbauten: Burgen, Pražský hrad S. 106.

Most Svatopluka Čecha / Svatopluk-Čech-Brücke (Staré Město/Altstadt): Sie ist die kürzeste Verbindung der Altstadt mit dem Letenský-Park (→Parks und Gärten) und der breiten Uferstraße Kpt. Jaroše. Interessant an der 1906–08 v. J. Koula und J. Soukup erbauten Brücke ist ihr plastischer Schmuck. Die Statue der Victoria stammt v. A. Popp, die Figuren der Lichtträger sind

Mánes-Brücke

Werke v. K. Opatrný, und die Wappenverzierungen schuf K. L. Wurzel. Von der hoch gelegenen Letná-Anhöhe hat man einen schönen Blick über die Brücke in die Straße Pařížská bis zum Altstädter Ring (→Straßen, Plätze, Märkte: Staroměstské náměstí S. 195).

Švermův most / Šverma-Brücke (Nové Město/Neustadt): Urspr. befand sich an dieser Stelle eine 1865–68 erbaute Kettenbrücke, die im Jahre 1949 eingerissen wurde. 2 Jahre später erbauten J. Koralewský, V. Hofman und V. Širc die heutige Brücke in einer Länge v. 243 m und einer Breite v. 24 m. Über sie gelangt man v. der Neustadt zu den Stadtteilen Bubeneč und Holešovice und in den 1953 erbauten, 426 m langen und 10 m breiten Letná-Tunnel.

INSELN

Die Inseln des sich durch das Tal schlängelnden Flusses Vltava (Moldau) gehören zu P. wie der Fluß selbst.
Das noch unbefestigte Ufer der Stadtteile und die Inseln wurden häufig und vor allem im Frühling v. Überschwemmungen heimgesucht. Die älteste Uferbefestigung, das Smetanovo nábřeží / Smetana-Ufer, stammt aus dem Jahre 1845. Von der Vielzahl der urspr. Inseln sind einige erhalten geblieben; sie werden zumeist als Parks oder für kulturelle Veranstaltungen genutzt und sind ruhende Punkte mit romantischem Flair im Großstadtgetriebe.

Dětský ostrov / Kinder-Insel: Diese Insel liegt s der Brücke Most Legií nahe dem w Flußufer. Lang und schmal erstreckt sie sich fast bis zur nächsten Brücke, wo sich der Turm des Kleinseitner Wasserwerks erhebt. Sie wurde als Park gestaltet und ist über eine Fußgängerbrücke vom Janáčkovo nábřeží zugänglich. Zwischen dem Ufer und der Insel liegt die 1920 gebaute Schleuse. Die Insel ist am n Ende mit ihrer gemauerten Befestigung und einer Balustrade in Form eines Schiffbugs gestaltet. Dort steht in der Gartenanlage eine Frauenstatue auf einer Säule.

Kampa / Kampa-Insel: Die vom Flußarm Čertovka gebildete Insel ist im strengen Sinne nur eine Halbinsel. Die 1. Überlieferung über ihre Existenz stammt aus dem Jahre 1169, wo sie v. König Vladislav II. beschrieben wird. Bis zu ihrer Eindämmung im 16. Jh. war sie ständig schweren Überschwemmungen ausgesetzt, weshalb

Kinder-Insel

sie nur v. Gärten und Feldern bedeckt war. Die einzigen Gebäude waren die Sova-Mühlen (→Profanbauten: Mühlen und Wassertürme). Um 1541, nach der großen Brandkatastrophe auf der Kleinseite, wurde die Insel mit dem dort angefallenen Schutt befestigt. Anschließend setzte die Bebauung des N der Insel mit den ersten Wohnhäusern ein. Im flußaufwärts gelegenen Teil blieben die Gärten wegen der größeren Überschwemmungsgefahr erhalten und bilden heute den öffentlichen Park. Diese Gärten haben ungefähr ab der Mitte des 17. Jh. den Namen der Insel geprägt (lat. campus = Feld). Mit der Kleinseite war die Kampa-Insel schon immer durch Brükken verbunden. Zur auf der anderen Flußseite gelegenen Altstadt gab es eine Fähre, wenn man nicht den Weg über die Karlsbrücke nehmen wollte. Das Häuschen des Fährmanns ist in der Straße U Sovových mlýnů (Nr. 1/CN 34) erhalten. Der Treppenaufgang zur Karlsbrücke, die über die Insel führt, entstand erst 1785.

Auf dem malerischen Platz Na Kampě, gesäumt von alten Häusern, kann man sich vom Reiz vergangener Zeiten bezaubern lassen.

Der an manchen Tagen hier stattfindende kleine Markt mit kunstvollen Objekten aus gebranntem Ton steht in der Tradition ei-

Kampa-Insel, Park

Kampa-Insel

nes schon seit dem 16. Jh. bekannten Töpfermarktes.
Während seiner Prager Studentenzeit lebte hier der Komponist Bohuslav Martinů. An dem Wohnhaus Nr. 11/CN 512 sind seine Büste und eine Gedenktafel angebracht. Bes. reizvoll ist die Rokokofassade des Hauses *Zum weißen Schuh / U bílé boty* (Nr. 13/CN 510), gestaltet im Jahre 1766 v. Josef Jäger an dem bereits Anfang des 17. Jh. erbauten Haus. Seinen Namen erhielt es nach einem im 18. Jh. hier lebenden Schuhmachermeister.
Der Vorgängerbau des heutigen Empirehauses Nr. 8/CN 515 an der n Inselspitze war ein Fischerhaus vom Anfang des 16. Jh. Es wurde 1557 v. einem Pulvermacher übernommen, wodurch es den Namen *Prašný dvůr/Pulverhof* erhielt. Während der Belagerung der Kleinseite durch die Schweden 1648 wurde es zerstört. Bereits 4 Jahre später war ein neues Haus fertiggestellt, das den alten Namen Prašný dvůr übernahm und in der folgenden Zeit mehrfach umgebaut wurde. Hier lebte der Maler Soběslav Pinkas (1827–1901).
Das Haus Nr. 1/CN 498 trägt ein bes. schönes *Hauszeichen;* dargestellt ist ein Fuchs mit einem Zweig im Maul, umrahmt v. einer Kartusche (ca. 1665).
Südlich des Platzes an der Straße U Sovových mlýnů liegt das *Lichtenstein-Palais* (→Profanbauten: Palais, Schlösser; *Lichtenštejnský palác*), das als einziges der Kleinseitner Palais direkt am Moldauufer steht. Von hier hat man einen herrlichen Ausblick über den Fluß hinweg zur Karlsbrücke und der Altstadt.
An der Čertovka-Brücke zum Platz Velkopřevorské náměstí liegt in der Straße Hroznová ulice das auf got. Fundamenten erbaute barockisierte Renaissancehaus *Zur goldenen Traube / U zlatého hroznu* (Nr. 2/CN 499) mit einem erhaltenen statuengeschmückten Renaissanceportikus.

Slovanský ostrov / Slaw. Insel: Die sich unterhalb der prächtigen Häuserfront der Uferstraße erstreckende Insel entstand erst im 18. Jh. durch Aufschwemmung. Wegen einer hier angesiedelten Färberei erhielt sie den Namen Färberinsel. Um 1784 befestigte man ihre Ufer und legte einen Garten an. Das im Jahre 1830 errichtete prächtige Restaurantgebäude war als Klubhaus auch für kulturelle Veranstaltungen eingerichtet. Berühmte Komponisten konzertierten in seinem Sophiensaal: Franz Liszt, Hector Berlioz, Richard Wagner und der Geigenvirtuose Jan Kubelík, Vater des Dirigenten Rafael Kubelík.
Die Gattin des österreichischen Kaisers

Slawische Insel

Franz I. gab der Insel den Namen Sophieninsel/Žofín. Nach dem 2. Slawischen Kongreß, der hier im Revolutionsjahr 1848 stattfand, wurde sie in Slaw. Insel umbenannt.
Im Jahre 1884 erfolgte ein großer Umbau des Gebäudes im Stil der Renaissance durch den Architekten J. Fialka.
Noch heute dient es kulturellen und gesellschaftlichen Veranstaltungen als Räumlichkeit.
In dem 1931 v. F. Šrámek angelegten Park steht ein Denkmal der tschech. Schriftstellerin Božena Němcová (1820–1862), der Autorin des in viele Sprachen übersetzten Romans »Die Großmutter« (»Babička«), eines literarischen Denkmals für eine gebildete Frau aus den unteren Schichten der damaligen Gesellschaft. Die Bronzestatue schuf Karel Pokorný. Die Insel ist über eine Brücke vom Masaryk-Ufer zugänglich. An ihrem S-Ende liegt der konstruktivistische Bau der Galerie Mánes (→Museen, Galerien) und der Turm des Šitkovský-Wasserwerks aus dem Jahre 1495.

Střelecký ostrov / Schützeninsel: Auf der S-Hälfte der sich beiderseits unter der Brücke Most Legií (→Brücken) erstreckenden Insel wurde im Jahre 1812 v. J. K. Zobel ein Restaurantgebäude für das Korps der Prager Scharfschützen errichtet, das 1930 erweitert wurde.
Ihren Namen hat die heute als Park gestaltete Insel schon aus dem 15. Jahrhundert, als sich hier der Übungsplatz der Altstädter Schützen befand. Eine breite Freitreppe führt v. der Mitte der Brücke auf die Insel herab.

Ostrov Štvanice / Hetzjagd-Insel: Ihren Namen erhielt die Insel im 18. Jh., als sie der Schauplatz v. Hetzjagden in einem eigens dafür gebauten hölzernen Amphitheater war. Sie liegt n der Neustadt zwischen den Stadtteilen Karlín und Holešovice. Die Brücke Hlávkův most und eine Eisenbahnbrücke führen über sie hinweg.
Den das heutige Eishockeystadion und die Tennisplätze umschließenden Park legte P. Nápravík in der 2. Hälfte des 19. Jahrhunderts an. Das in den Jahren 1930–32 v. J. Fuchs erbaute Zimní-Stadion war im Jahre 1974 Austragungsort der Eishockey-Weltmeisterschaft.

MUSEEN, GALERIEN

Muzeum hlavního města Prahy / Museum der Hauptstadt Prag (Nové Město / Neustadt, Sady Jana Švermy CN 1544): Das am Rand eines 1875 v. F. Malý angelegten Parks stehende Museum bestand zur Zeit seiner Gründung 1883 nur aus einem Kaffeehauspavillon. Die Architekten Antonín Balšánek und Antonín Wiehl bauten 1896 bis 1898 ein Neurenaissancegebäude dazu, an dessen künstlerischer Ausstattung sich sowohl außen als auch innen namhafte Bildhauer wie Ladislav Šaloun, František Hergesell, Antonín Procházka u. a. beteiligten. Im Treppenhaus steht eine Herkulesstatue; eine Nachbildung des Originals v. Adriaen de Vries*.
Die Wände tragen ein Rundpanorama v. P., das nach einem Gemälde v. A. Sachetti entstanden ist.
Die einzelnen Objekte der Sammlung dokumentieren die historische Entwicklung v. P. bis zur Gegenwart. Unter den Exponaten befinden sich bedeutende Werke der Malerei, Plastik, des Kunsthandwerks sowie ein interessantes Modell der Stadt zur Zeit um 1830 v. Antonín Langweil.
Öffnungszeiten: außer Mo von 9–12 Uhr und 13–17 Uhr.

Muzeum V. I. Lenin, auch Lidový dům / V.-I.-Lenin-Museum, auch Volkshaus (Nové Město / Neustadt, Hybernská ulice Nr. 7/ CN 1033): Das Gebäude wurde um 1660 v. Carlo Lurago* im frühbarocken Stil erbaut und Ende des 18. Jahrhunderts im Auftrag der Adelsfamilie Kinsky klassizistisch umgestaltet. Im Jahre 1902 erwarb es die Arbeitergenossenschaft der sozialdemokratischen Partei und gab ihm den Namen Volkshaus.
Besondere Bedeutung erlangte es durch die 1912 hier tagende sog. Prager Konferenz, die, v. Vladimir Iljitsch Lenin (1870–1924) geleitet, die Gründung der russischen bolschewistischen Partei beschloß.
Als man 1952 das Lenin-Museum einrichtete, wurden bei den Renovierungsarbeiten noch 2 barocke Deckenmalereien entdeckt. Ausgestellt werden dokumentarische Materialien, der rekonstruierte Konferenzraum u. a. An der Außenfassade zeigen 5 Bronzereliefs Szenen aus dem Leben Lenins.

Das Museum ist täglich außer Mo 9 bis 17 Uhr und So 9–15 Uhr geöffnet.

Mánes / Mánes-Haus (Nové Město / Neustadt, Masary Kovo nábřeží Nr. 1/ CN 250): Auf der S-Spitze der Slovanský ostrov/ Slaw. Insel errichtete der Architekt O. Novotný an der Stelle der ehem. Šítkovský-Mühlen 1930 dieses konstruktivistische Gebäude. Hier war der Sitz des Vereins bildender Künstler »Mánes«, nach dem das Haus heute benannt ist. Der Prager Maler Josef Mánes* (1820–71) gilt als berühmtester Vertreter der tschech. Malerei des 19. Jh. Sein bekanntestes Werk ist die Kalenderscheibe der Astronomischen Uhr am Altstädter Rathaus (→Profanbauten: öffentliche Gebäude, Staroměstská radnice).
Heute befinden sich in dem Gebäude eine Galerie und ein Restaurant.

Náprstkovo muzeum / Ethnographisches Museum Náprstek (Staré Město / Altstadt, Betlémské náměstí Nr. 1/ CN 269): Der Bau des heutigen Museums entstand nach verschiedenen Umbauten aus mehreren got. Häusern. Im 17. Jh. war es im Besitz des Mälzers Halánek und wurde nach ihm »U Halánků« benannt. Im 19. Jh. gehörte es dem Kulturforscher und Förderer der modernen Technik (Kühlschränke, Nähmaschinen etc.) Vojta Náprstek (1826–94).
Heute wird in dem Haus ein Teil der ethnographischen Abteilung des →Národní muzeum mit Sammlungen asiatischer, afrikanischer und amerikanischer Kultur eingerichtet.

Národní muzeum / Nationalmuseum (Nové Město / Neustadt, Václavské náměstí: An der oberen Stirnseite des Václavské náměstí/ Wenzelsplatz (→Straßen, Plätze, Märkte) erhebt sich das monumentale Neurenaissancegebäude des Nationalmuseums. In den Jahren 1885–90 v. dem Architekten Josef Schulz für das bereits 1818 gegr. Museum errichtet, erstreckt sich der dreigeschossige, um 2 Innenhöfe angelegte Bau in einer Länge v. 104 m und in einer Breite v. 76 m. Die Mitte beherrscht ein v. Kolossalsäulen gegliederter Risalit, dessen Dreiecksgiebel noch v. dem sich dahinter erhebenden Kuppelbau überragt wird. Die symmetrische Anlage unterstreichen die schmaleren Seitenrisalite, überdacht v. kleineren Kuppeln. Den Haupteingang erreicht man über eine mit Plastiken geschmückte Freitreppe. Auf dem Brunnen thront die allegorische Gestalt der Bohemia (Čechie). Ihr zu Füßen liegen die Figuren der Elbe als bärtiger Mann und die Moldau als junge Frau (geschaffen v. Antonín Wagner). Von diesem Bildhauer stammen auch die Figuren auf der Rampe. Den Eingang flankieren die symbolischen Skulpturen »Geschichte« und »Naturwissenschaften« v. Josef Mauder. 3 Relieftafeln an der Front des Mittelrisalits zeigen Szenen aus der böhm. Historie: die Gründung des Klosters Zbraslav und des Karolinums sowie die Blütezeit der Kunst und Wissenschaften unter Rudolf II. Über dem Tympanonrelief mit der Figur der Bohemia brachte Antonín Popp das Landeswappen an. Die Statuengruppen neben der mittleren Kuppel sind Arbeiten v. Bohuslav Schnirch, die Nischenfiguren in den Seitenrisaliten schufen Antonín Popp und Antonín Wagner, die Plastiken auf den Attiken der Seitenflügel sind Werke v. diesen u. a. bedeutenden Künstlern.
Auch die Innenräume beherbergen neben den hier ausgestellten Sammlungen eine reiche künstlerische Ausstattung. Die Plastiken der sagenumwobenen Libuše, der Přemysliden und des Fürsten Wenzel im Vestibül schuf Ludwig Schwanthaler. Das v. der großen Kuppel überwölbte Pantheon, das sich über 2 Stockwerke erstreckt, ist eine einzigartige Galerie v. Büsten und Standbildern bedeutender Persönlichkeiten der tschech. Nation. Interessante Themen der böhm. Geschichte zeigen die 4 Lünettenmalereien: »Die Botschaft der Libuše« und »Der hl. Methodius beendet seine Bibelübersetzungen ins Altslawische« v. František Ženíšek und »Kaiser Karl IV. gründet die Prager Universität« sowie »Der Gelehrte Comenius in Amsterdam« v. Václav Brožík. Das gewaltige Treppenhaus, gesäumt v. Arkaden und überspannt v. einer verglasten Decke, zieren weitere Büsten v. Persönlichkeiten, die sich um das Museum verdient gemacht haben. An den Wänden hängen Landschaftsmalereien v. Julius Mařák. Von hier geht es zu den Sammlungen des historischen und naturwissenschaftlichen Museums sowie zur Bibliothek, die über 1 Million Bände beherbergt,

darunter wertvolle Handschriften aus dem MA, Erstdrucke, eine Bohemia-Sammlung bis 1800 u.a. Die Abteilung der Naturwissenschaften präsentiert Objekte der Mineralogie, Paläontologie, Zoologie, Anthropologie und weiterer Themen; in der historischen Abteilung findet man Exponate zur Archäologie, Prähistorie sowie zur Geschichte des tschech. Theaters und Puppenspiels. Das Museum ist täglich außer Di v. 9 bis 17 Uhr geöffnet; Mo und Fr nur bis 16 Uhr.
Die übrigen Abteilungen des Museums sind in eigenen Gebäuden untergebracht.

Národní technické muzeum / Technisches Nationalmuseum (Holešovice, Kostelní ulice Nr. 42 / CN 1320): Das Gebäude errichtete 1937–40 der Architekt M. Babuška im konstruktivistischen Stil. Nun dienen seine Räumlichkeiten dem 1908 gegr. Museum für die dokumentarische Ausstellung über die Entwicklung v. Technik, Industrie und Verkehrswesen. Es ist täglich außer Mo v. 9 bis 17 Uhr geöffnet.

Muzeum poštovní známky / Briefmarkenmuseum (Nové Město / Neustadt, Nové mlýny Nr. 2 / CN 1239): Das Barockgebäude des Museums liegt im N der Neustadt nahe dem Moldauufer. Im Jahre 1847

Nationalmuseum, Pantheon

ließ der Mühlenbesitzer Václav Michalovic v. Josef Navrátil die Innenräume mit Wandmalereien ausstatten. Die Gemälde stehen mit ihren Darstellungen aus böhm. Sagen, Opern und Theaterstücken, Stillleben, Landschaften und Genrethemen in der Tradition böhm. spätbarocker Malerei. Heute wird in dem hier eingerichteten Museum eine umfangreiche Sammlung europäischer Briefmarken ab 1918 ausgestellt. Es ist täglich außer Mo v. 9 bis 17 Uhr geöffnet. Der gegenüber stehende Wasserturm aus dem 14. Jh. erinnert noch an die ehem., hier befindliche Mühle.

Muzeum Bedřicha Smetany / Bedřich-Smetana-Museum (Staré Město/ Altstadt, Novotného lávka Nr. 1 / CN 201): Direkt an der Vltava (Moldau) auf dem Gelände der ehem. Mühlen der Prager Altstadt errichtete Antonín Wiehl 1885 das Gebäude des heutigen Museums im Auftrag des städtischen Wasserwerks. An die urspr. Bebauung der Häuserzeile erinnert noch der Wasserturm v. 1489 mit seinem Barockhelm.
Das Haus ist im Stil der böhm. Renaissance mit den typischen Stufengiebeln und Sgraffitomalereien (vgl. Palais Schwarzenberg [→Profanbauten: Palais, Schlösser; Schwarzenberský palác]) gestaltet. Ein Motiv zeigt den Verteidigungskampf der Prager gegen die Schweden auf der Karlsbrükke im Jahre 1648 (Entwurf v. František Ženíšek). Die reiche Ornamentverzierung realisierte J. Subic nach Kartons v. Mikoláš Aleš* und Jan Koula. Im Jahre 1936 wurde das Gebäude zum Sitz des bereits 1928 v. Zdeněk Nejedlý gegr. Bedřich-Smetana-Museums. Die Sammlung enthält Partituren, Briefwechsel und Erinnerungsstücke aus dem Leben des Komponisten (1824 bis 1884). Zusammen mit Antonín Dvořák (→Profanbauten: Villen, Pavillons; Villa Amerika) hat er die tschech. Nationalmusik begründet. Auf dem kleinen runden, mit Kieselsteinen bepflasterten Platz vor dem Museum sitzt seine v. J. Malejovský geschaffene Statue (1984) unter einer Trauerweide. Hinter ihr eröffnet sich die zauberhafte Kulisse der Karlsbrücke mit der Prager Burg.

U Hybernů / Hyberna-Haus, ehem. Zollhaus (Nové Město / Neustadt, Náměstí republiky Nr. 3/ CN 1037): Schon Kaiser

Karl IV. ließ hier gegenüber dem O-Tor der Altstädter Befestigungsmauer 1355 eine Kirche mit Kloster errichten. Beide Bauten waren dem hl. Ambrosius geweiht zum Gedenken an die Krönung Karls IV. zum König der Lombardei im Mailänder Dom, dessen Bischof der Heilige im 4. Jh. gewesen war. Während der Hussitenzeit verödeten Kirche und Kloster zunehmend, bis sich 1483 die böhm. Franziskaner hier niederließen. Ab 1630 wurden sie v. den irischen Franziskanern, den sog. Hibernern - nach ihnen ist das Gebäude noch heute benannt - abgelöst, die sich anstelle der verfallenen Kirche in den Jahren 1652-59 eine neue Marienkirche bauten. Architekt war wahrscheinlich Giovanni Orsi, der den frühbarocken Saalbau im Vignola-Typus ausführen ließ. Der Säkularisierung Josephs II. fiel auch dieser Orden zum Opfer; die Gebäude wurden daraufhin vom tschech. Theater genutzt, bis das Anwesen Anfang des 19. Jh. als Zollhaus umgestaltet wurde. Der Barockkirche wurde die heutige Empirefassade vorgeblendet, und auch die übrigen Gebäude baute man in diesem Stil um (1808 bis 1811); beteiligt waren der Architekt Georg Fischer, der Baumeister J. Zobel und der Bildhauer Fr. X. Lederer. In den Jahren 1940-42 gestaltete Jan K. Říha die ehem. Kirche in eine Ausstellungshalle um, die noch heute ihren sakralen Ursprung erkennen läßt.

Uměleckoprůmyslové muzeum / Kunstgewerbemuseum (Josefov/ Josefstadt, 17. listopadu / Str. des 17. November Nr. 2/ CN 73): Das Neurenaissancegebäude errichtete Josef Schulz in den Jahren 1897 bis 1901 schräg gegenüber dem Rudolfinum (→Profanbauten: Öffentliche Gebäude). Die Reliefs an der Fassadenfront sind Darstellungen der verschiedenen Handwerke, geschaffen v. Bohuslav Schnirch und Antonín Popp. Durch die ausgestellten Sammlungen der verschiedenen Gattungen des Kunstgewerbes (vor allem Glas, Keramik, Goldschmiedearbeiten und Möbelkunst) wird auch die Entstehung und Entwicklung des Kunsthandwerks vom Altertum bis heute demonstriert. Die Glassammlung gilt als der Welt größte. Zusätzlich befindet sich hier die Bibliothek zur Geschichte des Kunstgewerbes.
Neben den Exponaten verdient das aufwendig gestaltete Treppenhaus mit seinen v. F. Herčík bemalten Glasflächen besondere Beachtung. Die 2 mythologischen Statuen v. Matthias Bernhard Braun* waren urspr. für das Clam-Gallas-Palais bestimmt. Das Museum ist täglich außer Mo v. 10 bis 18 Uhr geöffnet.

Smetana-Museum

Böhmen

Benešov / Beneschau
Mittelböhmen

Einw.: 12000 Höhe: 220 m S.354 □ F3

Die moderne Kreisstadt hat sich nicht viel von ihrem ursprünglichen Charakter bewahrt, obwohl sie früher eine der wichtigsten Städte der Gegend war. Aus der Gründungszeit um 1270 sind die frühgotische, mehrfach umgebaute *Pfarrkirche* am Karlov (13.Jh.) und die *Kirchenruine des Piaristenkollegiums* aus dem 14.Jh. erhalten. Den zentralen Platz schmückt eine im frühen 18.Jh. von Giovanni Battista Alliprandi* erbaute *Barockkirche* mit sehenswerter Innenausstattung.

Umgebung

Český Šternberk (20 km ö): Die festungsartige *Burg* aus der Mitte des 13.Jh. erhebt sich auf einem schroffen Felsvorsprung über dem Flußtal der Sázava. Auftraggeber war das mächtige Adelsgeschlecht Sternberg, in dessen Besitz die Burg bis 1945 blieb. Das Familienwappen ist ein goldener achtzackiger Stern auf blauem Grund. Die heutige Gestalt der Burg stammt v. einem spätgot. Umbau, bei dem die Außenfront vereinheitlicht und mit Bastionen befestigt wurde. Nach dem Dreißigjährigen Krieg erfolgte eine Barockisierung, vor allem der Interieurs. Sehenswert sind die kostbare Barockeinrichtung und die Sammlungen.
An Wochenenden in den Sommermonaten finden hier Konzerte statt.

Jemniště (9 km sö): Durch eine schöne Lindenallee gelangt man in den Ehrenhof des 1724–52 für den Grafen Franz Adam v.Trauttmannsdorf errichteten *Barockschlosses*. Als Architekt nimmt die Forschung František Maximilián Kaňka* an. Die Schloßkapelle schmücken Fresken v. V.V.Reiner*. Heute befindet sich hier eine Ausstellung des Malers und Illustrators Josef Lada* und das »Theatrum Mundi« mit Landkarten, Plänen und Veduten des 17.Jh. eines Amsterdamer Kartographen.

Konopiště (2 km w): Der Vorgängerbau des heutigen *Schlosses* war eine got. Burg französischen Typs, die um 1300 mit 7 hohen Türmen errichtet wurde. Im 17.Jh. zum Renaissancepalast umgebaut. Nach weiteren Umgestaltungen, die die Burg immer mehr in ein Schloß verwandelten, gelangte das Anwesen 1887 in den Besitz des späteren österreichischen Thronfolgers Franz Ferdinand d'Este, der 1914 beim Attentat v. Sarajevo starb. In den Jahren 1889–94 baute der Architekt Josef Mocker* das Schloß in die jetzige Prunkresidenz um. Dabei versuchte er, sich durch Erhöhen der Ecktürme dem urspr. Bau anzunähern. Der Eingang, ein Barocktor mit Statuen v. Matthias Bernhard Braun*, befindet sich in der Nähe des O-Turms. Die Innenräume sind reich mit Holzschnitzereien ausgestattet und beherbergen eine einmalige, ungewöhnlich reiche Sammlung historischer Waffen, eine Bildergalerie, diverse Sammlungen v. Porzellan und Jagdtrophäen und eine kuriose St.-Georgs-Sammlung, in der Bilder, Plastiken, Reliefs und Alltagsgegenstände zusammengetragen wurden, die Abbildungen des Heiligen als Drachentöter zeigen. Umgeben ist das Schloß v. einem auf einer Fläche v. 225 ha Ende des 19. Jh. angelegten englischen Park mit Rosengarten und Skulpturen. Das Schloß ist in den Monaten Mai–Oktober täglich außer Mo geöffnet.

Beroun

Mittelböhmen

Einw.: 28 000 Höhe: 220 m S. 349 □ E3

Die am Fluß Berounka gelegene Kreis- und Industriestadt (Baustoffe, Zement) besitzt noch den historischen Stadtkern der bereits im Mittelalter bedeutenden königlichen Stadt. Ihre Gründung geht auf Schweizer Siedler zurück, die sich um 1270 hier niederließen; ihre Stadt nannten sie Bern. Erhalten sind Überreste der alten Stadtmauern sowie das *Pilsener* und das *Prager Tor* vom Anfang des 14. Jh. Die gotische *St.-Jakobs-Kirche/Kostel svatého Jakuba Většího* stammt noch aus der Zeit der Stadtgründung. Sehenswert ist ihre kostbare Inneneinrichtung. Sie wurde ebenso wie die ursprünglich gotische *Mariä-Verkündigungs-Kirche/Kostel Zvěstování Panny Marie* barockisiert. Den Marktplatz säumen Renaissance- und Barockhäuser. Hier steht auch das Rathaus urspr. aus dem Jahre 1302. Im 1612 erbauten Jensteiner-Haus/Jenštejnský dům befinden sich das *Kreismuseum* mit einer paläontologischen Ausstellung und ein Gedenksaal an den Dirigenten Václav Talich (1883–1961).

Umgebung

Karlštejn / Karlstein (14 km sö): Die Burg Karlstein ragt in imposanter Gestalt auf einem 319 m hohen Kalkfelsen oberhalb des gleichnamigen Weinbauortes (ca. 1200 Einw.) empor. Sie wurde 1348 v. Kaiser Karl IV. als Aufbewahrungsort für den Kronschatz, bedeutende Reliquien und Staatsdokumente gegr. Die Pläne für die in den Jahren 1348–57 fertiggestellte Burgan-

Jemniště

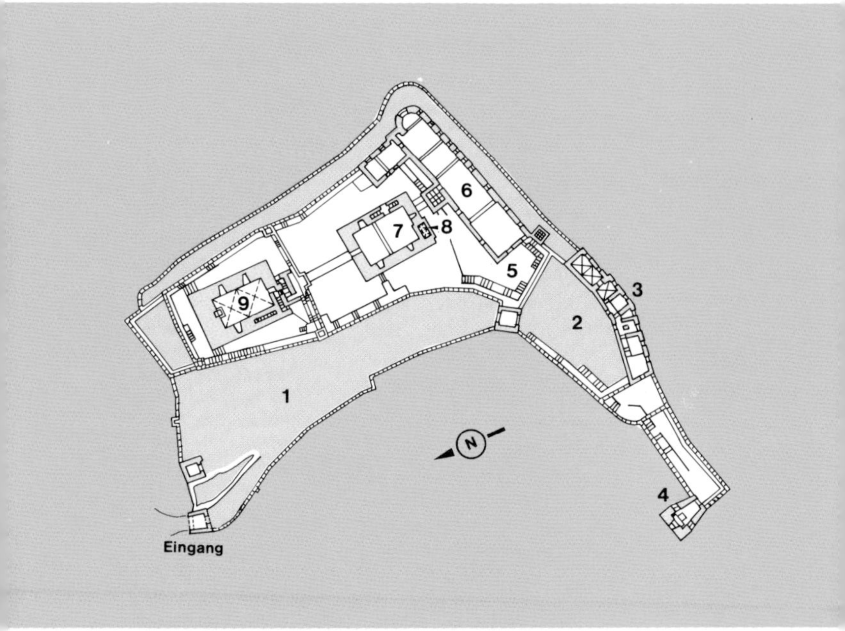

Burg Karlštejn 1 Erster Vorhof **2** untere Vorburg **3** Burggrafenamt **4** Brunnenturm **5** Burghof **6** Kaiserpalast **7** Marienturm **8** Katharinen-Kapelle **9** Großer Turm

Beroun, St.-Jakobs-Kirche (Innenraum)

lage stammen wahrscheinlich v. dem französischen Baumeister Matthias v. Arras*. Obwohl die Burg niemals kriegerischen Zwecken diente, hatte sie 2 großen Belagerungen standzuhalten: 1422 wurde sie 7 Monate v. den Hussiten belagert und 1648 v. den Schweden stark beschädigt, ohne jedoch wieder instand gesetzt zu werden. Auch ihre Bedeutung als Schatzkammer hatte sie verloren, denn 1419 wurden die röm. Reichskleinodien fortgeschafft (jetzt in der Schatzkammer der Wiener Hofburg) und Anfang des 17. Jh. die böhm. Krönungsinsignien (jetzt in der Kronkammer des St.-Veits-Doms auf der →Prager Burg/Pražský hrad). Das heutige Erscheinungsbild der Burg beruht auf einigen Umbauten und Rekonstruktionen in den Jahren 1575–97 und 1887–97 durch die Architekten Friedrich Schmidt und Josef Mocker*, die den drohenden Verfall der Anlage durch eine Generalrestaurierung aufhielten. Heute ist Karlstein die berühmteste Burg Böhmens und gehört zu seinen bedeutendsten ma Baudenkmälern.

Der in mehreren Ebenen angeordnete Gebäudekomplex der Burg besteht aus einem *ersten Vorhof* **(1)** mit 2 Burgtoren, v. dem man durch ein weiteres Tor zur *unteren Vorburg* **(2)** mit dem *Burggrafenamt* **(3)** gelangt; zu einem an der niedrigsten Stelle errichteten *Brunnenturm/Studniční věž* **(4)** mit einem 90 m tiefen Ziehbrunnen und den Wirtschaftsgebäuden; dem im eigtl. *Burghof/Hradní nádvoří* **(5)** befindlichen *Kaiserpalast/Císařský palác* **(6)**; dem etwas höher liegenden *Marienturm/Mariánská věž* **(7)**, der die *Marienkirche/Kostel Panny Marie* und die *Katharinenkapelle/Kaple svaté Kateřiny* **(8)** beherbergt und schließlich zu dem auf dem Felsengipfel errichteten 37 m hohen *Großen Turm/Velká věž* **(9)** mit der *Heilig-Kreuz-Kapelle/Kaple svatého kříže,* dem größten Burgheiligtum. Das die Burganlage umschließende Mauerwerk ist ca. 6 m dick, die Schutzmauer ca. 2 m.

Hervorzuheben ist die kostbare und einzigartige Ausstattung profaner und sakraler Räume:

In der *Kapitelkirche der hl. Maria* wurden bei Restaurationsarbeiten ma Fresken freigelegt. Sie zeigen Szenen aus der Apokalypse, z. B. den Kampf der Engel mit dem Teufel, die Vernichtung einer Stadt etc.; auf einigen Bildern ist Kaiser Karl IV. dargestellt. Ihr Schöpfer war wahrscheinlich der Straßburger Maler Nikolaus Wurmser* (um 1360). Die in dem kleinen Nebenraum eingerichtete Katharinenkapelle diente Karl IV. als Privatkapelle. Ihre Wände sind mit in Goldputz eingelassenen Halbedelsteinen und Bildern der 7 Schutzheiligen Böhmens geschmückt. Weitere Gemälde zeigen die Kreuzigungsszene und Karl IV. mit seiner 3. Frau, Anna v. Schweidnitz. In der Altarnische thront eine kostbare Muttergottes mit dem Christuskind.

Der *Marienturm* ist durch einen hölzernen Bogengang (ehem. Zugbrücke) mit dem viergeschossigen *Großen Turm* verbunden. Die im 2. Stock liegende *Heilig-Kreuz-Kapelle* ist der bedeutendste Raum der ganzen Burg und dementsprechend prunkvoll ausgestattet. Eine goldene Kuppel, gestaltet als Himmel mit Sonne, Mond und Sternen, aus venezianischem Glas, überwölbt die zweijochige, v. einem vergoldeten Gitter geteilte Kapelle. Die Wände sind mit in vergoldeten Putz eingelassenen Halbedelsteinen verkleidet (vgl. Prager Burg/Pražský hrad, Sankt-Wenzels-Kapelle im Sankt-Veits-Dom). Umlaufend an den Wänden ein Band aus 1300 Dornen, deren Kerzen die Kapelle in einem unvergleichli-

Karlstein

chen Lichterglanz erstrahlen ließen. Bes. kostbar sind die 127 hölzernen Heiligenbilder des Meisters Theodoricus* (1348-67), bei denen früher die Reliquien in kleinen Kästchen aufbewahrt wurden. Sein bedeutendstes Werk ist das Altargemälde »Kreuzigung Christi«. Die Altarnische birgt die ehem. Schatzkammer.
Die kaiserlichen *Palasträume* dienen heute als Museum, in dem vielseitiges Anschauungsmaterial aus der Zeit Karls IV., Architekturmodelle zur Burggeschichte, Plastiken, Gemälde und ma Buchillustrationen zu sehen sind. Der Audienzsaal ist nahezu in seinem urspr. Zustand erhalten.
In den Sommermonaten wird im Burgvorhof das Lustspiel »Eine Nacht auf Karlstein« v. Jaroslav Vrchlický aufgeführt. Es handelt v. der Anekdote, die berichtet, daß sich die 1. Frau Karls IV., Blanche de Valois, als Page verkleidet auf die nur Männern vorbehaltene Burg schmuggelte, um sich der Treue ihres Mannes zu vergewissern.
Die Burg ist täglich außer Mo geöffnet in den Monaten März/April und Oktober-Dezember v. 9 bis 16 Uhr; Mai-September v. 8 bis 18 Uhr. Eine Führung ist obligatorisch; sie findet stündlich statt. Von Prag ist die Burg auch per Bahn zu erreichen: ab Prag-Smíchov verkehrt ca. stündlich ein Zug. Fahrzeit: 30 Minuten; vom Bahnhof 1,5 km zur Burg.

Koněpruské Jeskyně / Koneprusy-Höhlen (5 km s): Dieser Tropfsteinhöhlenkomplex gehört zu einem Kalksteinkamm, der hier poetisch Zlatý kůň (Goldenes Roß) genannt wird.
Die erst 1950 entdeckte Höhle umfaßt 3 Galerien und einen kleinen See. Archäologische Untersuchungen brachten Objekte einer paläolithischen Siedlung zutage. Kurios ist der Fund einer Werkstatt v. Falschmünzern aus der Zeit um 1460/70.
Auch oberhalb kann man auf einem 3 km langen Lehrpfad interessante Felsbildungen sehen: ein Felsentor, eine Steinbrücke, einen »Elefantenkopf« u.a.

Tetín (4 km sö): Der oberhalb des Flüßchens Berounka liegende Ort gehört zu den ältesten Ansiedlungen Böhmens. Hier wurde die hl. Ludmilla, Fürstin und Großmutter des hl. Wenzel, auf ihrem Witwensitz, einer ehem. Burg, im 10. Jh. im Auftrag ihrer Schwiegertochter Drahomíra ermordet. Ihre Begräbnisstätte befindet sich auf der →Prager Burg/Pražský hrad in der St.-Georgs-Kirche. - Heute sind in der Ortschaft 2 urspr. roman. Kirchen und eine barocke Kirche mit got. Ursprung erhalten.

Bezděz/Bösig
Nordböhmen/Česká Lípa

Einw.: 250 Höhe: 604 m S. 350□ F1

Burg: Die v. Přemysl Otakar II. in den Jahren 1264-79 als Verwaltungszentrum errichtete königliche Burg erhebt sich über der kleinen Gemeinde auf einem schroffen Felsvorsprung, dem höchsten Punkt der Umgebung.
Durch ihre Lage als auch durch die gut erhaltene Befestigungsanlage mit weitläufigen Wehrgängen und Türmen, dem Burggrafenamt und den Königspalast mit einer angrenzenden Kapelle verkörpert sie hervorragend das ritterliche MA. Die Kapelle, ein architektonisches Meisterwerk der Frühgotik, zeigt schon Stilelemente der Zisterziensergotik. Bis auf geringe bauliche Umgestaltungen im 17. Jh. unter Albrecht v. Waldstein (Wallenstein) und die Zerstö-

Bezděz (Burgberg mit Spiegelung)

rungen 1774 durch die preußische Armee blieb die Burg im großen und ganzen v. Eingriffen verschont.

Außerdem sehenswert: Die malerische Landschaft mit ihren Wäldern, markanten Hügeln und Teichen. Nach dem romantischen Dichter Karel Hynek Mácha wird die Gegend *Máchův kraj* genannt. Eine Gedenkstätte des Dichters findet man in dem Ort *Doksy*, der am Ufer des Sees »Máchovo jezero« liegt. Der bereits v. Karl IV. im 14. Jh. angelegte See bietet gute Bademöglichkeiten. – Zu erwähnen ist auch die in der Gemeinde befindliche urspr. roman. *Kirche*, die im 18. Jahrhundert barockisiert wurde.

Brandýs nad Labem - Stará Boleslav/ Brandeis a. d. Elbe - Altbunzlau

Mittelböhmen/Praha-Východ

Einw.: 16000 Höhe: 169 m S. 350 □ F2

Die an der Elbe gelegene Doppelstadt trennt der Fluß in die ehemaligen selbständigen Städte Brandýs nad Labem (links) und Stará Boleslav (rechts).
Die heute größere Stadt *Brandýs nad Labem* ist die ursprünglich jüngere Ansiedlung. Sie wurde erst im 14. Jh. als Marktgemeinde gegründet. Die schon ältere gotische Burg wurde in ein *Renaissanceschloß* umgebaut und birgt heute ein historisches, kunsthandwerkliches und naturwissenschaftliches *Museum*. Die *Pfarrkirche* und die frühgot. *St.-Peters-Kirche* wurden barockisiert, die frühgot. *St.-Laurentius-Kirche/Kostel svatého Vavřince* mit ihren erhaltenen Wandmalereien baute man im Renaissancestil um. Beachtenswert sind auch die schönen *Bürgerhäuser* aus der Zeit der Renaissance und des Barock sowie die ehem. *Synagoge* (Ende 16. Jh.) und der *jüd. Friedhof*.
Die Geschichte von *Stará Boleslav* als slawische Wallburg läßt sich bis ins 10. Jh. zurückverfolgen. Hier auf der Fürstenresidenz ließ Fürst Boleslav seinen Bruder König Wenzel (später heiliggesprochen) 935 ermorden. Die Grabstätte befindet sich heute im St.-Veits-Dom auf der →Prager Burg/Pražský hrad. Von der alten *Befestigung* sind ein Teil der Stadtmauern und ein barockisiertes Tor erhalten.
Weitere historische Baudenkmäler sind die roman. *St.-Clemens-Kirche/Kostel svatého Klimenta* etwa aus dem 11. Jahrhundert mit zum Teil erhaltenen Fresken und eine roman. *St.-Wenzels-Basilika/Kostel svatého Václava*.
Die *Wallfahrtskirche der Jungfrau Maria/Poutní kostel Panny Marie* wurde in den Jahren 1617 bis 1626 als erstes Barockbauwerk Böhmens errichtet. Sie besitzt eine bes. kostbare Innenausstattung.

St.-Wenzels-Basilika: An der Stelle einer den hll. Kosmas und Damian geweihten kleinen Kirche aus dem 10. Jh. ließ Fürst Břetislav I. in den Jahren 1034–55 eine dreischiffige roman. Basilika mit 2 mächtigen Fronttürmen und einer Krypta errichten. Die bis heute unter dem Chor erhaltene Krypta wurde im 12. Jahrhundert erweitert und mehrfach umgestaltet.
Ende des 16. Jahrhundert ließ der Dekan Petrus Pešina die Seitenschiffe mit Renaissancegewölben ausstatten und Stützpfeiler aufstellen. Bei einem frühbarocken Umbau erhielt das Mittelschiff ein Tonnengewölbe, und der S-Turm wurde erhöht. Der auffällig hohe Treppenaufgang zum Chor entstand erst 1745.

Bezděz, frühgot. Kapelle

Im linken Seitenschiff befindet sich eine an die Ermordung des hl. Wenzel erinnernde Statuengruppe von Matthias Bernhard Braun*. Auch die übrige Einrichtung ist barock.

C

České Budějovice / Böhm. Budweis
Südböhmen

Einw.: 95000 Höhe: 390 m S. 354 □ EF5

Am Zusammenfluß von Moldau (Vltava) und Malše gründete Přemysl Otakar II. 1265 Budweis als königliche Stadt zusammen mit einem Dominikanerkloster. Der Ort erhielt eine starke Befestigungsanlage, von der heute noch Reste erhalten sind. Die Stadtgründung war sowohl als Bollwerk gegen die einflußreichen und in Südböhmen überaus mächtigen Wittigonen (→Rožmberk unter: Český Krumlov) gedacht wie auch als Grenzbefestigungsanlage. Beachtenswert sind besonders die *Wehrtürme:* Eiserne Jungfrau/Železná Panna, Rabensteiner Turm/Rabenštejnská věž und die »Otakar-Bastei«. Das historische Zentrum ist um einen großen quadratischen *Marktplatz* angeordnet; als einer der größten in Europa zeugt er v. der hochentwickelten ma Stadtbaukunst. Die rechtwinklig vom Platz abgehenden Gäßchen haben noch sehr viel von der Atmosphäre früherer Zeiten bewahrt. Im 14. Jh. erhielt die Stadt von Kaiser Karl IV. das Stapelrecht; alle Kaufleute, die durch die Gegend reisten, mußten ihre mitgeführten Güter 3 Tage zum Kauf anbieten, was die Stadt in

Böhm. Budweis, Wehrturm: Eiserne Jungfrau

eine wirtschaftliche Hochkonjunktur führte. Als die Moldau um 1550 ab hier schiffbar gemacht wurde, erlangte die Stadt als Handelsknotenpunkt zwischen Elbe und – über den Landweg nach Linz – Donau besondere Bedeutung. Handelsgüter waren Salz, die Produkte der Teichwirtschaft und Silber, als eigene Waren der Stadt wurden vor allem Tuch und Malz gehandelt. Seit 1783 war Budweis Bischofssitz. Im Jahre 1832 führte von hier aus die erste Pferdeeisenbahn Europas nach Linz in Österreich (siehe dazu Ausstellung im Südböhmischen Museum, Dukelská ulice).

Der historische Stadtkern ist heute mit über 200 bedeutenden Objekten städtische Denkmalreservation.

Die jetzige Hauptstadt des Bezirks Südböhmen ist ein wichtiger Verkehrsknotenpunkt mit einer weitverzweigten Industrie, deren Schwerpunkte die Lebensmittelbranche, Papier- und Bleistiftherstellung, sowie das berühmte Budweiser Bier (Budvar) sind. Neben den Theatern, Galerien und Mu-

seen ist das alljährliche Festival »Musikfrühling« von besonderem Interesse.

Dominikanerkloster mit Klosterkirche Mariä Opferung / Klášter dominikánů s kostelem Obětování Panny Marie: Die Klosteranlage ist das älteste Baudenkmal der Stadt (1265 gegr. und etwa 1340-70 unter Mitarbeit der Prager Parler*-Hütte beendet). Im 15. Jh. kam der »Weißer Turm« genannte Glockenturm hinzu. Nach Umgestaltungen im 18. und 19. Jh. sind der reich gestaltete *Kreuzgang*, ein *Brunnenhaus* und spätgot. *Fresken* im N-Flügel erhalten. Sehenswert ist der *Klostergarten* mit seiner malerischen Atmosphäre und barocker Skulpturengalerie. In der Marienkirche, einer dreischiffigen hochgotischen Basilika mit polygonalem Chor, befindet sich heute eine Lehranstalt.

Marktplatz: Den gesamten Platz Žižkovo náměstí säumen Häuser mit Laubengängen aus der Zeit der Renaissance und des Barock. Die Mitte schmückt ein barocker Samson-Brunnen v. Josef Dietrich (1727). An der NO-Ecke erhebt sich die *St.-Nikolaus-Kirche/Kostel svatého Mikuláše.* Urspr. aus dem 13. Jh., prägt ihre heutige Gestalt ein Barockumbau v. 1641-49. Während des Dreißigjährigen Krieges wurden in einer Kapelle die böhm. Krönungsinsignien aufbewahrt.
An der SW-Ecke steht das barocke *Rathaus,* 1731 v. Anton Erhard Martinelli erbaut.

< Böhm. Budweis, Dominikaner- Kloster

Böhm. Budweis, Samson-Brunnen, Rathaus

Schwarzer Turm / Černa věž: Auffallend ist der 72 m hohe Turm. 1549-78 erbaut, diente er gleichzeitig als Wachtturm und Glokkenturm für die St.-Nikolaus-Kirche. Von hier hat man einen schönen Rundblick über die Stadt.

Zeughaus: Der Bau aus dem 16. Jh. diente später als Lagerstätte für Salz (Salzkammer). In der Nähe (ul. 5. května) stehen die Renaissancegebäude der ehem. *Fleischbänke/Masné krámy;* heute befindet sich hier ein Bierlokal.

Umgebung

Hluboká nad Vltavou/Frauenberg (10 km n): Bei der kleinen Gemeinde mit Forst- und Fischereiwirtschaft erhebt sich über der Moldau (Vltava) die urspr. königliche *Burg* aus dem 13. Jh. Nach einigen Besitzerwechseln und Umbauten erhielt sie im 19. Jh. ihre heutige neugot. Gestalt. Im Auftrag der Herren v. Schwarzenberg, in deren Besitz sich das Anwesen v. 1661-1945 befand, bauten Franz Beer und Damian Deworecky 1840-71 den romantischen, am Vorbild des englischen Königsschlosses Windsor orientierten Palast auf den ma Grundmauern neu auf. Die Innenräume wurden bes. reich ausgestattet und enthalten eine Vielzahl kostbarer *Sammlungen.* Hervorzuheben ist die Sammlung Brüsseler Gobelins mit einzigartigen Stücken des Barock und Rokoko, ebenso die umfangreichen Gemälde- (z. B. Jan Bruegel*, van Dyck*), Porzellan-, Glas- und Waffensammlungen.
In der 1845-47 v. Franz Beer errichteten Reitschule wurde 1952-55 die *Südböhm. Aleš-Galerie/Alšova jihočeská galerie* eingerichtet. Den weitläufigen Park gestaltete man ca. 1864 als Waldpark.
In der Nähe liegt der See Bezdrev, mit ca. 400 ha Fläche der drittgrößte der ČSFR und ein beliebtes Zentrum für Wassersport.

Holašovice (15 km w): Die kleine Gemeinde am N-Rand des Naturschutzgebietes Blanský les besteht aus einer bemerkenswerten Anzahl typisch südböhm. Häuser und Höfe v. Anfang bis Mitte des 19. Jahrhunderts (vgl. Seite 299 Netolice bei Prachatice).

Ohrada (8 km n): Das inmitten eines Geheges an dem Fischteich Munický rybník gelegene *Jagdschloß* wurde in den Jahren 1712/13 erbaut.
Heute beherbergt es ein Jagd- und Fischereimuseum. Außerdem wurde ein Zoo angelegt.

Žumberk (25 km sö): Das in der Nähe eines Fischteichs gelegene Dorf ist v. einer teilweise erhaltenen *Befestigungsanlage* mit Basteien aus dem MA umgeben. Es ist heute sicher eines der letzten befestigten Dörfer in Europa.
In der spätgotischen *Feste* (errichtet ca. um 1490), die Anfang des 17. Jahrhunderts im Renaissancestil umgebaut und dann vor wenigen Jahren aufwendig restauriert wurde, befindet sich heute eine interessante *Ausstellung* südböhmischer Volkskunst und Geschichte.
Die urspr. got. *Kirche* gestaltete man im 19. Jahrhundert um.

Český Krumlov / Krumau
Südböhmen

Einw.: 13000 Höhe: 246–509 m S. 354 □ E5

Český Krumlov ist eine der schönsten denkmalgeschützten Städte Böhmens. Im UNESCO-Verzeichnis der bemerkenswertesten Städte Europas steht sie gleich hinter Venedig an 2. Stelle. Das an einer engen, doppelten Moldauschleife liegende historische Stadtgebiet besteht aus der Burg als älteste Ansiedlung, der Vorburg Latrán (links) und der eigentlichen Stadt am anderen Ufer (rechts).
Die über die Stadt hinausragende *Burg* wurde als kleines Kastell mit einem runden Turm vor der Mitte des 13. Jh. von den Herren von Vítkovic (Wittigonen) gegründet und bildet heute den ältesten Teil der Anlage, den sogenannten Hrádek. In den Jahren 1320–40 wurde von der Adelsfamilie Rožmberk, Nachfahren der Vítkovic, die Obere Burg mit 2 Türmen, dem Palast und einer St.-Georgs-Kapelle errichtet. Von 1302 bis 1602 gehörte Südböhmen zum Herrschaftsgebiet dieser Familie, die es von Krumlov aus verwaltete. Im 16. Jh. entstand als Resultat weiterer Umbauten aus der gotischen Burg ein Renaissanceschloß, das das heutige äußere Erscheinungsbild

Hluboká nad Vltavou

zusammen mit dem weithin sichtbaren Turm, seinem Arkadenumgang und der Kuppel prägt. Als dann das letzte Familienmitglied Petr Vok Schloß und Ländereien verkaufte und nach Třeboň zog, erweiterten die folgenden Besitzer das Schloß um barocktypische Merkmale. 1719 kam der Besitz an die Familie Schwarzenberg. Die Innenräume wurden weiter barockisiert, so auch der Maskensaal von 1748 mit Wandmalerein von Josef Lederer*. Sie beherbergen u.a. die wertvollste *Gobelin-Sammlung* der ČSFR.

Nach der Mitte des 18. Jh. entstand das *Barocktheater,* das durch einen dreistöckigen, über den tiefen Burggraben führenden Bogengang mit dem Schloß verbunden war, der sogenannten *Mantelbrücke / Plášťový most.* Von der ehem. Bühnenmechanik und der Barockkulisse des Theaters sind große Teile erhalten geblieben. Im Schloßgarten befinden sich die überdachte Reitschule und das Lustschloß Bellarie aus der gleichen Zeit.

Durch den Umzug der Schwarzenbergs 1871 nach Hluboká nad Vltavou blieb der barockzeitliche Zustand des Schlosses bis heute erhalten. Nach der Prager Burg ist die Burg von Krumlov der zweitgrößte erhaltene Burgkomplex der Tschechoslowakei. In dem Freilichttheater von 1958 mit

Český Krumlov

drehbarer Zuschauertribüne finden jährlich Festspiele statt.

Zuerst entstand unterhalb der Burg die Siedlung *Latrán* (ad latera castelli: »an der Seite der Burg«) mit vielen erhaltenen Baudenkmälern und Gassen. Um 1274 wurde am gegenüberliegenden Ufer eine Stadt angelegt. Von den alten Stadttoren ist das im Renaissancestil umgebaute *Budweiser Tor / Budějovická brána* erhalten. Um den *Marktplatz* der Altstadt gruppieren sich eine Reihe von gotischen, Renaissance- und Barockbürgerhäusern, sowie das aus dem Zusammenschluß zweier gotischer Häuser erbaute Renaissance-Rathaus. Die Mitte schmückt eine Mariensäule von Matthäus Wenzel Jäckel*. Südöstlich erhebt sich die got. *St.-Veits-Kirche/Kostel svatého Víta* mit erhaltenen Fresken, ein Beispiel eigenständiger böhmischer Architektur und Malerei. Hinter der Kirche stehen die Prälatur und die Gebäude des ehemaligen Jesuitenkollegs von 1586–88, heute Stadtmuseum. Das älteste Haus, aus dem Jahre 1309, gehörte den Äbten von Zlatá Koruna und ist heute das Hotel Krumlov.

In dem Stadtteil Latrán liegen nordöstlich der Burg ein *Klarissinnenkloster/Klášter klarisek,* ein *Minoritenkloster / Klášter minoritů* und die *St.-Justus-Kirche/Kostel svatého Justa.* In der Nähe steht das Renaissancegebäude der ehem. Herrschaftsbrauerei, heute Südböhmische Bierbrauerei.

Umgebung

Rožmberk nad Vltavou / Rosenberg (21 km s): Das 1369 gegr. Städtchen im schönen oberen Moldautal ist nach der oberhalb liegenden *Burg* benannt.

Der Wittigone Vok ließ sie Anfang des 13. Jh. mit einem mächtigen Turm erbauen. Er war Nachfahre v. Vítek v. Prčice († 1194), nach dem das Geschlecht der Wittigonen benannt ist und der seine umfangreichen Ländereien in Südböhmen an seine Söhne aufteilte. Das Wappen der Burg enthielt eine Rose, nach der Vok die Burg Rosenberg nannte, ein Name, den die ganze Familie später übernahm und beibehielt, auch als sie längst nach Český Krumlov übergesiedelt war.

1330 wurde in der Nähe der alten eine neue, sog. Untere Burg errichtet, die später

im Renaissancestil zu einem Palast umgestaltet wurde. Von der älteren blieb nach einem Brand 1522 nur der Jakobsturm erhalten. Sehenswert sind die Innenräume mit wertvollen Kassettendecken, Holzvertäfelungen und Möbeln sowie die histor. Sammlungen v. Gemälden und Waffen. Die kleine Ortschaft Rožmberk liegt am anderen Ufer und besitzt eine got. *Kirche*, bereits 1271 erwähnt, und sehenswerte Gebäude aus der Zeit der Renaissance und des Barock.

Vyšší Brod / Hohenfurth (25 km s): In diesem kleinen, im malerischen oberen Moldautal gelegenen Ort, nahe der großen Talsperre Lipno, findet man eines der wertvollsten got. Baudenkmäler Südböhmens. Das 1259 zum Zwecke der Kolonisierung der Grenzregion gegr. und bis Ende des 14. Jh. erweiterte *Zisterzienserkloster* /Cisterciácký *klášter* bildet eine befestigte Anlage mit Kloster, Kirche, Abtei und Wirtschaftsgebäuden. Bemerkenswert ist die got. Kirche, ausgestattet mit kostbaren Altären und der Kopie der berühmten got. *Madonna v. Vyšší Brod* (Original in der Prager Nationalgalerie). Der Adelsfamilie Rožmberk diente die Kirche als Begräbnisstätte. Die Klosterbibliothek aus der Rokokozeit beherbergt ca. 70000 Bände und kostbare Handschriften. Außerdem sehenswert sind die Gemäldegalerie des Klosters und die Sammlung des Postmuseums.

Zlatá Koruna / Goldene Krone (9 km nö): Přemysl Otakar II. gründete das ehem. *Zisterzienserkloster* im Jahre 1263 an einer Moldauschleife aus Anlaß des Sieges über die Ungarn. In Wahrheit diente es aber auch der Ausdehnung und Konsolidierung seines Machtbereichs in Südböhmen. Die Bauarbeiten auf dem gut befestigten Klostergelände waren erst in der 2. Hälfte des 14. Jh. abgeschlossen. Nachträgliche Barock- und Rokokoumbauten lassen den got. Ursprung nur noch wenig erkennen. Bemerkenswert sind der Kapitelsaal v. ca. 1290 und die Kapelle der hl. Engel.

< Český Krumlov, Marktplatz

D

Děčín / Tetschen Nordböhmen		
Einw.: 50000	Höhe: 132 m	S. 350 □E1

Die an der Mündung der Ploučnice in die Labe (Elbe) gelegene Industriestadt (Kreis-

Vyšší Brod

stadt) mit Hafen besitzt einige schöne Barockbauwerke. Auf einem Felsvorsprung über der Elbe ragt ein Barockschloß empor, das nach dem Umbau einer alten Burg aus dem 12. Jh. in ein *Renaissanceschloß* im 17. und 18. Jh. entstand.

Die ehemaligen Burghöfe wurden in den Schloßgarten mit einer Sala terrena und einem Rosengarten umgestaltet. 1835 war Frédéric Chopin in diesem Schloß zu Gast. Das Schloß ist nicht zugänglich, der Rosengarten nur am Wochenende. Im Stadtzentrum ist die barocke *Heilig-Kreuz-Kirche/Kostel svatého Kříže* vom Ende des 17. Jh. neben 2 weiteren *Barockkirchen* sehenswert. Wie eine bescheidene Nachbildung der Prager Karlsbrücke erscheint die spätgot. *Steinbrücke* über die Ploučnice mit ihrem barocken Statuenschmuck v. Josef Michael Brokoff (1714). Heute liegt sie versteckt unter einem modernen Straßenknoten.

Umgebung

Hřensko / Herrnskretschen (11 km n): Der kleine Grenzort liegt malerisch an den schroffen Felsen der České Švýcarsko (Böhm. Schweiz) in der Nähe des bekannten Elbdurchbruchs durch das Elbsandsteingebirge. Hier ist eine Dampferanlegestelle für Personenschiffe aus Ústí nad Labem und Dresden sowie Ausgangspunkt für romantische Kahnfahrten. – Eine natürliche Attraktion bildet das riesige Felsentor *Pravčická brána/Prebisch-Tor*. Es ist durch das Zusammenwirken v. gewaltigen Wasserkräften und Wind entstanden und gehört mit einer Höhe v. 21 m und einer Breite v. 25 m zu den einzigartigen Felsformationen, die sonst aus den USA bekannt sind. Man erreicht sie über die ö im Ort nach Vys. Lípa abgehende Straße zu Fuß (4 km).

Děčín, Schloß

Panská skála / Herrenfelsen oder **Teufelsorgel** (22 km ö bei dem Ort Kamenický Šenov, der für seine Tradition in der Glasherstellung bekannt ist): Diese außergewöhnliche Felsformation entstand durch Felsspaltung.

Die bis zu 12 m hohen Basaltsäulen bilden die Innenstruktur eines vulkanischen Knotens, der durch den Abbau darüberliegenden weicheren Gesteins freigelegt wurde. Kurios ist seine an eine Orgel erinnernde Gestalt: Das gesamte Areal steht seit 1895 unter Naturschutz.

Domažlice / Taus
Westböhmen

Einw.: 13000 Höhe: 428 m S. 352 □ B4

Die unter Denkmalschutz stehende Kreisstadt Domažlice ist neben dem historisch wertvollen Stadtkern auch Zentrum der Maschinenbau-, Textil- und Holzindustrie. Sie wurde 1262 v. Přemysl Otakar II. als Zollstation an der alten Handelsstraße von Bayern nach Böhmen im Zentrum des Chodenlandes gleichzeitig mit einer Burg gegründet. Die *Choden* sind ein slawischer Volksstamm mit besonderer Sprache und eigenen Bräuchen. Der Name leitet sich vom tschechischen Verb *choditi* (»gehen«) ab, da es ihre Aufgabe war, die Grenzen zu begehen, d.h. zu überwachen. Für diese Dienstleistung erhielten sie 1325 v. König Johann v. Luxemburg besondere Privilegien wie die Befreiung von Fronarbeit, das Jagdrecht u.a.

Nach der Schlacht am Weißen Berg (Bílá Hora) 1620 wurden ihnen diese Rechte ab-

gesprochen, da sie auf der Seite der besiegten böhmischen Stände gekämpft hatten (vgl. Umgebung: Újezd).
Eine starke Stadtmauer mit 3 Toren umgab die um einen langgestreckten Marktplatz angelegte Stadt.
Das aus dem 13. Jh. stammende *Untere Tor/Dolní brána (Dolejší brána)* am Marktplatz ist als einziges Stadttor erhalten geblieben und gehört heute zu den bekannten Stadtansichten. Reste vom S-Tor und der Befestigungsmauer befinden sich in der Branská ulice.
Die den Platz säumenden gotischen, Renaissance-, Barock- und Empirehäuser sind mit durchgehenden Laubengängen versehen. Beachtenswert sind die schönen Barockgiebel der Häuser Nr. 123 und 62 mit erhaltenen gotischen Portalen und figuralen und ornamentalen Reliefs.
Den Platz dominieren sowohl die Türme der Mariä-Geburt-Kirche als auch die Klosterkirche.

Kostel Narození P. Marie / Mariä-Geburt-Kirche: Die urspr. Kirche aus dem 13. Jh. wurde etwa 1747 v. Kilian Ignaz Dientzenhofer* barockisiert. Unter einer barocken Überdachung blieb das got. Portal erhalten. Die Fassade schmücken Statuen des Prager Bildhauers F. Ringelhahn. Im Innenraum verdienen die Fresken v. František Josef Lux* Aufmerksamkeit. Man erkennt die Kirche leicht an ihrem hohen got. Rundturm.

Kostel Nanebevzetí P. Marie / Mariä-Himmelfahrt-Kirche: Als Stiftskirche des ehem. Augustinerklosters im 13. Jh. erbaut, wurde sie nach einem Brand im 17. Jh. erneuert. Bes. wertvoll ist eine got. Marienstatue im Inneren.

Kostel Všech svatých / Allerheiligen-Kirche: Diese kleine, außerhalb der Stadtmauern gelegene Kirche (14. Jh.) ist der am besten erhaltene got. Bau der Stadt.

Chodský hrad / Chodenburg: Die got. Burggebäude, von denen nur der zylindrische Turm seine urspr. Gestalt behalten hat, wurden im 18. Jh. zu einem Schloß umgebaut und dienen heute dem *ethnographischen Museum des Chodenlandes* als Ausstellungsräume.
Zu sehen sind u. a. historische Dokumente wie die Privilegien der Choden, eine Gemäldegalerie, zahlreiche Stücke der chodischen Volkskunst wie Trachten, Spitzen, Keramik, Glas usw. Die im Monat August gefeierten *Chodenfeste* bilden einen gesellschaftlichen Höhepunkt und vermitteln

Domažlice, Marktplatz, Unteres Tor

Panská skála

Domažlice, Marktplatz, Mariä-Geburt-Kirche

dem Besucher einen Einblick in die chodische Kultur.

Umgebung

Sehenswert sind die in der Umgebung liegenden Chodendörfer wie **Koloveč** (15 km nö) und **Klenčí pod Čerchovem** (10 km w), wo die typische Choden-Keramik hergestellt wird; **Újezd** (4 km w) mit seinen reizvollen Blockhäusern und dem Bauernhof des Chodenführers Jan Sladký-Kozina, der 1695 nach einem Aufstand hingerichtet wurde.

Horšovský Týn / Bischofsteinitz (10 km n): Zu beiden Seiten des Flusses Radbuza liegt das kleine, unter Denkmalschutz stehende Städtchen Horšovský Týn mit dem bekannten gleichnamigen Schloß. Den auf 2 Ebenen angelegten Marktplatz umgeben alte Bürgerhäuser v. der Gotik bis zum Spätbarock. Interessant sind das *Rathaus*, die beiden *Kirchen* und das *Stadtmuseum*.
Das *Schloß* steht auf einer Felszunge an der Stelle einer frühgot. Bischofsburg. Erhalten sind 2 Türme, eine in den S-Turm eingebaute Kapelle mit kompliziertem Rippengewölbe und die in den W-Trakt der

Horšovský Týn, Schloß

heutigen Vier-Flügel-Anlage eingebauten Gebäude. Das prächtige Renaissanceschloß errichtete der Baumeister Augustino Galli nach 1547. Die Burgvogtei und ein weiteres Gebäude im Schloßpark (heute Museum) wurden um 1600 hinzugebaut. Den Sgraffitoschmuck an der Fassade erneuerte Josef Schulz Ende des 19. Jahrhunderts.
Empfehlenswert ist eine Innenbesichtigung.

Dvůr Králové nad Labem/ Königinhof

Ostböhmen/Trutnov

Einw.: 14000 Höhe: 275 m S. 351 □ H2

Der Name der heutigen Industriestadt mit bedeutender Textilherstellung weist auf ihre alte Geschichte als mittelalterliche Leibgedingestadt böhmischer Königinnen hin. Von der gotischen Befestigungsanlage sind im historischen Zentrum noch Teile zu sehen. Erhalten sind auch eine Reihe schöner Renaissance- und Barockhäuser, vor allem am *Marktplatz*.
Die romanische *Pfarrkirche* erhielt ihr Aussehen durch einen got. Umbau. Das *Rathaus* im Renaissancestil errichtete Udalrico Aostalis de Sala* 1572.
Von dem ehemaligen jüdischen *Friedhof* sind noch einige Grabsteine und ein kleiner Überrest des Zeremonienhauses in der heutigen Parkanlage zu besichtigen.
Beachtenswert sind das *Textilmuseum* und der *Safari-Zoo* mit größtenteils afrikanischen Huftieren.

Umgebung

Kuks/Kukus (4 km sö): Der an der Elbe gelegene, unter Denkmalschutz stehende Ort Kuks und der nahe gelegene Skulpturenpark *Betlém* sind ein Paradies für den Liebhaber barocker Kunst. Bei einer hier gefundenen Mineralquelle ließ der Graf F.A. Sporck 1724 einen Kurort und ein Schloß errichten. Auch wenn das Schloß nicht mehr erhalten ist, so zeugen doch prächtige Bauwerke v. dem ehem. Glanz des Ortes.
Das rechte Elbufer beherrscht die 1707–16 erbaute Vier-Flügel-Anlage des *ehem. Spitals*. In die Mitte des nach N ausgerichteten Hauptflügels fügte Giovanni Battista Alliprandi* 1707 den achteckigen Zentralbau der *Hl.-Dreifaltigkeits-Kirche / Kostel svatého Trojice* ein.
Die Krypta beherbergt die Familiengruft der Adelsfamilie Sporck. Die Anlage des Spitals ist reich mit plastischem Schmuck gestaltet. Am kostbarsten sind die Barockstatuen v. Matthias Bernhard Braun* auf der Terrasse. Dargestellt sind Allegorien der Seligkeiten, der 12 Laster und 12 Tugenden. Weitere Skulpturen zieren Hof und Garten.
Auf der gegenüberliegenden Flußseite findet man einen Treppenaufgang zum ehem. Schloß und Reste der ehem. Kurhäuser. Bes. schön sind die farblich abgesetzten Blockhäuser des Ortes.
Sehr eindrucksvoll ist der 3 km w in einem Wald gelegene Skulpturenpark *Betlém*, in dem die aus Findlingen und Felsen gehauenen Plastiken v. Matthias Bernhard Braun* und seiner Schule zu sehen sind. Die einzigartige Parkanlage spiegelt den spätbarocken Gedanken wider, gestaltend in die Landschaft einzugreifen und mit Kunstwerken wie z.B. Skulpturen zu schmücken.

Kuks, Allegorien der Laster, »Die Verleumdung«

F

Františkovy Lázně / Franzensbad

Westböhmen/Cheb

Einw.: 5000 Höhe: 450 m S. 348 □ A2

Der weltbekannte, unter Denkmalschutz stehende Kurort liegt inmitten eines weitläufigen Parks an den Ausläufern des Erzgebirges (Krušné hory), des Fichtelgebirges und des Böhmerwaldes (Český les) auf einer Hochebene. Für die Heilkuren, vor allem bei Erkrankungen der Herzgefäße, Frauenleiden, Nervenkrankheiten und Erkrankungen des Bewegungsapparats gibt es ca. 24 Quellen (alkalische Säuerlinge), schwefel- und eisenhaltige Moore, seltenes trockenes Kohlendioxid und die erst 1912 bis 1920 entdeckten Glaubersalzquellen.
Obwohl die Heilwirkung der Mineralwässer schon im 12. Jh. bekannt war und der Naturwissenschaftler Paracelsus im 16. Jh. Untersuchungen machte, kam es erst Ende des 18. Jh. zum wissenschaftlichen Nachweis ihrer Heilkraft durch den tschechischen Arzt Bernard Adler, der als Gründer von Franzensbad gilt (1795). Ihm wurde die Quelle Adlerův pramen gewidmet. Zuerst wurden bei der Hauptquelle – der heutigen *Františkův pramen/Franzensquelle* auf dem zentralen Platz Náměstí míru – einzelne Kurhäuser errichtet, die nach dem regierenden Kaiser Franz I. Franzensbad genannt wurden. Von der Aufbauphase sind erhalten: das ehemalige Kurhaus (CN-Nr. 2), das Haus Zu den 3 Lilien/U tří lilií (CN-Nr. 3), in dem 1808 Johann Wolfgang Goethe wohnte, das Haus (CN-Nr. 7), in dem Ludwig van Beethoven logierte, das Gemeindehaus/Beseda (CN-Nr. 8) und die Post (CN-Nr. 12). Die 1815–20 erbaute Heilig-Kreuz-Kirche/Kostel svatého Kříže verkörpert den reinen Empirestil. In der 2. Hälfte des 19. Jh. führten die Erschließung weiterer Quellen und steigende Besucherzahlen zu einer neuen Bautätigkeit.

Františkovy Lázně: Knabenfigur mit Fisch, vor dem Pavillon der Franzensquelle

1865 wurde Franzensbad zur Stadt erhoben. So stammen die meisten Gebäude des geometrisch angelegten Denkmalortes aus der Zeit des Spätklassizismus wie der hölzerne Pavillon der Luisenquelle, die Kolonnade der Salz- und Wiesenquelle und das Kurhaus Windsor. Die Halle der Glaubersalzquellen und das Theater wurden dem Bild des Kurortes angepaßt.
Das Wahrzeichen des besonders für die Heilung von Frauenleiden berühmten Kurorts ist eine Knabenfigur mit einem Fisch, ein Fruchtbarkeitssymbol.

Umgebung

Komorní Hůrka / Kammerbühl (4 km sw): An diesem erloschenen Vulkan betätigte sich Johann Wolfgang Goethe als Geologe und regte die weitere Erforschung an, so daß ein Stollen ins Berginnere getrieben wurde. An dem Empire-Eingangsportal ist eine Gedenktafel angebracht.

Soos (6 km nö): 221 ha großes Hochmoor- und Sumpfgebiet *Soos* mit einzigartigen Minivulkanen, den sog. Mofetten. In ihren Trichtervertiefungen brodelt schlammiges Wasser, das v. dem aufsteigenden Kohlendioxid-Gasstrom wie eine Fontäne in die

Havlíčkův Brod, Mariensäule, Marktplatz

Hochmoorgebiet Soos

Höhe geworfen wird. Es gibt hier auch seltene Pflanzen wie den Sonnentau. Ein Lehrpfad beginnt in dem Ort Hájek.

H

Havlíčkův Brod / Deutsch Brod

Ostböhmen

Einw.: 21 000 Höhe: 424 m S. 355 □ H3

Die an einer Furt des Flusses Sázava Mitte des 13. Jh. von Smil von Lichtenberg gegründete heutige Kreisstadt liegt am Nordwestrand der Böhmisch-Mährischen Höhe (Českomoravská vrchovina). Dieser Gebirgszug entspricht ungefähr der Grenze zwischen Böhmen und Mähren.

Die heutige Industriestadt bildete zur Zeit ihrer Gründung ein Zentrum des Silberbergbaus. Weil sich hier viele deutsche Bergleute niederließen, nannte man den Ort Německý Brod/Deutsch Brod (brod = Furt). Nach 1945 erhielt er den neuen Namen Havlíčkův Brod in Erinnerung an den aus dem nahe gelegenen Dorf Borová stammenden Publizisten und Satiriker Karel Havlíček Borovský.

Von der um 1300 errichteten *Befestigungsanlage* sind noch Überreste erhalten geblieben. Der historische Stadtkern befindet sich um den großangelegten Marktplatz, dessen Mitte eine 1715 wahrscheinlich von Giovanni Battista Bulla erbaute *Mariensäule* schmückt. Auf ihrem Sockel sind die Figuren der hll. Andreas, Florian, Johannes von Nepomuk und Wenzel zu sehen. In der Südwestecke des Platzes steht das in der 2. Hälfte des 17. Jh. zum Teil barockisierte *Renaissance-Rathaus* mit einem Knochenmann. Beherrscht wird der Platz von dem festungsartigen Turm der *Marienkirche*. Zum alten Zentrum mit seinen schönen Renaissance- und Barockbürgerhäusern gehören auch der Roßmarkt/Koňské náměstí und die *St.-Adalbert-Kirche/Kostel svatého Vojtěcha v Jirchářích* mit dem Friedhof; die aus dem 13. Jh. stammende Kirche wurde um 1595 umgebaut. Das Renaissancehaus *›Havlíčkův dům‹* mit seinem markanten Erkerturm dient heute als Gedenkstätte für den Schriftsteller *K. Havlíček* Borovský (1821–56), einem der Wegbereiter der tschechischen nationalen Bewegung im 19. Jh. Von der im letzten Viertel des 13. Jh. erbauten *Mariä-Himmelfahrt-Kirche/Kostel Nanebevzetí P. Marie* ist heute noch der mächtige viereckige, um 1570 aufgestockte Turm erhalten. Hier hängt die älteste Glokke Böhmens (von ca. 1300). Um 1380 umgestaltet, wurde die Kirche 1422 von den Hussiten zerstört und erst 1633–37 als barocke Hallenkirche erneuert. Beachtenswert ist der reich mit Schnitzereien verzierte frühgot. Hauptaltar. Die von Johann Jakob Steinfels* mit Bildern der 4 Evangelisten ausgemalte Kuppel baute Thomas Schopper id 1706–09 hinzu.

Havlíčkův Brod ist der Geburtsort des Komponisten und Geigenvirtuosen Johann Stamitz (1717–57), der als Begründer der Mannheimer Schule der Orchestermusik entscheidende Impulse gab.

Umgebung

Ledeč nad Sázavou (29 km nw): Den kleinen Ort überragt eine urspr. got., 1556 umgebaute und später wiederholt umgestaltete *Burg*, die heute ein Museum beherbergt. – Interessant sind auch die got. *Kirche* und der im 17. Jh. angelegte *jüd. Friedhof*.

Lipnice nad Sázavou (13 km w): Die kleine Stadt liegt heute unterhalb der Ruinen einer im 14. Jh. gegr. und im 16. Jh. umgestalteten *Burg*. Im Jahre 1869 fiel die Feste einer Feuersbrunst zum Opfer, wonach sie nicht wieder aufgebaut wurde. Zu besichtigen sind eine Kapelle, ein Rittersaal, ein Verlies und ein *Museum* mit einer hervorragenden Sammlung got. Kacheln. – In dem

Ort hat der Schriftsteller Jaroslav Hašek (1883-1923), Autor des weltbekannten Romans »Die Abenteuer des braven Soldaten Schwejk«, gewohnt. In seinem Wohnhaus richtete man eine Gedenkstätte ein. Sein Grab ist auf dem dortigen Friedhof.

Světlá nad Sázavou (17 km nw): Bekannt ist der Ort für sein geschliffenes Bleikristallglas des Fabrikats »Bohemia«. - Das urspr. *Renaissanceschloß* wurde Anfang des 19. Jh. umfassend umgestaltet. - Beachtenswert ist die got. *Pfarrkirche,* die mit Altargemälden v. Peter Brandl* ausgestattet ist.

Hradec Králové / Königgrätz

Ostböhmen

Einw.: 95000 Höhe: 224 m S. 351 □ H2

Die am Zusammenfluß von Labe und Orlice Anfang des 13. Jh. gegründete Stadt ist eine der ältesten in Böhmen und steht heute unter Denkmalschutz. Im 14. Jh. war sie der Witwensitz der böhmischen Königinnen, im 15. Jh. eines der Zentren der Hussitenbewegung, Mitte des 17. Jh. Bistumssitz, und im 18. Jh. wurde sie zur Festung umgebaut. Von den beiden ma Stadttoren sind Reste des *Schlesischen Tores/Slezská brána*

Grundriß des Schlosses »Karlskrone«

Hradec Králové, Ehem. Rathaus

erhalten. Um den historischen Stadtkern hat sich eine moderne Industriestadt entwickelt.
Die alte Stadt liegt um den dreieckigen *Marktplatz,* den eine barocke Mariensäule von Giovanni Battista Bulla* schmückt (1714–16). Das bedeutendste Bauwerk am Platz ist der Backsteinbau der 1307–60 errichteten *Heiliggeist-Kathedrale / Chrám svatého Ducha.* Von der kostbaren Innenausstattung seien ein gotisches Taufbecken von 1406 und ein gotischer Altar erwähnt. Ihr gegenüber stehen die barocken Kanonikerresidenzen. In unmittelbarer Nähe erhebt sich der 68 m hohe *Weiße Turm* mit der St.-Klement-Kapelle, erbaut 1574–80. Daneben erstreckt sich das Gebäude des im 16. Jh. erweiterten und später barockisierten ehem. *Rathauses.* Zu erwähnen sind noch die 1654–66 von Carlo Lurago* erbaute *Marienkirche / Kostel Nanebevzetí P. Marie* des ehemaligen Jesuitenkollegs und das Barockgebäude der ehemaligen Bischofsresidenz, das heute die *Bezirksgalerie / Krajská galerie* beherbergt. Als Baumeister des 1709–16 errichteten Gebäudes nimmt die Forschung Jan Blažej Santini-Aichel* und Marco Antonio Canevalle an. Interessant ist auch der moderne Bau des *Bezirksmuseums / Krajské muzeum* im Park an der Labe. Es wurde 1909–12 von Jan Kotěra* konzipiert. Dieser bedeutende Architekt errichtete mit Josef Gočár* weitere konstruktivistische Gebäude in der Stadt.
Im Stadtteil Pouchov wurde 1877 der jüd. Friedhof angelegt. Heute steht hier ein Ehrenmal zum Gedenken an die Opfer der nationalsozialistischen Verfolgung.

Hradec Králové, Hl.-Geist-Kathedrale

Umgebung

Chlumec nad Cidlinou (28 km w): Das *Barockschloß Karlova Koruna / Karlskrone* errichteten Jan Blažej Santini-Aichel* und František Maximilián Kaňka* in den Jahren 1721–23. Ungewöhnlich ist sein Grundriß: 3 quadratische Seitenflügel sind an einen runden Mittelbau angefügt, der sie turmartig überragt. Auftraggeber war Graf Kinsky, der es zu Ehren der Krönung Kaiser Karls VI. zum König v. Böhmen 1723 Karlskrone nannte. Den sich anschließenden englischen Park bereichern eine Orangerie, eine Empirekapelle und exotische Pflanzen. Heute beherbergt das Schloß eine schöne Sammlung v. Barockgemälden.

Cheb / Eger

Westböhmen

Einw.: 30 000 Höhe: 460 m S. 348 □ A2

Die heutige Kreis- und Industriestadt an der Ohře (Eger), an einem alten Handelsweg zwischen Prag und Nürnberg gelegen, hatte schon im MA eine große Bedeutung. Im 2. Weltkrieg teilweise zerstört, wurde sie vorbildlich wieder aufgebaut und steht unter Denkmalschutz.
Seit ca. 3000 Jahren ist die Gegend besiedelt, die ersten Slawen kamen im 6. Jh. Auf einer urspr. slaw. Burgstätte aus dem 10. Jh. wurde um 1130 eine steinerne Burg errichtet. Dort ließ Kaiser Friedrich I. Barbarossa, durch Heirat an das Land gekommen, 1180–90 eine prächtige roman. Pfalz mit einer Kapelle errichten. Im Jahre 1213 unterzeichnete Kaiser Friedrich II. hier die Goldene Bulle, in der die kirchliche Macht des Papstes über die weltliche des Kaisers festgeschrieben wurde. Nachdem König Přemysl Otakar II. das Gebiet um Cheb 1265 wieder an Böhmen angegliedert hatte, fiel es nach seinem Tod 1277 an Rudolf

v. Habsburg. Schließlich verpfändete Ludwig von Bayern das Land 1322 gegen 20000 Pfund Silber an den böhm. König Johann v. Luxemburg, den Vater Karls IV.; das Pfand wurde jedoch nicht mehr eingelöst, und so blieb Cheb seither böhm.
Die Pfalz erhielt in den Jahren 1215–22 ein weiteres Geschoß, und 1665–1700 kamen barocke Befestigungen hinzu. 1743 brannte die Burg während der französischen Belagerung nieder. Erhalten sind der 21 m hohe *Schwarze Turm/Černá věž,* der aus den Lavasteinen des Vulkans Komorní Hůrka (→Františkovy Lázně: Umgebung) erbaut ist, die Außenmauern und bes. wertvoll die roman. *Doppelkapelle St. Erhard und St. Ursula.* Schon in dieser Zeit entstand bei der Pfalz die Stadt, deren Erscheinungsbild im Zentrum heute überwiegend got., Renaissance- und Barockhäuser bestimmen. Am bekanntesten ist der *Špalíček/Stöckel* genannte got. Häuserkomplex (es waren urspr. 11 Kaufmannshäuser aus dem 14. bis 16. Jh.) am unteren Ende des langgestreckten Marktplatzes, leicht an dem Fachwerkhaus mit Erker zu erkennen. Diese Häuser entstanden anstelle früherer Krämerbuden. Sie werden durchzogen v. der Krámářgasse, die einen guten Eindruck v. ma Enge vermittelt. Dahinter steht das *Pachelbelsche Haus* oder Stadthaus (seit 1874 Regional-

Cheb, Schwarzer Turm

Cheb, Marktplatz

museum), CN-Nr. 492, in dem 1634 Albrecht v. Waldstein (Wallenstein) ermordet wurde; es ist eines der ältesten erhaltenen Gebäude der Stadt. Beachtenswert ist das teilweise bemalte Rippengewölbe. Fast am Schauplatz des Geschehens, im Haus Nr. 17, verfaßte Friedrich Schiller 1791 Teile seiner Wallenstein-Trilogie. Das urspr. im 14./15. Jh. erbaute *Rathaus* barockisierte Giovanni Battista Alliprandi* 1722–28. Auf dem *Oberen Brunnen* steht ein Rolandstandbild aus der Renaissance, den *Unteren Brunnen* ziert eine Herkulesstatue. Der bedeutendste Sakralbau ist die ehem. *St.-Bartholomäus-Kirche / Kostel svatého Bartoloměje* an der Egerbrücke n des Zentrums. In der Romanik erbaut und im 15. Jh. umgestaltet, besitzt sie noch ein erhaltenes Portal v. etwa 1270. Heute ist hier eine interessante Ausstellung got. Plastiken zu sehen. Auf dem kleinen Platz unterhalb des Hauptplatzes erhebt sich der mächtige Bau der Erzdechanteikirche *St. Nikolaus/Kostel svatého Mikuláše*. Die urspr. roman. Basilika wurde nach einem schweren Brand Ende des 13. Jh. erneuert und später barockisiert. Im Inneren hängen Altargemälde v. Meister Lukas* aus dem Jahre 1467. Beachtenswert sind 3 weitere Kirchenbauten.

Umgebung

Lázně Kynžvart / Bad Königswart (22 km sö): Der Mitte des 19. Jh. gegr. Luftkurort mit seinen reichen Mineralquellen ist speziell auf die Heilung v. Krankheiten der Atemwege bei Kindern spezialisiert. Interessant ist das 1690 erbaute und 1833–39 v. Pietro Nobile* im Empirestil umgebaute *Schloß*. Auftraggeber war Fürst v. Metternich, der Präsident des Achtmächtegremiums des Wiener Kongresses. Die original ausgestatteten, teilweise getäfelten oder mit schönen Stukkaturen versehenen Räume beherbergen zahlreiche Kunstobjekte, Bücher und Gemälde; im Kuriositätenkabinett die Erinnerungen des Scharfrichters v. Cheb, Karl Huss. Bemerkenswert ist ein französischer Gobelin aus dem 15. Jh. Die größte Attraktion des Schlosses sind seine Bibliotheken. In zwei Räumen sind

Mariánské Lázně >

ca. 37 000 Bände untergebracht, darunter Handschriften des Württemberger Benediktinerklosters Ochsenhausen sowie der literarische Nachlaß und die Korrespondenz v. Alexandre Dumas.
Beethoven und Goethe waren hier Gäste, und Adalbert Stifter in jungen Jahren Hauslehrer. Umgeben ist das Schloß v. einer 100 ha großen englischen Parkanlage.

Mariánské Lázně / Marienbad (28 km sö): Der am S-Rand des Kaiserwaldes (Slavkovský les) gelegene weltbekannte Kurort wurde 1818 gegr. und hat zahlreiche Mineralquellen und Torflager für Heilkuren aufzuweisen. Der Prager Schriftsteller Jan Neruda beschrieb die Lage des Heilbades 1872 folgendermaßen: »Stellt euch einen runden Talkessel vor... Auf dem Boden der Talsohle liegen weitläufige schöne Gärten mit schmucken Fußwegen und sattgrünen Wiesen, dichtem Gestrüpp, weit ausladenden Bäumen und einem munter dahineilenden Gießbach. Ein wenig weiter oben zieht sich gleich einem silbernen Reifen der Ring weißer, eleganter Bauten um die Gartenanlagen. Und darüber dann die vielfältige Wellenlinie der lieblichen Bergsilhouette, gleichsam als wüchsen die Hügel geradewegs aus den Dächern der Häuser empor.« Bereits im 16. Jahrhundert waren diese kalten Quellen bei den Bauern der Gegend bekannt.
Wie in einer Chronik berichtet wird, tranken sie »an Sonntagen nach Gutdünken... gegen allerlei Leiden« – aber erst der Stiftsarzt des Klosters Teplá, Dr. Nehr, erforschte im 19. Jahrhundert die Quellen und versuchte sie für Heilzwecke nutzbar zu machen. Unterstützt wurde er dabei v. dem Abt Karl K. Reitberger.
Heute sind es ca. 40 Mineralquellen, die für Heilzwecke genutzt werden. Die meisten Kurgebäude stammen aus der 2. Hälfte des 19. Jh. Bes. schön die gußeiserne Kolonnade und die ausgedehnten Parkanlagen, die v. dem Gartenbauarchitekten Václav Skalník gestaltet wurden. An dem Brunnen Hrající fontána mit ständig wechselnden Wasserspielen finden auch Vorstellungen zu klassischer Musik statt. Zu den ersten Gästen des Kurorts zählte Johann Wolfgang Goethe, der hier auch seine spätere und späte Liebe Ulrike v. Levetzow kennenlernte; da war er bereits vierundsiebzig und schrieb die »Marienbader Elegie«. Denkmäler erinnern an den Aufenthalt v. Maxim Gorki, Frédéric Chopin und Ludwig van Beethoven. Das Goethe-Denkmal wurde v. den Nationalsozialisten abgerissen, eingeschmolzen und zu Granaten verarbeitet. Der leere Sockel ist erhalten und

Mariánské Lázně, Neues Badehaus

mit einer entsprechenden Gedenktafel versehen.
Die Zahl der Kurgäste aus dem europäischen Kulturleben des 19. und 20. Jh. ist Legion. Von Henrik Ibsen bis Richard Wagner, v. Mark Twain bis Carl Maria v. Weber - es ist umöglich, sie alle aufzuzählen.
Außerdem sehenswert: Der 1960 angelegte *Glassnitzer Stausee/Jesnická přehradní nádrž* mit einer Länge v. 10 km und einer Breite v. 2 km bietet Bademöglichkeiten.

Chomutov / Komotau
Nordböhmen

Einw.: 49000 Höhe: 328 m S. 349 □ C2

Die im Braunkohlegebiet liegende Kreisstadt ist heute Zentrum für Röhrenwalz- und Eisenhüttenwerke mit ausgedehnter Neubautätigkeit. Schon um das Jahr 1000 befand sich hier eine slawische Ansiedlung. Um 1252 baute hier der Deutsche Ritterorden eine Niederlassung mit weitverzweigtem Handel auf. 1421 wurde die Stadt als katholische Bastion von den Hussiten zerstört. Mit dem Aufkommen der Eisenbahn im 19. Jh. begann ein industrieller Aufschwung.
Im Zentrum sind noch zahlreiche ältere Bauwerke erhalten. Das *Rathaus,* ursprünglich die gotische Komturei des Deutschen Ritterordens, wurde im 16. Jahrhundert in ein Renaissance-Schloß umgebaut und diente seit 1607 als Rathaus, heute Museum.
Daneben steht die frühgot. *Katharinenkirche/Kostel svaté Kateřiny* (Ende 13. Jahrhundert), die jetzt ein Museum für Kunst und Handwerk beherbergt.
Auch die im 17. Jahrhundert v. Carlo Lurago* umgestaltete barocke *St.-Ignatius-Kirche/Kostel svatého Ignáce* des ehem. Jesuitenkollegs dient kulturellen Zwecken.
Den Marktplatz säumen Bürgerhäuser aus der Zeit der Gotik, der Renaissance und des Barock zum Teil mit schönen Laubengängen. Hervorzuheben ist das sog. *Collins-Luthersche Haus* (CN-Nr. 9) dessen Arkadengang mit einem seltenen Zellengewölbe versehen ist. Sehenswert ist auch die Eingangshalle dieses 1526 erbauten Maßhauses; das Deckengewölbe wird v. einer Mittelsäule getragen. Von dem hohen Stadtturm am Marktplatz hat man einen herrlichen Ausblick.
Der Komponist Chr. W. Gluck war 6 Jahre Schüler des örtlichen Gymnasiums.

Umgebung

Červený Hrádek (6 km n): An der Stelle einer spätgot. Burg erbaute Antonio della Porta* im Jahre 1670 das *Barockschloß* als Vier-Flügel-Anlage. Im Park befinden sich Statuen des Prager Bildhauers Johann Brokoff*.

Hasištejn (10 km w): Von der um 1350 erbauten Burg sind heute noch der mächtige runde *Burgfried,* der *Burghof* und die *Zugbrücke* erhalten. Nach zweimaligen Umbauten in der Spätgotik und Renaissance war sie im 17. Jh. bereits nicht mehr bewohnt.
Im 15. Jh. lebte hier der tschech. Humanist Bohuslav Hasištejnský z Lobkovic. Er stellte eine der umfassendsten tschech. Bibliotheken der Zeit zusammen.

Chrudim
Ostböhmen

Einw.: 20000 Höhe: 270 m S. 351 □ H3

Bekannt ist die heutige Kreisstadt für das alljährliche internationale Festival der Puppentheater, die in Böhmen eine alte Tradition haben. Vor dem Theater steht eine 5 m hohe Skulptur v. Zdeněk Němeček, die die große Bedeutung des Theaters symbolisiert.
Das Stadtbild prägen schöne Bürgerhäuser aus der Zeit der Gotik, der Renaissance und des Barock, so bes. das *Mydlář-Haus* (CN-Nr. 74), ein Renaissancebau v. 1573 bis 1577 mit offenen Arkadengängen. Heute beherbergt es das Puppenspielermuseum. Den Markplatz schmückt die *Pestsäule »Verklärung Christi«* v. Giovanni Battista Bulla* (1719-34). Die got. *Marienkirche* wurde nach mehreren Umbauten im 19. Jh. regotisiert. In unmittelbarer Nähe steht ein barockes *Kapuzinerkloster.* Urspr. stand an der Stelle des Orts eine roman. Burg der Přemysliden.

Umgebung

Choltice (15 km nw): Inmitten eines Wildparks mit einem alten Baumbestand v. Eichen und Hagebuchen steht ein frühbarockes *Schloß* aus dem 17. Jh. – In dem kleinen Ort ist auch der langgestreckte, v. Linden gesäumte *Dorfplatz* sehenswert.
Lichnice (19 km sw): Die frühgot. *Burgruine* bildet eine reizvolle Kulisse in den Eisenbergen (Železné hory). Beachtenswert ist die 600jährige Eiche, genannt Žižka-Eiche nach dem Hussitenführer Jan Žižka.

Jičín / Jitschin

Ostböhmen

Einw.: 14000 Höhe: 276 m S. 350 □ G2

Die am Fluß Cidlina 1302 gegründete heutige Kreisstadt erlebte ihre Blüte erst unter Albrecht von Waldstein (Wallenstein), der sie zur Hauptstadt seines Herzogtums Frýdlant (Friedland) machte (→Prag, Waldstein-Palais). Er gründete eine Universität und eine Münzstätte und förderte ihren allgemeinen Ausbau. In dieser Zeit entfaltete auch der Jesuitenorden eine rege Bautätigkeit, indem er ein Kolleg, ein Gymnasium und die St.-Ignatius-Kirche errichten ließ. Nach Waldsteins Tod 1634 verlor die Stadt an Bedeutung.
Am rechteckigen, von Arkaden gesäumten Marktplatz stehen in der Nordwestecke das *Alte* und das *Neue Rathaus*. Schräg gegenüber liegt das prächtige *Schloßgebäude*. Die meisten Häuser stammen aus der Zeit der Renaissance und des Barock. Älter ist das 1568–78 erbaute *Walditzer Tor/Valdická brána*, ein hoher spätgot. Torturm.
Jičín steht heute unter Denkmalschutz und ist der Geburtsort des Schriftstellers, Journalisten und Zeitkritikers Karl Kraus (1874–1936), bekannt vor allem durch seine polemisch-satirischen Schriften. Er ist auch

Chrudim, Mariä-Himmelfahrt-Kirche

der Entdecker und Förderer von E. Lasker-Schüler, Kokoschka, Trakl, Werfel u. a.

Schloß: Das ehem. Renaissance-Schloß wurde 1624–32 für Albrecht v. Waldstein barockisiert und im 18. Jh. nochmals umgebaut. Dazu gehört die 1627–54 erbaute *St.-Jakobs-Kirche/Kostel svatého Jakuba Většího* mit einem wertvollen Gemälde v. Josef Kramolín* (ca. 1770). Heute beherbergt das Schloß das *Museum zur Stadtgeschichte* und die ehem. Pferdeställe, eine Gemäldegalerie mit Werken v. Karel Škréta*, Peter Brandl*, V. V. Reiner* u. a. Über eine ca. 2 km lange Lindenallee gelangt man zu der Parkanlage Libosad mit einem schönen *Lustschlößchen* aus den Jahren 1632–34.

Jičín, St.-Ignatius-Kirche

Umgebung

Kost (16 km w): Die in felsiger Landschaft gelegene gut erhaltene *Burg* stammt aus dem 14. und 15. Jh. und wurde während eines Renaissance-Umbaus um 2 Paläste erweitert. Heute ist hier eine *Galerie spätgot. Kunst* untergebracht.

Prachovské Skály/Prachover Felsen (6 km nw): Das in dem sog. Böhm. Paradies (Český ráj) gelegene Sandsteinfelsengebiet

Kost

bezaubert durch seine phantastischen Steingebilde und Schluchten. Hier wurden bei archäologischen Untersuchungen eine prähistorische Ansiedlung und eine slaw. Burgstätte gefunden.

Sobotka (13 km w): Diese Kleinstadt zeichnet sich durch einige erhaltene Holzhäuser aus, die noch im 18. Jh. in der sog. Pfropfbauweise errichtet wurden. Die spätgot. *Pfarrkirche* ist barock ausgestattet. – Oberhalb des Orts liegt das 1666–68 erbaute *Barockschloß Humprecht*. Das vom Bauherrn Humprecht Czernin v. Chudenice auf dem ungewöhnlichen Grundriß zweier konzentrischer Ovale entworfene Schloß realisierte Carlo Lurago*. Von einem umlaufenden Umgang hat man eine herrliche Aussicht. Heute dienen die Räume einer Ausstellung v. Kinderbuchillustrationen.

Trosky (18 km sw): Die auf 2 Basaltkegeln erbaute *Burg* gehört zu den bekanntesten Kulissen N-Böhmens. Schon vor seiner Bebauung bildete der im Böhm. Paradies (Český ráj) gelegene Hügel mit den beiden vulkanischen Kaminen eine an eine Burgruine erinnernde, weithin sichtbare Silhouette (trosky = Ruine). Ende des 14. Jh. begann der Baumeister Čeněk z Vartenberka mit dem Bau der Burg. Zwischen den Kegeln errichtete er die untere Burg, die nur v. einem einfachen Wall umgeben war und als Verbindung der beiden auf den Felsen erbauten Türme diente; den schmaleren benannte der Volksmund Jungfrau (Panna) und den kräftigeren Großmutter (Bába). Als im 16. Jh. solche Verteidigungsanlagen durch die Erfindung der Schußwaffen ihre Funktion verloren, verfiel die Burg mehr und mehr. Zu ihren zahlreichen Bewunderern zählte auch der Reisende und Gelehrte Alexander v. Humboldt.

Průhonice, Mariä-Himmelfahrt-Kirche

Jílové u Prahy

Mittelböhmen/Praha-západ (Prag-West)

Einw.: 5000 Höhe: 290 m S. 350 □ F3

Das am Unterlauf des Flusses Sázava gelegene ehemalige Bergbaustädtchen liegt an einer Stelle, von der bekannt ist, daß dort schon die Kelten nach Gold geschürft haben. Im Mittelalter wurde die Goldsuche fortgesetzt. Die während der Hussitenkriege um 1422 zerstörten Stollen wurden erst im 20. Jh. wieder geöffnet und abermals geschlossen. Heute befindet sich hier ein beliebtes Erholungsgebiet.
Auf einem Felsen steht das barocke *»Bienenschlößchen«* aus dem 18. Jh. Die im Zentrum des Orts stehende *St.-Adalbert-Kirche/Kostel svatého Vojtěcha v Jirchářích* aus dem 13./14. Jh. wurde im 17. Jh. barockisiert. Von dem got. Vorgängerbau des heutigen barocken *Rathauses* zeugt der Turm aus dem 14. Jh. Die ehem. Münzstätte beherbergt jetzt ein *Museum der Goldgewinnung und -verarbeitung*.

Umgebung

Průhonice (15 km nö): Im Tal des Baches Botič ließ Graf Arnošt E. Sylva Tarouccaeinen sich über ca. 250 ha erstreckenden *Park* anlegen. Inzwischen grenzt er direkt an den S der Stadt Prag an, die sich bis hierher ausgedehnt hat. Mit seinen zahlreichen und seltenen Baumarten und der prächtigen Gestaltung gehört er zu den bekanntesten Arboreten Mitteleuropas. Charakteristisch sind seine weitläufigen Rhododendronanlagen, die den Park v. Mitte Mai bis Mitte Juni in ein farbenprächtiges

Blütenmeer verwandeln. Beachtenswert sind auch die Rosen-, Azaleen- und Schwertliliensammlungen sowie das Alpinum. - Das schöne *Neurenaissanceschloß* steht anstelle einer Feste aus dem 13. Jh., die im 16. Jh. zu einem Renaissanceschloß umgebaut worden war. Heute ist hier der Sitz des Botanischen Instituts der Tschechoslowak. Akademie der Wissenschaften. - Eine kleine Kostbarkeit ist die roman. *Mariä-Himmelfahrt-Kirche* aus dem 12. Jh. mit gut erhaltenen got. Wandmalereien.

Jindřichův Hradec / Neuhaus
Südböhmen

Einw.: 16000 Höhe: 478 m S. 354 □G4

Die Geschichte der in malerischer Landschaft am Fluß Nežárka und dem Teich Vajgar gelegenen Stadt ist aufs engste mit der ehemaligen Burg, dem heutigen Schloß, verknüpft. In ihrem Namen ist der des Burggründers Jindřich aus dem Wittigonengeschlecht festgehalten. Über mehrere Jahrhunderte entwickelte sich die noch vor 1220 gegründete Burg in einer komplexen Baugeschichte zu dem reizvollen *Renaissanceschloß* mit 3 Innenhöfen auf unregelmäßigem Grundriß. Aus der gotischen Bauphase sind der runde Torturm, Befestigungsanlagen sowie der Palast mit der *St.-Georgs-Kapelle* erhalten. Die Kapelle wurde um 1729 von František Maximilián Kaňka barockisiert. Im Alten Palast existieren noch Fresken von 1348. Dargestellt sind Szenen aus dem Leben des heiligen Georg.

Die schlichte Außenfassade verbirgt die prächtigen dreigeschossigen sog. Großen Arkaden im 3. Burghof; 1586-92 v. Antonio Cometa* und Giovanni M. Faconi* errichtet, sind sie eine architektonische Meisterleistung. Dort befinden sich auch die sog. Kleinen Arkaden und der mit einem kunstvollen Renaissancegitter versehene Brunnen (um 1595). Sehenswert ist die wertvolle Inneneinrichtung des Schlosses mit reichhaltigen Sammlungen. Zu den kostbarsten Stücken zählt ein Tafelbild v. ca. 1460 mit einer Mariendarstellung. An der SW-Seite wurde 1591-96 ein v. einer zweigeschossigen Loggia umgebener Schloßgarten angelegt. Gleichzeitig errichtete Giovanni M. Faconi* in seiner S-Ecke ein prächtiges Rondell mit Kuppel. Der Terrakottaschmuck stammt v. Georg Bendl*. Den Barockbrunnen schuf Andreas Barth in den Jahren 1688-96.

In der Stadt sind eine Reihe v. beachtlichen *Renaissance- und Barockhäusern* - vor al-

Jindřichův Hradec, Schloß

Jindřichův Hradec, Haus der Herren von Neuhaus

lem am Marktplatz (Náměstí míru) – erhalten geblieben. Die Fassade des Doppelhauses mit Renaissance-Erkern an der NW-Seite des Platzes gestaltete Jan Kotěra*.
Zu den interessantesten Sakralbauten gehören die dominierende, im 14. Jahrhundert gegr. *Mariä-Himmelfahrt-Kathedrale Chrám Nanebevzetí P. Marie* und die gegenüberliegende *St.-Maria-Magdalena-Kirche /Kostel svaté Maří Magdaleny* (1628–32) mit dem ehem. Jesuitenkolleg v. 1595–1601. Die *Kirche St. Johannes der Täufer/Kostel svatého Jana Křtitele* befindet sich bei den nö Resten der Stadtbefestigung; die Kirche gehörte zu dem im 14. und 15. Jahrhundert erbauten Minoritenkloster. Weitere Teile der Stadtmauer sind bei dem W-Tor Nežárecká brána erhalten. Die Kreisstadt Jindřichův Hradec steht unter Denkmalschutz.

Umgebung

Červená Lhota (14 km nw): An der Stelle des heutigen *Wasserschlosses* stand urspr. eine got. Festung aus dem 14. Jh. In ein Renaissanceschloß umgebaut, wurde sie um 1650 im frühbarocken Stil umgestaltet. Das einsam an einem Teich gelegene Bauwerk erreicht man über eine steinerne Brücke.

Červená Lhota, Wasserschloß

Bis zu seinem Tod wohnte hier der Komponist Karl Ditters v. Dittersdorf (1739–99). Sein Grabmal findet man in dem 3 km entfernten kleinen Ort Dešt'ná.

Slavonice / Zlabings (36 km sö): Das in der Nähe der österreichischen Grenze liegende Städtchen wurde im 13. Jh. gegr. Sein ma Kern hat in Anlage und Erscheinungsbild die Zeit unversehrt überstanden und steht heute unter Denkmalschutz. Von den alten Befestigungsanlagen sind Teile der *Stadtmauern* und 2 *Stadttore* aus dem 16. Jh. erhalten. – Die aus dem 14. Jh. stammende *Pfarrkirche* schmücken Wandmalereien aus der Zeit der Gotik, der Renaissance und des Barock. Dominierend ist ihr hoher Turm aus dem 16. Jh. Auf einer Anhöhe steht eine weitere got. Kirche. – Die *Bürgerhäuser* wurden größtenteils in der Gotik und Renaissance errichtet und sind mit Renaissancegiebeln und Laubengängen ausgestattet und vielfach mit Sgraffiti geschmückt. Bes. reizvoll ist der Marktplatz. Interessant sind die *Maßhäuser*, die sich durch ihre großen Flurhallen mit kunstvollen Gewölben auszeichnen. So auch das urspr. einstöckige Maßhaus (CN 25) v. 1550, dessen Fassade um 1880 im Neurenaissancestil gestaltet wurde. In der Halle trägt ein achteckiger Pfeiler das mit herabhängenden Schlußsteinen verzierte Diamantgewölbe. Die Konsolen zieren das Zeichen des Baumeisters Leopold Estereicher und sein Monogramm.

Třeboň/Wittingau (21 km sw): Der unter Denkmalschutz stehende Kurort liegt inmitten eines weitläufigen Gebietes v. bereits im 16. Jh. künstlich angelegten Fischteichen an dem 201 ha großen See Svět. Bei der schon seit dem 12. Jh. historisch belegten Ansiedlung entstand im 14. Jh. eine got. Burganlage, an deren Stelle heute das Schloß steht. Um die gleiche Zeit (1367) wurde ein Kloster der Augustinerchorherren mit der St.-Ägidius-Kirche gegr. Den Stadtkern umgibt die 1525–27 erneuerte Befestigungsmauer mit Basteien und 3 Stadttoren. Um den langgestreckten *Hauptplatz* gruppieren sich sehenswerte Häuser aus der Gotik, der Renaissance und des Barock. Das *Rathaus* stammt aus der Mitte des 16. Jh. Am bekanntesten ist das alte *Hotel »U bílého koníčka«* (1544) mit seiner markanten Giebelfront. Die Platzmitte schmücken ein Brunnen v. 1569 und eine Mariensäule v. 1780. – Im W hinter den Stadtmauern erstreckt sich ein großer *Park*. – Die moderne Kuranlage liegt außerhalb des denkmalgeschützten Zentrums. *Kostel svatého Jiljí/St.-Ägidius-Kirche:* Die Kirche wurde mit dem sich anschließenden ehem. Augustinerkloster bis 1390 erbaut. Um diese Zeit wirkte hier ein herausragender Maler, der als Meister v. Wittingau* in die Kunstgeschichte eingegangen ist. Die meisten seiner Werke befinden sich heute in der Gemäldegalerie des ehem. Georgsklosters auf der Prager Burg (→Prag).
Schloß: Anstelle der Burg ließ die Adelsfamilie Rožmberk im 15. und 16. Jh. ein Schloß erbauen, das im 17. Jh. im Renaissancestil umgestaltet wurde. Der umfangreiche Komplex beherbergt heute eines der bedeutendsten Archive der ČSFR und Ausstellungen zur Stadtgeschichte und Teichwirtschaft.
Außerdem sehenswert sind die bereits im 15. und 16. Jh. angelegten *Fischteiche*. Mit ihren im Lauf der Jahrhunderte verwilderten Ufern und kleinen Inseln sind sie nicht nur für die Fischzucht bes. geeignet, sondern auch ein idealer Lebensbereich für Wasservögel, Frösche und Insekten. Einige der Teiche werden jährlich, andere nur alle 2

Slavonice, Marktplatz, Pfarrkirche

bis 3 Jahre abgefischt. Der größte ist der nö gelegene Rožmberský rybník mit einer Fläche v. 710 ha aus dem 16. Jh. Die meisten der ca. 270 Teiche sind durch den Kanal Zlatá stoka untereinander verbunden.

K

Kadaň / Kaaden

Nordböhmen/Chomutov

Einw.: 20 000 Höhe: 297 m S. 349 □ C2

Um den historischen, unter Denkmalschutz stehenden Stadtkern dehnen sich weitläufig neue Wohngebiete für die Arbeiter in Industrie und Bergbau aus. Die Geschichte der an der Ohře (Eger) gelegenen Stadt läßt sich bis ins 12. Jh. zurückverfolgen: 1186 wird der Name »burgus novus Cadain« urkundlich erwähnt. Um 1260 gründete Přemysl Otakar II. hier eine königliche Stadt mit einer Burg. Strahlenförmig entstanden vor den Stadtmauern 4 Vororte und die beiden gotischen Kirchen, die Heilig-Kreuz-Kirche am Marktplatz und die Nothelferkirche des hinter dem Stadttor Mikulovická brána (ursprünglich von 1261) liegenden Franziskanerklosters (15. Jh.). Im Dreißigjährigen Krieg wurde die Stadt wiederholt niedergebrannt, so auch die Burg, von der heute nur eine Ruine zeugt.

Kadaň, Rathaus

Neben den erhaltenen älteren Bauten stammen die meisten im Zentrum aus dem 18. Jh. Von den alten Befestigungsmauern sieht man noch Reste und 3 Tore. Das am teilweise von Laubengängen gesäumten Marktplatz stehende ursprünglich gotische *Rathaus* hat heute ein barockes Erscheinungsbild; erhalten ist der mächtige Turm mit der Erkerkapelle (ca. 1400). Die ursprünglich got. zweitürmige *Kreuzerhöhungskirche / Kostel Povýšení svatého Kříže* wurde barock umgestaltet. Wertvollstes Ausstattungsstück ist der Marmorsarkophag des Jan z Lobkovic von Ulrich Creutz (nach 1517). Das *Stadtmuseum* zeigt zahlreiche Ausstellungsstücke zur Stadtgeschichte und des Adelsgeschlechts der Lobkovic, die die Herren der mächtigen Burg Hasištejn/Hassenstein (8 km n) waren. Durch das vom Platz abzweigende Gäßchen Katovská ulice gelangt man durch die Henkerspforte in der ehemaligen Stadtmauer zum alten Henkershaus.

Umgebung

Krásný Dvůr (16 km sö): Das urspr. *Renaissanceschloß* wurde 1720–24 v. František Maximilián Kaňka* barockisiert und gegen Ende des 18. Jh. nochmals geringfügig umgestaltet. Der weitläufige englische Park, um 1785 angelegt, ist einer der ersten dieses Typs in Böhmen. Ihn bereichern verschiedene kleine Bauten wie ein got. Tempel, ein chinesischer Pavillon u. a. Die mit zeitgenössischem Mobiliar ausgestatteten Räume sind öffentlich zugänglich. Berühmter Gast des Schlosses war Johann Wolfgang Goethe.

Karlovy Vary / Karlsbad
Westböhmen

Einw.: 55000 Höhe: 375 m S. 348 □ B2

Das an der Mündung der Rolava und Teplá in die Ohře (Eger) liegende Heilbad, heute Kreisstadt, wurde vor allem wegen seiner Thermen, aber auch durch Karlsbader Porzellan, Becher-Bitter, Moser-Glas und Karlsbader Oblaten weltberühmt und bildet ein gesellschaftliches und kulturelles Zentrum der Region. Zu seinen Gästen zählten Kaiser Karl IV., Albrecht von Waldstein (Wallenstein), Zar Peter der Große, Kaiserin Maria Theresia, Herder, Goethe, Schiller, Bach, Chopin, Liszt, Grieg, Smetana, Dvořák, Beethoven u.a.
Als Heilmittel dienen die zumeist kohlendioxidhaltigen Thermalquellen – 12 an der Zahl –, die in einer Tiefe von 2000–2500 m entspringen und eine Temperatur zwischen 41°C und 73°C haben.
Die kräftigste und wärmste ist der Karlsbader Sprudel *Vřídlo,* der aus einer Tiefe von 2500 m ungefähr 12 m hoch emporgeschleudert wird. Die Heilkuren werden verordnet bei Störungen des Verdauungstrakts, des Stoffwechselsystems und bei Drüsenkrankheiten.
Der Arzt Dr. David Becher gilt als Begründer der modernen Bäder- und Trinkkuren in Karlsbad. Er analysierte gegen Ende des 18. Jh. die Quellen auf ihre chemische Zusammensetzung und schuf damit die Voraussetzung für die Kurindikationen.
Einer Legende nach wurde Karlsbad 1358 v. Kaiser Karl IV. gegr., nachdem er die heißen Quellen bei einer Jagd durch das Aufheulen eines hineingefallenen Hundes entdeckt hatte. Doch gilt gesichert, daß die Sprudelwasser schon länger bekannt waren, worauf auch der Flußname Teplá (= warmer Fluß) hinweist.
Obwohl Karlsbad v. den böhm. Königen gefördert wurde, begann seine Blütezeit erst an der Wende vom 18. zum 19. Jh. Daher prägen sein architektonisches Erscheinungsbild vor allem Baustile des Klassizismus, historisierende Stile und der Jugendstil. Die meisten der Kuranlagen und -einrichtungen stammen aus der 2. Hälfte des 19. Jh.
Das heutige Stadtzentrum liegt s des Zusammenflusses v. Ohře und Teplá, v. wo sich der Kurbezirk im engen Teplá-Tal aufwärts erstreckt. Dort ist der private Kfz-Verkehr stark eingeschränkt. Ein Fußweg

Krásný Dvůr, Schloß

führt durch den *Smetana-Garten/Smetanovy sady* am Fluß entlang und am modernen Gebäude des *Thermalbades* vorbei zum *Dvořák-Garten/Dvořákovy sady,* an dessen Ende sich unter der gußeisernen *Garten-Kolonnade/Sadová kolonáda* die Quelle Sadový pramen befindet. Etwas weiter flußaufwärts liegt das Gebäude der 1871–81 v. Josef Zitek* im historischen Stil erbauten *Mühlbrunn-Kolonnade,* in der sich vier weitere, zwischen 50° und 70° C heiße Quellen befinden. Die allegorischen Plastiken der 12 Monate auf der Attika schuf Otto Mentzel. Weiter oberhalb wurde die 1975 fertiggestellte moderne Stahlkonstruktion der *Jurij-Gagarin-Kolonnade* über dem Fluß errichtet. Sie ist nach dem ersten Kosmonauten Jurij Gagarin benannt, der sich auch in die Liste der berühmten Gäste des Heilbades einreihte. Hier sprudelt die Quelle *Vřídlo* in einem oben offenen Glasturm. Gegenüber der Kolonnade steht die barocke *St.-Maria-Magdalena-Kirche/Kostel svaté Maří Magdaleny,* 1731–37 v. Kilian Ignaz Dientzenhofer* erbaut und mit kostbarer Inneneinrichtung ausgestattet. Den Platz überragt der 1608 an der Stelle des ehem. Jagdschlosses v. Karl IV. errichtete *Schloßturm/Zámecká věž.* Von ihm aus wurden früher bedeutende Gäste mit Fanfarenklang begrüßt.

Bekannt ist das an der nächsten Flußbiegung oberhalb liegende *Hotel Pupp,* ein um 1900 im historistischen Stil mit Jugendstilelementen errichtetes Gebäude. Während der alljährlich stattfindenden Internationalen Filmfestspiele war es schon immer ein Treffpunkt für berühmte Regisseure und Schauspieler.

Neben ausgedehnten Parkanlagen, Theatern, Sport- und Freizeitanlagen sind auch die *Museen* beachtenswert: ein Museum der Glasmacherkunst, ein Porzellanmuseum und auf dem Schloßberg eine kleine Kolonnade mit Ruinen der alten Burg und einem Museum.

Umgebung

Jáchymov / Joachimsthal (14 km nö): Das bekannte, im Erzgebirge (Krušné hory) gelegene *Radiumheilbad* ist das erste seiner Art. Das Kurviertel mit dem eindrucksvollen Radiumpalast im Tal wurde größtenteils im 19. Jh. errichtet. Der eigtl. Ort, das urspr. Bergbaustädtchen, befindet sich dagegen am Hang. Die Heilbäder beruhen auf der Wirkung der stark radioaktiven Quellwasser.

Am Anfang des 16. Jh. brachten große Silberfunde, u.a. des Grafen Schlick, einen

Karlovy Vary: Garten-Kolonnade

ungewöhnlichen wirtschaftlichen Aufschwung für das bis dahin unbedeutende Erzgebirgsdorf, wovon noch heute einige Bauten zeugen. In dieser Zeit lebte und arbeitete hier der Begründer der Mineralogie und Bergbauwissenschaft, Agricola, eigtl. Georg Bauer (1494–1555), der die bedeutende Bücherreihe »De re metallica libri XII.« verfaßte.

In der hiesigen Münzstätte wurden die *Joachimsthaler* geprägt, und v. diesen Talern leitet sich das amerikanische Wort Dollar ab. Nach dem Dreißigjährigen Krieg waren die Erzlager erschöpft, und der Ort verlor an Bedeutung.

Im 19. Jh. setzte mit der Förderung des Uranerzes, das zur Färbung v. Glas und Porzellan verwendet wurde, eine neue Blüte ein.

Wie man heute weiß, suchten schon im MA die sog. *Wahlen* (Welschen, Veneter, Fremden) hier nach den glasfärbenden Mineralien, hauptsächlich für die venezianischen Glashersteller. Beim Volk kursierten viele Gerüchte über diese Leute, die sich als Wunderheiler, Wanderhändler etc. ausgaben und ihrem Geschäft als Metallsucher im geheimen nachgingen. Untereinander halfen sie sich, indem sie die Fundstellen mit geheimen Zeichen, den sog. Wahlenzeichen versahen.

Nachdem die Physikerin und spätere Nobelpreisträgerin Marie Curie 1898 in der v. den Joachimsthaler Halden stammenden Uranpechblende erstmals das Radium isolierte, wurde der Ort schließlich weltbekannt.

Das später umgebaute *Rathaus* mit dem achteckigen Turm stammt aus dem 16. Jh. wie auch die spätgot. *St.-Joachims-Kirche / Kostel svatého Joachýma*. Im SW der Kirche liegt das Gebäude der ehem. Münzstätte, das heute als *Museum des Bergbaus* dient.

Teplá / Stift Tepl (36 km s): Das 1197 gegr. Prämonstratenserkloster entwickelte sich zu einem der wohlhabendsten und mächtigsten Feudalbesitztümer in Böhmen. 1248 erhielt es eine starke Befestigungsanlage. In vorhussitischer Zeit gehörten 3 Städte und etwa 60 Dörfer zu seinem Besitz. Erhalten ist die spätroman., später umgebaute Basilika. Die ma Klostergebäude brannten etwa 1677 ab und wurden 1689–1722 durch Barockgebäude ersetzt. An der S-Seite der Kirche errichteten Christian Dientzenhofer* und Wolfgang Braunbock die einstökkige Vier-Flügel-Anlage des Konvents und die Prälatur. Die in den Jahren 1197–1232 entstandene *Marienkirche* hat sich ihre spätroman. Frontfassade mit frühgot. Ele-

Karlovy Vary, Mühlbrunn-Kolonnade

menten bewahrt. Das prächtige neuroman. Hauptportal ist ein Werk v. Josef Schaffer. Im 14. Jh. wurde an der Stelle der Apsis ein got. Chor erbaut. Der dreischiffige, v. Pfeilern getragene Innenraum besitzt sowohl im Langhaus als auch im Querschiff ein got. Rippengewölbe. Ansonsten wurden das Interieur 1714–17 und der Chor 1720 v. Kilian Ignaz Dientzenhofer* barockisiert. Die Deckenmalereien zeigen Szenen aus dem Leben Mariens und des Klostergründers Hroznata, geschaffen v. Elias Dollhopf in den Jahren 1754–56. Das den Chor vom Hauptschiff trennende Gitter arbeitete Johann Anton Gräff im Rokokostil. Der Hauptaltar sowie der größte Teil des spätbarocken Mobiliars stammen v. Josef Lauermann* und Ignaz Franz Platzer* (um 1761). Die Marmorplastiken schuf Johann Hennevogel*, die Altarbilder stammen v. Josef Kramolín* und Johann Molitor*. Die Orgel ist ein Werk Anton Gärtners. – An der N-Seite der Kirche errichtete Josef Schaffer 1903–07 die *Neue Bibliothek* im neubarocken Stil. Sie ist die zweitgrößte Bibliothek in der ČSFR. Der zweigeschossige Bibliothekssaal ist reich mit Stukkaturen und Wandmalereien geschmückt. Die Sammlung umfaßt nahezu 100000 Bände und ma Handschriften, z.T. illuminiert, und Erstdrucke. Kostbarstes Objekt ist der sog. »Codex Teplensis«, das erste komplett ins Deutsche übersetzte Neue Testament (14./15. Jh.). Nach seiner Aufhebung im Jahre 1950 diente das Kloster zeitweilig als Kaserne. Bis heute wurden lediglich die Innenräume restauriert In den Sommermonaten werden in *Teplá* Orgelkonzerte veranstaltet.

Der ca. 1 km entfernt liegende Ortskern war im MA ein bedeutender Grenzort mit Zollstelle, seit 1385 mit Stadtrecht.

Kladno
Mittelböhmen

Einw.: 70000 Höhe: 350 m S. 349 □ E2

Die Bedeutung dieser großen, nordwestlich von Prag gelegenen Industrie- und Kreisstadt liegt im Steinkohlebergbau und der Stahlproduktion. Sie ist von weitläufigen Neubaugebieten umgeben. Im Zentrum steht ein wahrscheinlich 1740 von Kilian Ignaz Dientzenhofer* umgebautes *Barockschloß*, das heute ein *Museum* des Bergbaus und Hüttenwesens beherbergt. Das *Rathaus* wurde Ende des 19. Jh. im Stil der böhmischen Renaissance erbaut; aus dieser Zeit stammt auch die neuromanische *Pfarrkirche.*

Teplá, Marienkirche, Hauptportal

Teplá, Neue Bibliothek

Umgebung

Budeč (13 km nö): Oberhalb des Ortes Zákolany erhebt sich die slaw. Burgstätte Budeč aus dem 9. Jh.; als eine der ältesten Böhmens wurde sie zum nationalen Kulturdenkmal erklärt. Erhalten sind der *Burgwall,* eine roman. *Rotunde* aus dem 10. Jh. und ein *Turm* vom Ende des 12. Jh.

Lidice (5 km ö): Das Bauern- und Bergarbeiterstädtchen Lidice wurde weltweit bekannt als Symbol für die Greueltaten während der Zeit des Nationalsozialismus. Nach dem Attentat auf den stellvertretenden Reichsprotektor R. Heydrich am 27. 5. 1942 wurde der Ort am 10. 6. 1942 niedergebrannt und dem Erdboden gleichgemacht. Alle Männer wurden erschossen, Frauen und Kinder in Konzentrationslager verschleppt. Nach dem 2. Weltkrieg wurde beschlossen, auf dem urspr. Dorfgebiet eine *Gedenkstätte* zu errichten und eine neue Gemeinde Lidice zu bauen (1947–59). Heute steht auf dem alten Dorfgelände eine Gloriette mit dem ewigen Feuer in der Mitte einer Kolonnade, deren Reliefbilder die Tragödie v. Lidice erzählen. In der Nähe des Massengrabes der Opfer legte man den v. 36 Ländern gestifteten *Rosengarten des Friedens* an. Weitere Informationen findet man in dem hier eingerichteten Museum. Der Ort wurde zum nationalen Kulturdenkmal erklärt. Am Jahrestag seiner Vernichtung findet eine internationale Gedenkfeier statt.

Slaný (15 km n): Die an dem Bach Červený potok gelegene Stadt wurde im 13. Jh. gegr. Sehenswert ist das älteste erhaltene Gebäude, die 1131–50 als roman. Basilika erbaute *St.-Gotthards-Kirche,* die im 14. Jh. gotisiert wurde. Im Inneren Fresken aus dem 15. Jh. – Zu sehen sind auch Mauerreste der alten *Stadtbefestigung* mit Basteien und einem Tor. – Am Marktplatz stehen das barocke *Rathaus* und das zu einem Museum umgestaltete *ehem. Piaristenkolleg.*

Klatovy / Klattau
Westböhmen

Einw.: 20000 Höhe: 398 m S. 353 □ C4

Die heutige Industriestadt am Nordostrand des Böhmerwaldes (Šumava) wurde u. a. bekannt durch ihre Nelkenzucht. Im 13. Jh. von Přemysl Otakar II. gegründet, erhielt sie eine Stadtbefestigung, von der vor allem im Park große Teile erhalten sind.

Slaný, Piaristenkolleg

In der Nähe des Parks steht die frühgotische *Marienkirche* aus dem 13. Jh.; sie wurde nach verschiedenen baulichen Veränderungen im 20. Jh. regotisiert. Neben ihr steht der *Weiße Turm / Bílá věž*, ein barockisierter Renaissanceglockenturm aus dem 16. Jh. Die Jesuitenkirche *St. Ignatius / Kostel svatého Ignáce* auf dem Marktplatz erbauten Domenico Orsi* und Carlo Lurago* im 17. Jh. im Barockstil. Nach einem Brand wurde sie Anfang des 18. Jh. erneuert und umgestaltet. Neben ihrer reichen Innenausstattung sind bes. die in der Krypta befindlichen Katakomben mit mumifizierten Mönchen interessant. In der ehem. Jesuitenapotheke *Zum weißen Einhorn / U bílého jednorožce* auf dem Hauptplatz ist die Inneneinrichtung aus dem 17. Jh. erhalten und ein Museum eingerichtet. Neben dem *Renaissancerathaus* erhebt sich der 1547–57 erbaute, 73 m hohe *Schwarze Turm / Černá věž*. Von seiner Plattform hat man einen schönen Ausblick.

Umgebung

Rabí (34 km sö): Die malerische Kulisse der mächtigen *Burg Rabí* erhebt sich über dem gleichnamigen kleinen Ort, der eine Reihe schöner Bauten im Stil der südböhm. Volksarchitektur aufzuweisen hat. Die bereits im 14. Jh. begonnene Burganlage ist nie ganz beendet worden. Auch für das reiche Adelsgeschlecht der Švihovsky z Rýzmberka, Burgherren v. ca. 1350–1550, waren die Baukosten schließlich zu hoch, so daß sie das Projekt aufgeben mußten.

Sušice/Schüttenhofen (29 km sö): Der zwischen den Bergen Svatobor 845 m (Aussichtsturm) und Kalovy 727 m im Flußtal der Otava gelegene Ort erlangte durch seine bis auf das Jahr 1838 zurückgehende Zündholzfabrikation Bedeutung. Außerdem gibt es hier eine großangelegte Lachszucht. Die Stadtgründung erfolgte bereits im 13. Jh. – Um den Marktplatz stehen Bürgerhäuser aus der Zeit der Gotik und der Renaissance. Das urspr. *Renaissancerathaus* erhielt sein heutiges Aussehen durch eine Barockisierung. Auch die got. *Pfarrkirche* wurde barockisiert. Die ehem. *Dechantei* (Mitte 15. Jh.) beherbergt heute das *Böhmerwaldmuseum*. Ihr markanter Renaissancegiebel zieht die Aufmerksamkeit auf sich.

Švihov (9 km n): Diese *Wasserburg* gehört aufgrund ihres einheitlichen Stils zu den herausragendsten Burgenbauten spätgot. Architektur in der Tschechoslowakei. Sie

Rabí

wurde im Auftrag des Adligen Půta Švihovský z Rýzmberk auf einer künstlich geschaffenen Insel in einem Überschwemmungsgebiet errichtet. Die Wassergräben wurden v. dem Fluß Úhlava und einem Mühlgraben gebildet. Zusätzlich zum Graben waren die Wohnpaläste und die Kapelle durch einen doppelten Befestigungsring geschützt. Wie die Forschung eindeutig belegt, hat der bedeutende Architekt Benedikt Ried* beim Bau mitgewirkt. Die in der Mitte des 17. Jh. teilweise zerstörte Burg diente im 18. Jh. als Getreidespeicher. Heute sind die Räumlichkeiten restauriert und als *Museum* eingerichtet.

Kolín / Kolin

Mittelböhmen

Einw.: 30000 Höhe: 225 m S. 350 □ G2

Die im Elbtal gelegene Kreisstadt ist ein wichtiger Eisenbahnknotenpunkt mit einer bedeutenden Industrie.

Im historischen, unter Denkmalschutz stehenden Stadtkern der bereits 1257 gegründeten Stadt sind noch Teile der ehemaligen Befestigungsanlagen erhalten. Die alte Burg wurde in eine Brauerei verwandelt. Den von gotischen, Renaissance- und Barockbauten umgebenen *Marktplatz* schmückt eine Pestsäule vom Ende des 17. Jh. Das ursprünglich gotische *Rathaus* wurde im 19. Jh. im Neurenaissancestil umgestaltet. Das architektonisch bedeutendste Bauwerk ist die got. *St.-Bartholomäus-Kirche/Kostel svatého Bartoloměje*. Zu dem Langhaus aus der 2. Hälfte des 13. Jh. gestaltete 1360–85 der Prager Dombaumeister Peter Parler* den hochgot. Umgangschor. Von der reichen Innenausstattung sind die gotischen Glasmalereien und ein barockes Altargemälde von Peter Brandl* hervorzuheben. Eine Besonderheit ist der 1504 neben der bereits zweitürmigen Kirche errichtete Glockenturm. Beachtenswert sind auch eine 1696 erbaute *Synagoge* und der *jüd. Friedhof* mit Grabsteinen aus dem 15. Jh.

Umgebung

Kouřim (18 km w): Wie archäologische Forschungsergebnisse belegen, befand sich im 9. Jh. hier eine slaw. Burgstätte des Stammes der Zličanen (Stará Kouřim), der der Vorherrschaft der Přemysliden v. seiner hervorragend befestigten Burg lang anhaltenden Widerstand entgegensetzte. Erhalten geblieben sind 3 Wälle. Eine neue Burganlage entstand auf dem gegenüberliegenden Hügel bei der ehem. St.-Georgs-Kirche.

Diese Ansiedlung ging Mitte des 13. Jh. unter. Weitere Informationen und Funde sind im *Museum*, dem ehem. Rathaus, ausgestellt und zeigen in eindrucksvoller Weise die hochstehende Kultur der damaligen slaw. Stämme.

Die um die 1260 am anderen Flußufer gegr. Stadt angelegte *Befestigungsmauer* aus dem 13. und 15. Jh. mit dem Prager Tor ist nahezu vollständig erhalten geblieben. Sehenswert ist auch die Anfang des 13. Jh. erbaute *St.-Stephans-Kirche/Kostel svatého Štěpána* mit ihrer achtseitigen Krypta, deren Sterngewölbe v. einem Mittelpfeiler getragen wird.

Das Kapitell ist mit einem Pflanzendekor geschmückt. – 1903–13 wurde die Kirche v. Kamil Hilbert* regotisiert. Das N-Portal stammt v. Josef Mocker*. Der separate Glockenturm wurde 1520 bis 1540 errichtet. Seit 1972 erfolgt hier der Aufbau eines Freilichtmuseums.

Kouřim, Säule in der Krypta

Kutná Hora / Kuttenberg
Mittelböhmen

Einw.: 20000 Höhe: 273 m S. 350 □G3

Die 1280 gegründete Stadt war im Mittelalter nach Prag die wichtigste Stadt Böhmens. Ihren Ruhm und Reichtum erwarb sie durch den florierenden Silberbergbau. König Wenzel II. gründete hier eine Münzstätte und schenkte der Stadt im Jahre 1300 ein eigenes Bergrecht. Im Jahre 1409 wurde hier das bekannte »Kuttenberger Dekret« beschlossen, das den Tschechen eine Stimmenmehrheit an der Prager Universität (→Prag, Karolinum) sicherte.
Das gut erhaltene historische Zentrum, heute unter Denkmalschutz, macht Kutná Hora zu einer der schönsten Städte des Landes. Das kostbarste Haus in der Nähe des Marktplatzes ist das 1485 erbaute *Steinerne Haus/Kamenný dům* mit Lauben und reich verziertem Erker. Bei der Restaurierung im 19. Jh. wurden u.a. die Figuren der böhmischen Landespatrone am Erker ergänzt.
Die Innenräume tragen kunstvolle Gewölbe und dienen heute als Museum für Stadtgeschichte. In der Nähe steht ein wahrscheinlich von Matěj Rejsek* 1493–95 erbauter zwölfeckiger Brunnen.

Kutná Hora, Steinernes Haus

Die ursprüngliche Münzstätte *Vlašský dvůr/Welscher Hof* wurde 1726 aufgehoben. Hier prägte man um 1300 den »Prager Groschen«. Im 14./15. Jh. wurde die Münzstätte zu einem Königspalast umgebaut. Die baulichen Veränderungen setzten sich bis ins 19. Jh. fort. Beachtenswert ist der gotische Chorerker.
Von den Kirchen ist die *St.-Barbara-Kirche/Kostel svaté Barbary* mit ihren 3 markanten Zeltdächern die eindrucksvollste. Die Bauzeit zog sich vom Ende des 14. Jh. bis Mitte des 16. Jh. hin. Von Peter Parler* als fünfschiffiger Bau konzipiert, wurde sie v. Benedikt Ried* als dreischiffiger fortgesetzt und schließlich von Matěj Rejsek* beendet. Das komplizierte Schleifensteingewölbe wurde nach einem Entwurf von Benedikt Ried* angefertigt. Besonders wertvoll sind die um 1485 entstandenen Wandmalereien mit der Darstellung »Ankunft der Königin von Saba« und eine gotische Sitzmadonna. Vorbei am ehem. Jesuitenkolleg führt ein statuengesäumter Weg v. der Stadt zur Kirche.
Weitere Kirchen sind die 1340–1420 erbaute *St.-Jakobs-Kirche/Kostel svatého Jakuba* mit ihrem charakteristischen hohen Turm, die gotische *Dreifaltigkeitskirche/Kostel svatého Trojice* aus den Jahren 1410–20 und die das Grab des bedeutenden Barockmalers Peter Brandl* beherbergende gotische Kirche *St.-Maria na náměstí*. Sehenswert sind das 1626-67 erbaute ehem. *Jesuitenkolleg* und das 1733–43 v. Kilian Ignaz Dientzenhofer* errichtete *Ursulinenkloster* mit der später hinzugefügten neubarocken Kirche.
Kutná Hora ist der Geburtsort von Josef Kajetán Tyl (1808–56), dem Dichter der tschechischen Nationalhymne (→Prag: Tyl-Theater).
Sehenswert ist auch das in der Vorstadt Sedlec gelegene *Beinhaus*. Dieser ursprünglich gotische, 1661 umgestaltete Bau ist in seinem Inneren mit aus Knochen und Schädeln gestalteten Leuchtern, Säulen, Wappen usw. ausgestattet.
Das 1143 gegründete *Zisterzienserkloster* wurde 1699–1707 von Paul Ignaz Bayer* und Jan Blažej Santini-Aichel* umgebaut und 1812 in eine Tabakfabrik umgewandelt.

Kutná Hora, St.-Barbara-Kirche >

Umgebung

Kačina (7 km ö): Inmitten eines weitläufigen Parks liegt ein 1802–22 erbautes *Empireschloß,* das stilreinste seiner Art in Böhmen. Der Architekt Christian F. Schuricht entwarf es für den Grafen Chotek. Der Zeit entsprechend sind auch die Interieurs ausgestattet. Bes. interessant sind die erhaltene Bibliothek mit mehr als 30 000 Bänden und das Schloßtheater.

Sázava (27 km sw): Der an dem gleichnamigen Fluß liegende Ort entwickelte sich bei dem 1032 gegr. Kloster eines altslaw. Ordens, das im 11. Jh. das Zentrum der slaw. Liturgie war. 1096 wurde es v. einem lat. Orden übernommen und gelangte nach mehreren Umbauten schließlich in den Besitz der Benediktiner, die es 1676–80 barokkisieren ließen. Das im 19. Jh. zum Schloß umgestaltete *Kloster* dient heute dem örtlichen *Museum* als Ausstellungsraum für seine Glassammlungen. Architektonisch interessant sind auch der got. *Kapitelsaal* des Klosters und die dreischiffige *Klosterkirche* aus dem 14. Jh.

L

Liberec / Reichenberg
Nordböhmen

Einw.: 98 000 Höhe: 360 m S. 350 □ G1

Liberec, größte Stadt des nordböhmischen Bezirks, ist mit ihrer Textil-, Holz- und Glasindustrie sowie dem Maschinenbau auch wirtschaftliches Zentrum der Region. Schon im 16. Jh. blühte hier die Tuchindustrie, und 1798 wurde die erste Textilmanufaktur gegründet. Im historischen Zentrum sind neben den *Bürgerhäusern* des 18./19. Jh. auch *Fachwerkhäuser* mit ehem. offenen Laubengängen aus dem 17. Jh. erhalten, z. B. in der Straße Větrná ulička. Das *Rathaus* wurde 1888–92 mit einem 56 m hohen Turm im Stil der Neurenaissance errichtet. Die im Jahre 1579 erbaute *St.-Antonius-Kirche/Kostel svatého Antonína* wurde 1879 nach mehreren Umbauten regotisiert. Beachtenswert sind die Fenster vom Ende des 18. Jahrhunderts. Die ehemalige *Friedhofskirche des Heiligen Kreuzes/Kostel svatého Kříže* stammt aus den Jahren 1753–56. Das alte *Renaissanceschloß* mit einer Kapelle von 1604–06 wurde 1785 umgestaltet und 1773–76 mit einem neuen Barockschloß verbunden. Im Park befindet sich eine Gemäldegalerie. Außerdem sehenswert sind das *Nordböhmische Museum,* das *Theater,* der *Botanische Garten* von 1876 und der *Zoo* von 1904.

Umgebung

Frýdlant / Friedland (23 km n): Das am Fuß des Isergebirges (Jizerské hory) liegende Städtchen wurde als Residenz Albrecht v. Waldsteins (Wallenstein, →Prag: Waldstein-Palais) berühmt. Oberhalb erhebt sich die urspr. aus dem 13. Jh. stammende *Burganlage,* die im 16. Jh. umgebaut und an der Wende vom 16./17. Jh. in ein Renaissanceschloß umgestaltet wurde. Dominierend ist der 60 m hohe Burgturm. Heute befindet sich hier eine *Gemäldegalerie* mit bedeutenden Barockwerken v. Karel Škréta*, Peter Brandl*, V. V. Reiner* u. a. – Im Ort sind einige *Fachwerkhäuser* aus dem 18. und 19. Jh., die regotisierte, im 16. Jh. erbaute *Pfarrkirche,* das *Rathaus* im Neurenaissancestil und Überreste der *Stadtbefestigung.*

Litoměřice / Leitmeritz
Nordböhmen

Einw.: 20 000 Höhe: 171 m S. 349 □ E1

Hier am rechten Elbufer bestand schon vor der Gründung der königlichen Stadt um

1230 eine Stammesburg der slawischen Lutomeritzen (ca. 8. Jh.), die später in den Besitz des böhmischen Herrschergeschlechts der Přemysliden überging. In der 2. Hälfte des 13. Jh. befanden sich in der Stadt das Hauptzollamt des Elbhandels und eine königliche Münzstätte. Zweimal wurde die Stadt von großen Bränden verwüstet. Im Dreißigjährigen Krieg stand sie auf der Seite der aufständischen protestantischen Stände, wofür sie nach deren Niederlage auf dem Weißen Berg (1620) ihre Vorrechte aberkannt bekam und die protestantischen Bewohner des Landes verwiesen wurden. Zur Zeit der Gegenreformation siedelte sich hier 1628 der Jesuitenorden an und gründete ein Kloster. 1655 wurde die Stadt zum Bischofssitz erhoben, und eine Steigerung der Bautätigkeit setzte ein. 1687 wurde hier Ottavio Broggio*, ein bedeutender Barockbaumeister, geboren, der vor allem mit seinen Kirchenbauten das Stadtbild prägte.

Im Jahre 1873 begünstigte der Anschluß an das Eisenbahnnetz Handel und Industrie. Ein trauriges Kapitel der Stadtgeschichte begann 1938 mit der Abtrennung von Litoměřice von Böhmen durch die sudetendeutsche Minderheit. Diese machten sie zur Gerichtsstadt für das sogenannte Sudetenland, das 1938 durch das Münchner Abkommen Hitler-Deutschland angeschlossen wurde. In unmittelbarer Nähe, am Berg Radobýl, wurde später die zum KZ Theresienstadt gehörende Rüstungsfabrik »Richard« gebaut.

Seit der Befreiung 1945 gehört Litoměřice wieder zu Böhmen und steht heute unter Denkmalschutz.

Sakralbauten: Die nach 1280 erbaute *Allerheiligenkirche/Kostel Všech svatých* wurde Anfang des 18. Jh. v. Ottavio Broggio* barockisiert. Von ihrer Innenausstattung ist das Tafelbild »Christus auf dem Ölberg« bes. kostbar, geschaffen um 1500 v. dem sog. Meister des Leitmeritzer Altars*. An der N-Seite der Kirche neben dem Rathaus erhebt sich ein viereckiger got. Glockenturm.

Die barocke *Kathedrale St. Stephan/ Chrám svatého Štěpána* errichteten 1663–70 Giulio Broggio und wahrscheinlich Bernardo Spineta an der Stelle einer romanischen Basilika. Beachtenswert sind auch hier die Tafelbilder des berühmten Meisters des Leitmeritzer Altars*. (Der Altar befindet sich heute in der Prager Nationalgalerie.) Aufmerksamkeit verdienen die Altargemälde v. Karel Škréta*, Johann P. Molitor* und die aus der Schule v. Lucas Cranach*. Die barocke *St.-Wenzels-Kirche / Kostel*

Frýdlant, Schloß

Litoměřice, Allerheiligenkirche

Litoměřice, St. Stephan

svatého Václava erbaute Ottavio Broggio* 1714–16. Weitere Kirchenbauten v. ihm sind die Marienkirche des Jesuitenordens und die Jakobskirche des Dominikanerordens.

Profanbauten: Das bedeutendste Gebäude an dem rechteckigen Marktplatz ist das ursprünglich spätgotische *Rathaus* mit seinem Laubengang und den markanten Giebeln. Es wurde nach einem Brand 1537–39 durch Meister Paul im Renaissancestil umgebaut. Auf einem Eckpfeiler stehende Rolandfigur, das Symbol der Stadtrechte, entstand 1539.
Heute befindet sich hier das *Stadtmuseum,* dessen berühmtestes Exponat das »Leitmeritzer Canzionale« mit 2 Darstellungen des Magisters und Reformators Johannes Hus ist (etwa 1. Hälfte 16. Jh.). Auch die anderen, den Platz säumenden *Bürgerhäuser* verdienen Beachtung, z. B. das spätgot. Haus CN-Nr. 24 aus dem Jahre 1513. Aufmerksamkeit erweckt das Renaissancehaus CN-Nr. 12, die sog. Königsburg (Králův Hrádek) mit ihren herrlichen Sgraffiti. Dargestellt sind u. a. die Erschaffung des Menschen und die Lebensalter. Erbaut wurde es v. Ambroggio Balli, der auch das sog. Bergmeisterhaus (CN-Nr. 15) mit dem Kelch auf dem Dach umbaute.

Umgebung

Roudnice nad Labem / Raudnitz an der Elbe (20 km sö): An der Stelle der heutigen Industriestadt wurde bereits im 12. Jahrhundert v. den Prager Bischöfen eine roman. Burg gegr. Schon im 13. Jahrhundert führte eine Steinbrücke über die Elbe. Im 14. Jahrhundert siedelte sich hier der Orden der Augustinerchorherren an; ihre *Kirche* barockisierte Ottavio Broggio* 1725–34. Das *Kapuzinerkloster* mit Kirche stammt aus den Jahren 1615–28, die *St.-Wilhelms-Kapelle* entstand 1726.
Die *Burg* wurde Anfang des 17. Jahrhunderts v. Francesco Caratti* und Antonio della Porta* in ein barockes Schloß umge-

Terezín, Konzentrationslager

staltet. Im Kellergeschoß sind Überreste der Fundamente erhalten. Beachtenswert sind die *Mühle* und das *Brauhaus* aus dem 18. Jahrhundert.

Říp / Georgsberg (24 km sö): Auf diesen 456 m hohen Basaltkegel soll der legendäre Urvater Čech sein Volk geführt und beschlossen haben, sich in Böhmen anzusiedeln. Sehenswert ist die aus dem Jahr 1126 stammende roman. *St.-Georgs-Rotunde* mit Turm. Sie war schon früher Versammlungsort des tschechischen Volkes und Wallfahrtsziel.
Der Berg wurde zum nationalen Kulturdenkmal erklärt.

Terezín / Theresienstadt (4 km s): Nach wiederholten kriegerischen Auseinandersetzungen der Habsburger Monarchie mit Preußen erarbeitete der General Karl Graf Pellegrini im Auftrag v. Kaiser Joseph II. den Plan für die Festung Terezín. Für das Projekt mußten die Ohře (Eger) umgeleitet und 2 Dörfer umgesiedelt werden. 1780 legte Kaiser Joseph II. den Grundstein für die auf dem Reißbrett entworfene Festungsstadt, die in eine Kleine und eine Große Festung aufgeteilt war, durchzogen v. einem 29 km langen System v. unterirdischen Gängen.
Die Gräben konnten unter Wasser gesetzt werden. Für den Bau einer solchen Anlage mußten viele Kräfte mobilisiert werden: Allein für die benötigten Ziegelsteine wurden 5 Ziegeleien eröffnet. Schon 10 Jahre später war der Bau vollendet, wurde noch bis ca. 1830 mit einheitlichen klassizistischen Häusern bebaut und erhielt seinen Namen nach der Kaiserin Maria Theresia. Die Festungsstadt ist in ihrer Geschichte nie in kriegerische Auseinandersetzungen verwickelt worden.
Seit Mitte des 19. Jh. nutzte man die Kleine Festung als Staatsgefängnis, vor allem für politische Häftlinge. Hier wurde später auch der Attentäter v. Sarajevo, Gavrilo Principe, der den österreichischen Thronfolger Franz Ferdinand d'Este 1914 erschoß, gefangengehalten. Schon 1882 wur-

Terezín, Nationaler Friedhof

de die Festung aufgehoben und in eine Garnisonstadt verwandelt.
Als 1942 der stellvertretende Reichsprotektor der dt. Besatzungsmacht, Heydrich, die Stadt aufhob und in ein jüd. Ghetto verwandelte, begann für Terezín jene entsetzliche Zeit, mit der es als *KZ Theresienstadt* in aller Welt zu trauriger Berühmtheit gelangte.
Die Kleine Festung, schon seit 1940 Gefängnis der Prager Gestapo, wurde zu einem der berüchtigtsten Gefängnisse, in dem Zehntausende v. inhaftierten Menschen umkamen. Die Große Festung wurde in ein jüd. Ghetto umgewandelt.
Bis zum Kriegsende passierten 160000 Juden das KZ Theresienstadt, v. denen ungefähr 84000 in den Vernichtungslagern, in die sie v. hier aus weitertransportiert wurden, umgebracht wurden. Weitere Zehntausende starben in Theresienstadt selbst an den unmenschlichen Bedingungen, Krankheiten, Hunger und Terror.
Nach der Befreiung 1945 wurde Theresienstadt ein Mahnmal für die Greueltaten des Nationalsozialismus und zur nationalen Gedenkstätte erklärt. Für die Opfer wurde ein nationaler Friedhof angelegt. Die Kleine Festung wurde als Gedenkstätte in ihrem Zustand als Konzentrationslager belassen und der Öffentlichkeit zugänglich gemacht. Zusätzlich wurde ein Museum eingerichtet.

Úštěk* (16 km ö): Die an den Ausläufern des Böhm. Mittelgebirges (České Středohoří) gelegene Stadt entstand an dem Handelsweg zwischen Litoměřice und Česká Lípa. Bedeutend ist ihr Hopfen- und Obstanbau.
Von den spätgot. Befestigungsmauern sind noch Überreste zu finden. Ende des 14. Jh. errichtete man anstelle der alten Feste eine got. Burg, und 1363 begann man mit dem Bau einer Pfarrkirche. Im 17. Jh. verloren die 1677 barockisierte Burg und der Ort an Wichtigkeit. Den Burgpalast verwandelte man Ende des 17. Jahrhundert in eine Brauerei.
Eines der wenigen Barockhäuser der Stadt ist die 1722 v. Ottavio Broggio* erbaute *Pfarre*. Nach einem Großbrand v. 1765 wurde die urspr. got. Kirche durch die St.-Peter-und-Paul-Kirche ersetzt.
Weitere Brände im 19. Jahrhundert zerstörten beträchtliche Teile der gotischen Stadtanlage.
Trotz der vielen Brände sieht man vor allem am *Marktplatz* noch die für den Ort typischen spätgot. Bürgerhäuser mit ihren hohen hölzernen Giebeln und den Arkadengängen. Hier stehen auch eine Reihe schöner Renaissancehäuser.
Eine kleine Attraktion sind die in den Felsen gehauenen Wohnungen der ital. Eisenbahnarbeiter aus dem 19. Jh. mit z. T. hölzernen Vorbauten, die sog. *Vogelhäuser*, da sie wie Vogelnester an der Wand angebracht sind. Den besten Blick hat man v. der Straße Kamenná ulice an dem Bach Ustecký.
Sehenswert sind die 3 km sö liegenden Ruinen der got. *Burg Hrádek* aus dem 14. Jh., der sog. Helfenburk. Reizvoll ist auch der an der Straße Úštěk nach Litoměřice liegende Ort *Liběšice* mit einer herrlichen Barockskulpturengalerie vor einem wahrscheinlich v. Kilian Ignaz Dientzenhofer umgestalteten Barockschloß (unzugänglich).

Litomyšl/Leitomischel
Ostböhmen/Svitavy

Einw.: 8000 Höhe: 330 m S. 351 □ I3

Die heutige Industriestadt besitzt einen unter Denkmalschutz stehenden historischen Stadtkern. Vor allem den langgestreckten *Marktplatz* säumen mittelalterliche und barocke Gebäude, fast vollständig mit Laubengängen. Die got. *Propsteikirche* aus dem 14. Jh. wurde 1604 baulich umgestaltet. Die ehem. *Piaristenkirche* erbaute František Maximilián Kaňka* nach Plänen v. Giovanni Battista Alliprandi* als barocken Saalbau in den Jahren 1716–30. Das bedeutendste Bauwerk des Ortes ist das 1568–81 von Giovanni Battista und Udalrico Aostalis erbaute *Renaissanceschloß*.
Ursprünglich stand an seiner Stelle eine slawische Burgstätte, die im Mittelalter zur Burg umgebaut worden war. Auftraggeber für den Schloßbau war der Hochkanzler Vratislav z Pernštejna. Die südliche Fassadenfront des im 18. Jahrhundert klassizistisch umgestalteten Baus schmücken geometrische und figürliche Sgraffiti. Über dem mit dem Pernsteinschen Wappen versehenen Hauptportal unterbrechen 9 Arkadenbogen im 3. Geschoß die ansonsten weitgehend einheitlich gestaltete Fassade. Die Seiten betonen unterschiedliche Renaissancegiebel; unter dem rechten sieht man die Fenster der 1574–77 erbauten St.-Michael-Kapelle. Eindrucksvoll ist der Innenhof, der an 3 Seiten von einem dreigeschossigen Arkadengang umgeben ist. Die vom angrenzenden Schloßgebäude gebildete Nordwand des Hofes ist dort mit Sgraffito-Darstellungen antiker und biblischer Szenen versehen. Von der reichen Innenausstattung ist der Theatersaal mit seinem Tonnengewölbe und den barocken Dekorationen von Josef Platzer* hervorzuheben. Den zum Schloß gehörenden Park verwandelte František Maximilián Kaňka 1726 in eine barocke Anlage, in der Ende des 18. Jh. ein mit ägyptischen Themen ausgemalter Pavillon errichtet wurde. Dem Schloß gegenüber steht das urspr. Renaissancegebäude der ehem. Schloßbrauerei, das 1730 v. František Maximilián Kaňka* barockisiert und im gleichen Jahrhundert nochmals umgestaltet wurde. Im Jahre 1824 wurde hier der Komponist Bedřich Smetana geboren. Ihm zu Ehren richtete man im Schloß ein *Musikmuseum* ein.
Im Sommer finden in Litomyšl alljährlich Musik- und Opernfestspiele statt.

M

Mělník
Mittelböhmen

Einw.: 19000 Höhe: 222 m S. 350 □ E2

Die am Zusammenfluß von Labe (Elbe) und Vltava (Moldau) gelegene Kreisstadt

Mělník: Brunnen am Marktplatz

ist von alters her als hervorragendes Weinanbaugebiet bekannt. Heute gibt es in Mělník neben Industrieanlagen einen Elbhafen und eine Fachhochschule für Önologie.
Seit Ende des 10. Jahrhunderts wird in diesem Gebiet Wein angepflanzt. Seit der Zeit Karls IV. wachsen hier hauptsächlich die von ihm selbst eingeführten Burgunderreben. Die ursprünglich romanische, später gotisch umgebaute *Burg* wurde im 16. Jahrhundert zu einem Renaissanceschloß umgestaltet. Eine Legende erzählt, daß im 9. Jahrhundert auf dieser Burg die hl. Ludmilla, Landespatronin und Großmutter des hl. Wenzel, geboren wurde.
Nach ihr ist ein spezieller, hier gekelterter Wein benannt. Kaiser Karl IV. machte Mělník zum Leibgedinge und die Burg zum Witwensitz böhmischer Königinnen. Sein Denkmal auf der Schloßterrasse stammt von Josef Max.*
Heute beherbergt das Schloß das Kreismuseum mit einer Ausstellung des Weinanbaus und eine Barockgemäldegalerie mit Werken v. Peter Brandl*, Karel Škréta*, V. V. Reiner* u. a.
Von den got. *Stadtmauern* aus dem 13. Jh. ist nur ein kleiner Teil erhalten geblieben sowie das *Prager Tor / Pražská brána* (15. Jh.). Im Stadtkern findet man eine Reihe schöner *Renaissance- und Barockbürgerhäuser*. Das urspr. got. *Rathaus* wurde Ende des 18. Jh. barockisiert. Beherrscht wird das Stadtbild von dem 60 m hohen romanischen Turm der heute gotischen *St.-Peter-und-Paul-Kirche / Kostel svatého Petra a Pavla*. In der Krypta unter dem Chor befindet sich das interessanteste *Beinhaus* Böhmens, der »Mělniker Karner« (Mělnická Kostnice) mit Schädeln und Gebeinen v. ca. 10 000–15 000 Menschen.
Den Brunnen mit der Allegorie »Weinlese« schuf Vincenc Makovský 1938. Das Mahnmal für die Opfer des Faschismus stammt v. Jan Štursa*.

Umgebung

Kokořín (10 km n): Die *Burg* erhebt sich gleich einem Schiff aus dem sie umgebenden Meer v. Wäldern; den Mast scheint der hohe runde Turm zu bilden. Diese malerisch gelegene Burg war Legenden zufolge einst v. Raubrittern bewohnt. Nach 1622 verfiel sie zusehends. Im 20. Jh. wurde sie rekonstruiert und beherbergt heute eine Gedenkstätte für den Dichter Karel Hynek Mácha und eine Ausstellung romantischer Kunst aus dem 19. Jh. Nach dieser mächtigen Burg wurde das ganze ca. 18 km lange Tal Kokořínský důl benannt. Sehenswert

Litomyšl, Schloß

sind die bizarren Sandsteingebilde und die v. tiefen Schluchten zerklüfteten Hochplateaus. Das Areal wurde zum Naturschutzgebiet erklärt.

Nelahozeves (13 km sw): In der kleinen Ortschaft am Moldauufer befindet sich ein herrliches *Renaissanceschloß* aus der 2. Hälfte des 16. Jh. Heute beherbergt es eine permanente Ausstellung der Malerei des 16.–20. Jh. aus der Sammlung der Mittelböhmischen Galerie und der Lobkowitz-Galerie, die v. den ehem. Schloßherren angelegt wurde.
In dem Ort wurde 1841 der Komponist Antonín Dvořák als Sohn eines Fleischers und Gastwirts geboren. Sein Geburtshaus dient seit 1951 als *Museum*. Ausgestellt sind u. a. Einrichtungsstücke, Partituren und Fotografien seiner Amerika- und Berlin-Reise.
Beachtenswert ist auch die später umgebaute ursprünglich gotische *Pfarrkirche* mit dem hölzernen Glockenturm.

Veltrusy (18 km sw): Bei dem kleinen Ort liegt in einem weitläufigen Naturpark ein in der 2. Hälfte des 18. Jh. erbautes und später vergrößertes schönes *Barockschloß* der Familie Chotek v. Chotek und Vojnín. Der Schloßpark wurde im 18. Jh. auf einer ehem. Moldauinsel angelegt und mit einer Reihe romantischer Empirebauten ausgestattet, z. B. einem dorischen Tempel, einer künstlichen Ruine, einem ägyptischen Kabinett etc.
Der Park geht in ein Waldgehege über, in dem Damhirsche gehalten werden. Im Park fand 1754 die erste Mustermesse v. Erzeugnissen des Königreichs Böhmen statt.

Mladá Boleslav / Jungbunzlau
Mittelböhmen

Einw.: 40 000 Höhe: 230 m S. 350 □F2

Die heutige große Industrie- und Kreisstadt entstand an der Mündung der Klenice in die Jizera (Iser) am Fuß einer ursprünglich romanischen Burgstätte. Noch heute beherrscht die *Burg*, im 16. Jh. zu einem Schloß umgebaut, das Panorama der Stadt. Im Schloß wurde das Kreismuseum eingerichtet.
Im 16. Jh. war Mladá Boleslav ein Zentrum der Religionsgemeinschaft der Böhmischen Brüder.
Heute ist die Stadt bekannt durch die Škoda-Werke, die auf die 1895 von Laurin & Klement gegründete Fahrradfabrik zurückgehen.
Im Stadtzentrum gibt es eine Reihe von go-

Nelahozeves, Schloß

tischen, Renaissance- und Barockbürgerhäusern, ein *Renaissancerathaus,* eine ursprünglich gotische, barockisierte *Marienkirche* und die barocke *St.-Johannes-von-Nepomuk-Kirche,* etwa um 1727 erbaut. Sehenswert ist der im alten Rathaus befindliche *Ratssaal* (1559), dessen Gewölbe von einer Mittelsäule getragen wird. Die Kassettendecke schmücken ornamentale Sgraffiti.

Umgebung

Benátky nad Jizerou (13 km s): Nahe der Jizera (Iser) wurde an der Stelle eines 1349 gegr. Klosters im 16. Jahrhundert ein Renaissanceschloß erbaut und später barock umgestaltet. Berühmter Gast im *Schloß* war der dänische Astronom Tycho Brahe, Hofastronom v. Rudolf II., der hier seinem späteren Mitarbeiter Johannes Kepler begegnete.
Zu ihrem Gedenken ist heute ein Saal des Schlosses mit astronomischen Geräten ausgestattet.
Eine weitere Sammlung bezieht sich auf den Komponisten Bedřich Smetana, der mehrmals das kleine Städtchen besuchte. Benátky nad Jizerou ist die Geburtsstadt der Musiker František, Jan, und Jiří Benda, die an deutschen Fürstenhöfen des 18. Jahrhunderts als Kapellmeister bzw. Komponisten eine führende Stellung einnahmen. Das Schloß wird zur Zeit umfassend restauriert.

Mnichovo Hradiště / Münchengrätz (14 km n): Die am W-Rand des Naturschutzgebietes Český ráj (Böhm. Paradies) liegende Stadt wurde im 13. Jahrhundert vom Orden der Zisterzienser gegr.
Heute steht an der Stelle der alten Feste ein Anfang des 17. Jahrhunderts erbautes *Renaissanceschloß.*
Sein jetziges Aussehen erhielt es bei einer Umgestaltung um 1700.
Neben seiner prächtigen Ausstattung der Interieurs, den reichen Porzellan- und Waffensammlungen ist die Bibliothek mit ca. 22000 Bänden bes. kostbar. Den englischen Schloßpark schmückt eine Sala terrena.
An der S-Seite der 1694–99 hinter dem Schloß erbauten Kapuzinerkirche ergänzte man 1723/24 eine *Annenkapelle.* In ihr wurden 1785 die Gebeine v. Albrecht v. Waldstein (Wallenstein) beigesetzt, dessen urspr. Grabkirche in Valdice aufgehoben worden war.
Das 1933 geschaffene Grabmal stammt v. Karel Kolatzek.

Mladá Boleslav, Schloß, Stadtansicht

N

Náchod
Ostböhmen

Einw.: 20000 Höhe: 350 m S. 351 □ I2

Die bereits im 13. Jh. gegründete Stadt ist heute ein Zentrum der Textilindustrie. Sie gilt als die erste Stadt in Nordostböhmen, in der Juden ansässig wurden – das war bereits um 1270. Ende des 15. Jh. bekamen sie die sogenannte Judengasse zugewiesen, 1550 wurde ein jüdischer Friedhof angelegt, 1592 ein rituelles Bad erbaut und 1596 die später umgestaltete Synagoge errichtet. Im Jahre 1663 wurden große Teile der Stadt bei einer Brandkatastrophe zerstört.

Am Marktplatz im historischen Stadtkern befindet sich das alte *Rathaus*, 1637–59 von Carlo Lurago* erbaut und später klassizistisch umgestaltet. In der Nähe steht das Barockgebäude der *Dechanei* v. 1727. Die frühbarocke *Dreifaltigkeitssäule* auf der Platzmitte entstand 1695. Die *Pfarrkirche St. Laurentius/Kostel svatého Vavřince* aus dem 14. Jh. wurde 1570–78 v. Balthasar Vlach umgestaltet. Ihre 2 mächtigen, aber unterschiedlich starken Türme tragen die Beinamen Adam und Eva. Auf dem *neuen jüdischen Friedhof* findet man das Zeremonienhaus und eine Gedenkstätte für die Opfer des nationalsozialistischen Terrors in den Jahren 1938–45.

Oberhalb auf einer Anhöhe liegt das 1554 bis 1617 an der Stelle einer frühgotischen Grenzburg errichtete *Renaissanceschloß*. Von der ehem. Burg ist nur der runde Turm aus dem 13. Jh. gut erhalten geblieben. Nach Albrecht von Waldsteins Tod 1634 gelangte das Anwesen bis 1792 in den Besitz der Adelsfamilie Piccolomini, die an der Ermordung Waldsteins in →Cheb beteiligt war.

Der mehrere Innenhöfe umschließende Schloßkomplex spiegelt in seinen Bauwerken die Stilentwicklung vom 13. bis 18. Jh.

Benátky nad Jizerou, Schloßturm

Náchod, Renaissanceschloß

wider. Die kostbare Schloßkapelle gestaltete Carlo Lurago* etwa 1655 frühbarock um und erweiterte sie. Sie ist mit Stukkaturen von Domenico Rossi und Andrea Cyrus ausgestattet sowie mit Gemälden von Fabián Harovník und Giovanni Vanetti.
Von der kostbaren Einrichtung seien die Gemälde und die Wandteppiche hervorgehoben, davon 5 Brüsseler Gobelins nach Entwürfen v. Jakob Jordaens*. Außerdem beherbergt das Schloß das Heimatkundemuseum.
Der französische Park wurde um die Mitte des 18. Jh. angelegt.
Sehenswert ist auch der östlich der Stadt gelegene kleine Kurort *Běloves* mit seinen Sauerwasserquellen. Oberhalb auf dem 624 m hohen Berg befinden sich eine Berghütte und eine Festung von 1938.

Umgebung

Broumov/Braunau (27 km nö): Die alte Stadt nahe der polnischen Grenze liegt am Rand des Falkengebirges (Broumovské Mezihoří) am Flüßchen Stěnava. Sie ist heute eine kleine Industriestadt für Textilfertigung und Maschinenbau. Erhalten sind noch Reste der ma *Befestigungsanlage* und Renaissancehäuser, wie z. B. das *Rathaus*. Ihr herausragendstes Bauwerk ist das bereits 1322 gegr. *Benediktinerkloster*, dessen Gebäude 1728–38 v. Kilian Ignaz Dientzenhofer* barockisiert wurden. Die *Stiftskirche* baute wahrscheinlich Martino Allio* 1684–94 im Barockstil um. Bemerkenswert ist die reiche Innenausstattung.
Eine kleine Kostbarkeit steht auf dem Friedhof: eine *Holzkirche* v. 1449, die älteste v. ganz Böhmen.

Jaroměř-Josefov (20 km sw): Die an der Mündung der Metuje (Mettau) in die Labe (Elbe) gelegene Stadt entwickelte sich bereits im 13. Jh. bei einer Přemysliden-Burg aus dem 11. Jh. Im Zentrum sind eine Reihe got. und Renaissancebürgerhäuser, wie das *Renaissancerathaus* aus dem 16. Jh., erhalten. Die barocke *Mariensäule* schuf Matthias Bernhard Braun*. Die got. *St.-Nikolaus-Kirche/Kostel svatého Mikuláše* aus dem 15. Jh. erhielt einen barocken Glokkenturm.
Bekannt ist der Ort für die im sö Stadtteil *Josefov* gelegene gleichnamige *Barockfestung*. Sie wurde 1780–90 im Auftrag v. Kaiser Joseph II. – zur gleichen Zeit wie die Festungsstadt Terezín (→Litoměřice: Umgebung) – errichtet. Der mit mehr als 60 Millionen Ziegelsteinen und ca. 60 km langen Kasematten erbaute Komplex wur-

Jaroměř, Marktplatz,

de nie für militärische Zwecke genutzt. Die so erhaltene Festung steht heute unter Denkmalschutz.

Nové Město nad Metují / Neustadt an der Mettau

Ostböhmen/Náchod

Einw.: 7000 Höhe: 340 m S. 351 □ I2

Die 1501 gegründete, heute unter Denkmalschutz stehende Stadt liegt malerisch auf einem Hügel über einer Flußschleife der Metuje (Mettau). Die ursprünglich mittelalterliche Burg wurde in die Stadtbebauung eingegliedert. Nach einer schweren Brandkatastrophe 1526 erneuerte man die Stadt im Renaissancestil. Teile der alten Befestigungsanlagen sind vor allem im Schloßpark zu finden. Den rechteckigen *Marktplatz* säumen Laubenhäuser aus dem 16. Jh., so auch das *Renaissancerathaus*. Auffallend schön ist die Häuserzeile mit den kronenförmig gestalteten Giebeln. In der Südostecke steht die gotische *Dreifaltigkeitskirche/Kostel Nejsvětější Trojice*. Ihre größte Kostbarkeit ist ein gotischer Kelch, dessen Fuß die Abendmahlsszene schmückt. In der Nordwestecke des Platzes gelangt man über eine Brücke, die über den ehemaligen Burggraben führte, zum Schloß.

Die ursprünglich gotische *Burg* wurde im 16. Jh. in ein Renaissanceschloß umgebaut und 1655–61 von Carlo Lurago* frühbarock umgestaltet. Aus dieser Zeit stammt auch die im Südflügel gelegene St.-Salvator-Kapelle. In den Jahren 1909–11 erfolgte ein moderner Umbau unter Dušan Jurkovič, nach 1920 fortgesetzt durch Pavel Janák in Zusammenarbeit mit bedeutenden Künstlern wie dem Maler František Kysela*. Unter anderem entstand der im Jugendstil gestaltete Rippensaal. Den nördlich im Terrassenstil angelegten Schloßgarten, um 1910 erneuert, und die Schloßfront bereichern die Figuren von 24 Zwergen aus der Werkstatt von Matthias Bernhard Braun* (1713). Sie kamen erst 1932 in den Besitz des Schloßherrn.

Umgebung

Opočno (13 km s): Das alte Städtchen wird bereits 1068 in schriftlichen Überlieferungen erwähnt. An der Stelle der ma Burg steht heute ein *Schloß*. Hinter seiner schlichten frühbarocken Fassade vom En-

Nové Město nad Metují, Renaissancegiebelhäuser am Marktplatz

Nové Město nad Metují, Schloß und Burggraben

de des 17. Jh. verbirgt sich ein v. dreigeschossigen Arkadengängen eingeschlossener Renaissance-Ehrenhof. Die beiden unterschiedlichen Baustile entsprechen den beiden bedeutenden Adelsgeschlechtern, in deren Besitz das Anwesen war. Das Renaissanceschloß ließ Mikoláš Trčka in den Jahren 1560–69 erbauen. Sein späterer Nachfolger Adam E. Trčka wurde 1634 als Mitglied der Verschwörung Waldsteins in Cheb getötet. Der König konfiszierte sein Anwesen und schenkte es dem Grafen Colloredo, in dessen Familienbesitz es bis 1945 blieb. In deren Auftrag erfolgte im 17. Jh. die frühbarocke Umgestaltung und Erweiterung des Schlosses. Aus dieser Zeit stammt die v. Giovanni Battista Alliprandi* erbaute Annenkapelle mit einem Kuppelfresko »Mariä Verkündigung«. Nach 1820 wurde der terrassenförmig angelegte Garten statt mit einer Mauer nur noch durch eine Balustrade vom Schloß getrennt.
Der N-Flügel beherbergt heute eine sehenswerte *Gemäldesammlung* mit Werken v. Leandro Bassano, Andrea del Sarto, Francesco Trevisani und als kostbarstes Stück das Bild »Maria Magdalena« v. Francesco Solimena* (um 1700). Interessant sind auch die afrikanischen Exponate und die bis auf das 15. Jh. zurückgehende Waffensammlung.

Beim Schloßvorhof steht die urspr. zum Schloß gehörende Dreifaltigkeitskirche, heute *Pfarrkirche* der Gemeinde. In der Krypta der dreischiffigen Hallenkirche befindet sich das Familiengrab der Trčkas.
Im Schloßpark findet man ein Spätrenaissance-Lustschloß aus dem Jahre 1602. Die ehem. Arkaden im Obergeschoß wurden bei einem klassizistischen Umbau als geschlossene Fassade gestaltet.

Slavoňov (5 km ö): In dem kleinen Ort befindet sich eine interessante *Holzkirche* v. 1553. Bes. schön sind die Malereien im Inneren (1705).

Nymburk / Nimburg

Mittelböhmen

Einw.: 15000 Höhe: 193 m S. 350 □ G2

Von der im 13. Jh. gegründeten heutigen Kreisstadt sind die Befestigungsmauern mit ihren Basteien gut erhalten. Im historischen Zentrum der heutigen Industriestadt stehen u. a. das *Renaissancerathaus* und der *Wasserturm* von 1597.
Ein architektonisch bedeutendes Bauwerk ist die *St.-Ägidius-Kirche / Kostel svatého Jiljí*, die ehem. St.-Nikolaus-Kirche. Die

Poděbrady, Schloß, Reiterstandbild des Königs Jiří z Poděbrad

got. Backsteinkirche mit einer dreischiffigen Halle vergegenwärtigt die verschiedenen Bauetappen vom Ende des 13. Jh. bis 1918. Um 1380 entstand der mächtige Südwestturm durch die Bauhütte von Peter Parler*. Nach einem Brand wurde die Kirche 1686 barockisiert und später regotisiert. An dem neugotischen Umbau waren die bedeutenden Baumeister Josef Mocker* und Kamil Hilbert* beteiligt.
1684 wurde in Nymburk der tschechische Komponist Bohuslav Matěj Černohorský geboren; u. a. war er auch Organist in Prag.

Umgebung

Poděbrady/Podiebrady (10 km sö): Der im Elbtal gelegene Kurort wurde erst 1905 mit der Entdeckung seiner 1. Heilquelle bedeutend. Doch international bekannter ist die für ihr hervorragendes Bleikristallglas berühmt gewordene Glashütte »Bohemia«. Der Name der Stadt erinnert noch heute an den hier geborenen Hussitenkönig Jiří z Poděbrad (1420–71). – Die urspr. got. *Burg* aus dem 13. Jh. wurde im 16. Jh. im Renaissancestil umgebaut und schließlich im 18. Jahrhundert barockisiert. Vor dem Schloß entspringt die erste v. insgesamt 18 Heilquellen. Auf dem Marktplatz steht ein Reiterstandbild des Königs Jiří z Poděbrad v. 1891. Von den hinter dem Marktplatz gelegenen Kurgebäuden stammt das Kurhaus aus dem Jahre 1911, die Kurkolonnade entstand 1936.

P

Pardubice / Pardubitz

Ostböhmen

Einw.: 85 000 Höhe: 218 m S. 351 □ H2

Die Geschichte der heutigen Industriestadt (unter Denkmalschutz) mit einem bedeu-

Pardubice, St.-Bartholomäus-Kirche

Pelhřimov, St.-Veits-Kirche

tenden Binnenhafen an der Labe (Elbe) läßt sich bis ins 13. Jh. zurückverfolgen. Damals entstand unterhalb einer mittelalterlichen Feste eine Ansiedlung. Überlieferungen zufolge gab es bereits 1295 ein Kloster und die bis heute erhaltene St.-Bartholomäus-Kirche. In der 1. Hälfte des 14. Jh. wurde die Feste in eine Wasserburg umgestaltet. Im Jahre 1340 erhob Ernst v. Pardubitz, der erste Prager Erzbischof (seit 1344 Erzbistum), die Ansiedlung zur Stadt. Ab 1491 gehörte die Stadt zum Besitz der Herren von Pernštejn, die sie nach der schweren Brandkatastrophe von 1507 im Renaissancestil neu aufbauten. In der Folge wurde die Burg 1512–43 v. Udalrico Aostalis de Sala* in ein prächtiges Renaissanceschloß umgebaut und im 18. Jahrhundert v. František Maximilián Kaňka erneut umgestaltet.

Von den Sakralbauten sind erhalten die *Marienkirche,* die *St.-Johannes-Baptiste-Kirche* und die im 13. Jh. erbaute und 1520 umgebaute *St.-Bartholomäus-Kirche/Kostel svatého Bartoloměje* mit einem getrennt errichteten Glockenturm. Bewahrt blieb auch die vierflügelige *Renaissanceschloßanlage* mit einer Kapelle, die heute ein Museum und eine Galerie beherbergt. Trotz mehrerer Feuersbrünste und eines verheerenden Angriffs der Schweden 1645 hat sich das Zentrum seinen Grundriß v. 1515 bewahrt. Die den Marktplatz säumenden Häuser weisen oft neben ihrem got. Kern Renaissance-, Barock- und Klassizismuselemente auf. Das *Neurenaissancerathaus* entstand 1894, die *Mariensäule* stammt aus der Barockzeit. Bemerkenswert ist der *Grüne Torturm/Zelená brána,* der noch v. der got. Befestigung erhalten geblieben ist.

Bekannt ist das seit 1874 jedes Jahr im Oktober stattfindende Pferderennen, die »Große Pardubitzer Steeplechase«.

Písek, Marienkirche

Umgebung

Kunětická Hora / Kunietitzer Berg (7 km n): Den in der Elbniederung gelegenen 305 m hohen Basaltkegel beherrscht die gleichnamige ehem. *Hussitenburg.* Sie wurde im Jahre 1421 v. dem Hussitenführer Diviš Borek z Miletína gegr. und in der Zeit der Spätgotik und der Renaissance umgebaut. Im Dreißigjährigen Krieg wurde sie teilweise zerstört und wenig später ganz verlassen. Im 19. Jh. begann man mit der Restaurierung, und um 1930 führte man u. a. kleinere Umgestaltungen durch. Heute wird hier die Burgsammlung aufbewahrt.

Pelhřimov / Pilgram

Südböhmen

Einw.: 18 000 Höhe: 495 m S. 355 □ G4

Die am Fuße der Böhm.-Mähr. Höhe (Českomoravská vrchovina) gelegene, unter Denkmalschutz stehende Kreisstadt gehörte mit ihrer Umgebung schon im 13. Jh. zum Besitz des Prager Bistums. Ende des 13. Jh. erlangte die Ansiedlung für die Region bereits eine zentrale Bedeutung. Daß heute im historischen Kern nicht mehr so viele got. und Renaissancehäuser zu sehen sind, beruht auf den wiederholten Feuersbrünsten, denen die Stadt zum Opfer fiel.

Nach dem schweren Brand v. 1289 wurde die Stadt im Auftrag v. Bischof Tobias erneuert und befestigt. Im 14. und 15. Jh. wurden weitere Befestigungsanlagen, Basteien und die beiden noch heute erhaltenen Tortürme hinzugebaut. Ein späterer Nachfolger, Adam Říčanský z Říčan, ließ sich Mitte des 16. Jh. im Zentrum ein

Schloß errichten, das heute, barock umgebaut, als *Museum* für Volkskunde und Geschichte dient. Die aus dem 14. Jh. stammende *St.-Bartholomäus-Kirche/Kostel svatěho Bartoloměje* beim Schloß, 1575-93 umgebaut, erhielt ihr Aussehen im 18. Jh. Bei weiteren Bränden 1561 und 1582 wurde die urspr. Holzbebauung vernichtet, so daß von den schönen Fachwerkbürgerhäusern nichts mehr erhalten ist.
In der Nähe der urspr. got., später barockisierten *St.-Veit-Kirche/Kostel svatého Víta* soll sich der älteste Teil der Siedlung befunden haben. Das Aussehen der 1596 zur königlichen Stadt erhobenen Ansiedlung prägen heute größtenteils spätbarocke und klassizistische Bauten und Fassaden des 19. Jh. Beachtenswert ist das Sgraffito-Renaissancehaus (CN-Nr. 17) am Marktplatz (1561-65).

Umgebung

Kaliště (18 km n): In diesem kleinen Ort wurde am 7. Juli 1860 der weltbekannte Komponist Gustav Mahler geboren. Im Alter von 51 Jahren starb er in Wien.

Kamenice nad Lipou (18 km sw): In dem kleinen Ort an der Straße v. Pelhřimov nach Jindřichův Hradec liegt ein auf den Fundamenten einer ma Burg erbautes *Renaissanceschloß,* das heute ein Erholungsheim für Kinder beherbergt. Im dazugehörigen Park steht ein Baum, der noch älter als das Schloß ist: eine 700jährige Linde.

Písek
Südböhmen

Einw.: 26000 Höhe: 378 m S. 353 □ E4

Die inmitten von schönen Wäldern am Fluß Otava gelegene Stadt gehört heute zu den größten Städten Südböhmens.
Schon die Kelten haben sich hier am Fluß niedergelassen und nach Gold geschürft. Nach dem goldhaltigen Sand wurde die im 13. Jh. gegründete Stadt schließlich benannt (Písek = Sand). Aus dem 13. Jahrhundert stammen auch die bedeutendsten Bauwerke: die gleichzeitig mit der Stadt gegründete Burg, die Steinbrücke und die Marienkirche, alles Bauten der königlichen Bauhütte v. Zvíkov.
Der got. Palast der 1532 abgebrannten *Burg,* die Václav I. und dessen Sohn Přemysl Otakar II. erbauen ließen, steht heute im Hof des barocken Rathauses und dient als Stadtmuseum. Das *Rathaus* mit den

Burg Zvíkov

beiden symmetrischen Türmen entstand 1737–66.
Die steinerne *Hirschbrücke/Jelení most* aus dem Jahre 1278 ist die älteste erhaltene Brücke Böhmens, sogar älter als die berühmte Karlsbrücke in Prag. Wie diese trägt sie Skulpturenschmuck aus dem 17. Jh., wenn auch weniger aufwendig.
Die dreischiffige *Marienkirche* aus der 2. Hälfte des 13. Jh. besitzt 2 unterschiedlich hohe Fronttürme. Der niedrigere im Nordwesten stammt noch aus der Gründungszeit und erhielt seine heutige Gestalt vor 1859. Der höhere Turm, vor 1489 errichtet, wurde nach einem Brand 1555 umgestaltet. In den Jahren 1741–46 fügte man die barocke St.-Johannes-von-Nepomuk-Kapelle am rechten Seitenschiff hinzu. Bei der Regotisierung der Kirche 1886 durch Josef Mocker* entdeckte man im Innenraum Wandmalereien vom Ende des 13. Jh. Hervorgehoben seien das gotische Tafelbild, die sog. »Madonna v. Písek« (14. Jahrhundert) und ein Renaissancetaufbecken. Ansonsten ist die Innenausstattung zumeist neugotisch.
Die Stadt bildete im 15. Jh. eines der Zentren der hussitischen Revolution und war auch später ein Mittelpunkt für Fortschritt und Bildung: Bereits 1773 wurde ein Gymnasium gegründet, und seit 1884 ist sie Sitz der 1. böhmischen Forstschule. In Písek befindet sich auch die weltbekannte Meisterschule des Violinpädagogen Otakar Ševčík.

Umgebung

Orlík / Adlerhorst (30 km n): Ihren poetischen Namen erhielt die im 13. Jh. v. König Václav II. gegr. Burg wegen ihrer sicheren Lage auf einem steilen Felsvorsprung hoch über dem Moldautal. Durch den Bau der großen Talsperre 1957–67 wurde das Tal überflutet, und heute erhebt sich die Burg nicht mehr ganz so hoch über den langgestreckten See.
Die urspr. nur aus einem einstöckigen Gebäude und einem zylindrischen Turm bestehende Burg veränderte im Verlauf der Jahrhunderte durch die Umbauten verschiedener Besitzer vielfach ihr Aussehen. Das heutige Erscheinungsbild ist vor allem von den Umgestaltungen der Familie Schwarzenberg geprägt, die den Architekten B. Grueber beauftragte, das Anwesen im neugot. Stil dem Geschmack der Zeit anzupassen (1849–60). In dieser Zeit entstand auch die englische Parkanlage.
Im Schloßinneren gibt es neben den kostbaren Interieurs reiche Waffen- und Antiquitätensammlungen sowie eine alte Bibliothek.

Zvíkov/Klingenberg (23 km n): Auf einem Bergvorsprung an der Stelle eines prähistorischen Verteidigungswalls wurde die *Burg Zvíkov* hoch über dem Zusammenfluß v. Vltava (Moldau) und Otava (Wottawa) im 13. Jh. errichtet. Von dieser strategisch günstigen Lage mit 3 natürlich geschützten Seiten hat man heute noch einen guten Eindruck. Nach dem Bau der Talsperre Orlík liegt die Burg wie ein Schiff in dem um sie herum entstandenen Stausee. Man erreicht sie über eine Brücke durch ein Brückentor.
Die Burg wird zum erstenmal 1234 urkundlich erwähnt. Um 1230 entstand der mittlere Teil der Burganlage mit einem Wohntrakt und dem quaderförmigen Hauptturm, dem sog. Beulenturm/Hlízová věž. Zu dieser Zeit bewohnte König Wenzel I. die Burg des öfteren. Im Auftrag v. Přemysl Otakar II. wurde die Burg in eine Fünf-Flügel-Anlage mit einer Kapelle erweitert. Eindrucksvoll sind die den Hof umgebenden frühgot. Arkaden. Ende des 13. Jh. kamen zu der bereits bestehenden Befestigungsanlage weitere Tore und der hohe runde mit einer Sturmkante versehene Wachtturm hinzu. Im 16. Jh. gestaltete Baumeister Hans Vlach* die Burg teilweise im Renaissancestil um. Trotz folgender Besitzerwechsel hat die Burganlage ihren got. Charakter bis heute bewahrt.
Nachdem sie 1759 durch eine Brandkatastrophe großen Schaden nahm, blieb sie unbewohnt. Nach 1880 begann Giovanni F. Marchetti mit der Rekonstruktionsarbeit. Auch im Inneren ist eine Besichtigung lohnenswert. Im oberen Umgang des königlichen Palastes findet man noch Reste spätgot. Fresken. Gut erhalten ist der sog. Hochzeitsraum mit einem frühgot. Rippengewölbe und hervorragend restaurierten Wandgemälden, die u. a. eine Tanzszene zeigen. In der Wenzelskapelle befindet sich auf dem spätgot. Altar das Relief »Beweinung Christi« vom Anfang des 16. Jh., geschaffen vom sog. Zvíkover Meister*. Die

Wände schmücken Malereien aus dem 15./16. Jh.
Die Burg wurde zum nationalen Kulturdenkmal erklärt.

Plzeň / Pilsen
Westböhmen

Einw.: 170000 Höhe: 311 m S. 353 □ C3

Die Bezirksstadt Plzeň ist als fünftgrößte Stadt der ČSFR und zweitgrößte Böhmens durch die Škoda-Werke (seit 1869) und die Pilsner-Urquell-Brauerei (seit 1842) weltbekannt. Mit der Entwicklung zu einer der bedeutendsten Industriestädte des Landes dehnte sich das Stadtgebiet großflächig aus, und immer noch entstehen neue Wohngebiete am Stadtrand. Ihr historischer Kern zwischen den Flüßchen Mže und Radbuza wurde zum Denkmalreservat erklärt.
Ursprünglich gehörte der Name Plzeň zu einer 9 km südöstlich der Stadt gelegenen Fürstenburg der Přemysliden, Starý Plzenec (→Umgebung). Zur Unterscheidung hieß die 1295 gegründete königliche Stadt zuerst Nový Plzenec/Neu Pilsen; sie übernahm bald die führende Stellung, und die Bedeutung der Burg nahm ab. Bis heute hat der Stadtkern seinen schachbrettartig angelegten gotischen Grundriß bewahrt. Im 19. Jh. entstand anstelle der gotischen und barocken Befestigungsmauern ein Ring von Grünanlagen. Erhalten sind Mauerteile im Park »5. května« und Reste des Lititz-Tores/Litická brána beim ehem. Dominikanerkloster in der Straße B. Smetany.
Unmittelbar nach der Stadtgründung siedelten sich die ersten Klöster an: das im 19. Jh. aufgehobene Dominikanerkloster (heute Staatliche wissenschaftliche Bibliothek) im Nordwesten des Stadtzentrums und das Franziskanerkloster (heute Westböhmisches Museum) mit der *Mariä-Himmelfahrts-Kirche/Kostel Nanebevzetí P. Marie*. Der bedeutendste Sakralbau ist die auf dem Hauptplatz (Náměstí republiky) stehende gotische *St.-Bartholomäus-Kirche/Kostel svatého Bartoloměje* aus dem 14./15. Jh. Von den urspr. geplanten 2 Fronttürmen der dreischiffigen Hallenkirche wurde nur der Nordturm fertiggestellt; er ist mit einer Höhe von 103 m der höchste Kirchturm von ganz Böhmen. Sehenswert ist ihre kostbare Inneneinrichtung; deren bekanntestes Stück ist die sog. »Pilsener Madonna« (14. Jh.) auf dem von Josef Mocker* um 1883 entworfenen Hauptaltar. Interessant ist auch die außerhalb des Zen-

Plzeň, Rathaus

Plzeň, Pestsäule

trums gelegene *St.-Nikolaus-Kirche/Kostel svatého Mikuláše* aus dem 15. Jh. Auf dem angrenzenden malerischen *Friedhof* mit zahlreichen künstlerisch wertvollen Plastiken ist der 1856 gestorbene tschechische Dramatiker Josef Kajetán Tyl beigesetzt (→Prag: Tyl-Theater). Nach ihm ist auch das hiesige Neurenaissancetheater benannt.

Besonders in der Profanarchitektur haben die verschiedenen Baustile ihre Spuren hinterlassen. Neben den gotischen Fundamenten zahlreicher Häuser, vor allem am Hauptplatz sind aus dieser Zeit noch einige Gebäude oder Details erhalten: In dem sogenannten *Gerlach-Haus* CN-Nr. 344 in der mittleren, östlich vom Hauptplatz abgehenden Straße Dřevěná ulice ist ein wertvolles gotisches Portal zu sehen. Heute ist hier das *Volkskundemuseum* untergebracht. In der Parallelstraße Pražská ulice liegen gegenüber dem alten *Wasserturm* von 1530 die auf spätgotischen Grundrissen erbauten *Fleischbänke* mit ihren auffallenden Stufengiebeln; seit 1971 beherbergt das Gebäude eine Galerie. In der folgenden Parallelstraße Veleslavínova ulice CN-Nr. 58 birgt das mittelalterliche Gebäude einer Mälzerei heute ein *Brauereimuseum*. Das bedeutendste Bauwerk aus der Zeit der Renaissance ist das an der nördlichen Stirnseite des Platzes stehende *Rathaus*. Es wurde von Giovanni de Statio 1554–58 im böhmischen Renaissancestil erbaut und mit einer schönen Attika und Sgraffitoschmuck ausgestattet. Die *Pestsäule* entstand 1681. Sowohl am Platz wie auch in den übrigen Straßen zeugen noch viele *Bürgerhäuser* von der Renaissance, z. B. das Haus in der Straße Perlová ulice CN-Nr. 65 und das barock umgebaute Scriboniovský-Haus an der Ecke Františkánská und Zbrojnická ul., in dem Albrecht von Waldstein (Wallenstein) sich vor seiner letzten Reise nach →Cheb einquartiert hatte. Das barocke Aussehen der Stadt prägte vor allem der Baumeister Jakub Auguston, der u. a. die ehemalige Erzdechantei (CN-Nr. 234) am Hauptplatz und die St.-Anna-Kirche/Kostel svaté Anny beim ehem. Dominikanerkloster erbaut hat.

Im Jahre 1842 wurde die berühmte *Pilsner Brauerei/Plzeňský pivovar* gegründet. Durch eine neue Art zu brauen wurde das Bier, das sich durch eine klare Farbe, den reinweißen Schaum und einen neuartigen Geschmack auszeichnete, bald weltbekannt. Es fand viele Nachahmer, die ihr so gebrautes Bier dann Pilsener nannten.

Die Brauerei liegt etwas außerhalb des historischen Zentrums an der Straße M. Skardové ulice, jenseits des Flusses Radbuza.

Kozel, Schloß

Neben dem Besuch des Lokals ist auch eine Brauereibesichtigung mitsamt der 9 km langen Keller empfehlenswert.

Umgebung

Kozel (11 km sö): Die für Böhmen einzigartige *Schloßanlage,* im Louis-seize-Stil erbaut, repräsentiert den reinen Klassizismus. Auch die kostbare Innenausstattung entspricht dem Geschmack der damaligen Zeit. In dem sich anschließenden englischen Park findet man seltene Baumarten und Statuen v. Ignaz Michael Platzer*. Die ehem. Reitschule beherbergt eine Skulpturensammlung des Bildhauers Karel Dvořák* (1893-1950). Hinsichtlich des Namens Kozel (= Ziegenbock) erzählt eine Legende, daß sich hier früher eine heidnische Opferstelle für Ziegenböcke befand.

Manětín (24 km n): Eindrucksvoll ist die *Skulpturengalerie* (18. Jh.) zwischen dem Ort und dem v. Jan Blažej Santini-Aichel* erbauten *Barockschloß.* Heute dient ein Teil des Schlosses als Museum und Gemäldegalerie. In der *Dechanteikirche* findet man Werke des Barockmalers Peter Brandl*.

Rabštejn nad Střelou (30 km n): Die 1337 an der Střela gegr. Stadt war die kleinste Stadt Böhmens. Auf einem Felsen erheben sich die Ruinen der urspr. got. *Burg.* Leider sind das Renaissanceschloß und die barocken Gebäude des ehem. Servitenklosters nicht zugänglich. Die *Barockkirche* errichtete Carlo Lurago*.
Heute liegt der Ort am Rand eines kleinen Naturschutzgebietes.

Starý Plzenec (9 km sö): Auf einem Hügel oberhalb der kleinen Ortschaft befinden sich die Ruinen der *Burgschanzen* einer alten Přemyslidenburg. Bereits 976 urkundlich erwähnt, war die Burg der Vorgänger der 1295 gegr. Stadt Nový Plzenec/Neu-Pilsen, des heutigen →Plzeň. Erhalten sind eine roman. *St.-Peter-Rotunde* aus dem 10. Jh., die unter den ältesten Baudenkmälern Böhmens eine bedeutende Rolle spielt, und die Fundamente v. 2 weiteren *roman. Kirchenbauten.* Auch die beiden *got. Kirchen* im Ort sind roman. Ursprungs. Eine ist mit Fresken des 14./15. Jahrhunderts ausgestattet.

Prachatice
Südböhmen

Einw.: 9000 Höhe: 490 m S. 353 □ E4

Die am Anfang des 14. Jh. am Fuß des Böhmerwalds (Šumava) gegründete heutige Kreisstadt lag an einer bedeutenden Handelsstraße zwischen Böhmen und Bayern, dem sogenannten »Goldenen Pfad«. Auf diesem Weg kam Salz aus Bayern in die Stadt, und böhmisches Malz und Getreide wurden in umgekehrter Richtung befördert. So gelangte die Stadt zu beträchtlichem Wohlstand, der sich bis heute in den noch erhaltenen Bauten des 15.-17. Jh. widerspiegelt. Als die Stadt um 1700 ihr Monopolrecht im Salzhandel einbüßte, verlor sie auch an Bedeutung.
Von den ca. 1323 um die Stadt angelegten Befestigungsanlagen sind große Teile der *Stadtmauern* und das im 15. Jh. erbaute und im 16. Jh. umgestaltete *Písek-Tor* erhalten. Zu den ältesten Bauten gehört die got. *St.-Jakobs-Kirche/Kostel svatého Jakuba,* die im 14. Jh. begonnen, aber erst im Jahre 1513 fertiggestellt wurde. Ihr Merkmal ist

Prachatice, St.-Jakobs-Kirche

das ungleiche Turmpaar. Der Chor stammt noch aus ihrer Gründungszeit. Beachtenswert sind im Inneren die kunstvollen Stern- und Netzgewölbe der Ende des 15. Jh. erbauten Halle. Die Ausstattung ist überwiegend barock.

Im historischen Zentrum (unter Denkmalschutz) gibt es eine Reihe sehenswerter Bauten, so das *Hus-Haus* in der Straße Husova ulice (CN-Nr. 71), die mit Zinnen und Attika gestaltete *Literatenschule* bei der St.-Jakobs-Kirche und vor allem die Gebäude um den rechteckigen *Marktplatz*. Herausragend ist das *Rathaus* von 1571 mit seiner reich verzierten Fassadenfront; dargestellt sind antike und biblische Szenen. Als Vorlage dienten zum Teil Gemälde des Malers Hans Holbein d. J*. In der Nordwestecke des Platzes steht der prächtige Bau eines 1572 erbauten *Palais* (CN-Nr. 169), das der Adelsfamilie Rožmberk gehörte, die zu dieser Zeit mächtigste Familie in Südböhmen. Zu den schönsten Bauten zählt auch das sog. *Rumpál-Haus* (CN-Nr. 41) mit dem Laubengang und Sgraffitobildern, auf denen Schlachtszenen dargestellt sind. Die Südostecke nimmt das Gebäude des ehem. *Salzamtes* (CN-Nr. 45) aus dem Jahre 1573 mit reizvollem Erker ein. Das *Kreismuseum* befindet sich im sog. Sytra-Haus (CN-Nr. 13) an der Nordostecke des Platzes.

Umgebung

Husinec (5 km n): In dieser kleinen Stadt wurde im Jahre 1370 der Magister Johannes Hus, Dekan und Rektor der Karlsuniversität in Prag (→Karolinum) und Begründer der Reformbewegung der Hussiten geboren. Am 6.7. 1415 starb er auf dem Scheiterhaufen in Konstanz, vom dort einberufenen Konzil zum Tod durch Verbrennen verurteilt. Zu seinem Gedenken richtete man in seinem Geburtshaus ein Museum ein. Sehenswert sind auch eine Reihe mittelalterlicher Bürgerhäuser.

Kratochvíle/»Kurzweil« (15 km ö): Das an einem Berghang inmitten eines reizvollen Parks gelegene *Renaissanceschlößchen* erbaute 1583–89 B. Maggi da Arogno im Stil eines ital. Kasinos. Bauherr war Vilém z Rožmberka. Zu dem einstöckigen, eingefriedeten Hauptgebäude gehören eine Kapelle (1589) und kleine Dienstbotenhäuser. Beachtenswert sind die reich gestalteten Innenräume, so bes. der *Goldene Saal* mit seinen ehem. vergoldeten Stukkaturen, Tapeten und Malereien v. Antonio Melana. Zusätzlich wurde hier eine Ausstellung über Theater-Ausstattungsstücke eingerichtet.

Krachtovíle

Netolice (17 km ö): Das Städtchen wurde in der 2. Hälfte des 13. Jh. an der Stelle einer alten Burg gegr. Den quadratischen Hauptplatz umgeben einige schöne *Bürgerhäuser* aus der Zeit der Gotik, der Renaissance und des Barock, die zum Teil noch Laubengänge besitzen. – Die *Kirche des hl. Wenzel/Kostel svatého Václava* stammt aus dem 13. Jahrhundert und wurde später barock umgestaltet.
Im Inneren sind Reste got. Wandmalereien erhalten. Bekannt gemacht haben die Stadt ihre im 18. Jh. abgehaltenen Vieh- und Pferdemärkte. – Das städtische *Museum* beherbergt Sammlungen zur Volkskunst, Landwirtschaft und zum Handwerk; u. a. werden die Traditionen der Menschen gezeigt, die in der nahe gelegenen *Marschlandschaft Zbudover Blata* leben. Bes. beeindruckend ist die dort entwickelte Volksarchitektur, der sog. *Bauernbarock:* Ungelernte Maurer mit viel künstlerischem Talent gestalteten die Höfe unter Einbeziehung barocker Stilelemente. Auch in den farbenfrohen Trachten drückt sich ein eigener Stil aus.
Interessant ist auch ein Besuch der Orte Klečaty, Komárov, Mazíce und Vlastiboř sowie der Museen in →Soběslav und Veselí. (→Holašovice bei České Budějovice S. 244.)

Sehenswert ist auch der 10 km sw gelegene *Kubany-Urwald/Boubínský prales,* der seit 1858 geschützt ist und zu den ältesten Naturreservaten Europas zählt. Auf einer Fläche v. 46 ha befinden sich Fichten und Tannen, die bis zu 400 Jahre alt sind. Die höchste Erhebung ist der Berg Boubín mit 1362 m.

Příbram
Mittelböhmen

Einw.: 35 000 Höhe: 500 m S. 353 □ E3

Bedeutend für die heutige Industrie- und Kreisstadt ist ihr Uranerzbergbau. Die Schächte erreichen eine beachtliche Tiefe von mehr als 1500 m. Neubauten beherrschen heute das Stadtbild.
Die im 13. Jahrhundert am Bergrücken Brdy gegründete Stadt gehörte den Prager Bischöfen, die hier eine Feste errichten ließen. Schon zu dieser Zeit betrieb man einen ausgedehnten Silberbergbau, weshalb die Stadt zu Wohlstand und Ansehen kam. Anfang des 15. Jahrhundert ging sie in eine weltliche Verwaltung über. Die auf der Seite der Hussiten stehende Stadt wurde während der Hussitenkriege (1419–36) heftig umkämpft, und auch im Dreißigjährigen

Příbram: Svatá Hora

Krieg war sie Plünderungen und Zerstörungen ausgesetzt. So erklärt sich, daß heute nur wenige historische Baudenkmäler erhalten sind.
Die ursprünglich gotische *Pfarrkirche* wurde im 18. Jh. barockisiert und später wiederholt umgestaltet. Die ehem. *Burg*, als Schloß umgebaut, beherbergt seit dem 19. Jahrhundert eine Fachhochschule für Bergbau. Beachtenswert ist der noch erhaltene Erker aus dem 14. Jahrhundert.
Ein interessantes *Freilicht- und Regionalmuseum* informiert über den Bergbau und die Kultur dieser Region.
Schon 1875 wurde mit dem sog. Adalbertschacht (Vojtěšská sachta) eine Tiefe von 1000 m erreicht.

Svatá Hora/Hl. Berg: Im NO der Stadt gelangt man über eine steile Treppe (wegen Renovierung zur Zeit nicht begehbar; man muß die Straße benutzen) mit 365 Stufen, die sog. Wallfahrtsstiege, auf den 586 m hohen Hl. Berg.
Bereits ab 1647 haben die Jesuiten Bittprozessionen zu der urspr. hier stehenden kleinen *Kapelle* veranstaltet. In den Jahren 1658–73 wurde sie barockisiert und zu einer Wallfahrtskirche ausgebaut. Man baute rechteckige Kapellen an und gestaltete die O- und W-Seite mit je 3 offenen Arkadenkapellen.
Die Baumeister dieses großangelegten Umbaus waren Domenico Orsi* und Giovanni Domenico Canevalle*, wobei der Giebel an der ö Stirnseite v. Giovanni F. Fassarini stammt. Die w Arkaden wurden 1745–51 zugemauert. Die Wallfahrtskirche zeichnet sich durch ihre reiche Innenausstattung aus, zu der ein aus purem Silber gearbeiteter Altar und eine kostbare Madonna zählen.
Der auf einer Terrasse stehende Bau wird v. einer statuengeschmückten Balustrade umgeben.
Dieser Mittelteil wird v. einem Kreuzgang mit 8 Kapellen und je einer achtseitigen Eckkapelle umgeben. Die Baumeister waren B. Schlager und Carlo Lurago*, der auch an der Gestaltung der Kirche beteiligt war (1659–74). Beachtenswert ist die reiche Ausstattung mit Stukkaturen und Fresken.

< Příbram: Svatá Hora Silberaltar der Wallfahrtskirche

R

Rakovník / Rakonitz
Mittelböhmen

Einw.: 15000 Höhe: 300 m S. 349 □ D2

Seit dem Mittelalter ist die heutige Kreisstadt durch ihre Bierbrauerei bekannt; bedeutend ist auch ihre Keramikindustrie.
Im historischen Kern der bereits im 13. Jh. gegründeten Stadt sind von der gotischen Befestigungsanlage die beiden turmförmigen *Stadttore* erhalten geblieben. Die spätgot. *St.-Bartholomäus-Kirche/Kostel svaté-*

Rakovník, Prager Tor

Loket

ho Bartoloměje erkennt man leicht an ihrem frei stehenden Glockenturm mit Fachwerkdekor (1495). Beachtenswert ist ihre Kanzel; sie ist aus einem einzigen Sandsteinblock herausgearbeitet (um 1504). Das *Rathaus* am langgestreckten Marktplatz stammt aus der Barockzeit, ebenso die Pestsäule.

Der *jüdische Friedhof* wurde im 17. Jh. angelegt. Das *Stadtmuseum* zeigt Dokumentationen zur Stadtgeschichte und Keramikherstellung.

Umgebung

Křivoklát / Pürglitz (16 km sö): Aus tiefen Wäldern erhebt sich die spätgot. *Burganlage* auf einem Felsvorsprung über dem Rakovnický potok (Rakonitz-Bach). Bereits 1109 urkundlich als feste Burg erwähnt, gehört sie zu den ältesten Burganlagen Böhmens. Der für die Burg typische hohe Rundturm an der Frontseite und die Steinmauer stammen aus der Mitte des 13. Jh. Erst Přemysl Otakar II. (1253–78) ließ den großen Palast mit der Durchfahrt zum oberen Teil der Burg erbauen und machte sie zum königlichen Landsitz. Auch Kaiser Karl IV. nutzte die Burg für Aufenthalte und verfaßte 1348 hier die Gründungsurkunde der Prager Neustadt. Seinem Sohn Wenzel IV. schien sie als Jagdsitz gut geeignet. Ihre spätgot. Gestalt prägten vor allem die Um- und Erweiterungsbauten v. König Vladislav Jagiello und seinem Sohn Ludwig in den Jahren 1473 bis etwa 1522. Auch die eindrucksvolle Burgkapelle mit dem kostbaren Flügelaltar stammt aus dieser Zeit. Das ganze MA hindurch diente die

Burg als Gefängnis für politische Häftlinge. Nach 1621 kam die Burg in den Besitz der Habsburger und später mehrerer Adelsgeschlechter. Sie verlor an Bedeutung und verfiel langsam, was durch die beiden Feuersbrünste v. 1633 und 1828 beschleunigt wurde. Um 1850 begann die Instandsetzung der Anlage unter der Familie Fürstenberg und nach 1945 durch den tschechoslowak. Staat. Heute gehört sie zu den besterhaltenen Burganlagen der Gotik in Böhmen. Die interessanten Sammlungen des *Burgmuseums* verdeutlichen die Geschichte und Entwicklung der Burg, umfassen kostbare Werke spätgot. Kunst und die aus ca. 24000 Bänden und wertvollen Schriften bestehende ehem. Fürstenberg-Bibliothek.

In den Sommermonaten werden hier Konzerte alter Musik veranstaltet.

Sehenswert ist auch das Gebiet *Křivoklátsko,* ein einmaliges Landschaftsschutzgebiet, das wegen seines Pflanzenreichtums v. der UNESCO zum biologischen Reservat erklärt wurde. Es erstreckt sich n und s der Berounka zwischen den Kreisstädten Rakovník und Beroun. Neben der reizvollen Urtümlichkeit des Waldes und großen Eibenbeständen findet man in dem Gebiet v. Skryje-Týřov Abdrücke einer urzeitlichen Meeresfauna.

S

Sokolov / Falkenau

Westböhmen

Einw.: 25000 Höhe: 400 m S. 348 □ B2

Die Kreisstadt an der Ohře (Eger) wurde schon im 13. Jh. gegründet. Heute ist sie eine moderne Industriestadt mitten im Braunkohlebecken mit einem weitläufigen Großtagebau.

Von den historischen Gebäuden sind 2 Barockkirchen, ein später umgestaltetes Frührenaissanceschloß und auf dem Stadtplatz ein Brunnen vom Ende des 18. Jh. erhalten.

Burg Křivoklát

Ihn schmückt die Figur eines Falkners, der als der legendäre Stadtgründer gilt.

Das *Schloß* ließ Graf Schlick 1480 anstelle eines älteren Hauses erbauen. Es ist ein reiner Renaissancebau, dessen 4 Flügel einen Arkadeninnenhof mit einem Brunnen umschließen. Durch seine 4 polygonalen Türme wirkt es von außen eher wie eine Wehrburg. Das 1805 erneuerte Schloß liegt inmitten einer Parkanlage.

Umgebung

Loket/Elbogen (8 km ö): Die im 13. Jh. in einer Flußschleife der Ohře (Eger) auf einer steilen Anhöhe erbaute Burg wird in alten Überlieferungen zum erstenmal im Jahre 1234 erwähnt. Ihre äußere Gestalt hat sie durch Umbauten um 1400 und Anfang des 16. Jh. erhalten. Als Grenzburg hatte sie im MA eine zentrale Bedeutung, bis sie – nie bezwungen – diese im 17. Jh. verlor und in den Besitz der Stadt überging. Heute beherbergt sie ein *Museum* mit Sammlungen des hiesigen Markenporzellans Epiag (seit 1815) und einer Goethe-Ausstellung. An seinen Aufenthalt erinnert auch eine Gedenktafel am Gasthaus »Zum weißen Roß«/»U bílého koně« in dem kleinen terrassenartig unterhalb der Burg angelegten, unter Denkmalschutz stehenden Städtchen. Der Grundriß der 1337 zur Stadt erhobenen Ansiedlung ist im Zentrum bewahrt geblieben. Bis Mitte des 14. Jh. bestand die Stadt hauptsächlich aus Holzbauten, die als bes. brandgefährdet durch Steinhäuser ersetzt wurden. Von der im 15. Jh. angelegten *Befestigung* sind noch Mauerreste sowie der O-Turm und eine Pforte erhalten. Die *St.-Wenzels-Kirche/Kostel svatého Václava* aus dem 15. Jh. erhielt ihre Barockgestalt im 18. Jh. Das an dem v. schönen *Bürgerhäusern* gesäumten Marktplatz stehende *Barockrathaus* stammt aus den Jahren 1682–87. Ungefähr zu dieser Zeit entstanden auch die beiden *Brunnen* und die *Dreifaltigkeitssäule*.

Strakonice
Südböhmen

Einw.: 19000 Höhe: 395 m S. 353 □ D4

Die im 13. Jh. entstandene Ansiedlung an der Mündung des Flüßchens Volyňka in die Otava ist heute Kreisstadt und eine wichtige Industriestadt in Südböhmen, bekannt durch die ČZ-Motorradwerke, Textilverarbeitung, Maschinenbau sowie die Produktion orientalischer Feze.

Strakonice, Burg

Blatná, Wasserburg

Schon im 1. Viertel des 13. Jh. gründete Bavor I. ze Strakonic in strategisch günstiger Lage zwischen den beiden Flüssen eine Burg. Im Jahre 1243 schenkte der damalige Burgherr dem Johanniterorden einen Teil seines Anwesens, damit dieser hier eine Kommende mit Kirche und Spital errichtete. Um 1402 gingen auch der übrige Teil der Burg und der sich anschließende Ort in ihren Besitz über. Nachdem die Burg während des Dreißigjährigen Krieges stark beschädigt wurde, verlegte der Orden seinen Hauptsitz nach Prag, behielt aber die Burg und die umliegenden Güter bis 1929.

Das dreieckige Burgareal ist trotz mehrerer Umbauten noch heute von der ursprünglichen *Befestigungsmauer* aus der Gründungszeit im 13. Jh. umgeben. Von der romanischen *St.-Prokop-Kirche/Kostel svatého Prokopa* sind nur noch das Westschiff mit der Empore und ein Teil des Seitenschiffes erhalten. Um 1300 und um 1500 wurde die Kirche gotisch umgebaut. Neben der einheitlichen barocken Innenausstattung aus den Jahren 1720–30 findet man Reste got. Wandmalereien und einen geschnitzten Annenaltar von etwa 1520. In dem ursprünglich romanischen einstöckigen *Palast* befindet sich im Erdgeschoß ein schöner kreuzgewölbter Saal mit 4 Jochen und Fresken vom Anfang des 14. Jh. Zwischen dem Palast und der Kirche wurde um 1280 ein vierflügeliger *Kreuzgang* errichtet, dessen Gewölbe auf kunstvollen Terrakottapfeilern ruht. In den Jahren 1260–80 fügte man einen neuen zweistöckigen Palastbau hinzu, der heute das *Museum* beherbergt. Sehenswert sind die Balkendecken und der mit Renaissancemalereien ausgestattete Rittersaal. Ausgestellt sind alte Kunstobjekte und archäologische Sammlungen, z. B. Funde aus der Zeit von 300 v. Chr., als die Kelten in der Otava noch Gold gewaschen haben.

Auffallend ist der *Jelenka* genannte Turm am Graben, dessen 3 Außenseiten schlichte Erker schmücken. Obwohl sich der Hauptsitz des Johanniterordens in Prag befand, wurde 1715 die barocke Residenz des Großpriors hinzugebaut. 1867–74 verwandelte man den Burggraben in eine englische Parkanlage. Die Burg ist in den Monaten Mai–Oktober geöffnet.

In der Stadt selbst befinden sich neben wenigen *Barockhäusern* eine im 16. Jh. erbaute *Margaretenkirche,* die später barockisiert wurde und eine got. *St.-Wenzels-Kirche* auf dem Friedhof.

Die Stadt ist der Geburtsort v. Josef Skupa, dem Erfinder der Marionetten Špejbl und Hurvínek und Gründer des nach den Puppen benannten Theaters in Prag (→Prag, Theater). Ein besonderes kulturelles Ereignis sind die alljährlichen Festspiele der Dudelsackpfeifer auf der Burg.

Umgebung

Blatná (22 km n): Der in einem Teichgebiet liegende Ort ist durch seine v. Jan Böhm Anfang des 20. Jh. angelegten Rosenhaine bekannt geworden. Sehenswert ist bes. die *Pfarrkirche Chrám Panny Marie v Blatné,* die 1240–1300 anstelle einer roman. Kirche erbaut wurde. Der spätgot. Chor entstand 1414–44. Das kostbare Zellengewölbe der zweischiffigen Halle wird v. 3 schlanken Säulen getragen. Die Innenausstattung ist barock. An dem Marktplatz und in den Straßen des Zentrums findet man schöne Barock- und Empirebürgerhäuser.

Das bedeutendste Bauwerk ist die anstelle einer älteren Feste um 1400 errichtete *Wasserburg,* die in der Renaissance umgebaut, erweitert und später neugot. umgestaltet

Moravská Třebová, Schloß, Arkadenhof

wurde. Dominierend ist der gewaltige Bergfried. Die Innenräume beherbergen kostbare Sammlungen. Zur Zeit wird die Burg umfassend restauriert.
Zum Schloß gehören ein ausgedehnter Park und ein Damwildgehege.

Vodňany (20 km sö): Die am Fluß Blatnice liegende Stadt hat den ringförmigen Grundriß der historischen Anlage bewahrt. Die got. *Befestigungen* mit den Stadttoren vom Ende des 14. Jh. sind nur noch zum Teil erhalten. Die got. *Kirche* am quadratisch angelegten Marktplatz wurde nach verschiedenen Umbauten im 19. Jahrhundert regotisiert. Aus dieser Zeit stammen die nach Kartons v. Mikoláš Aleš* angefertigten Malereien. Das ehem. alte *Rathaus* und die *Synagoge* dienen heute als Stadtmuseum. *Interessant* sind die in unmittelbarer Nähe der Stadt angelegten Fischteiche aus der Mitte des 15. Jh.

Volyně (8 km s): Das an den Ausläufern des Böhmerwalds (Šumava) gelegene Städtchen entwickelte sich an einer urspr. got. *Feste*, die heute ein *Museum* beherbergt.
Herausragend ist das mit Sgraffiti und Laubengängen ausgestattete *Renaissancerathaus* am Marktplatz. Die urspr. got. *Kirche* wurde teilweise barockisiert. Von dem ehem. jüd. Ghetto sind eine Reihe v. Gebäuden und der Friedhof aus dem 17. Jh. erhalten geblieben.

Svitavy / Zwittau
Ostböhmen

Einw.: 14 000 Höhe: 440 m S. 355 □ I3

Die am Fuß der Böhmisch-Mährischen Höhe (Českomoravská vrchovina) gelegene Industrie- und Kreisstadt entstand an der

Tábor, Stadtansicht

Tábor, Häuser am Marktplatz

wichtigen Handelsstraße zwischen Prag und Olomouc/Olmütz in Mähren. In der 2. Hälfte des 13. Jh. wurde sie von dem Olmützer Bischof Bruno von Schaumberg zur Stadt erhoben.

Den Marktplatz säumen einige *Renaissancehäuser* mit Laubengängen. Das *Rathaus* stammt aus dem 16. Jahrhundert. Von der alten *Stadtbefestigung* sind noch Reste erhalten.

Svitavy ist die Geburtsstadt v. Oswald Ottendorfer, dem Herausgeber der »New Yorker Stadtzeitung« des 19. Jh.

Umgebung

Moravská Třebová/Mährisch Trübau (16 km ö): Die am nö Rand der Böhm.-Mähr. Höhe (Českomoravská vrchovina) liegende Stadt wurde schon vor 1260 gegr. Im Jahre 1980 wurde sie zum städtischen Denkmalreservat erklärt. Von den spätgot. *Befestigungsanlagen,* die die rechtwinklig angelegte Stadt umgaben, sind noch Teile erhalten, so auch eine Reihe got. und *Renaissancebürgerhäuser.* Auch einige der im 19. Jh. entstandenen Fassaden weisen einen got. Kern auf. Sehenswert ist das *Renaissancerathaus* aus dem 16. Jh.

Das herausragendste Bauwerk ist jedoch das Anfang des 17. Jh. an der SO-Seite der ehem. spätgot. Burg erbaute *Spätrenaissanceschloß.* Von der Burg ist nach einem Brand nur noch das in den Schloßbau integrierte Renaissanceportal v. 1492 erhalten. Es trägt ein Porträtmedaillon des Burgherrn Ladislav z Boskovic. Das heutige Schloß ist ein einstöckiger Dreiflügelbau mit doppelgeschossigen, der Hofseite zugewendeten Arkaden. Die Mitte des Hauptflügels beherrscht ein dreigeschossiger Turmbau mit Arkaden und dem Eingangsportal.

Auf dem Kreuzberg erhebt sich ein v. Jiří Pacák und seiner Schule 1735–42 geschaffener monumentaler *Kalvarienberg.* Von dem gleichen Künstler stammen auch die Plastiken in der 1726 umgestalteten *Marienkirche.*

T

Tábor
Südböhmen

Einw.: 30000 Höhe: 440 m S. 354 □ F4

Die Besiedlung dieser Anhöhe am Fluß Lužnice läßt sich bis zur Zeit der Kelten zurückverfolgen. Von der älteren Bebauung zeugt heute noch der im 14. Jh. errichtete hohe Rundturm der ehemaligen gotischen Burg Kotnov. Von seiner Plattform hat man einen herrlichen Ausblick.
Im Jahre 1420 gründete der Hussitenführer Jan Žižka z Trocnova an dieser Stelle eine Festungsstadt und benannte sie nach dem biblischen Berg Tabor, was sich zu deutsch auch mit »Lager« übersetzen läßt.
In dieser neu entstandenen Ansiedlung wurde nach dem hussitischen Grundsatz »nichts ist mein, nichts ist dein, all ist allen gemein« die erste klassenlose Gesellschaft gebildet. Von dem Stützpunkt Tábor aus zogen die Hussitenheere in den Kampf gegen die katholische Liga König Sigismunds.
Heute findet man vor allem im nördlichen Teil des Stadtzentrums noch große erhaltene Abschnitte der starken *Befestigungsmauern* mit Basteien und Toren. Daß die gesamte Stadt im Hinblick auf eine gute Verteidigung angelegt war, zeigt sich in der Ausrichtung der vom zentralen Platz sternförmig abgehenden Straßen, die direkt zu den Befestigungsmauern führen, wie auch an dem etwa 15 km langen Netz von Gängen unter der Stadt.
Diese strategischen Überlegungen wurden bei späteren Festungsbauten aufgegriffen, so auch in Terezín (→Litoměřice, Umgebung) und Josefov.
Im Jahre 1436 wurden die Hussitenkriege durch den Abschluß eines Vergleichs beendet, nachdem die Hussiten bei Lipany 1434 eine schwere Niederlage erlitten hatten.
Mit dem Frieden setzte in der Stadt eine intensive Bautätigkeit ein. Noch heute bestimmen die Gebäude der Spätgotik und Renaissance das Erscheinungsbild des denkmalgeschützten Stadtkerns. Im Osten wird Tábor von zahlreichen Industrieanlagen und dort entstandenen Neubauvierteln geprägt. Die heutige Kreisstadt ist auch ein wichtiger Eisenbahnknotenpunkt.
Den Mittelpunkt der historischen Stadt bildet der große Platz *Žižkovo náměstí,* gesäumt von alten Bürgerhäusern, vor allem aus der Zeit der Renaissance, mit auffallend schönen Giebeln. Ein ausgezeichnetes Beispiel ist das in den Jahren 1440–1521 erbaute *Rathaus.*
Auch in der sö vom Marktplatz abgehenden Straße Pražská ulice stehen bemerkenswert schöne Häuser. So z. B. das mit Sgraffiti geschmückte *Stárkův dům* (CN-Nr. 157), das unter dem Vorbau eine Porträtgalerie aufweist.
Die auf dem höchsten Punkt des Hügels stehende *Verklärung-Christi-Kirche/Kostel Proměnění Páně* mit ihrem ca. 80 m hohen Turm und einem Renaissancegiebel wurde 1516 fertiggestellt. Die frühbarocke Kirche des ehem. Augustinerklosters entstand 1662.
Bereits im Jahre 1492 legte man den Teich Jordán als Trinkwasserreservoir an, eine für die damalige Zeit beachtliche und vorausschauende Maßnahme.

Rathaus: Das zweistöckige Rathaus (1440 bis 1521) umschließt mit seinen 4 Flügeln einen durch Galerien gestalteten Innenhof. Auffallend ist der starke hohe Turm. Die neugot. äußere Gestalt stammt v. Josef Niklas. Interessant ist das 24-Stunden-Zifferblatt der Rathausuhr, das die böhm. Zeitmessung im Gegensatz zu der sonst üblichen von 2mal 12 Stunden abbildet (→Prag: Altstädter Rathaus, astronomische Uhr). Im Inneren beeindruckt der 1515/16 v. Wendel Roskopf* erbaute zweischiffige Ratssaal, der sich über 2 Geschosse erstreckt. Sein herrliches Netzgewölbe tragen 2 Pfeiler. Im Erdgeschoß findet man das in

Stein gemeißelte Stadtwappen v. 1516/17, auf dem die führenden Persönlichkeiten der Hussitenbewegung Johannes Hus, Jan Žižka und Hieronymus v. Prag mit Adam und Eva zu sehen sind. Vom Rathaus aus kann man in das unter der Stadt liegende, weitverzweigte Netz v. Gängen hinabsteigen. Es sind ca. 800 m begehbar. Die Rathausräume beherbergen heute ein *Museum der Hussitenbewegung*.

Außerdem sehenswert: Ca. 5 km sö der Stadt liegen die Ruinen v. *Kozí Hrádek*, einer kleinen Burg vom Ende des 14. Jh., auf der Magister Johannes Hus in den Jahren 1412–14 lebte. Heute sind die Ruinen nationales Kulturdenkmal. – In dem sich am NW-Rand der Stadt befindenden *Stadtteil Klokoty* steht eine 1701–30 wahrscheinlich v. Jan Blažej Santini-Aichel* errichtete *Wallfahrtskirche*.

Umgebung

Bechyně (22 km sw): Die an der Mündung des Baches Smutný in den Fluß Lužnice gelegene Stadt wurde Anfang des 14. Jh. v. König Johann v. Luxemburg unterhalb der Burg gegr. Von der alten, den Ortskern umgebenden Stadtmauer mit ihren Basteien sind noch Überreste erhalten geblieben. Bekannt ist die Stadt für ihre kunstvolle Keramikherstellung und als *Heilbad* für Krankheiten des Bewegungsapparates. Die Heilquellen und Moorbäder liegen außerhalb der Stadt.

Bereits im 12. Jh. gab es hier eine Burgstätte, die als Bischofssitz diente. 1260 kam sie in den Besitz v. Přemysl Otakar II., der 8 Jahre später mit dem Neubau einer got. Burg begann. Nach mehreren Besitzerwechseln ließ der neue Burgherr Graf Šternberk an der Wende des 15./16. Jahrhundert eine neue spätgot. *Burg* errichten, die Ende des 16. Jahrhunderts durch die ausgedehnten Um- und Erweiterungsbauten des Petr Vok z Rožmberka ein Renaissance-Aussehen erhielt. Erhalten blieben v. der urspr., um einen unregelmäßigen Hof erbauten Vier-Flügel-Anlage im SW-Flügel ein großer Saal mit schönem Terrakotta-Netzrippengewölbe v. 1470–80, im N-Flügel ein bemerkenswerter Raum mit einer als Baum gestalteten Mittelsäule, deren Astwerk die Gewölberippen bildet, geschaffen 1515 von Wendel Roskopf*, und im SO-Flügel der große Jagdsaal mit dem darüberliegenden Rosenberg-Saal/Rožmberský sál, den schöne Wandmalereien zieren.

An den N-Flügel fügte der Baumeister Baldassare Maggi da Arogno 1581 eine Drei-Flügel-Anlage um einen rechteckigen Innenhof im Renaissancestil hinzu. Über dem Eingang erhebt sich ein Turm.

Im 19. Jh. wurde das Anwesen modernisiert. Hervorzuheben ist noch der sog. Gerichtssaal mit einer v. Bartoloměj Beránek-Jelínek* bemalten Stuckdecke. Leider ist das Schloß zur Zeit nicht öffentlich zugänglich. Die ehem. Schloßbrauerei und die Speicherhäuser dienen heute als Ausstellungsräume des hiesigen Töpferei- und Keramikhandwerks.

Ein weiteres *Keramikmuseum* befindet sich an dem im Zentrum liegenden Marktplatz, der v. der spätgot. *St.-Matthias-Kirche/Kostel svatého Matěje* beherrscht wird. Sehenswert ist ihre barocke Innenausstattung. Eine weitere Kirche ist die auf dem Friedhof stehende Barockkirche *St.-Michael/Kostel svatého Michala* aus dem 17. Jahrhundert. Der bedeutendste Sakralbau ist jedoch das ehem. *Franziskanerkloster mit der Marienkirche*. Das v. dem Grafen Šternberk bereits in der 2. Hälfte des 13. Jahrhunderts gegründete Kloster wurde von den Hussiten zerstört. Die jetzige spätgot. Hallenkirche wurde um 1490 mit 2 Schiffen und einem v. 3 Pfeilern getragenen Zellengewölbe, einer seltenen spätgot. Gewölbekonstruktion, erbaut.

Einige Teile im Chor und die gesamte Innenausstattung sind barock. Erhalten blieben eine gotische Pieta vom Ende des 15. Jahrhundert und ein Kruzifix vom Ende des 16. Jahrhunderts. Die Gemälde »Hl. Antonius« und »Hl. Franz v. Assisi« werden v. der Forschung Karel Škréta* zugeschrieben. An der S-Seite befindet sich der Eingang in die hochbarocke Kreuzigungskapelle, 1725 wahrscheinlich von Jan Blažej Santini- Aichel* erbaut.

An die O-Seite der Kapelle schließt sich der Gebäudekomplex des Klosters mit Kreuzgang, Sakristei, Karl-Borromäus-Kapelle und Kapitelsaal an. Sehenswert sind auch die erhaltenen Zellengewölbe und der Klostergarten.

Kladruby, Marienkirche

Im Jahre 1903 fuhr v. Bechyně die 1. elektrische Kleinbahn Böhmens, erbaut v. František Křižík, in die Kreisstadt Tábor.

Soběslav/Sobieslau (20 km ö): Am Marktplatz dieses interessanten Städtchens stehen 2 got. Kirchen: *St. Peter und Paul* mit einem fast 80 m hohen Turm und bemerkenswerter Innenausstattung und die *St.-Veits-Kirche* aus dem 14. Jahrhundert. Sie gehört zu den ältesten der für Südböhmen typischen zweischiffigen Hallenkirchen und verkörpert den sog. »Weichen Stil«. - Der Platz wird umgeben v. ma Häusern, deren Fassaden entweder in der Renaissance oder im Barock umgestaltet wurden. - Das städt. *Museum* informiert in einer ethnographischen Sammlung über die Volkskunst in der Moorlandschaft. *Borkovická blata* mit südböhm. Volksarchitektur (→Prachatice, Umgebung: Netolice).
Unmittelbar n der Stadt liegt das kleine Naturschutzgebiet *Nový rybník* mit schwimmenden Inseln und seltenen Wasserpflanzen.

< *Bor, Schloß*

Tachov / Tachau
Westböhmen

Einw.: 12000	Höhe: 430 m	S. 348 □ B3

Die heutige Industrie- und Kreisstadt hat ihren Schwerpunkt in der Holzverarbeitung.
Die den historischen Stadtkern umgebenden mittelalterlichen Befestigungsmauern mit Bastionen aus dem 14. Jahrhundert sind nahezu erhalten geblieben und wegen ihres guten Zustandes sehenswert. Ansonsten ist verhältnismäßig wenig von der ursprünglichen Bebauung bewahrt geblieben. Die mittelalterliche *Burg*, als Barockschloß umgestaltet, dient heute kulturellen Zwekken. Erhalten ist die got. *Kirche* aus dem 14. Jahrhundert. Das ehemalige barocke *Franziskanerkloster* beherbergt heute das *Kreismuseum*. Im Zentrum findet man eine

Reihe schöner *Bürgerhäuser* aus dem 17. Jahrhundert.
Am Stadtrand erinnert ein *Mahnmal* an die Opfer des Hungermarsches von KZ-Häftlingen im 2. Weltkrieg. Auf dem Berg Vysoká wurde ein *Denkmal* des Sieges der Hussiten über das Kreuzfahrerheer von König Sigismund im Jahre 1427 errichtet.

Umgebung

Bor/Haid (17 km sö): Das Wahrzeichen des kleinen alten Städtchens bildet der v. der ehem. got. Burg erhalten gebliebene hohe *Rundturm* mit dem später hinzugefügten Spitzdach. Die Burg wurde in ein Barockschloß umgebaut und im 19. Jh. teilweise regotisiert. Weitere sehenswerte Gebäude sind die *Barockkirche* mit dem spätgot. Turm und das barocke *Rathaus* am Marktplatz.

Kladruby/Kladrau (32 km sö): Bekannt ist v. dem am Flüßchen Úhlavka gelegenen Ort das gleichnamige ehem. *Benediktinerkloster*. Es wurde 1115 v. Fürst Vladislav I. gegr. und bereits 1233 mit einer roman. dreischiffigen Basilika fertiggestellt. Während der Hussitenkriege und im Dreißigjährigen Krieg wurde die Klosteranlage erheblich beschädigt. Nach einer teilweisen Erneuerung im 16. Jh. setzte ein umfassender Neuaufbau erst 1712–70 unter dem Abt Maurus Finzgut ein. Im Rahmen der Säkularisierung wurde das Kloster 1785 aufgehoben und 1825 als Schloß für den Grafen Windischgrätz umgestaltet; dieser war als Stadtkommandant verantwortlich für das Blutbad während des Pfingstaufstandes 1848 in Prag.

Stříbro, Brückenturm

In den Jahren 1712–28 erfolgte durch Jan Blažej Santini-Aichel* ein großangelegter Umbau der urspr. roman. *Marienkirche*, bei dem das alte Baumaterial wieder verwendet wurde. Das dreischiffige Langhaus erhielt ein Querschiff mit Kuppel. Der Innenraum mißt jetzt die beachtliche Länge von 82 m und ist mit reichem Freskenschmuck ausgestattet.
Das Kuppelgemälde »Mariä Himmelfahrt« schufen die Brüder Asam 1726. Sowohl die Altarplastiken als auch die Statuen der Kirchenväter und Ordensheiligen stammen v. Matthias Bernhard Braun* und Gregor Theny. Die Kirche gilt als ein herausragendes Beispiel für den Stil der sog. böhm. Barockgotik.
Das urspr. got. einstöckige Konventsgebäude wurde barock umgestaltet. An der S-Seite des Kreuzgangs errichtete Kilian Ignaz Dientzenhofer* ein prächtiges hochbarockes Konventsgebäude. Auffallend sind der hohe Mittelrisalit und die den Portikus tragenden Atlanten. Das frühbarocke Prälaturgebäude wurde 1644 als Vier-Flügel-Anlage mit einem Turm erbaut.
Ab 1945 ist die ehem. Klosteranlage in Staatsbesitz und wird heute für kulturelle Zwecke genutzt. U. a. finden hier Veranstaltungen des Sommer-Musikfestivals in Stříbro statt.
Der Ort ist bei Pferdeliebhabern für sein 1579 gegründetes Grauschimmelgestüt bekannt.

Planá / Plan (11 km nö): Diese Kleinstadt, gegr. im 13. Jh., besitzt einen sehenswerten historischen Kern, der um den langgestreckten *Marktplatz* liegt. Den v. alten, hauptsächlich barocken Häusern gesäumten Platz schmücken eine *Nepomuksäule* und ein *Brunnen*. Im Haus CN-Nr. 45 wurde Josef Helfert, der Begründer der heute noch gültigen Terminologie in der Denkmalpflege, geboren. – Die um 1280 erbaute

Marienkirche wurde im 18. Jahrhundert barockisiert. Das am Stadtrand stehende *Schloß* steht an der Stelle einer frühgot. Festung.

Přimda / Pfraumberg (17 km s): Über der kleinen Gemeinde erheben sich die Ruinen einer roman. *Grenzburg* aus dem 1. Viertel des 12. Jh. Die zur Bewachung der böhm. W-Grenze dienende Festung ist das älteste Baudenkmal seiner Art in Böhmen und wurde zum nationalen Kulturdenkmal erklärt.

Stříbro / Mies (33 km ö): Die auf einem Felsen über der Mže (Mies) errichtete Stadt bildet schon von weitem eine reizvolle Kulisse.

Der Name der Stadt Stříbro (=Silber) weist auf ihre Entstehungsgeschichte hin. Die bei reichen Silber- und Bleivorkommen 1240 gegr. königliche Stadt kam auch durch ihre günstige Lage am Handelsweg v. Böhmen nach Bayern zu großem Wohlstand. Im 15. Jh., auf der Seite der Hussiten stehend, und während des Dreißigjährigen Krieges mußte sie schwere Zerstörungen hinnehmen.

Da schließlich auch die Silbergruben erschöpft waren, konnte sie ihre vorherige Bedeutung nicht mehr wiedererlangen. Angezogen v. dem beginnenden Steinkohlebergbau im 17. Jh., siedelten sich hier viele dt. Bergleute an.

In die Stadt gelangt man über eine got. Steinbrücke und durch einen mit Sgraffiti verzierten Torturm aus dem 16. Jh. Teilweise sind die spätgot. *Befestigungsmauern* erhalten geblieben. Den Marktplatz umgeben eine Reihe schöner *Bürgerhäuser,* v. denen einige erhalten gebliebene Renaissanceportale besitzen.

Das ehem. *Minoritenkloster* aus der Mitte des 13. Jh. wurde v. Kaiser Josef II. aufgehoben und dient heute nach einigen Umbauten als Schule.

Kunsthistorisch herausragend ist das 1589 bis 1590 mit 3 Stufengiebeln und einem Turm erbaute *Rathaus.* Seine Fassade ist reich mit figuralen und ornamentalen Sgraffiti geschmückt. Heute beherbergt es das *Heimatkundemuseum.* Die spätgotische *Allerheiligenkirche* wurde im Barockstil umgestaltet.

Im Rahmen des alljährlichen Festivals »Musiksommer von Stříbro« finden Veranstaltungen im ehem. Benediktinerkloster in →Kladruby statt.

Sehenswert ist auch der 3 km ö beginnende Stausee Hracholusky, der, v. der Mies gebildet, sich über eine Länge v. 10 km erstreckt.

Teplice, Kurbezirk

Teplice / Teplitz
Nordböhmen

Einw.: 55 000 Höhe: 220 m S. 349 □ D1

Die Kreis- und Kurstadt liegt zwischen den Ausläufern des Erzgebirges (Krušné Hory) und dem Böhmischen Mittelgebirge (České Středohoří) in einer weiten hügeligen Landschaft inmitten des nordböhmischen Braunkohlebeckens.
Die permanente Besiedlung begann noch im 12. Jh., als Königin Judith, die Gemahlin Vladislavs I., nach 1160 ein Benediktinerkloster gründete. Die hier auf ihrem Alterssitz verstorbene Königin wurde in der romanischen Klosterkirche beigesetzt, deren Fundamente man 1953 bei archäologischen Untersuchungen entdeckte; heute kann man Reste der Grundmauern am Schloß sehen. An der Stelle des von den Hussiten zerstörten und nie wieder aufgebauten Klosters entstand ein *Renaissanceschloß*, das später im Barock- und dann im Empirestil umgestaltet wurde. Heute dient das Schloß als *historisches Museum* und *Gemäldegalerie*. Ein Raum ist dem häufigen Badbesucher Ludwig van Beethoven gewidmet.
Während des Dreißigjährigen Krieges wurde die Stadt schwer beschädigt und verlor viele ihrer Bewohner. In der Folge siedelten sich vermehrt Einwanderer aus Sachsen hier an. Oberhalb der Stadt findet man die Ruinen der spätgot. *Burg Doubravka*, die im Dreißigjährigen Krieg als Festung genutzt und zerstört wurde.
Teplice ist wahrscheinlich das älteste *Heilbad* Böhmens. Wie archäologische Funde beispielsweise von Münzen zeigen, waren die »warmen Wasser« schon den Kelten und Römern bekannt. In historischen Überlieferungen wird die Heilkraft der Quellen bereits 762 erwähnt. Von den zahlreichen, bis heute entdeckten Quellen werden hauptsächlich 2 balneotherapeutisch genutzt: die Urquelle (Pravřídlo), die pro Tag ca. 24 000 Hektoliter 42,8 °C heißes Wasser emporschleudert, und die Bergquelle (Horský pramen), die täglich 3000 Liter Wasser v. 41,0 °C Temperatur mit beträchtlicher Radioaktivität spendet. Die Kurindikationen sind vor allem Krankheiten des Bewegungsapparates, des Nervensystems und des Stoffwechsels. Eine Blütezeit als Heilbad begann für Teplice erst im 18./19. Jh.
Bereits 1680 wurde die 1. Kurliste herausgegeben; es war die 1. Böhmens überhaupt. Teplice war vor allem, auch bedingt durch die Zuwanderer, zum Heilbad des sächsisch kurfürstlichen und Dresdener Hofes

Teplice, Dekanatskirche und Schloßkapelle

geworden. Im Laufe seiner Geschichte zählten zahlreiche Persönlichkeiten des politischen und gesellschaftlichen Lebens zu seinen Kurgästen: Peter I., Beethoven, Chopin, Liszt, Wagner, Paganini, Körner, Wieland und Goethe, die Humboldts, Tieck, die Brüder Grimm, Fichte und Casanova. Aufgrund einer Konvention wurde Teplice während des Siebenjährigen Krieges zum Kriegsausschlußgebiet erklärt, so daß der Badebetrieb unbeeinträchtigt und sogar für die Mitglieder der beiden Kriegsparteien weiterlief. 1813 wurde die Stadt nochmals zum Schauplatz eines historischen Ereignisses: Hier schlossen die Herrscher von Österreich, Rußland und Preußen die sogenannte Heilige Allianz, einen Bündnisvertrag gegen Napoleon.

Da die Stadt 1793 fast vollständig abbrannte, haben die meisten *Kurhäuser* heute eine klassizistische Gestalt aus der 1. Hälfte des 19. Jh., manche sogar jüngeren Datums. Die Kuranlagen und das ehemalige Schloß liegen s des heutigen Geschäftszentrums. Im Kurpark steht ein Johann Gottfried Seume (1763–1810) gewidmetes *Denkmal*. Der u. a. durch seine Fußreise nach Sizilien (»Spaziergang nach Syrakus«) berühmt gewordene Schriftsteller starb im Juni 1810 nach kurzem Aufenthalt in Teplice. Um diese Zeit kam es auch zu der berühmt gewordenen 1. Begegnung zwischen Ludwig van Beethoven und Johann Wolfgang von Goethe, wobei der Komponist des Dichters Gruß nicht beachtete. Beethoven logierte 1811 im Haus Zur goldenen Harfe/U zlaté harfy in der zum Schloß nahe gelegenen Gasse Lázeňská ulice 4/75, in der noch weitere alte Gasthäuser zu sehen sind. In Erinnerung an den Komponisten werden alljährliche Beethoven-Musikfestspiele veranstaltet. Beim Schloß stehen leicht erhöht die anstelle einer älteren Kirche um 1700 erbaute Dekanatskirche *Kostel svatého Jana Křtitele / St. Johannes d. T.* und die *Schloßkapelle*. Die kunstvolle *Dreifaltigkeitssäule* auf dem Platz schuf Matthias Bernhard Braun* 1718. Der urspr. im 17. Jh. angelegte *Schloßgarten* bietet heute als englischer Park mit 2 Teichen gute Erholungsmöglichkeiten.

Umgebung

Duchcov / Dux (6 km sw): Die Bergbau- und Industriestadt ist für ihr einzigartiges Porzellan der Marke »Royal Dux Bohemia« weltberühmt.

Touristischer Anziehungspunkt ist das Ende des 16. Jh. erbaute *Renaissanceschloß* am Stadtplatz, das sich, barock vergrößert,

Duchcov, Beethoven-Büste im Schloßpark

Osek, spätromanisches Lesepult

nach einer klassizistischen Umgestaltung in seiner heutigen Gestalt zeigt. Die Plastiken im Ehrenhof schuf Matthias Bernhard Braun*, das Deckengemälde des großen Saals V.V.Reiner*. Heute beherbergt das Schloß ein *Museum* mit historischen Möbelsammlungen und eine Ahnengalerie der Familie Waldstein, die über Jahrhunderte die Schloßherren waren. Der bekannteste ist sicher Albrecht v. Waldstein, Heerführer im Dreißigjährigen Krieg und Vorbild für Schillers Wallenstein-Trilogie. Ein Raum ist dem Waldsteinschen Bibliothekar Giacomo Casanova gewidmet, der hier v. 1785-98 lebte und seine Memoiren verfaßte. Bekannt ist der Venezianer den meisten als Frauenheld, doch galt seine Leidenschaft auch der Schriftstellerei. Sein abenteuerliches Leben bot ihm reichlich Stoff: Er war Sekretär eines Kardinals und eines Galeerenkapitäns, er bereiste Paris, Moskau, Rom, London und Barcelona, er arbeitete für den König v. Frankreich und den König v. Portugal, er nannte sich Comte Farussi oder Chevalier de Seingalt. Er gründete eine Zeitschrift und eine Fabrik, und ihm gelang die Flucht aus den Bleikammern Venedigs, jenem berüchtigten Gefängnis. Berühmte Gäste im Schloß waren auch Goethe, Schiller, Chopin und Beethoven, der 1812 hier konzertierte und dem Schloßherrn das als Waldsteinsonate bekannte Klavierwerk (Opus 53) widmete. Einer nicht eindeutig belegten Überlieferung zufolge soll Walther v. der Vogelweide in Duchcov geboren sein. Das Schloß ist in den Monaten November-März und montags geschlossen; im Oktober nur Samstag/Sonntag geöffnet.

Osek/Ossegg (9 km w): Der alte Ort in etwa 300 m Höhe am Rand des Erzgebirges (Krušné Hory) gelegen, ist bekannt durch den einzigartigen Bau des ehem. *Zisterzienserklosters*. Oberhalb sieht man die Ruine der frühgot. *Burg* aus der 2. Hälfte des 13. Jh. emporragen; sie ist schon seit dem 16. Jh. verlassen.
Unter Přemysl Otakar I. wurde 1199 ein bereits 1191 in Mašťov gegr. Zisterzienserkloster hierher verlegt. Die um 1207 errichtete spätroman. dreischiffige Basilika der Klosterkirche wurde später got. umgebaut und in den Jahren 1712-18 v. Ottavio Broggio* umfassend barockisiert. Die reich gegliederte Fassadenfront schmücken Statuen der Ordensheiligen v. Franz Anton Kuen* (1713-16), der auch einige Plastiken und die Kanzel im Inneren schuf. Der Innenraum ist reich mit Stukkaturen an Wänden und Gewölbe v. Giacomo Corbellini ausgestattet. Wertvoll sind die Fresken »Geiße-

Trutnov, Marktplatz

lung des Hl. Geistes« im Mittelschiff v. Johann Jakob Steinfels* und die Darstellung biblischer und allegorischer Szenen in Querschiff, Kuppel und Sakristei von V. V. Reiner.* Die Einrichtung ist einheitlich barock gestaltet. Sehenswert sind bes. die Altargemälde v. Jan Kryštof Liška*, V. V. Reiner*, Anton Kern und das Martyrium des hl. Sebastian und das des hl. Mauritius v. Michael Willmann*.
An der S-Seite der Kirche wurde um 1240 der vierflügelige got. Bau des *Konvents* mit Kreuzgang begonnen und erst 1350 fertiggestellt. In dem mit schönen Spitzbogenfenstern ausgestatteten *Kreuzgang* ist ein roman. Portal erhalten. Im O-Flügel liegt der bes. kostbare frühgot. *Kapitelsaal,* dessen Gewölbe 2 verzierte Säulen tragen. Beachtenswert ist das aus Stein gearbeitete spätroman. *Lesepult* in der Raummitte (ca. 1230), dessen oberer Teil drehbar ist. Die Wände schmücken barocke Malereien v. Johann Peter Molitor und Josef Kramolín. In einer Nische neben dem Kapitelsaal befindet sich ein roman. Relief mit der Darstellung »Lamm Gottes«.
1520 fügte man einen Altarraum hinzu. In den Jahren 1710–20 erfolgte eine Barockisierung und Vergrößerung des Konvents durch Ottavio Broggio*, der auch den Terrassengarten vor der Prälatur konzipierte.

Am Stadtrand erinnert ein v. Karel Pokorný* geschaffenes *Denkmal* an die neuere Stadtgeschichte, als am 3.1. 1934 in der Grube »Nelson« 142 Bergmänner bei einer Kohlenstaubexplosion umkamen.
Eine kuriose Unterkunft bieten die faßähnlich gebauten Hütten auf dem nahen Campingplatz.

Trutnov / Trautenau
Ostböhmen

Einw.: 27 000 Höhe: 430 m S. 351 □ H1

Die an der Úpa (Aupa) gelegene mittelalterliche Stadt, heute Kreisstadt, hat sich aufgrund des Bergbaus und der ausgedehnten Textilherstellung zu einer bedeutenden Industriestadt entwickelt.
Als slawische Ansiedlung wird sie zum erstenmal 1260 erwähnt. Die Stadtrechte erhielt sie erst 100 Jahre später.
Zur Zeit der Přemyslidenherrschaft (1334–1599) gehörte sie zu den Leibgedingestädten böhmischer Königinnen. Von Kriegen, Bränden und Pest wurde sie mehrmals schwer mitgenommen. Heute sind von der alten Befestigungsanlage keine Überreste mehr erhalten. Dafür ist im historischen Zentrum der gotische Grundriß der alten

Hostinné, Rathaus

Hostinné, Rathausturm, Detail

Stadt größtenteils bewahrt geblieben. Den rechteckigen *Marktplatz* säumen Häuser aus dem 16. und 17. Jh. mit herrlichen Laubengängen. Manche sind im Empirestil umgestaltet. Die aus dem 13. Jh. stammende *Mariä-Geburt-Kirche/Kostel Narození P. Marie*, wurde von dem hiesigen Baumeister L. Niederröcker in den Jahren 1755-69 erneuert.

Die Deckenfresken schuf E. Tinzmann 1910. In dem 63 m hohen Turm hängen 4 Glocken. Das 1591 erbaute *Rathaus* erhielt nach einem Brand eine neugotische Gestalt (1862).

Das *Museum* im ehem. Schloß, das an der Stelle der urspr. Burg aus dem 13. Jh. steht, informiert über das nahe gelegene Riesengebirge (Krkonoše). Beachtenswert ist der 1892 von Pöninger geschaffene Brunnen (auf dem Marktplatz) mit der *Statue v. Rübezahl*, dem sagenumwobenen Berggeist des Riesengebirges. An dessen Südwestseite erinnert eine in das Pflaster eingelassene Tafel mit dem Datum 27. Juni 1866 an ein Ereignis im Krieg zwischen Österreich und Preußen: 19 Stadträte wurden an dieser Stelle von den preußischen Soldaten als Geiseln festgenommen. Jeweils an diesem Datum wurden die Ziffern schwarz, und am Jahrestag der Freilassung weiß übermalt.

Trutnov ist die Geburtsstadt des Dichters Uffo Horn (1817-60), der hier auch beigesetzt wurde.

Umgebung

Adršpašsko-teplické skály / Adersbacher und Teplitzer Felsen (17 km nö): Die beiden ineinander übergehenden Felsenstädte erstrecken sich zwischen dem Riesengebirge (Krkonoše) und dem Adlergebirge (Orlické hory) in einer Länge v. 27 km und einer Breite v. 4 km. Die aus bizarren Felsformationen gebildete sog. Stadt entstand in der Folge v. Unterspülung des Sandgesteins durch das urzeitliche Meer. Die abstrakten Steingebilde haben auch schon Goethes Phantasie angeregt. Manche Felsformationen erreichen eine Höhe v. 40 m. Die Adersbacher Felsen sind bekannt für ihr gutes Echo. Hier befinden sich auch die Ruinen der im MA bedeutenden Felsenburgen *Skály* und *Střmen*.

Das Naturschutzgebiet erreicht man über die Städte Adršpach und Teplice nad Metují.

Hostinné/Arnau (15 km w): Als eine der ältesten Städte des Riesengebirges (Krkonoše) wurde sie zur Zeit v. König Přemysl Otakar II. anstelle einer älteren Burgstätte gegr. und bereits 1270 zum erstenmal schriftlich belegt. Die alte Befestigungsanlage wurde im 18. Jh. niedergerissen und die letzten Reste - bis auf 2 Pforten aus dem 16. Jh. - noch 1925.

Bes. schön ist dafür der v. Laubengängen umgebene quadratische *Marktplatz*. Seinen Mittelpunkt bildet das 1570-1600 erbaute *Renaissancerathaus* mit dem mit einem Sgraffito geschmückten Turm. Ihn flankieren 2 überlebensgroße, ca. 5 m hohe Figuren, die in der einen Hand ein Schwert und in der anderen einen Schild - einen mit dem böhm. Löwen und einen mit dem mähr. Adler - tragen. Gedeutet werden sie als Riesen oder Rolandfiguren, ja sogar als Bäcker und Fleischer. Zwischen ihnen hängt das Relief des Stadtwappens. Die frühbarocke *Pestsäule* (1678) auf der Platzmitte wird v. 6 Plastiken, darunter die hll. Antonius v. Padua, Franziskus Seraphicus, Johannes v. Nepomuk, Sebastian und Ignatius, umgeben.

Die frühgotische dreischiffige *Kirche der Hl. Dreifaltigkeit/Kostel Nejsvětější Trojice* v. 1280 wurde mehrfach umgestaltet, zuletzt 1877 v. Franz Schmoranz. An den Außenfassaden findet man eingemauerte Rokokograbsteine. Sehenswert ist auch der mit Kunstwerken der verschiedenen Stile ausgestattete Innenraum. Auf dem neugot. Altar steht eine spätgot. Madonnenstatue vom Ende des 15. Jh.

Die Renaissancekanzel v. 1612 trägt reiche Verzierungen. Das Taufbecken und die im Vorraum befindliche Madonna sind frühbarock.

Die Barockkirche *St. Franziskus Seraphicus/Kostel svatého Františka Serafinského* des ehem. Franziskanerklosters stammt aus den Jahren 1667-89. Seit 1964 dient sie als Ausstellungsraum wertvoller antiker Plastiken.

Das ehem. *Renaissanceschloß* beherbergte bis 1985 die hiesige Papierfabrik. Bedeutend für den Ort ist auch die seit dem 19. Jh. bestehende Textilindustrie.

U

Ústí nad Labem/Aussig an der Elbe
Nordböhmen

Einw.: 90000 Höhe: 135 m S. 349 □ E1

Die schon seit dem 10. Jh. als Ansiedlung bekannte Stadt an der Mündung der Bílina (Biela) in die Elbe wird heute durch ihre weitverzweigte Industrie – vor allem Chemie und Maschinenbau – sowie durch den sich westlich der Stadt befindenden Braunkohlentagebau geprägt. Bedeutend ist der Binnenhafen, einer der größten an der Elbe. Schon 993 befand sich hier eine Zollstation für den Elbhandel.

Von der Lage der Stadt an der Flußmündung leitet sich ihr Name ab (Ústí = Mündung). Im 13. Jh. wurde sie zur königlichen Stadt erhoben, und im 15. Jh. setzte eine Blütezeit von Handel und Handwerk ein. Kaiser Sigismund verpfändete die Stadt 1423 an den Markgrafen Friedrich von Meißen. 3 Jahre später wurde sie von den Hussiten eingenommen und zerstört. Noch im 19. Jh. riß man zahlreiche der alten Gebäude nieder. An historischen Baudenkmälern sind der Stadt einige wenige erhalten geblieben.

Die *Pfarrkirche* aus dem 14. Jh. wurde Ende des 15. Jh. spätgotisch umgestaltet. Ihr schiefer Turm erinnert noch heute an den amerikanischen Bombenangriff auf die Stadt 1945. Die 1731 anstelle einer älteren, bereits 1186 erwähnten Klosterkirche errichtete *Barockkirche* dient jetzt kulturellen Zwecken (Ausstellungen, Konzerte). Das ehemalige *Dominikanerkloster* beherbergt das Amt für Denkmalpflege. Die neugotische *evangelische Kirche* entstand etwa 1900.

Ústí nad Labem ist die Geburtsstadt des klassizistischen Malers Anton Raphael Mengs* (1728–79); er war zeitweise auch Dresdener Hofmaler.

Umgebung

Střekov / Schreckenstein (2 km s): Die Ruine der got. *Burg* ragt auf einem steil zur Elbe abfallenden, fast 100 m hohen Phonolithfelsen, einem dunklen vulkanischen Eruptivgestein, empor. Anfang des 14. Jh. erbaut, wurde sie im 16. Jh. im Renaissancestil umgestaltet und vergrößert. Berühmtheit erlangte sie vor allem durch das Gemälde »Überfahrt am Schreckenstein« des romantischen Malers Ludwig Richter. Ihre zauberhafte Lage faszinierte und inspirierte viele weitere Künstler wie Karel Hynek Mácha, Theodor Körner und Richard Wagner, der hier 1842 den Entwurf für seine Oper »Tannhäuser« verfaßte. – Unterhalb der Burg wurde in den Jahren 1928–36 v. František Vahala ein gewaltiges Stauwehr erbaut.

Z

Žatec / Saaz
Nordböhmen/Louny

Einw.: 19000 Höhe: 233 m S. 349 □ D2

Der Saazer Hopfen ist zu einem weltbekannten Exportartikel geworden. Aus dem umliegenden Gebiet stammen ungefähr 2/3 der tschechischen Hopfenproduktion. So wird die Landschaft von den Feldern mit den 7–8 m hohen Gerüststangen geprägt, an denen sich die Pflanzen zu einem grünen Dickicht emporranken. Besonders reizvoll ist ihr Anblick zur Zeit der Hopfenblüte im Monat August. Nach der Ernte dieses wichtigen Biergewürzes wird das alljährliche Hopfenkranzfest gefeiert.

Um den historischen Stadtkern hat sich Žatec mit weiteren Industriezweigen und Wohnvierteln beträchtlich ausgedehnt. Ungefähr im 8. Jh. entstand hier eine Wallburg des slawischen Stammes der Lučaner, der im 9. Jh. die Vorherrschaft der Přemysliden anerkennen mußte. Bereits um 1260 wurde die Ansiedlung zur königlichen Stadt erhoben und um 1263 eine gotische Burg errichtet.

Ende des 14. Jh. kam es zu einer wirtschaftlichen Blüte. Bereits 1386 hatte man von der Ohře eine Wasserleitung bis in die Stadt hinein gelegt.

Als Hochburg der Hussiten war die Stadt oft schwer umkämpft, konnte jedoch nie bezwungen werden. Noch heute kann man Überreste der ehem. Befestigungsanlagen sehen, vor allem am Westrand des Zentrums, wo sich die alte Stadtmauer mit den beiden Toren *Kněžská brána/Pfaffentor* und *Libočanská branka* befindet. Obwohl die Stadt mehrfach von schweren Bränden verwüstet wurde, gibt es im Zentrum noch zahlreiche gotische *Laubenhäuser,* Bürgerhäuser der Renaissance und des Barock. Bei einigen Gebäuden blieb der gotische Baukern erhalten, so z. B. am ö Platz »5. května« CN-Nr. 106 und 108. Hier steht eine *Barocksäule* mit der Statue des hl. Florian, dem Beschützer vor Feuersbrünsten. Das am Marktplatz liegende ursprünglich im Renaissancestil gestaltete *Rathaus* mit seinem Turm erhielt um 1770 ein klassizistisches Aussehen.

Die Platzmitte schmückt eine barocke *Dreifaltigkeitssäule.* Als einziger Sakralbau blieb die ursprünglich romanische *Marienkirche* am n kleineren Platz »M. Hošt'álka« erhalten. Auf der Platzseite gegenüber steht der Gebäudekomplex der zur Brauerei umgewandelten got. *Burg,* an die nur noch der heute als Wasserturm dienende ehem. Bergfried erinnert. In der Straße Dlouhá findet man das Gebäude einer 1871–73 erbauten *Synagoge.* Das *Stadtmuseum* informiert über die Stadtgeschichte und den Hopfenanbau.

Als Notar arbeitete hier der im Jahre 1414 verstorbene Johann von Teplá, auch als Johann von Žatec bekannt, der Verfasser des berühmt gewordenen Streitgesprächs »Der

Střekov

Ackermann aus Böhmen«, das zu den bedeutendsten frühhumanistischen Werken zählt.

Mariä-Himmelfahrt-Kirche / Kostel Nanebevzetí P. Marie: Die urspr. roman. Kirche wurde ab 1336 als dreischiffige got. Hallenkirche umgebaut. Nach 1738 erhielt sie eine barocke Fassade; auch die beiden Fronttürme wurden barockisiert. An der SW-Seite fügte man eine barocke Johannes-Nepomuk-Kapelle hinzu. Ebenso herrscht bei der Innenraumausstattung der Barockstil vor. Der v. Veit Styrl ca. 1670 geschnitzte Hauptaltar trägt ein Marienbild v. Anton Stevens.
Die Kuppel der Nepomuk-Kapelle malte Johannes Anton Czetsch 1746 mit Szenen aus dem Leben des Heiligen aus. Erhalten geblieben sind die got. Rippengewölbe und ein roman. Relief mit der Darstellung des hl. Petrus vom Anfang des 13. Jahrhunderts im Tympanon des Portals. Die barocke Marienplastik vor der Kirche schuf der hiesige Bildhauer Johann K. Vetter im Jahre 1736. Ungefähr aus der gleichen Zeit stammt die Galerie barocker Statuen vor der Kirche.

Žatec, Marktplatz, Rathaus

Saazer Hopfen

GESCHICHTE UND KULTURGESCHICHTE

VORGESCHICHTE

Wie archäologische Funde belegen, waren die Gegend des heutigen Prag und weite Teile Böhmens bereits in der Steinzeit besiedelt. Im **5. Jh. v. Chr.** erreichte der keltische Stamm der Bojer von Westen her das Land um die Moldau. Von ihm leitet sich der Name Böhmen ab.

Die Urheimat der Slawen, die später diese Region bevölkerten, ist historisch nicht eindeutig festzulegen. Aus verschiedenen Hypothesen, die die Wissenschaft anbietet, lassen sich 2 Hauptströmungen ableiten: die westliche und die östliche Theorie. Die westliche sieht die Urheimat der Slawen im Bereich Oder/Weichsel seit den Anfängen der sogenannten Lausitzer Kultur in der jüngeren Bronzezeit, eine Gegend, wo heute noch die slawischen Sorben leben. Die östliche Theorie lokalisiert die slawische Urheimat im Bereich zwischen Weichsel und Dnjepr. Vor allem in jüngerer Zeit wird von der russischen Wissenschaft noch eine 3. These diskutiert, wonach die Slawen im östlichen Donauraum ihren Ursprung haben. Die endgültige Sicherung einer dieser Theorien, die ja auch mit der Frage nach der Urheimat aller indoeuropäischen Stämme verknüpft ist, steht noch aus.

Historisch gesichert ist, daß die ersten slawischen Stämme im Rahmen der Völkerwanderung **(4. und 5. Jh.)** nach Böhmen kamen und sich da niederließen, nachdem 500 Jahre früher germanische Stämme (Markomannen) die keltischen Bewohner unterworfen oder von dort vertrieben hatten. Diese Slawen kamen vermutlich aus dem Ostkarpatenraum über Mähren und Böhmen bis in die Einzugsgebiete von Havel und Saale, was durch Funde zahlreicher slawischer Burgwälle untermauert wird.

Wie eine burgundische Chronik aus der Mitte des **7. Jh.** berichtet, begab sich ein Franke namens Samo mit einigen Kaufleuten zu den Slawen, um dort Handel zu treiben. Er unterstützte sie erfolgreich in ihrem Kampf gegen die ständig angreifenden Awaren (Hunnen) und wurde schließlich zu ihrem König gewählt. Dieses sogenannte Reich des Samo war das erste westslawische staatsähnliche Gemeinwesen, über dessen genaue geographische Lokalisierung unterschiedliche Auffassungen bestehen. Sicher ist lediglich, daß sein Kernland auf dem Gebiet der heutigen ČSFR und Nordostösterreichs zu suchen ist.

Ende des **8. Jh.** entstanden in Mähren aus verschiedenen kleineren Stämmen zwei konkurrierende Fürstentümer, deren Führer, Mojmír und Pribina, um die Vorherrschaft kämpften. Pribina unterlag, und das Resultat war die Entstehung des Großmährischen Reiches unter Mojmír I. **um 833.** Nach Streitigkeiten mit Ludwig dem Deutschen kam **846** Rastislav, ein Neffe Mojmírs, auf den Thron. Er zeichnete sich durch eine eigenständige und taktisch kluge Politik aus, die konsequent das Ziel eines unabhängigen Slawenstaates verfolgte. In der Mitte des **9. Jh.** erreichte Rastislav den Höhepunkt seiner Macht und das Großmährische Reich seine höchste Blüte. In dieser Zeit setzte - ausgehend von Bayern - die Christianisierung der oberen Gesellschaftsschichten ein. Um eine erneute fränkisch-bayrische Einflußnahme zu verhindern, bemühte sich Rastislav **862** beim byzantinischen Kaiser Michael III. um Missionare, die die neue Religion in slawischer Sprache verbreiten sollten. Der Kaiser schickte die Brüder Konstantin (später Cyrillus) und Methodius, die bereits in Südrußland und Bulgarien missioniert hatten und daher mit den slawischen Sprachen vertraut waren, nach Großmähren. Sie stellten ein slawisches Alphabet zusammen, übersetzten Meßbücher und führten die slawische Sprache in die von der griechischen und lateinischen Sprache beherrschte Liturgie ein. Dies sind die ältesten überlieferten slawischen Sprachzeugnisse im sogenannten Altkirchenslawisch. Cyrillus starb **869** in Rom, Methodius **885** als Erzbischof in Großmähren, nachdem er zuvor Jahre in Kerkern des bayrischen Klerus, der die slawische Liturgie mit allen Mitteln bekämpfte, zugebracht hatte.

Die machtpolitischen Auseinandersetzungen zwischen Rastislav und dem expansiven ostfränkischen Herrscher Ludwig dem Deutschen erreichten ihren Höhepunkt mit der Gefangennahme, Blendung und Einkerkerung Rastislavs im Jahre **870.** Dessen Nachfolger Svatopluk gelang es nach erneuten Kämpfen mit den Ostfranken, seine Macht zu festigen. **874** kam es zum Frieden

von Forchheim und in der Folge zu einer erneuten Blütezeit für das Großmährische Reich, was sich vor allem in sakraler Bautätigkeit und reichem Literaturschaffen äußerte. Das erste slawische Gesetzbuch, »Zakon sudnyj ljudem«, wurde geschrieben.
Mit Svatopluks Tod **894** begann der Zerfall des Reiches, Streitigkeiten zwischen seinen Söhnen und schwere Kämpfe mit den Magyaren erschütterten den ersten bedeutenden westslawischen Staat, dessen Untergang nicht genauer belegt ist.
In dieser Zeit lebte im Zentrum Böhmens der Stamm der Přemysliden. Dieser unterwarf andere Stämme oder verbündete sich mit ihnen, bis sie zusammen einen unübersehbaren Machtfaktor bildeten, der fähig war, das Vakuum zu füllen, das durch den Untergang des Großmährischen Reiches entstanden war.

ZEITTAFEL
Um 875: Der erste historisch belegte Přemyslidenfürst, Bořivoj I. (†894), und seine Frau Ludmilla werden vom großmährischen Erzbischof Methodius getauft. Auf der Přemyslidenburg Levý Hradec läßt Bořivoj die Rotunde des hl. Klement erbauen, die erste Kirche in Böhmen.
890: Bořivoj verlegt den Přemysliden-Stammsitz von der Wallburg Levý Hradec an die Stelle der heutigen Prager Burg/Pražský hrad, wozu strategische und handelspolitische Überlegungen Anlaß gaben.
Vor 920: Vratislav I. setzt sich erfolgreich gegen angreifende Magyaren zur Wehr. Er ist verheiratet mit Drahomíra, einer Fürstentochter vom slawischen Stamm der Stodoranen aus dem Havelgebiet.
Vor 925: Vratislavs Tod führt zu Machtkämpfen zwischen dessen Mutter Ludmilla und seiner Frau und zu Auseinandersetzungen um die christliche Erziehung ihres minderjährigen Sohnes Václav. Ludmilla wird auf Drahomíras Betreiben erdrosselt und später heiliggesprochen.
Ca. 921–935: Regierungszeit von Václav (Wenzel). Von seinem Bruder Boleslav ermordet, später heiliggesprochen, wird er zum Schutzpatron Böhmens. Herzog Václav gründet die Sankt-Veits-Rotunde auf der Prager Burg.
935–967: Herrschaft Boleslavs I., genannt »der Grausame«. Er unterwirft in Böhmen die oppositionellen Fürstentümer der Zličanen in Stará Kouřim und der Slavníkiden in Libice nad Cídlinou und schließt damit endgültig die Vereinigung Böhmens unter der Přemyslidenherrschaft ab. Im Schutz der im ganzen Land verteilten Wehrburgen entstehen nichtagrarische Wohnsiedlungen als Zentren des Handels und Handwerks. Eine Sonderstellung nimmt dabei die am Schnittpunkt der wichtigen Handelsstraßen von Süden in den Ostseeraum und von Westen bis nach Kiew gelegene Ansiedlung unterhalb der Prager Burg ein.
965: Von dem spanisch-jüdischen Kaufmann Ibrahim Ibn Jakub stammt die erste überlieferte Beschreibung Prags: »Der größte Handelsplatz jener Länder« sei »aus Kalk und Stein erbaut«.
973: Mlada, die Schwester Boleslavs II., erwirkt in Rom die Erlaubnis zur Gründung des Prager Bistums, was eine Schwächung des Einflusses der deutschen Kaiser zur Folge hat. Es gehört jedoch noch zum Mainzer Erzbistum. Nach dem Sachsen Thietmar wird Vojtěch (Adalbert) der erste einheimische Bischof. Zur gleichen Zeit wird das Sankt-Georgs-Kloster auf der Prager Burg gegründet. Boleslav II. (967–999) dehnt seinen Herrschaftsbereich bis an die Kiewer Rus aus.
993: Bischof Adalbert gründet das Benediktinerkloster in Břevnov.
1085: Vratislav II. erhält als erster böhmischer Herzog von Kaiser Heinrich IV. die – nicht erbliche – Königswürde und wird König Vratislav I. Er beendete den von seinem Bruder Spytihněv II. begonnenen Bau des romanischen St.-Veits-Doms auf der Prager Burg 1096 und verlegt in der 2. Hälfte des 11. Jh. seine Residenz auf den Vyšehrad. In der Chronik des Kosmas (Chronica Boemorum) wird der Handelsplatz im Schutz der Prager Burg, der heutige Altstädter Ring, als ein von lebhaftem Treiben erfüllter Marktplatz mit bis dahin nicht gekanntem Wohlstand beschrieben. Als Unterkunft für fremde Kaufleute entsteht der Teynhof.
1140–73: Herzog Vladislav II. erhält von Kaiser Friedrich I. Barbarossa die erbliche Königswürde für seine Teilnahme an des-

Kloster Břevnov>

sen Italienfeldzügen. Er läßt die erste steinerne Moldaubrücke (Judithbrücke) errichten, was die Prager Metropolstellung festigt.
1178: Immer mehr jüdische und deutsche Kaufleute siedeln sich in Prag an; Soběslav II. erleichtert dies durch die Befreiung vom Kriegsdienst und durch Steuerprivilegien.
1197-1230: Regierungszeit v. Přemysl Otakar I.
1230: König Václav I. verleiht der Prager Altstadt die Stadtrechte und läßt sie von einer Befestigungsmauer umgeben. Zu dieser Zeit gibt es in Prag ca. 50 Kirchen; der gotische Baustil löst den romanischen ab. Gründung des Agnes-Klosters.
1248: Aufstand des Adels gegen die Zentralisierungsmaßnahmen von Václav I., dessen Sohn Přemysl Otakar zum Gegenkönig gewählt wird. Die Kämpfe endeten mit der Belagerung der Prager Burg durch Václav I., bei der Přemysl Otakar im Wortsinne durch Bergleute das Wasser abgegraben wurde.
1253-78: Přemysl Otakar II. Die Prager Kleinseite erhält 1257 das Stadtrecht und wird befestigt. Die jüdische Besiedlung konzentriert sich um die Altneu-Synagoge. Přemysl Otakar II. gründet 1259 in Südböhmen das Zisterzienserkloster Vyšší Brod und mit einem Dominikanerkloster 1265 die Stadt České Budějovice. Er fällt bei der Schlacht auf dem Marchfeld durch Verrat des heimischen Adels.
1300: Václav II. erläßt das königliche Bergrecht (Ius regale montanorum) zur Regelung der Metallförderung und Münzprägung; in Kutná Hora wird der sogenannte Prager Groschen geprägt, eines der stabilsten Zahlungsmittel der Zeit. Der König betätigt sich selbst als Dichter und fördert den Minnesang.
1303: Durch die Heirat Václavs II. mit der polnischen Thronfolgerin Alžběta dehnt er seinen Machtbereich nach Polen aus. Als ihm auch noch der ungarische Thron angeboten wird, fühlen sich Kaiser und Papst bedroht.
1306: Václavs II. Sohn König Václav III. wird während eines Feldzuges in Olomouc ermordet. Mit ihm sterben die Přemysliden in männlicher Linie aus, und der Kampf um den böhmischen Thron entbrennt zwischen Rudolf von Habsburg und Heinrich von Kärnten.
1310: Johann von Luxemburg, der Sohn Kaiser Heinrichs VII., heiratet schließlich die letzte Přemyslidin Eliška, die Schwester Václavs III. und gelangt so auf den böhmischen Thron.
1323: Der 7jährige Václav, Sohn von Jo-

Kloster Břevnov

hann und Eliška, wird zur Erziehung an den französischen Hof gebracht, um seine Wahl als Gegenkönig zu verhindern. An der Sorbonne in Paris erfährt er eine exzellente Ausbildung in allen Bereichen des Denkens seiner Zeit. Reisen nach Avignon, Italien und Deutschland bereicherten sein Wissen und seinen Geschmack, bevor er 1333 nach Prag zurückkehrt.

1344: Václav, der sich später Karl nennt (nach seinem Vorbild Karl d. Großen), erwirkt von Papst Klemens VI. die Ernennung Prags zum Erzbistum. Grundsteinlegung für den Bau des St.-Veits-Doms auf der Prager Burg.

1346–78: Mit dem Regierungsantritt Karls I. als böhmischer König und seiner Wahl 1355 zum Kaiser (Karl IV.) des Heiligen Römischen Reiches Deutscher Nation entwickelt sich Prag zum Zentrum Mitteleuropas mit blühender Wirtschaft und Kultur. Durch seine weitreichenden, von der französischen Gotik beeinflußten Bauunternehmungen prägt Kaiser Karl IV. das Stadtbild. Er läßt die Prager Burg ausbauen (Königspalast, St.-Veits-Dom), die Karlsbrücke mit dem Altstädter Brückenturm errichten, gründet die erste Universität Mitteleuropas (Karolinum), die Prager Neustadt sowie die Burg Karlštejn und stiftete das Emmauskloster. Er holt viele Baumeister und Künstler wie Matthias von Arras und Peter Parler nach Prag, aber auch Dichter und Gelehrte von Weltrang wie Francesco Petrarca.

1378: Mit der einsetzenden Regierungszeit Wenzels IV., der zwar die Liebe zur Kunst von seinem Vater Kaiser Karl IV. geerbt hat, nicht aber dessen politisches Geschick, kommen gesellschaftliche und religiöse Spannungen zum Ausbruch. Seine Residenz verlegt er in den ehemaligen Königspalast in der Altstadt. Durch das sogenannte Kuttenberger Dekret von **1409,** das die Stimmenverhältnisse an der Prager Universität zugunsten der Tschechen gegenüber den Zuwanderern verändert, unterstützt er die Bestrebungen des Rektors Johannes Hus. Daraufhin wandern die deutschen Professoren nach Leipzig ab.

1414: Nachdem der Reformator Johannes Hus schon 3 Jahre mit dem Kirchenbann belegt war, wird er zum Konzil nach Konstanz berufen. Da er seine sozialen Thesen sowie die Anprangerung des verschwenderischen Lebens des Klerus nicht widerruft, wird er am 6.7. 1415 auf dem Scheiterhaufen verbrannt. Doch dadurch werden die reformerischen Ideen nicht aufgehalten, sondern sie verbreiten sich mit der Hussitenbewegung im ganzen Land.

1419: Mit dem 1. Prager Fenstersturz, bei dem die von den Ratsherren provozierten Hussiten das Neustädter Rathaus stürmen und jene aus dem Fenster werfen (30.7.), werden die Hussitenkriege ausgelöst. Wenzel IV. stirbt im selben Jahr, sein Bruder Sigismund stellt sich auf die Seite der Kirche und wird deshalb von der Bevölkerung als Thronfolger nicht akzeptiert.

1420: Papst Martin V. erläßt gegen die böhmischen »Ketzer« eine Kreuzzugsbulle. Das Heer des Jan Žižka kämpft von der Hussitenhochburg Tábor aus gegen die katholische Liga von Kaiser Sigismund. Ab 1420 ist die Prager Burg in den Händen der Bevölkerung. Es kommt zur Spaltung der Hussiten in die gemäßigten Utraquisten und die radikalen Táboriten, die mit ihren Forderungen nach sozialer Gleichheit und Gerechtigkeit weit über den religiösen Bereich hinausgehen.

1433: Die Utraquisten schließen mit der katholischen Kirche einen Kompromiß über die Anerkennung der »Prager Artikel«, die u.a. Religionsfreiheit zusichern. Das führt schließlich zur kriegerischen Auseinandersetzung zwischen den Hussiten und endet mit dem Sieg der Gemäßigten 1434 bei Lipany. 1436 kommt es zum Religionsfrieden von Kutná Hora.

1458: Der ehemalige Utraquistenführer und spätere Landesverwalter Jiří z Poděbrad (Georg von Podiebrad) wird zum böhmischen König gewählt. Unter dem sogenannten »Hussitenkönig« stabilisieren sich die Verhältnisse. Der Bau der 1419 zur hussitischen Hauptkirche erklärten Teynkirche in Prag wird fortgesetzt.

1471: Der polnische Jagiellone Vladislav II. wird böhmischer König. 1475 wird der Pulverturm in der Prager Altstadt erbaut.

1484: Vladislav II. verlegt die Residenz auf die Prager Burg zurück und leitete ihren spätgotischen Umbau ein (Vladislav-Saal).

1526: Ferdinand von Habsburg gelangt durch Heirat mit Vladislavs Tochter Anna auf den böhmischen Thron. Er versucht, die reformatorischen Bestrebungen zu unterdrücken und schränkt die alten Rechte der Tschechen ein. Sein Ziel ist der Aufbau einer Habsburger Dynastie, was ihm die Feindschaft des Adels und der Stände einbringt. Mit ihm kommt der Renaissancestil nach Prag (Schloß Belvedere).

1576–1612: Die Regierungszeit Rudolfs II. führt Prag trotz unterschwellig bestehender religiöser Gegensätze zu neuer Blüte. Aus ganz Europa holt er berühmte Künstler und Wissenschaftler an den Prager Hof, legt eine der größten Gemäldegalerien an und fördert als seine persönliche Leidenschaft die Alchimie. Die Astronomen Tycho Brahe und Johannes Kepler kommen nach Prag, ebenso die Maler Jan Bruegel und Bartholomäus Spranger, der Bildhauer Adriaen de Vries. Rudolf II. unterstützte Rabbi Löw und förderte das Entstehen eines böhmischen Humanismus.

Unter seiner Herrschaft wird die italienische Kongregation gegründet (Welsche Gasse), 1569 die erste tschechische Zeitung veröffentlicht, das Schwarzenberg-Palais erbaut; er regte persönlich den Ausbau der Teichwirtschaft um Třebon in Südböhmen an.

1609: Wachsende religiöse und politische Spannungen zwingen Rudolf II., im sogenannten »Majestätsbrief« dem protestantischen böhmischen Adel die freie Religionsausübung zuzusichern.

1611: Sein intrigierender Bruder Matthias zwingt ihn zur Abdankung. Selbst König geworden, bricht er jeden Kontakt zu den protestantischen Ständen ab, die ihn zuvor unterstützten. Er läßt sich das Matthiastor auf der Prager Burg als eine Art Triumphbogen bauen, das erste frühbarocke Bauwerk in Prag.

1617: Erzherzog Ferdinand von Habsburg wird ohne Zustimmung der böhmischen Stände König. Um seine Position zu sichern, bestätigt er zunächst den »Majestätsbrief« von 1609, entpuppt sich jedoch bald als rücksichtsloser und unnachgiebiger Gegenreformator.

1618: Berichte aus dem Umland über den Abriß protestantischer Kirchen führen zu einer Zuspitzung des Konflikts und schließlich zur Besetzung der Prager Burg durch die böhmischen Stände (23.5.). Nach kurzem Wortgefecht werden die Habsburger Statthalter Martinitz und Slavata sowie deren Schreiber aus dem Fenster geworfen (2. Prager Fenstersturz). Dadurch wird der Dreißigjährige Krieg ausgelöst.

1619: Die böhmischen Stände erklären Ferdinand II. für abgesetzt und wählen Friedrich V. von der Pfalz zu ihrem König.

1620: Am 8.11. wird das Heer der böhmischen Stände von der katholischen Liga Ferdinands II. in der Schlacht am Weißen Berg besiegt. Friedrich, der sogenannte »Winterkönig«, flieht nach Holland.

1621: Am 21.6. werden auf dem Altstädter Ring die 27 Anführer der böhmischen Stände auf Befehl Ferdinands II. brutal gefoltert und öffentlich hingerichtet. Ihr Besitz wie der von ca. 150000 protestantischen Emigranten aus ganz Böhmen wird beschlagnahmt und verteilt, wodurch neue Adlige zu Macht und Reichtum kommen wie z.B. die Familien Waldstein, Černín, Fürstenberg u.a.; dabei geht auch die Kirche nicht leer aus. Öffentlich zerschneidet Ferdinand II. den »Majestätsbrief«, und 1627 erklärt eine »verneuerte Landesordnung« den Katholizismus als alleinige Religion und Böhmen zum Erbe Habsburgs. Die Oberschicht wie das aufsteigende Bürgertum beginnt sich österreichisch zu orientieren; Voraussetzung für Karrieren waren katholische Konfession und deutsche Sprache. Der Dreißigjährige Krieg hat für Böhmen verheerende Folgen. Die Prager Bevölkerung schrumpft auf die Hälfte, Wirtschaft und Handel sinken auf ein Minimum, lediglich die im Rahmen der Rekatholisierung vorangetriebene Barockisierung von Sakral- und Profanbauten blüht auf (Waldstein-Palais).

1648: Die Prager Burg und die Kleinseite werden zum Ende des Dreißigjährigen Krieges von den Schweden besetzt; diese können jedoch die Altstadt nicht einnehmen, da sie von den Prager Studenten auf der Karlsbrücke zurückgeschlagen werden.

1680: Während die Barockkunst ihren Höhepunkt erreicht, kommt es zur Rebellion der böhmischen Bauern gegen die Feudalherrschaft.

1711–40: Regierungszeit Kaiser Karls VI.; die Aktivitäten der Gegenreformatoren verstärken sich, wodurch sich die Zahl der Emigranten wieder erhöht. Diese Zeit ist eng verknüpft mit dem Architekten Kilian Ignaz Dientzenhofer und dem Bildhauer Ferdinand Maximilian Brokoff. Die Stadt erhält ihr barockes Erscheinungsbild.

1740–48: Österreichischer Erbfolgekrieg. Im Zuge dieses Konflikts wird Prag 1741 von den Bayern und Franzosen besetzt.
1756–63: Prag wird im Siebenjährigen Krieg zwischen Preußen und Österreich mehrere Wochen lang beschossen. Dabei wird u. a. der gotische Skulpturenschmuck am Pulverturm zerstört.
1753–75: Maria Theresia läßt die Prager Burg durch den Wiener Hofarchitekten Niccolo Pacassi im klassizistischen Stil umbauen, womit sie ihr heutiges Aussehen erhält.
1780: Nach den schweren Kriegen mit Preußen gründet Kaiser Joseph II. die Festungsstädte Theresienstadt (Terezín) und Josefstadt (Josefov) nördlich und östlich von Prag.
1781: Joseph II. hebt die Leibeigenschaft auf; er leitet die Säkularisierung ein und erläßt ein Toleranzedikt zur Zulassung nichtkatholischer Religionen. Jüdische Emanzipation: Die böhmischen Juden erhalten Bürgerrechte.
1784: Die bis dahin selbständigen Städte Hradčany, Kleinseite, Altstadt und Neustadt werden zur Stadt Prag zusammengefaßt. Das jüdische Ghetto wird als gleichberechtigtes Stadtviertel Josefov erst 1850 angegliedert.
1835–48: Nach den Napoleonischen Kriegen setzt Fürst Metternich gegen aufkommende Freiheitsbestrebungen seine Politik der Restauration durch. In Böhmen ist er Schloßherr von Lázně Kynžvart.
1848: Mit der Begründung, er sei Tscheche und fühle sich deshalb den Slawen zugehörig, lehnt der Historiker František Palacký die Teilnahme an der Frankfurter Nationalversammlung des Deutschen Bundes ab. Statt dessen findet am 2.6. in Prag ein Slawenkongreß von Tschechen, Slowaken, Slowenen, Serben, Ruthenen, Kroaten, Polen und Russen statt. Die Forderung nach einer politischen und gesellschaftlichen Gleichberechtigung von Tschechen und Deutschen wird laut. Auf dem Wenzelsplatz läßt der Stadtkommandant Fürst Windischgrätz auf die Kongreßteilnehmer das Feuer eröffnen. Es kommt zu schweren Barrikadenkämpfen, doch wird der sogenannte Pfingstaufstand brutal niedergeschlagen.
1861: Im Prager Stadtparlament stellen die Deutschen erstmals eine Minderheit dar.
1866: Der »Friede von Prag« beendet die kriegerischen Auseinandersetzungen von Preußen und Österreich. Österreich verläßt mit Böhmen den deutschen Staatenbund.
1882: Die Universität wird nach Nationen getrennt. Auf den Lehrstuhl für Philosophie und Soziologie kommt Professor Tomáš G. Masaryk. 4 Jahre später verlassen die Deutschen den Landtag, halten aber weiterhin an ihrer gesellschaftlichen und wirtschaftlichen Vormachtstellung fest. Das wachsende tschechische Nationalbewußtsein drückt sich auch in Bauten wie dem Nationalmuseum und Nationaltheater aus.
Um 1890: Besonders in Nordböhmen schreitet die Industrialisierung durch die reichen Kohle- und Erzvorkommen voran.
1891: In Prag findet die Weltausstellung statt.
1914–18: 1. Weltkrieg. Die Tschechen werden über Österreich in den Krieg hineingezogen. Tomáš G. Masaryk, Edvard Beneš, Rastislav Štefánik u. a. halten einen engen Kontakt zu den Ententemächten und bereiten im Exil einen unabhängigen tschechoslowakischen Staat vor.
1918: Am 28.10. wird die erste freie Tschechoslowakische Republik ausgerufen. Die Regierung von Karel Kramář und Tomáš Garique Masaryk als Staatspräsident werden vom Nationalausschuß bestätigt. Masaryk und seinem Nachfolger gelingt es nicht vollständig, die nationalen und politischen Spannungen im jungen Vielvölkerstaat zu überwinden.
1922: Durch Eingemeindung von 37 Vororten entsteht Groß-Prag.
1935: Der 87jährige Staatspräsident Tomáš G. Masaryk tritt zurück. Nachfolger wird Edvard Beneš.
1938: Münchner Abkommen. Die Alliierten unterzeichnen die Abtretung der Sudetengebiete an Hitler-Deutschland. E. Beneš tritt zurück, und Nachfolger wird Emil Hácha.
1939: Am 15.3. marschiert Hitler in Prag ein, Hácha muß kapitulieren. Das sogenannte Reichsprotektorat Böhmen und Mähren wird geschaffen. Als Reichsprotektor wird Konstantin Freiherr von Neurath eingesetzt.
1939–45: 1. Weltkrieg. Der nationalsozialistische Terror wird durch die Umgestaltung der Festungsstadt Terezín in das Konzentrationslager Theresienstadt durch den

stellvertretenden Reichsprotektor Reinhard Heydrich auf die Spitze getrieben. Nach dem Attentat auf Heydrich wird am 10.6. 1942 in einer brutalen Vergeltungsaktion das Dorf Lidice vernichtet, deren Bewohner werden erschossen oder verschleppt und ermordet. Die Besatzungszeit kostet etwa 300000 Tschechen das Leben. Von den 40000 Prager Juden werden 36000 in Vernichtungslagern ermordet.

1945: Am 5.5. kommt es in Prag zum blutigen Aufstand gegen die nationalsozialistische Herrschaft; an die Opfer erinnern zahlreiche Gedenktafeln an den Häuserfassaden. Am 9.5. wird Prag durch den Einmarsch der Roten Armee befreit. Die Sozialdemokraten unter der Leitung v. Zdeněk Fierlinger streben mit dem Kaschauer Regierungsprogramm von 1946 einen sozialistischen Staat an. E. Beneš wird wieder Staatspräsident. In dieser Zeit werden ca. 3,5 Millionen Sudetendeutsche aus dem Land vertrieben.

1948: Die Kommunistische Partei übernimmt unter der Führung von Klement Gottwald die Regierung. In den 50er Jahren kommt es zu stalinistischen Säuberungen und Prozessen (Slánský, Horáková und andere).

1960: Gründung der Tschechoslowakischen Sozialistischen Republik (ČSSR).

1968: Sogenannter Prager Frühling. Die Reformbestrebungen der politischen Führung unter dem Präsidenten Ludvík Svoboda und dem Parteichef der KPČ Alexander Dubček werden durch den Einmarsch der Warschauer-Pakt-Staaten am 21.8. gewaltsam beendet.

1969: Parteichef wird Gustáv Husák, 6 Jahre später wird er auch Staatspräsident. Auf dem Wenzelsplatz verbrennt sich der Student Jan Palach. Es beginnen die Jahre der sogenannten Normalisierung. Der Student Jan Zajíc verbrennt sich ebenfalls aus Protest gegen die Stationierung der sowjetischen Armee.

1973: Zwischen der damaligen ČSSR und der BRD werden die ersten diplomatischen Beziehungen aufgenommen.

1977: Die Bürgerrechtsgruppe »Charta 77« wird gegründet, deren Gründungsmitglieder und Sprecher sind u.a. der Philosoph Jan Patočka, der ehem. Außenminister Jiří Hájek und der Dramatiker Václav Havel.

1989: Im Herbst beginnt die »sanfte Revolution«, getragen von den Studenten und Kunstschaffenden. Immer größere Teile der Bevölkerung schließen sich an. Der 17.11. gilt als ausschlaggebendes Datum; die Polizei hatte eine Demonstration gewaltsam niedergeschlagen. Der Dramatiker Václav Havel wird am 29.12. zum Staatspräsidenten gewählt, Alexander Dubček wird Parlamentspräsident.

1990: Die Tschechoslowakische Sozialistische Republik (ČSSR) wird in Tschechische und Slowakische Föderative Republik (ČSFR) umbenannt. Am 8./9.6. findet die erste freie Wahl nach 42 Jahren statt. Ministerpräsident wird Marian Čalfa.

Prag: Wenzelsplatz, Wachsring

Register der Fachausdrücke

Abakus (griech.-lat. »Tischplatte«): Deckplatte über dem Kapitell einer Säule.
Achse: Gedachte Linie, die vertikal oder horizontal (Quer-, Längsachse) ein Gebäude einteilt; z. B. Fensterachse.
Ädikula: Wandnische, die zur Aufstellung einer Büste oder Statue dient; meist mit → Giebel, → Pfeilern oder → Säulen verziert.
Agnus Dei (lat. »Lamm Gottes«): Symbol Christi mit der Kreuzesfahne.
Akanthus: Schmuckelement, das sich vor allem am → korinthischen → Kapitell findet und aus der stilisierten Darstellung eines scharf gezackten, distelähnlichen Blattes entwickelt wurde.
Altar: Opfertisch bei Griechen und Römern. Tisch des Herrn im christlichen Glauben. In katholischen Kirchen neben dem Hauptaltar oft mehrere Nebenaltäre für verschiedene Heilige, in protestantischen Kirchen meist nur ein Altar.
Altaraufsatz: Schreinartiger Aufbau über dem Altartisch.
Altarauszug: Oberer, abgehobener Teil des → Altaraufsatzes.
Altargerät: Gefäße und Requisiten für die gottesdienstlichen Handlungen am → Altar.
Altarretabel: → Altaraufsatz.
Ambo: Pult an den Chorschranken in altchristlichen und mittelalterlichen Kirchen; Vorläufer der → Kanzel.
Andachtsbilder: Kleinere Kunstwerke mit Einzeldarstellungen, die an Nebenaltären gezeigt werden und der religiösen Erbauung dienen.
Anna selbdritt: Darstellung von Anna, Maria und dem Jesusknaben.
Antependium: Frontverkleidung des Altartisches.
Apsis: Abschluß des → Chors, meist halbkreisförmig. In der Regel Standort des → Altars.
Aquamanile: Gießgefäß oder Schüssel für rituelle Waschungen bei der kath. Liturgie.
Arabeske: Ein stilisiertes Blattwerk, das als Schmuckmotiv verwendet wird.
Architrav: Steinerner Hauptbalken über den → Säulen.
Archivolte: Bogenlauf über romanischen und gotischen Portalen.
Arkade: Bogen, der von → Säulen oder → Pfeilern getragen wird. Mehrere Arkaden werden zu Bogengängen zusammengefaßt. Wenn die Arkaden keine Öffnung haben (und nur aus dekorativen Gründen verwendet werden), spricht man auch von Blendarkaden.
Atrium: Bei den Römern ein zentraler Raum mit einer Öffnung im Dach, durch die das Regenwasser einfallen konnte. In der christlichen Architektur ein Vorhof, der meist von → Säulen umgeben ist, auch Paradies genannt.
Attika: Eine (meist reich verzierte) Wand, die über das → Gesims einer Säulenreihe gemauert wird und das Dach verdecken soll.
Aufgehendes Mauerwerk: Der sichtbare (oberirdische) Teil des Mauerwerks.
Aula: Halle, Versammlungssaal.

Backstein: Ziegel, der im Brand gehärtet worden ist (im Gegensatz zum natürlichen Gestein).
Backsteingotik: Bauten aus → Backstein in den Forrnen der → Gotik. Vorwiegend in Nord-, Ost- und Süddeutschland zu fnden.
Baldachin: Schutzdach über → Altären, Grabmalen, Statuen und Portalen.
Balkendecke: Holzdecke aus unverputzten Balken über einem → Schiff; durch die Balken ist die Decke meist in Dekorationsfelder unterteilt.
Baluster: Kleine bauchige oder profilierte Säule.
Balustrade; aus → Balustern gebildetes Geländer.
Baptisterium: Taufkirche oder Taufkapelle, in der Regel Zentralbau.
Barock: Stilbezeichnung für die Kunst und Kulturepoche ab etwa 1600 bis etwa 1750. Bestimmend sind kraftvoll bewegte, ineinandergreifende Formen.
Basilika: Griechische Königshalle; im Kirchenbau Bezeichnung für eine mehrschiffige Kirche (→ Schiff), deren Satteldach über dem Hauptschiff höher ist als die Pultdächer über den Seitenschiffen.
Siehe auch → Säulenbasilika und → Pfeilerbasilika.
Basis: Fuß einer → Säule oder eines → Pfeilers, meist breit auslaufend und dekorativ gestaltet.
Bauhütte: Die Werkstatt der Handwerker, die an einem Kirchenbau beteiligt waren.
Bergfried: Hauptturm einer Burg, letzte Zufluchtsstätte bei Belagerungen.
Bering: Mantelmauer einer Burg.
Beschlagwerk: Schnitzwerk der → Renaissance, das bandeisernen Zierbeschlägen nachgebildet wurde.
Biedermeier: Kunst und Kulturepoche (v.a. im deutschsprachigen Raum) v. ca. 1815 bis ca. 1850.
Blattkapitell: Gotisches → Kapitell, bei dem die Grundform von feinen Blattomamenten überzogen ist.
Blendarkade: → Arkade.
Blende: in die Wand eingetieftes Feld oder der Wand vorgelegtes architektonisches Motiv mit der Wirkung einer Scheinarchitektur.
Blendmaßwerk: → Maßwerk.
Bogenformen: Der Bogen dient zur Überbrückung größerer Spannweiten im Steinbau.

Bogenfries: Ein → Fries in der Form von Rundbogen (häufig bei romanischen Bauwerken).
Bruchsteinmauerwerk: Eine aus unbearbeiteten, rohen Steinen unregelmäßig aufgeschichtete Mauer.
Bündelpfeiler: In der Gotik beliebte → Pfeilerform. Um Kernpfeiler gruppieren sich kleinere und größere Dreiviertelpfeiler.

Campanile: frei stehender Glockenturm einer Kirche, in Italien stark verbreitet.
Cella: Hauptraum des antiken Tempels mit dem Götterbild.
Chor: Der meist erhöhte und in der Regel östlich gelegene Abschluß des Kirchenraumes. Der Chor hat meist nicht die gleiche Breite wie das → Schiff. Er dient zur Aufnahme des → Altars. Im Mittelalter war der Chor oft durch Schranken zum übrigen Kirchenraum abgegrenzt.
Chorgitter: Etwa seit dem 17.Jh. anstelle des Lettners verwendetes Gitter.
Chorumgang: Ein Gang, der durch die Fortführung der Seitenschiffe entsteht und um den Chor herumführt.
Confessio: Vorform der ma Krypta. Unter dem Hochaltar angelegtes Märtyrer- oder Kirchenheiligengrab: Verehrungs und Bekenntnisstätte.

Dachformen, *Pultdach:* eine einzige schräg ansteigende Dachfläche. *Satteldach:* zwei schräge, gegeneinander aufsteigende Dachflächen, an den Enden durch einen Giebel begrenzt. *Tätschdach:* flach geneigtes Satteldach. *Walmdach:* Satteldach, bei dem auch die Giebelseiten mit einer Dachfläche (Walm) versehen sind. *Krüppelwalmdach:* Walmdach, bei dem nur der obere Giebelteil abgewalmt ist. *Zeltdach:* vier steil aufsteigende Dachflächen über viereckigem Grundriß, z.B. als Turmabschluß. Vgl. → Klebdach.
Dachreiter: Türmchen über dem Dachstuhl.
Dienste: Dünne Säulen oder Rundstäbe, die einer Wand oder einem Pfeiler vorgelagert sind, meist zur Unterstützung des Gewölbes.
Diptychon: Zusammenklappbare zweiteilige (Altar-)Tafel.
Doppelkapelle: Eine zweigeschossige Kapelle.
Dorische Säulenordnung: → Ordnung, bei der die → Säulen ohne → Basis direkt auf den Boden gesetzt sind und flache, wulstförmige → Kapitelle tragen.
Draperie (franz. drap »Tuch«): Dekoration mit Stoffen, Behänge aus Stoffen und deren malerische Darstellung.
Dreipaß: einem Kreis eingeschriebenes kleeblattförmiges → Maßwerkmotiv in der Gotik.

Empore: Zwischengeschoß; in der Kirche meist Galerie für Sänger und Orgel.
Empire-Stil: Klassizistischer Kunststil in Frankreich zu Beginn des 19.Jahrhunderts, mit griechisch-römischen und ägytischen Vorbildern.
Englischer Gruß: Verkündigung des Engels an Maria.
Epiphanie: Erscheinungsfest eines Gottes bzw. Christi (vgl. Dreikönigsfest am 6.Januar).
Epitaph: Gedenktafel oder Gedenkstein an Wand oder Pfeiler, oft über dem Grab des Verstorbenen.
Erker: In sich geschlossener vorspringender Anbau an die Außenwand eines Gebäudes. Oft ein Dekorationselement.
Eremitage: Pavillon in Park und Gartenanlagen, einsam gelegenes Schloß.
Eselsrücken: → Bogenformen.
Eselstreppe: Stufenloser Aufgang eines Turms, vermutlich benutzt, um Esel das Baumaterial hinauftragen zu lassen. Daher sog. Eselstürme an mittelalterlichen Domen.
Exedra: Apsis, überwölbt mit einem Kuppelausschnitt.
Exvoto: Ein aufgrund eines Gelübdes gestiftetes Bild: Votivbild, -tafel.

Fachwerk: Balken, die als tragende Teile benutzt werden, sind mit Lehm oder Ziegeln aufgefüllt.
Fassade: Haupt- oder Schauseite eines Bauwerks.
Fassung: Bemalung.
Fayence: Töpferwaren mit Glasurüberzug, benannt nach der italienischen Stadt Faënza.
Fiale: Ziertürmchen in der → Gotik; oft als Bekrönung eines → Strebepfeilers.
Figurenkapitell: Das → Kapitell einer Säule, das zu einer Figur ausgearbeitet worden ist.
Filigranwerk: Ursprünglich Goldschmiedearbeit, bei der Gold- und Silberdraht ornamentartig auf eine Metallunterlage gelötet werden. Auch auf vielfach durchbrochene Schnitzwerke und Stukkaturen übertragen.
Fischblase: Flammenförmige Ornamentform im gotischen → Maßwerk.
Flechtband/Flechtwerk: Ornament mit dem Motiv ineinander verschlungener Streifen, im Frühmittelalter häufig verwendet.
Flügelaltar: Der → Altaraufsatz hat ausklappbare, meist reich geschnitzte oder bemalte Flügel.
Fresko: Auf den noch feuchten Kalkputz werden Wasserfarben ohne Bindemittel aufgetragen. Beim Trocknen des Mörtels verbinden sich die Farben besonders haltbar mit dem Putz.
Fries: Schmuckstreifen zum Abschluß oder als Untergliederung einer Wand. Der Fries kann flächig oder plastisch sein, er kann aus Figuren oder → Ornamenten bestehen.

Gaden: In der Architektur Bezeichnung für Obergeschoß.

Galerie: Ein langgestreckter Raum; oft werden → Emporen und → Arkadengänge auch Galerie genannt.
Gaube: Als Giebelhäuschen ausgebildetes Dachfenster.
Gebälk: Balkensystem eines Holzbauwerks. Im Steinbau der → Renaissance und des → Barock werden → Architrav, → Fries und → Gesims zusammen als Gebälk bezeichnet.
Gebundenes System: Quadratisches Schema eines Grundrisses (vorwiegend in romanischen Kirchen).
Ausgehend von der quadratischen 6-Vierung sind jeweils gleich große Gewölbequadrate in allen Richtungen angefügt. In den Seitenschiffen entsprechen jeweils zwei kleinere Gewölbequadrate den größeren Quadraten des Mittelschiffes.
Gesims: Ein vorspringender Wandabschluß.
Gesprenge: Abschließende Bekrönung des → Altaraufsatzes.
Gewölbe: Bogen- oder haubenförmiger Abschluß eines Raums.
Gewölbeformen: *Tonnengewölbe:* Gewölbe mit dem Querschnitt eines Halbkreis-, Segment-, Korb- oder Spitzbogens.
Stichkappengewölbe: Tonnengewölbe, das durch einen seitlich einschneidenden Kappenkranz, meist mit Fensteröffnungen, begrenzt ist. *Kreuzgewölbe/Kreuzgratgewölbe:* rechtwinklige Durchdringung von zwei gleich hohen Tonnengewölben, die Durchdringungslinien heißen Grate. *Kreuzrippengewölbe:* Kreuzgratgewölbe mit tragenden Rippen entlang der Grate.
Sterngewölbe: sternartig verzweigtes Rippengewölbe.
Giebel: Stirnseite; bei Gebäuden mit Sattel- oder Pultdach dreieckig und meist senkrecht. Auch über Fenstern oder Türen. Staffel-, Treppengiebel.
Gobelin: Bildteppich.
Gotik: Epoche der europäischen Kunst und Kultur, die von der Mitte des 12.Jh. bis ins 16.Jh. reicht.
Graffiti: Eingekratzte Inschriften oder Zeichnungen, meist an Wänden antiker Gebäude.
Grisaille: Malerei in verschiedenen Grauabstimmungen.
Gurtbogen: Eine konstruktive und dekorative Unterstützung des Gewölbeabschnitts, die sich rippenartig als Bogen quer zur Längsachse spannt.

Hallenchor: Ein → Chor, der aus mehreren, jedoch gleich hohen → Schiffen besteht.
Hallenkirche: Im Gegensatz zur → Basilika sind Hauptraum und → Seitenschiffe gleich hoch; ohne → Querhaus.
Halsgraben: Künstlich geschaffener Graben, der Burgen vom Landrücken trennt. Oft auch Zugang über Zugbrücken.
Helm: Der Abschluß eines Turmes.
Hochaltar: Zentraler Hauptaltar einer Kirche.
Hocheingang: in einem oberen Geschoß gelegener Eingang zu einem Turm oder → Palas.

Ikonostasis: In der Ostkirche Bilderwand zwischen Allerheiligstem und Gemeinderaum.
Immaculata: Die Unbefleckte, Ehrenname Marias.
Inkarnation: Fleischwerdung.
Inkrustation: farbige, ornamentale Einlegearbeiten in Stein zur Verzierung v. Wand- u. Fassadenflächen.
Intarsia: Einlegearbeit in Holz, Stuck, Stein etc.
Ionische Säulenordnung: → Ordnung, bei der die → Säulen auf einer mehrgliedrigen → Basis stehen und das → Kapitell durch zwei Schneckenbögen charakterisiert ist.

Joch: Grundeinheit des durch → Pfeiler, → Säulen oder → Gurtbogen gegliederten Raumes.
Jugendstil: Nach der Münchner Zeitschrift »Jugend« benannte Stilrichtung, die sich gegen die Übernahme alter Formen wendet und neue, der Natur entnommene Ausdrucksformen schafft. Schwerpunkt von 1895 bis um 1905.

Kabinettscheibe: kleines Glasgemälde als Schmuck von Fensterscheiben.
Kämpfer: Steinplatte zwischen → Säule bzw. → Kapitell und Bogen oder Gewölbe.
Kalotte: Gewölbte Kuppel in Form eines Kugelabschnitts.
Kalvarienberg, *Calvaire:* Plastische Darstellung der Kreuzigungsgruppe und des Kreuzigungsberges, oft Wallfahrtsort.
Kamee: Stein oder Edelstein mit erhaben geschnittener Darstellung.
Kampanile, *Campanile:* (meist frei stehender) Glockenturm.
Kanon: Regelmäßiges, wiederkehrendes Maß.
Kanzel: Erhöhter Platz in der Kirche, von dem aus die Predigt gehalten wird. Oft von einem → Baldachin oder einem → Schalldeckel überdeckt.
Kapelle (lat. Cappa »Mantel«): Name urspr. abgeleitet v. einem kleinen Raum der Königspfalz v. Paris, wo sich der Mantel des hl. Martin befand. Kleines gottesdienstliches Gebäude ohne Pfarrecht; selbständiger Teil einer Hauptkirche (Grab-, Taufkapelle); Burg- oder Schloßkapelle.
Kapellenkranz: Mehrere um den Chor gezogene Kapellen.
Kapitell: Abschließender, kopfartiger Teil einer → Säule. Die Form der Kapitelle ist ausschlaggebend für Stil oder → Ordnung.
Kapitelsaal: Versammlungsraum der Klostergemeinde.
Karnies (griech. koronis »gekrümmt«): Leiste mit leicht S-förmig gekrümmtem Profil.

Kartause (ital. Certosa): Kloster der Kartäuser mit einzelnen Wohnzellen und Gärten, Kreuzgang, Kirchen und Kapitelsaal.
Kartusche: Zierrahmen, mit dem Wappen, Initiale oder Inschriften eingefaßt sind.
Karyatide: → Gebälk tragende Figur.
Kassettendecke: Diese in rechteckige Felder unterteilte Decke ist durch → Ornamente, Bemalung oder anderen Schmuck ausgeprägt.
Kassettengewölbe: Ein von einer rechteckigen Kassette angeschnittenes → Kloster oder Haubengewölbe in regelmäßiger Folge.
Kastell: in römischer Zeit befestigter Garnisonsplatz.
Kathedrale: Bischofskirche, Dom.
Kehrgiebelhaus: ein Giebelhaus mit → traufständig anschließendem Nebengebäude.
Kenotaph: Grabdenkmal, an anderer Stelle errichtet als das tatsächliche Grab.
Kielbogen: → Bogenformen.
Klassizismus: Von klassisch-antiken Vorbildem ausgehende Stilrichtung, die zwischen etwa 1770 bis etwa 1830 ihren Höhepunkt erreichte.
Klebdach: An der Außenwand über Fenstern und Portalen angefügtes Vordächlein.
Klostergewölbe: (Haubengewölbe): Ein kuppelähnliches, waagrecht gerade abschließendes Gewölbe aus Tonnenabschnitten.
Knorpelstil: Die vorbarocke Form des → Ornaments, aus dem → Beschlagwerk entwickelt, mit ohrmuschelartigen Formen.
Knospenkapitell: Abwandlung des → korinthischen Kapitells in frühgotischer Zeit.
Konche: Halbrunder, sich in einen Nebenraum öffnender Raum, besonders Halbkuppel der Apsis.
Konsole: Wandvorsprung, Balkenstütze.
Kopfreliquiar: → Reliquiar in Kopf- oder Büstenform.
Korbbogen: Flachgedrückter Rundbogen.
Korinthische Säulenordnung: Reiche Zierformen kennzeichnen bei dieser → Ordnung die → Kapitelle. Die → Basis ähnelt der → ionischen Ordnung.
Kragstein: Aus der Mauer herausragender Stein, der als Stütze, als Auflage oder auch nur als Träger für eine Büste dient.
Kranzgesims: Abschlußgesims der Fassade unter dem Dachansatz.
Kreuz (lateinisch crux): Zwei sich meist rechtwinklig schneidende Balken als alte Symbolform. Griech. Kreuz mit gleich langen Armen, lat. Kreuz mit verschobenen Querbalken. → Andreaskreuz, Malteserkreuz mit zweispitzigen Armen, Papstkreuz mit 3 Querbalken; außerdem lothringisches Kreuz mit 2 Querbalken, Antonius- und Gabelkreuz.
Kreuzgang: Meist gewölbtes, nach innen durch → Arkaden geöffnetes Geviert, das als Umgang im Hof eines Klosters dient und an einer Seite an die Kirche anschließt.
Kreuzgewölbe: Ein → Gewölbe, bei dem sich zwei → Tonnengewölbe rechtwinklig kreuzen. Man unterscheidet das einfache Kreuzgratgewölbe von dem Kreuzrippengewölbe, bei welchem die Schnittkanten durch Rippen verstärkt sind.
Kruzifixus: Kreuz mit einer Darstellung des Gekreuzigten.
Krypta: Unterkirche, Grabraum, meist unter dem → Chor gelegen. Oft sind Kirchen über einer alten Krypta errichtet worden.
Kuppelformen, wichtigste: *Pendentif- oder Hängekuppel:* über quadratischem oder vieleckigem Grundriß gewölbte halbrunde Kuppel mit ausgeschiedenen Seitenflächen. Die von der Kuppelwölbung in den Kuppelansatz überleitenden sphärischen Dreiecke heißen *Pendentifs* oder *Hängezwickel. Tambourkuppel:* Pendentifkuppel mit zylindrischem oder polygonalem Zwischenstück *(Tambour, Trommel),* das zwischen Pendentifs und Halbkugel geschoben ist. Der obere Abschluß einer Kuppel wird meist durch eine → Laterne gebildet.

Langhaus: Hauptteil der Kirche, für die Gemeinde bestimmt (ohne → Chor und → Apsis).
Laterne: Runder oder polygonaler, mit Fenstern versehener kleiner Aufbau über der Scheitelöffnung einer Kuppel oder als Turmbekrönung.
Laubengang: Bogengang, der dem Erdgeschoß eines Baus vorgelagert ist.
Leibung, Laibung: Fläche des Mauereinschnitts bei Fenstern und Türen.
Lettner: Wand oder Brüstung zwischen → Chor und → Mittelschiff, die den klerikalen Bereich vom Laienraum trennt.
Leutkirche: Dem Laiengottesdienst vorbehaltener Raum in Stiftskirchen.
Lichtgaden: Fensterzone der Hochwand im Mittelschiff einer → Basilika, auch *Obergaden* genannt.
Lisene: Schwach aus der Wand vortretender senkrechter Mauerstreifen ohne Basis und Kapitell.
Loggia: Nach außen geöffnete Säulenhalle eines Bauwerks, häufig im Obergeschoß.
Loretokapelle: Architektonische Nachahmung des Muttergottes-Hauses, das der Legende nach durch Engel von Nazareth nach Loreto bei Ancona (Mittelitalien) versetzt wurde.
Louis-Quatorze: Französischer Kunststil, dem deutschen → Barock vergleichbar; benannt nach Ludwig XIV. (1638–1715).
Louis-Quinze: Epoche des Spätbarock in Frankreich, benannt nach Ludwig XV. (1710 bis 1774).
Entspricht in etwa dem → Rokoko in Deutschland und Österreich.
Louis-Seize: Beginn des → Klassizismus in Frankreich, benannt nach Ludwig XVI. (1754 bis 1793); eine gemäßigte Form des → Rokoko.

Lüftlmalerei: Malerei an Hauswänden, vornehmlich im süddeutschen Raum.
Lünette: Halbkreisförmiges Feld über Türen und Fenstern, oft mit Malerei oder Plastik.
Luginsland: Ein hochragender, häufig alleinstehender oder vorgesetzter Wart- und Aussichtsturm; in Städten auch als Feuerwacht benutzt.
Lukarne: Kleines Dachfenster.

Majestas Domini: Frontal thronender Christus mit hochgehaltener Rechter und Lebensbuch, oft mit den 24 Ältesten oder den 4 Evangelistensymbolen dargestellt.
Mandorla: Heiligenschein in zugespitzter Mandelform, der eine ganze Heiligengestalt (Maria oder Christus) umgibt.
Manierismus: Kunststil zwischen → Renaissance und → Barock (ungefähr von 1530 bis 1630).
Der Manierismus vernachlässigt natürliche und »klassische« Formen zugunsten gewollter Künstlichkeit der Manier.
Mansarde: Ein abgeknicktes Dach, wobei der untere Teil steiler als der obere ist. Der gewonnene Raum wird ebenfalls Mansarde genannt und läßt sich gut für Wohnzwecke benutzen. (Benannt nach dem Franzosen F. Mansart.)
Maschikuli: Kleine Öffnungen zwischen einem vorkragenden Zinnenkranz, bei mittelalterlichen Wehrbauten zum Ausguß von Pech und Schwefel bestimmt.
Maßwerk: Gotische geometrische Zierformen, vor allem für die Ausgestaltung von Fensterbögen oft verwendet. Liegen die Zierbogen direkt auf der Wand, spricht man von Blendmaßwerk.
Mausoleum: Ein prächtiges Grabmal, meist in der Form eines Hauses oder Tempels.
Medaillon: Meist runde od. ovale Rahmung eines Ornaments oder Freskos (aus Stuck, Stein u.ä.).
Menhir: Roh behauener, senkrecht aufgestellter Stein aus vorgeschichtlicher Zeit.
Mensa: Die Deckplatte des Altars.
Mezzanin: Halb- oder Zwischengeschoß.
Miniatur: Kleinformatiges Bild; handgemalte Bilder in alten Handschriften.
Mittelschiff: Mittleres → Schiff der → Basilika oder der mehrschiffigen → Hallenkirche.
Mönchschor: Jener Teil des → Chores, der den Mönchen vorbehalten ist, oft abgeschlossen.
Monstranz: Schmuckgerät, in dem (meist hinter Glas) die geweihte Hostie gezeigt wird.
Mosaik: Wand-, Boden- oder Gewölbeschmuck, zusammengefügt aus kleinen bunten Steinchen, Glasscherben oder anderen Materialien.
Münster: Große Klosterkirche bzw. große Stiftskirche, vor allem in Rheinnähe gebräuchlich.
Municipium: In der röm. Republik die in den Staatsverband einbezogenen italischen Städte, in der röm. Kaiserzeit die mit röm. Recht ausgestattete selbständige Stadtgemeinde; munizipal bedeutet soviel wie städt.
Muschelwerk: Zierornamente, die dem Muschelmotiv nachempfunden sind; vor allem in der späten → Renaissance und im → Rokoko.

Narthex: Vorhalle von Basiliken und Kirchen.
Netzgewölbe: Ein → Gewölbe, bei dem sich die Rippen mehrfach kreuzen. Vor allem zur Zeit der → Gotik anzutreffen.
Neubarock: Reaktion auf den kühlen → Klassizismus. Die Wiederverwendung der Formen des → Barock entwickelte sich im letzten Drittel des 19.Jh. als ein historisierender Prunkstil mit übertriebenem plastischem Schmuck und auffälligen Farben.
Neugotik (Neogotik): Historisierender Kunststil, mit dem man im 19. Jh. die Bauformen und Schmuckornamente der → Gotik neu beleben wollte.
Nonnenchor: → Empore, auf der Nonnen dem Gottesdienst beiwohnen.

Obelisk: Frei stehender Pfeiler mit quadratischem Grundriß und pyramidenartiger Spitze.
Oculus: Runde Fensteröffnung.
Odeon: Meist rundes Gebäude, in dem musikalische und andere musische Aufführungen stattfinden.
Oktogon: Gebäude mit achteckigem Grundriß.
Olifant: Das Wunderhorn Rolands, ein Signal- und Kriegshorn aus Elfenbein, reich geschnitzt und in Edelmetall gefaßt.
Ophistodom: Beim griechischen Tempel Raum hinter der → Cella.
Orangerie: Teil barocker Schloß- und Parkanlagen, ursprünglich für die Überwinterung der während des Sommers im Freien aufgestellten Orangenbäume und anderer südlicher Gewächse gedacht. Oft erhielten die Orangerien jedoch Festräume für große Hofgesellschaften.
Oratorium: Kleine Kapelle, die in der Regel nicht für die Öffentlichkeit zugänglich ist, oft dem → Chorraum angegliedert.
Ordensburg: Burgen des Deutschen Ritterordens, vornehmlich in Preußen und Livland. Die vierflügeligen Anlagen sind um einen Innenhof gruppiert und durch sehr starke Befestigungsanlagen geschützt. Kloster, Garnison und Verwaltung sind in den Ordensburgen gemeinsam untergebracht gewesen.
Ordnung: Architektursystem der Antike, das bestimmte Reihenfolgen vorschreibt, vor allem bei → Säulen (→ dorische, → ionische etc.).
Orgelprospekt: Schauseite einer Orgel.
Ornament: Regelmäßig sich wiederholende Zierformen. Wiederkehrende Ornamente sind oft unter anderen Begriffen zusammengefaßt (z.B. → Fries).
Ossarium: → Beinhaus.
Ottonische Kunst: Kunst aus der Zeit der Kö-

nige Otto I., Otto II. und Otto III. (936 bis 1002). Anreger und Finanziers dieser Kunst waren die Könige sowie Würdenträger der Kirche.

Pagode: Süd- und ostasiatischer Reliquienschrein und Tempel.
Pala: Altaraufsatz.
Palas: Wohnbau einer Burg.
Palladiomotiv: Ein von Sebastiano Serlio entwickeltes, nach Andrea Palladio (1508 bis 1580) benanntes Architekturmotiv seit der Spätrenaissance, auch *Serliana* genannt: dreiachsige Wandöffnung, mittlere Achse breiter und von Rundbogen überhöht, schmälere Seitenöffnungen mit horizontalem Abschluß auf Höhe des Bogenansatzes.
Pallium: Ein mantelähnlicher Umhang der Römer, im Mittelalter Krönungsmantel für Könige und Kaiser, später auch bei Erzbischöfen.
Paneel: Brusthohe Holzvertäfelung.
Panorama: In der Kunst ein Rundgemälde, vor allem zur Darstellung von Schlachten und Städteansichten.
Pantheon: Den Göttern geweihter Tempel. Nach dem Vorbild des Pantheons in Rom (Rundbau).
Paradies: → Atrium.
Parament: Sakrale Bekleidungsstücke, z. B. des Priesters oder des Altars.
Patio: Innenhof des Hauses, vor allem in Spanien.
Patrozinium: Schutzherrschaft des Heiligen, in dessen Namen die Kirche geweiht ist (Kirchenpatron); auch Namensfest des Kirchenpatrons.
Pavillon: Meist mehreckiger oder runder Bau in Parkanlagen. Bei Barockschlössern verbinden sehr häufig Eckpavillons den Hauptbau mit den davon abzweigenden → Galerien.
Pechnasen: Kleine, an der Unterseite geöffnete Erker bei mittelalterlichen Burgen, durch die man heißes Pech auf die Angreifer schütten konnte.
Pendentifkuppel: → Kuppelformen.
Pergola: Offener Laubengang aus einer Holzkonstruktion; an den Balken ranken sich Pflanzen empor.
Peripteros: Griech. Tempel mit einem Säulengang rundum.
Peristyl: Einen Hof umgebende Säulenhalle, bei profanen wie sakralen Bauten verbreitet.
Pesel: Wohnraum und Zentrum norddeutscher Bauernhäuser.
Pestsäule: Mittelalterliche Schmucksäulen, die an Zeiten erinnern, in denen die Pest im Ort gewütet hat.
Pfalz: Wohnstatt für Könige und Kaiser, die im Mittelalter nicht an einem Ort residierten, sondern ihren Sitz regelmäßig wechselten.
Pfeiler: Stützglied wie die → Säule, doch von recht- oder mehreckigem Grundriß.
Pfeilerbasilika: Die Bogen des → Schiffes der → Basilika liegen auf → Pfeilern.
Piano Nobile: Das wichtigste (edelste) Geschoß eines Profanbaues, meistens das 1. Obergeschoß z.B. mit Prunk- und Repräsentationsräumen.
Pieta: Darstellung der trauernden Maria mit dem Leichnam des Sohnes auf dem Schoß.
Pieve (ital. »Pfarrkirche«): Mit bes. Rechten ausgestattete, häufig etwas außerhalb der Ortschaften gelegene, meist dreischiffige Pfarrkirche.
Pilaster: → Pfeiler, der aus einer Wand hervortritt (Halbpfeiler), mit → Basis und → Kapitell.
Pinakothek (griech.): Bildersammlung.
Piscina: 1. Schwimmbassin in den römischen Bädern. 2. Taufbecken in einem Baptisterium. 3. Kleine Mauernische mit Wasserablauf im Chor für die liturgische Handwaschung.
polychrom: Vielfarbig ausgeführt; Farben deutlich gegeneinander abgesetzt: Ggs. monochrom.
Portal: In der Form und im Schmuck hervorgehobener repräsentativer Eingang v. Kirchen, Palästen oder vornehmen Profanbauten.
Polygon: Vieleck.
Polyptychon: Ein aus mehreren Tafeln (Flügeln) zusammengesetztes (Altar-)Bild.
Portikus: Von → Pfeilern gestützte Vorhalle.
Porträt (franz. »Portrait«): Darstellung v.a. des Antlitzes eines Menschen in Malerei oder Plastik.
Postament: Sockel eines Standbildes.
Präraffaeliten: Von London ausgehende Kunstrichtung (um 1850), die eine Verbindung religiöser und seelischer Motive forderte und sich an der italienischen Malerei der frühen → Renaissance orientierte. Vorstufe des → Jugendstils.
Predella: Unterbau des → Altars.
Presbyterium: Ursprünglich »Raum der Priester«, heute allgemeine Bezeichnung für den → Chor bzw. die → Apsis einer Kirche.
Prior: Bei Benediktinern und verwandten Orden Stellvertreter des Abts in einer Abtei oder Hausoberer in einem Priorat; bei Dominikanern und Kartäusern der Klostervorsteher.
Prismeller Baumeister: Baumeisterfamilie aus einer Walserkolonie jenseits des Monte Rosa (Val Sesia, früher Prismell).
Berühmtester Vertreter: Ulrich Ruffiner (1. Hälfte 16.Jh.).
profan: Das Gegenteil von → sakral, also Kunst, die nicht mit dem religiösen Bereich in Verbindung steht. Zu den Profanbauten zählt man z. B. Rathäuser, Burgen, Schlösser, Bürgerhäuser etc.
Pronaos: Vorhalle des antiken Tempels (auch christliche Kirchengebäude).
Propstei: Dom- oder Stiftskapitel.
Propyläen: Die Eingangshalle monumentaler Bauten. Vorbild späterer Bauten waren die

Propyläen auf der Akropolis in Athen (entstanden 437 bis 432 v. Chr.).
Prospekt: → Orgelprospekt.
Prothyros: Einfriedung vor der Tür des römischen Hauses.
Protorenaissance (Vorrenaissance): Florentinische Baukunst im 11. und 12.Jh.
Pseudobasilika (falsche Basilika): Basilikale Kirche mit erhöhtem, aber fensterlosem Mittelschiff.
Pulpitum: Frei stehende Kanzel.
Pultdach: → Dachformen.
Purifizierung (lat. »Reinigung«): Entfernung v. An- oder Umbauten; Wiederherstellung des urspr. Äußeren und Inneren.
Putten: Nackte engelhafte Kinderfiguren in der → Renaissance, im → Barock und im → Rokoko.
Pylon: Eingangstor bei griech. Tempeln und Palästen.

Quader: Behauener Block aus massivem Stein.
Quadriga: Ein vierspänniger Wagen.
Querhaus oder **Querschiff:** Raum in der Kirche, quer zum → Langhaus (→ Basilika).
Querschnitt: Ein gedachter Schnitt quer durch ein Gebäude zur Darstellung der Architektur.

Radfenster: Speichenartig gegliederte Fensterrose.
Refektorium: Speiseraum in Klöstern.
Refugium: Im Mittelalter in Kriegszeiten benützte Wehranlage zum Schutz der Bevölkerung, auch *Fluchtburg* genannt.
Régence: Französische Ausformung des → Rokoko.
Relief: Bildhauerarbeit, bei der die Figuren halbplastisch aus der Fläche herausgeschnitten (Holz) oder gemeißelt (Stein) sind. Je nach der Stärke der Erhebung spricht man von Flach-, Halb- oder Hochrelief.
Reliquiar: Behälter, in dem die Reliquien eines Heiligen aufbewahrt werden.
Remter: Speisesaal einer → Ordensburg (→ Refektorium).
Renaissance: Stilbezeichnung für die bildende Kunst ab etwa 1500 bis etwa 1600. Die Renaissance fällt zusammen mit dem Ende des mittelalterlichen Weltbilds und dem Beginn einer neuen, an der Antike orientierten Lebenshaltung (ital. rinascimento = Wiedergeburt).
Riegelbau, Fachwerkbau: Skelettbauweise, deren Gerüst aus waag- und senkrechten Pfosten (meist Holz) sowie diagonalen Streben besteht. Die Zwischenräume sind mit anderem Material gefüllt (Lehm, Backstein). Verfeinerte → Ständerbauweise.
Rippe: Tragendes Konstruktionselement eines Gewölbes mit Band-, Rundstab- Birnstabprofil: in der Spätzeit des Gewölbebaus wurden die Rippen der selbsttragenden Schale als dekorative Oberflächengliederung vorgeblendet (→ Gewölbeformen).
Risalit: Aus der Fluchtlinie vortretender Teil eines Gebäudes, der dessen volle Höhe erreicht.
Rocaille: Reich gestaltete, muschelähnliche → Kartusche, die namengebend für das → Rokoko wurde.
Rokoko: Stilbezeichnung für die Zeit des ausklingenden → Barock (etwa 1720–70), mit eleganten, leichten, oft verspielten, vor allem ovalen Formen.
Rollwerk: Bandartiges Omament, dessen sich aufrollende Enden plastisch ausgeformt sind. Motiv vieler Holzarbeiten vor allem im 16.Jahrhundert in Flandern und Holland (→ Beschlagwerk).
Romanik: Die zusammenfassende Bezeichnung für die Kunst vom Jahr 1000 bis ins 13.Jh. In ihren Bauwerken ist die Romanik bestimmt von Rundbogen, ruhigen Omamenten und einer insgesamt schweren Haltung.
Romantik: Kunstrichtung zu Beginn des 19.Jh., die sich vor allem in der Literatur (Märchen), Malerei und Musik ausbreitete. Sie nimmt Formen und Motive des Mittelalters wieder auf und bedeutet eine Abkehr von den rationalen Normen des → Klassizismus.
Rose: Ein stark gegliedertes Rundfenster über dem Portal mit reichem → Maßwerk, vor allem bei gotischen Kirchen.
Rosette: Rosenartige Dekorationsform, z B. in Kassetten oder an Friesen.
Rotunde: Rundbau.
Rundbogen: → Bogenformen.
Ründe/Ründi: Halbrunde Holzverschalung unter einem Hausgiebel.
Rundling: Dörfer, die sich regelmäßig um den (runden) Marktplatz herum entwickelt haben.
Rustika: Mauern aus → Quadern, deren Schauseite absichtlich unbehauen geblieben ist.

Saalkirche: Stützenfreier Kircheninnenraum, also ohne → Seitenschiff.
Sacra Conversazione: Madonna inmitten mehrerer Heiliger, seit dem 15.Jh. v.a. in der ital. Malerei gebräuchlich.
Säkularisation: Umwandlung geistlicher Besitztümer in weltliche, vor allem in der Zeit unter Napoleon (1803).
Säule: Stützglied mit kreisförmigem Grundriß, Gliederung in Basis, Schaft und Kapitell. Säulenordnungen sind durch strenge Maß- und Proportionsregeln gekennzeichnet und kommen in den klassischen bzw. den von der Klassik beeinflußten Stilepochen vor (→ Pfeiler).
Säulenbasilika: → Basilika, die von → Säulen gestützt wird (im Gegensatz zur → Pfeilerbasilika).
sakral: kirchlich, geistlich (im Gegensatz zu → profan).
Sakramentshäuschen: Gehäuse zur Aufbewahrung der geweihten Hostien. In der späten →

Gotik entstanden zahlreiche große Sakramentshäuschen, die zu bedeutenden Kunstwerken ausgestaltet sind.
Sanktuarium: Allerheiligstes der Kirche, Altarplatz.
Sarkophag: Meist reich verzierter steinerner Sarg.
Satteldach: Von zwei schräg gegeneinander gestellten Flächen gebildetes Dach. Die 2 Giebel befinden sich an den Schmalseiten.
Scagliola: Ein aus Gips, Leim, Wasser und Farben zusammengestelltes, später poliertes Material zur Imitation v. Marmor.
Schalenturm: Wehrturm in einer Ringmauer, an der Rückseite geöffnet.
Schalldeckel: → Kanzel.
Schildbogen: Ein das Joch gegen die Wandseiten hin begrenzender Gewölbebogen (→ Gewölbeformen).
Schildmauer: Hohe und starke, meist freistehende Mauer zum Schutz einer Burg vor fremdem Beschuß.
Schiff: Der Raumteil einer Kirche; daraus einschiffige oder mehrschiffige Kirchen; letztere durch → Säulen oder → Pfeiler aufgeteilt.
Schlußstein: Stein im Scheitel eines Bogens oder Rippengewölbes, häufig plastisch verziert oder bemalt.
Schnitzaltar: Altar mit geschnitzten Holzfiguren im Altarschrein.
Schwibbogen: Quer über einen Raum gezogener, 2 Wände verbindender freier Bogen als Mauerstütze oder Element der Raumgliederung.
Seitenschiff: Seitlich gelegenes → Schiff, durch → Säulen oder → Pfeiler vom Hauptraum der Kirche getrennt.
Sepultur: Für Begräbnisstätten reservierter Kirchenraum.
Serliana: → Palladiomotiv.
Sgraffito: Kratzputz.
Sinopie: Meist rötliche oder braune Vorzeichnungen von Fresken auf der Wand.
Sockel: Vorspringender unterer Teil einer Wand, eines → Pfeilers oder einer Säule.
Spiegelgewölbe: Ein langgestrecktes → Klostergewölbe, das im Scheitel mit einer waagrechten Fläche schließt.
Spitzbogen: → Bogenformen.
Spolie (lat. spolia »Beute«): Wiederverwendetes Glied (Kapitelle, Säule, Stein u.ä.) eines älteren Bauwerks.
Sprengwerk: → Gesprenge.
Stabkirche: Holzkirche (in Deutschland fast ausschließlich im Harz) aus senkrecht stehenden Planken und Pfosten.
Stabwerk: Senkrechte Stäbe zur Gliederung gotischer Fenster und Fassaden (→ Maßwerk).
Staffelgiebel: Giebel mit treppenartiger Stufung, auch Treppen- oder Stufengiebel.
Staffelhalle/Stufenhalle: Hallenkirche oder Pseudobasilika, deren Mittelschiff höher ist als die Seitenschiffe, jedoch ohne direkte Belichtung des Mittelschiffs (→ Basilika).
Stichkappengewölbe: Ein von dreieckigen Kugelflächen eingeschnittenes → Tonnengewölbe.
Strebepfeiler: Die in der Gotik ungewöhnlich großen Fensteröffnungen forderten eine Abstützung der Außenmauern durch → Pfeiler und Halbbögen.
Dieses Strebewerk fing den Gewölbedruck auf.
Strebewerk: System von Strebepfeilern undbögen an Außenwänden zur Abstützung von Mauern und Gewölben; im got. Kirchenbau häufig verwendet.
Strickbau: → Blockbau.
Stucco Lustro: Mit Marmorstaub und Freskoputz vermengtes, heiß behandeltes und glattpoliertes Material, wirkt wie Marmor. Dieser »Stuckmarmor« wird v.a. zur Verkleidung v. Pfeilern, Säulen oder Wandflächen verwendet.
Stuck: Ein leicht formbarer Werkstoff aus Gips Kalk, Sand und Wasser, der v.a. im 17./18.Jh. zur plastischen Ausschmückung von Innenräumen gedient hat.
Stukkatur: Ornamentale und figürliche Stuck-Dekoration v.a. im Barock.
Supraporte: Dekoratives Feld (Malerei, Schnitzerei, Stuck) über der Türe; v.a. im Barock gebräuchlich.
Synagoge: Jüdisches Gotteshaus.

Tabernakel: Altargehäuse für die Hostie.
Tabor: Befestigtes Lager, Befestigung, besonders in der Steiermark gegen Türkeneinfälle; auch Taborkirche.
Täfer: Hölzerne, meist profilierte Wand- oder Deckenverkleidung.
Tambour: Unterbau einer Kuppel, in der Regel zylindrisch oder polygonal.
Terrakotta: Gebrannte, unglasierte Tonerde.
Thermen: Römische Warmbadeanstalten.
Thermenfenster: Senkrecht dreigeteiltes Halbkreisfenster, aus der römischen Thermenarchitektur übernommen.
Tonnengewölbe: → Gewölbe, das einer Tonne gleicht, die in Längsrichtung durchgeschnitten wird.
Toskanische Säulenordnung (röm. Bezeichnung): Abwandlung der dorischen Säulenordnung durch Zufügen einer Basis und Wegnehmen der Kanneluren des Schafts; glatter Säulenschaft, Kapitell ohne Schmuck und Verzierung.
Transenne: In die Fensteröffnungen eingefügte Holz- oder Steinplatten (Vorläufer der Fensterverglasung).
Traufe, Dachtraufe: Untere horizontale Begrenzung eines Daches.
Treppengiebel: → Staffelgiebel.
Treppenhaus: Monumentale Treppenanlage (häufig zweiteiliger Treppenaufgang) in der

Höhe des Gebäudes; v.a. im Barock, jedoch bereits auch während der Renaissance.
Triforium: Laufgang in der Wand unter den Fenstern von Mittelschiff, Querschiff und Chor, besonders in gotischen Kirchen.
Trinität (lat. trinitas »Dreiheit«): Dreieinigkeit, die Dreiheit v. Gottvater, Sohn und Hl.Geist in der Einheit des göttlichen Wesens u.a. als Dreieck mit dem Auge Gottes dargestellt.
Triptychon: Dreiteiliges Altarbild.
Triumphbogen: Geschmückter Torbogen.
Trompe l'œil: Spezielle Art der Darstellung, bei der Gegenstände so täuschend ähnlich gemalt sind, daß sie dem Auge als Wirklichkeit erscheinen.
Tudorstil: Baustil, der Elemente der → Gotik und der → Renaissance verbindet; benannt nach der englischen Familie Tudor (etwa um 1530 bis um 1600).
Tumba: Aufbau über einer Grabstelle.
Tympanon: Das Bogenfeld über dem mittelalterlichen Portal.

Vedute: Gemälde oder Zeichnung mit der genauen Darstellung einer Stadt oder Landschaft.
Verblendung: Verkleidung von Bauteilen, die nicht sichtbar sein sollen.
Verkröpfung: Vorziehen eines Gesimses über einem vorstehenden Bauteil (Wandpfeiler, Pilaster usw.).
Vesperbild: Pieta.
Vierpaß: Ornament des got. Maßwerks: vier einem Kreis eingeschriebene, kleeblattförmig angelegte Kreissegmente.
Vierung: Die Stelle, an der sich → Lang- und → Querhaus kreuzen.
Vierzehn Nothelfer: Die als Helfer in jeder Not angerufenen Hll. sind Achatius, Ägidius, Barbara, Blasius, Christophorus, Cyriacus, Dionysius, Erasmus, Eustachius, Georg, Katharina, Margaretha, Pantaleon und Vitus.
Viztum: Stellvertreter des Landesherrn, meist in bischöflichen Herrschaften.
Vollplastik: Allseits plastisch gearbeitetes Bildwerk (dagegen → Relief).
Volute: Spiralenförmiges → Ornament.
Vorarlberger Schema: Umstrittener Begriff für den Typus der barocken Wandpfeilerhalle mit Emporen, wie er im 17. und 18.Jh. von den Vorarlberger Baumeistern entwickelt und nördlich der Alpen verbreitet wurde.
Vorburg: In größeren Burganlagen der äußere Wehrbezirk.
Vorhalle: Ein der Westfassade integrierter Vorraum bei Kirchenbauten.
Vortragekreuz: Ein hauptsächlich bei Prozessionen benutztes Kreuz.
Vorzeichen: → Portikus.
Votivaltar (lat. votum »Gelübde«): Infolge eines Gelübdes gestifteter Altar; ebenso Votivkirche oder -kapelle.

Walmdach: → Dachformen.
Wange: Seitlicher Abschluß des → Chorgestühls.
Wandvorlage: Gliederung oder Verstärkung (Stabilisierung) einer Wand durch Dienste, Halbsäulen, Lisenen, Pilaster oder Pfeiler.
Wehrgang: Zur Verteidigung hergerichteter Laufgang in den oberen Partien einer Ringmauer.
Weicher Stil: Spezifische Erscheinung in der deutschen Malerei und Plastik der Spätgotik mit fließenden Gewandfalten und zartem Gesichtsausdruck.
Welsche Haube: Geschwungenes Haubendach für Türme, Vorläufer der → Zwiebelhaube.
Westwerk: Monumentaler Westabschluß bei Kirchen aus karolingischer, ottonischer und romanischer Zeit. Als Kirche für den Herrscher vorgesehen und deshalb oft auch mit einem eigenen Altar ausgestattet.
Wimperg: Giebelartige Bekrönung über got. Portalen und Fenstern, meist aus Maßwerk konstruiert.
Winkelhakenkirche: Kirche mit zwei längsrechteckigen Schiffen, die in einem stumpfen, beinahe rechten Winkel aufeinanderstoßen.
Würfelkapitell: Aus der Durchdringung von Würfel- und Kugelform entwickeltes → Kapitell der romanischen Stilepoche.

Zackenstil (auch: Knitterstil): In der Spätgotik, sogar bereits in der Spätromanik auftretender Stil, Falten an (Schnitz-)Figuren sehr scharf (zackig, knitterig) zu gestalten.
Zeltdach: → Dachformen.
Zentralbau: Baukörper mit gleich oder nahezu gleich langen Hauptachsen, im Grundriß dem Kreis, Quadrat, regelmäßigen Vieleck oder griechischen Kreuz angenähert.
Ziborium (auch Ciborium): Großer von Säulen getragener steinerner → Baldachin über dem → Altar.
Zinnenkranz: Oberer Abschluß einer Wehrmauer, bestehend aus schützenden, schildartigen Aufbauten, unterbrochen durch schartenartige Zwischenräume im Mauerrand.
Zopfstil: Stilrichtung aus der Zeit zwischen → Rokoko und → Klassizismus (etwa um 1760-80); geprägt von strenger Ausdrucksweise.
Zwerchhaus: Dachhäuschen mit einem Giebel, der quer zum Hauptdach steht.
Zwerggalerie: Gang in der Außenmauer unter dem Dachgesims; nach außen geöffnet und meist reich verziert.
Zwickel: Teilgewölbe, das meist zu einer Kuppel überleitet (→ Kuppelformen).
Zwiebelhaube: Dach in der Gestalt einer Zwiebel.
Zwinger: Das Gelände zwischen den inneren und äußeren Mauern der mittelalterlichen Stadtbefestigungen. Hier wurden oft Tiere gehalten. Im → Barock errichtete man an dieser Stelle dann oft Vergnügungsstätten.

Künstlerregister

Sehenswürdigkeiten von Prag

T

Ortsregister

A

B

C

D

F

H

J

K

L

Anschluß-Seite 352

Anschluß-Seite 350

Anschluß-Seite 353

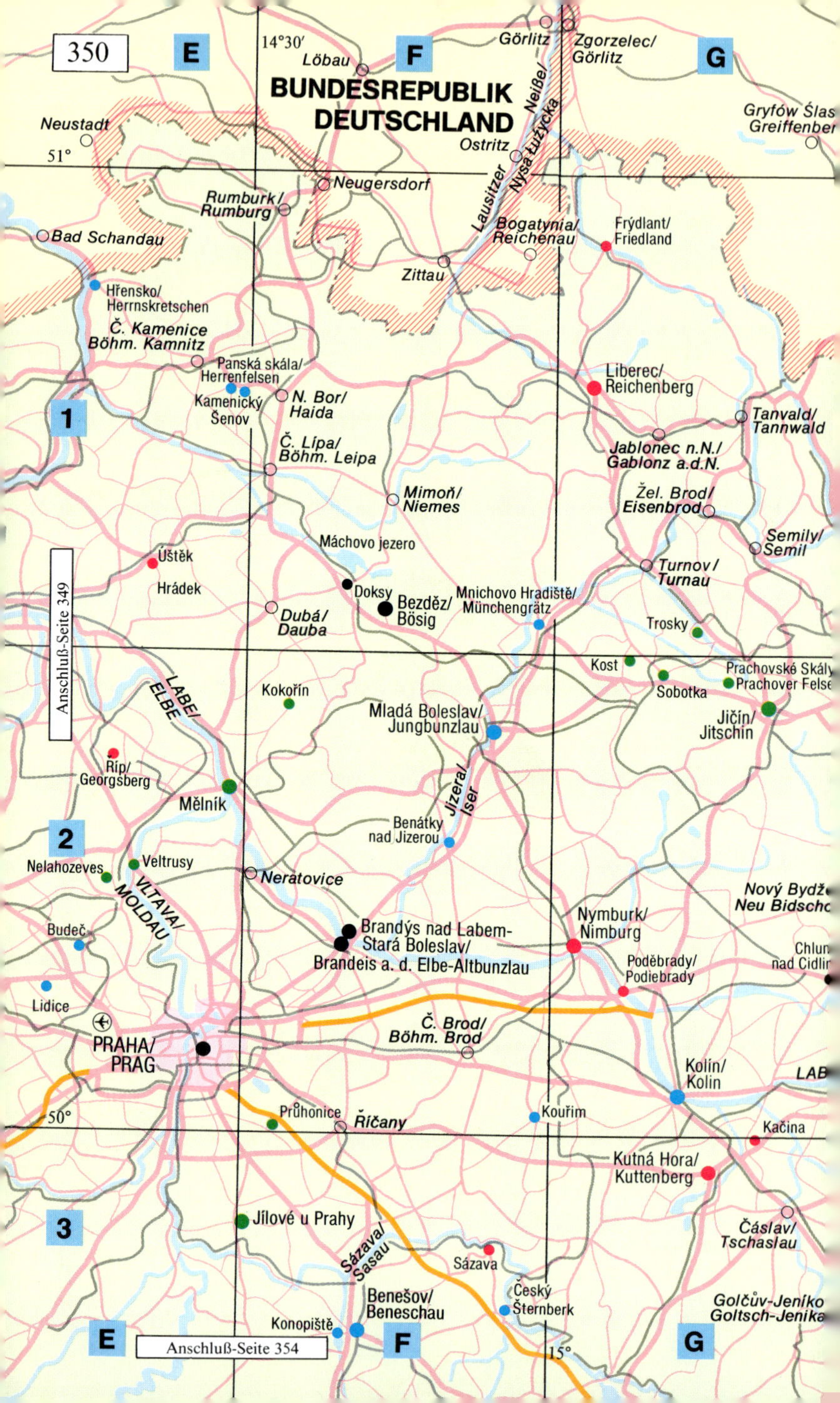

Anschluß-Seite 349

Anschluß-Seite 354

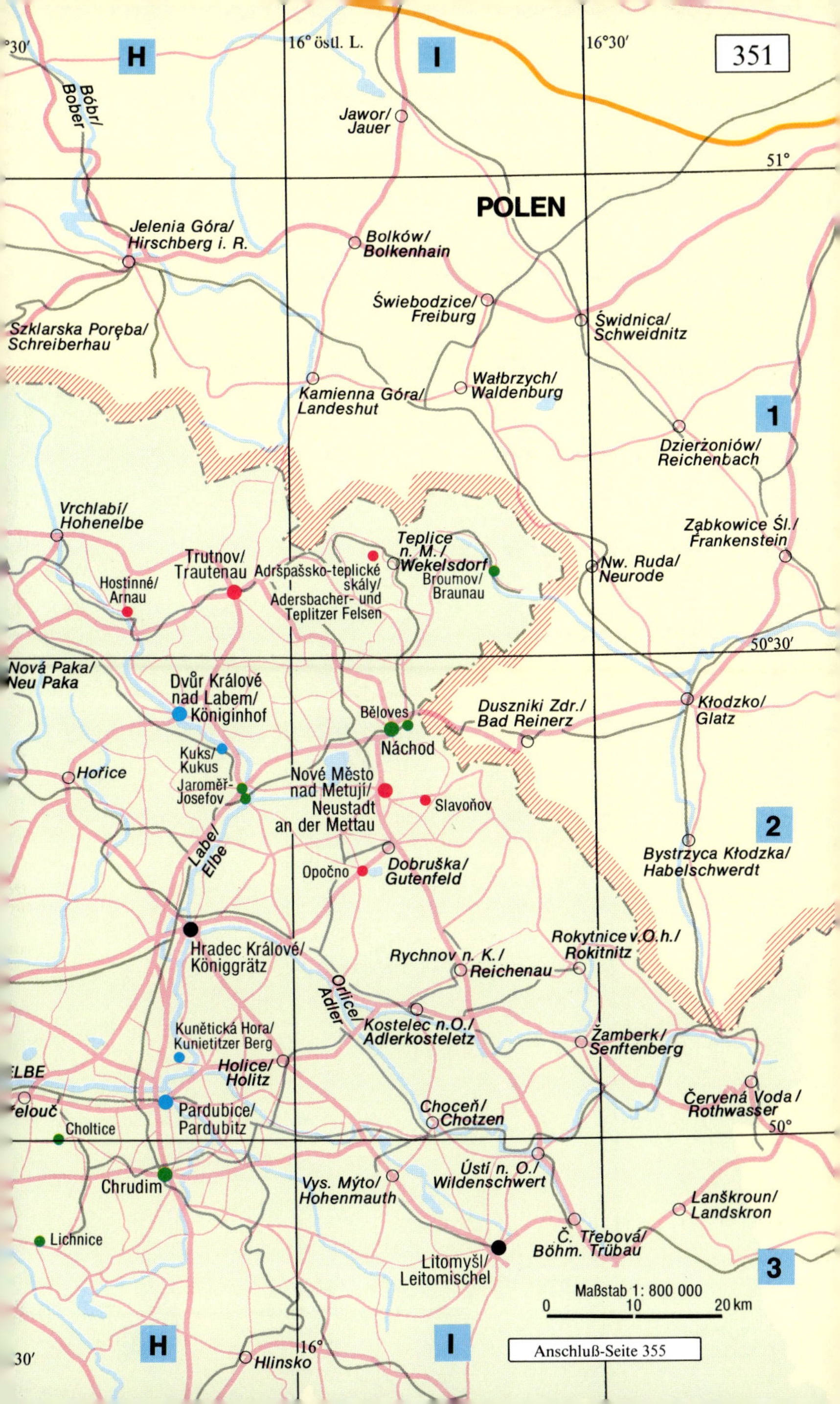

Anschluß-Seite 355

Anschluß-Seite 348

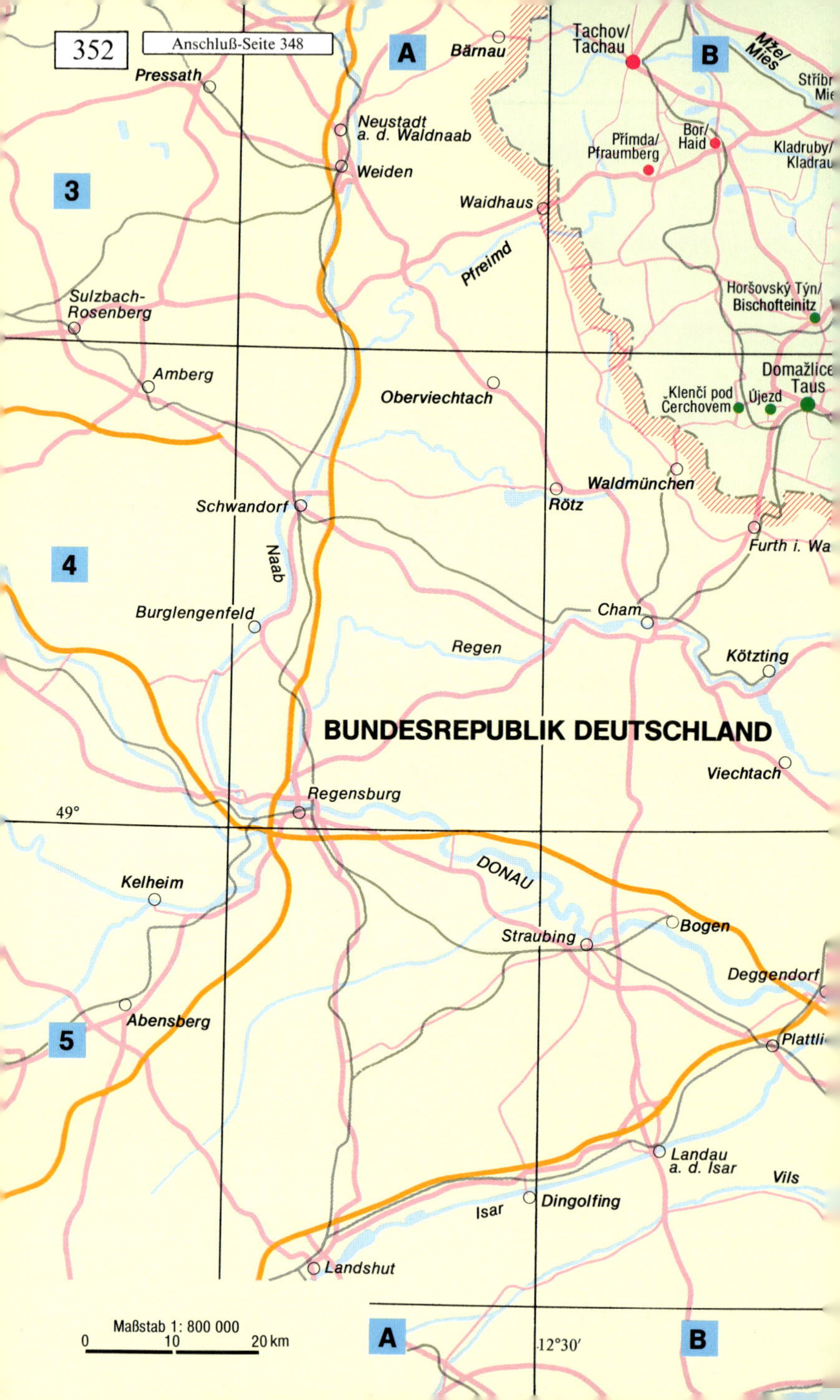

Anschluß-Seite 349

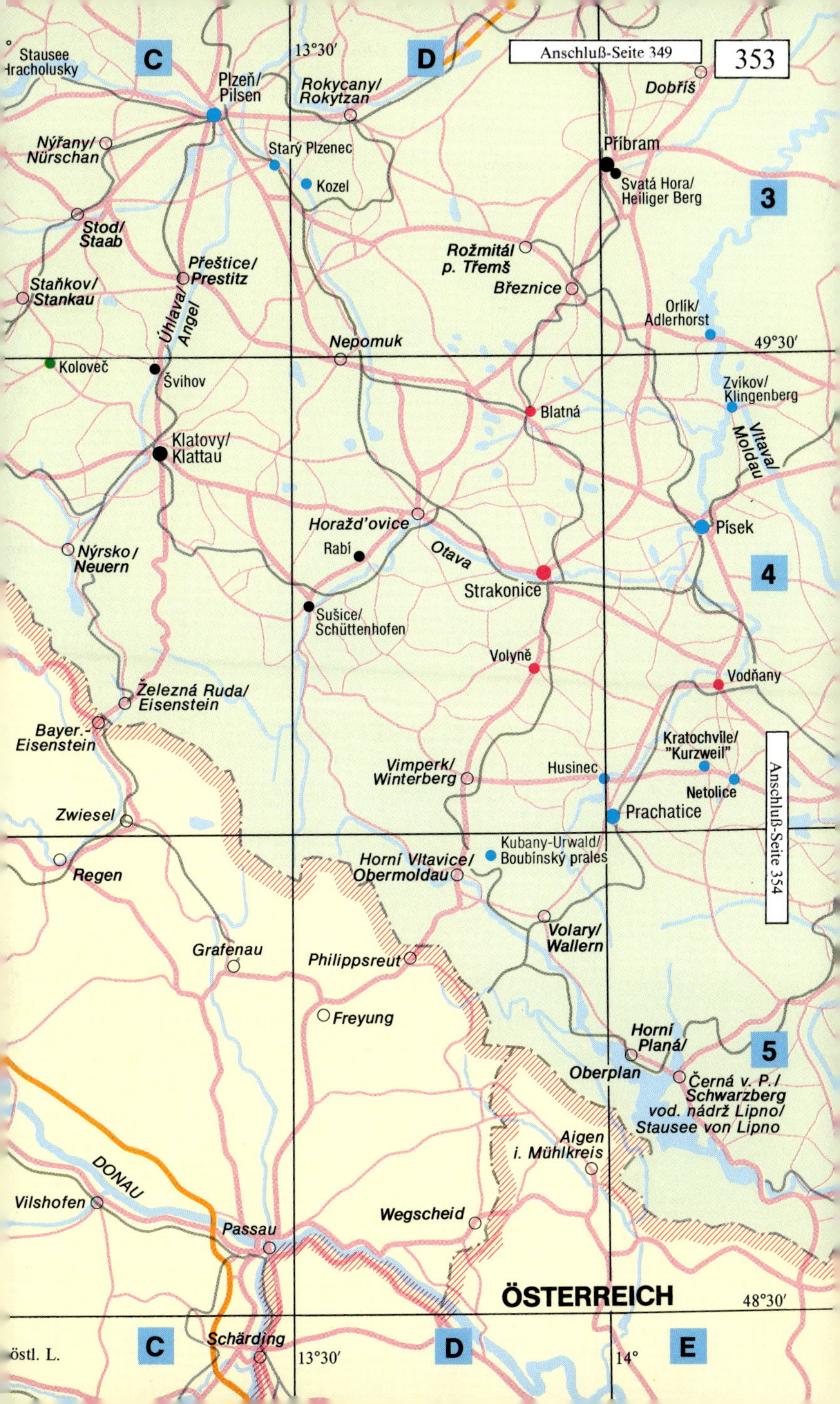

Anschluß-Seite 354

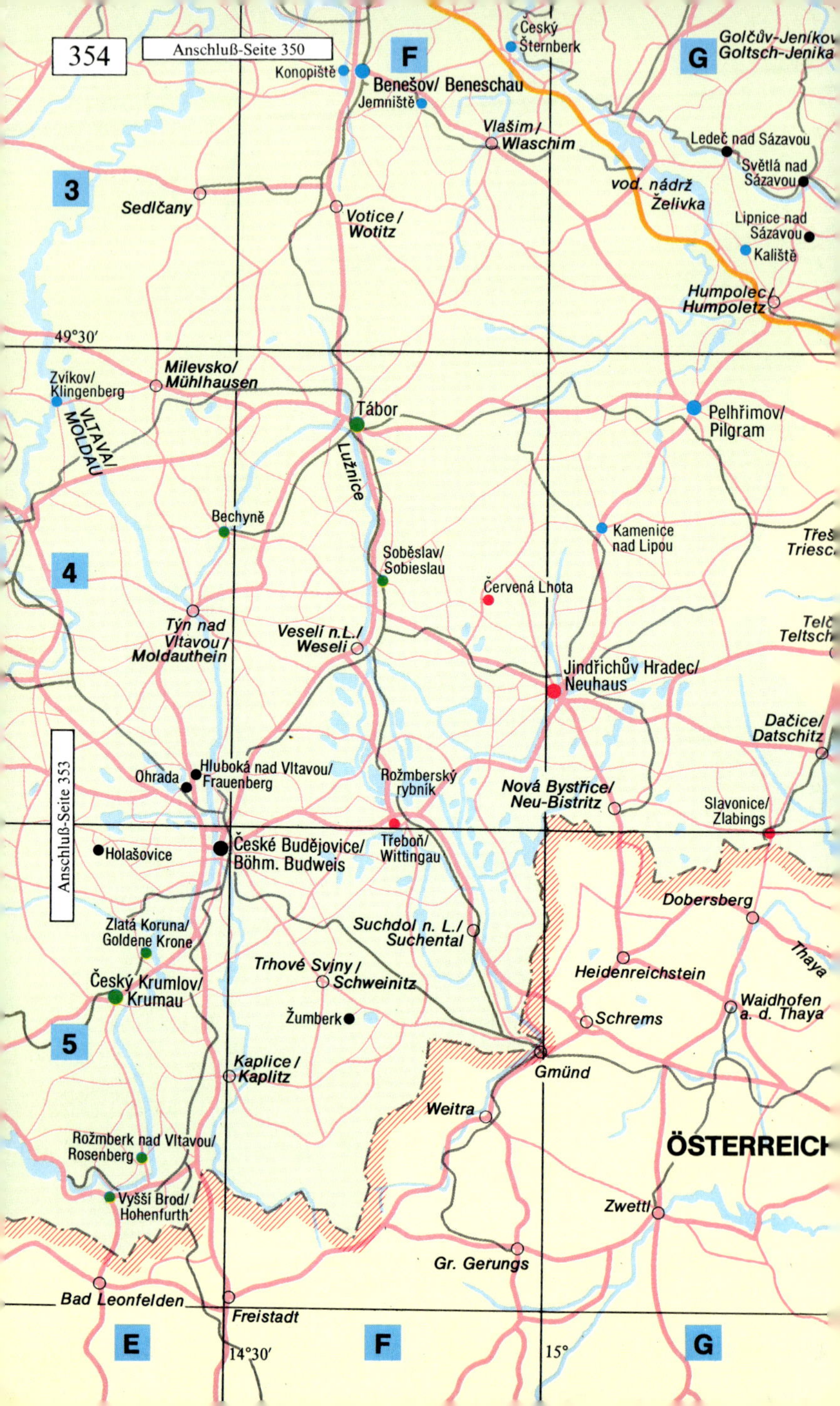
Anschluß-Seite 350
F
G
Český Šternberk
Golčův-Jeníkov Goltsch-Jenika
Konopiště
Benešov/ Beneschau
Jemniště
Vlašim / Wlaschim
Ledeč nad Sázavou
Světlá nad Sázavou
vod. nádrž Želivka
3
Sedlčany
Votice / Wotitz
Lipnice nad Sázavou
Kaliště
Humpolec / Humpoletz
49°30′
Milevsko/ Mühlhausen
Zvíkov/ Klingenberg
VLTAVA/ MOLDAU
Tábor
Pelhřimov/ Pilgram
Lužnice
Bechyně
Kamenice nad Lipou
Třeš Triesc
4
Soběslav/ Sobieslau
Červená Lhota
Telč Teltsch
Týn nad Vltavou / Moldauthein
Veselí n.L./ Weseli
Jindřichův Hradec/ Neuhaus
Dačice/ Datschitz
Anschluß-Seite 353
Ohrada
Hluboká nad Vltavou/ Frauenberg
Rožmberský rybník
Nová Bystřice/ Neu-Bistritz
Slavonice/ Zlabings
Holašovice
České Budějovice/ Böhm. Budweis
Třeboň/ Wittingau
Dobersberg
Zlatá Koruna/ Goldene Krone
Suchdol n. L./ Suchental
Thaya
Heidenreichstein
Trhové Svjny / Schweinitz
Český Krumlov/ Krumau
Waidhofen a. d. Thaya
Žumberk
Schrems
5
Kaplice / Kaplitz
Gmünd
Weitra
Rožmberk nad Vltavou/ Rosenberg
ÖSTERREICH
Vyšší Brod/ Hohenfurth
Zwettl
Gr. Gerungs
Bad Leonfelden
Freistadt
E
F
G
14°30′
15°